Westfalen Gastro Band IV

Westfalen

touristisch, kulinarisch, lecker

Impressum

© 2008 futec AG – Agentur und Verlag

futec AG – Agentur und Verlag
Cappenberger Straße 84 – 90
44534 Lünen an der Lippe
Telefon (02306) 978400
Telefax (02306) 978404
www.futec-ag.de
info@futec-ag.de

Autor: Gerhard Besler
Gestaltung, Satz, Umschlag: Christopher Badde
Fotos: Gerhard Besler, Christopher Badde
(Ausnahmen sind gekennzeichnet)
Druck: H. Rademann GmbH – Druck- und Medienhaus

ISBN 978-3-00-025505-2
Printed in Germany

VORWORT

Westfalen ist eine traditionsreiche Region. Das gilt für das Essen genauso wie für den Sport. Deshalb sei vorab erwähnt, dass es selbst mir als Kind früher schwer fiel, bei so vielen hochklassigen Vereinen alleine im Fußball die richtige Wahl zu treffen. Denn jeder, der die rauen Sitten in Westfalen kennt, weiß, dass eine Entscheidung für den falschen Verein zwangsläufig in die zwischenmenschliche Isolation führen kann. Also hieß es für mich als gebürtigen Dortmunder natürlich nicht blau-weiß, sondern: schwarz-gelb.

Beim Essen war das anders. Da war ich von klein auf rot-weiß. Und somit sind wir beim 2. Teil meiner westfälischen Sozialisation. Denn mein kulinarisches Sterneangebot spielte sich als jugendlicher Nachwuchsfußballer eher an Imbissbuden ab.

Die Sarah Wiener meiner frühen Kindheit war blond, furchtbar nett und trug eine nie ganz weiße Schürze. Ihr Gourmettempel hieß »Bei Ulla« und sie servierte all das, was später als westfälische Speisetradition im Ruhrgebiet sogar in Reiseführern erwähnt wurde: Das oben erwähnte Rot-Weiße, wechselweise mit Wurst oder ohne, mal sogar mit aufgespießten Fleischstückchen, dem weltberühmten Schaschlik.

Aber bitte jetzt keine Sorgen um meine Gesundheit. Ich habe auch noch andere Dinge zu mir genommen. Schließlich war meine Mutter gebürtige Arnsbergerin. Sie hatte dementsprechend so einige gutbürgerliche Gerichte in Topf und Pfanne. Schnippelbohnen, Steckrüben gehörten genauso zu meinen häuslichen Grundnahrungsmitteln wie Königsberger Klopse.

Hoppla, wird der Regionalist jetzt erbost ausrufen, das ist aber kein typisches westfälisches Gericht. Stimmt ja, aber meine Oma stammte aus Ostpreußen, landete wie so viele in Westfalen und brachte die kapernbestückten Fleischklöpse mit ins Ruhrgebiet. Somit wurde auch dieses Spezialgericht erstens von mir mit Heißhunger verspeist und zweitens ist es ein prima Beispiel für den kulinarischen Schmelztiegel Westfalen.

Den repräsentiert auch mein erstes Kochbuch, das mir meine Tante aus Soest zur ersten eigenen Wohnung schenkte. Die Geseker Landfrauen sammelten Regionales und auch ich erprobte ihre Rezepte. Leider bin ich schon an meiner ersten Hackroulade kläglich gescheitert. Und so ist es auch geblieben. Ich wollte die Hoffnung schon aufgeben, aber dann erfuhr ich vom Konzept dieses Buches, das meine Heimat Westfalen in seiner Vielfältigkeit abbildet, seine schönsten Plätze, aber auch seine besten Köche und deren Gerichte. Und uns anschaulich erklärt, wie die Leckereien entstehen und wo deren Zutaten herkommen.

Ich bin sicher, Sie finden beim Lesen genau wie ich viele Anregungen für schöne Stunden in dieser Region, sei es beim Besuch der Restaurants, beim Nachkochen der Gerichte oder einfach beim Streunen durch die Vielfältigkeit dieses Landstrichs. Und wenn Sie sich in einem der beschriebenen Restaurants verwöhnen lassen, werden Sie wie ich hoffentlich bald merken: »Gute Köche gibt's nicht nur im Fernsehen!«

In diesem Sinne

Ihr Peter Großmann

PS: Ulla ist sowieso schon lange in Rente!

GRUSSWORT

NRW boomt – immer mehr Menschen schätzen die vielen Facetten Nordrhein-Westfalens auch als Reise- und Urlaubsland. Im Herzen Europas verkörpert unser Land die globale Industriekultur der Gegenwart und ist ebenso reich an Zeugnissen und Denkmälern der europäischen Kultur- und Kunstgeschichte. In kaum einem Land auf der Welt gibt es so dichte und reiche Kulturlandschaften wie hier. Die Vielfalt Nordrhein-Westfalens lässt sich aber auch schmecken: Jede Region zwischen Rhein und Weser hat ihre individuellen Eigenheiten und Reize, die sich unter anderem in den Rezepturen traditioneller Produkte und in regionaltypischen Speisen und Lebensmitteln ausdrücken.

Besonders abwechslungsreich, gerade auch kulinarisch gesehen, ist Westfalen: Zwischen den Ballungsräumen an Ruhr und Emscher und den Dörfern und Städten Ostwestfalens, den Parklandschaften des Münsterlandes und den Höhenzügen des Sauer- und Siegerlandes ist die Küche so vielseitig und originell wie die Menschen, die hier leben.

»Westfalen – touristisch, kulinarisch, lecker« handelt von Land und Leuten, ihrer Kultur sowie ihren Bräuchen und stellt traditionelle westfälische Gerichte und kulinarische Spezialitäten vor. Die ausdrucksvollen Landschaftsaufnahmen, aber auch die interessanten und anregenden Berichte über Betriebe, Gasthöfe und Restaurants in unterschiedlichen Regionen werden den Leserinnen und Lesern diesen wunderschönen Landstrich näherbringen und »schmackhaft« machen.

Nicht nur viele Touristen und Reisende wollen unser Land in seiner Fülle erfahren und seine Eigenheiten kennenlernen, auch die Menschen hierzulande entscheiden sich wieder mehr und mehr für eigene Produkte. Dieses Buch weckt die Lust auf Regionales und verrät überdies einige Geheimnisse echter westfälischer Handwerks- und Kochkunst. Es ist nicht nur ein purer Genuss für das Auge, es trägt auch auf eindrucksvolle Weise dazu bei, dass Nordrhein-Westfalen buchstäblich in aller Munde bleibt!

Ich wünsche eine alle Sinne ansprechende Lektüre!

Jürgen Rüttgers

Vorwort ... 7
Grußwort ... 9
Inhalt ... 10

WESTFALEN ... 13

Landwirtschaft ... 17
Geflügelhof zur Nieden ... 20
Schwerter Senfmühle ... 22
Speisepilze Schmöning ... 24
Hof Grothues-Potthoff ... 26
Kornbrennerei Sasse ... 29
Hofkäserei Wellie ... 30
Fischhof Baumüller ... 32
Fleisch ... 34
Fingerfood und Gabelmenüs ... 36
Kleine Kräuterkunde ... 40
Güde Messer ... 44
Westfälische Klassiker ... 46

MÜNSTERLAND ... 62

Jägerhof zum »Stift Flaesheim« ... 68
Hotel Seehof ... 73
Bilkenroth ... 78
Burns Supper ... 80
Kleiner Kiepenkerl ... 82
Abenteuerland Westfalen: Eisenbahnfahrt ... 86
Gasthaus Stuhlmacher ... 90
Hotel Krautkrämer ... 95
Hotel Restaurant »Im Engel« ... 100
Pferdestadt Warendorf ... 105
ekb – Hotel- und Gastronomiebedarf ... 106
Abenteuerland Westfalen: Dülmener Wildpark ... 108
Hof Grothues-Potthoff ... 112
Friesen Stube ... 116
Chalet – Das Gästehaus ... 120
Hotel Bomke ... 122
Hugo im Dahl ... 126
Schlossrestaurant Nordkirchen ... 128
la vie (Osnabrücker Land) ... 134

TEUTOBURGER WALD UND LIPPERLAND ... 140

Waldhotel Silbermühle ... 146
Burghotel Blomberg ... 148

Abenteuerland Westfalen: Ballonfahrt 152

Restaurant Balthasar 156

Hotel Restaurant Poppenborg 162

RUHRGEBIET **164**

Hövels Original 168

Ringhotel Drees 170

Dortmunder Actien Brauerei 174

Casino Hohensyburg 176

Overkamp 182

Trattoria Mille Miglia 186

Ledendecker Gastronomie 190

Hürster's Kochwerkstatt 194

Galerie Anders 198

Parkrestaurant Herne. 201

Feinkost Riechmann. 206

Gasthaus Stromberg und B1 208

Abenteuerland Westfalen: Rundflug über Westfalen 214

Goldener Anker 218

Freischütz Gastronomie Schwerte 220

Heinrichs Restaurant 224

Wielandstuben 228

Hotel am Kloster 232

Haus Stemberg (Bergisches Land) 236

SAUERLAND **240**

Kleins Wiese 244

Hotel Deimann 246

Waldhaus Ohlenbach 250

Hotel Gnacke. 254

Atta-Höhle 256

Hof Hueck 258

Abenteuerland Westfalen: Oldtimer Classic 262

Landhotel Donner 265

Hotel Astenblick 268

Berghotel Astenkrone 272

Abenteuerland Westfalen: Bootsfahrt 276

Berggasthof Hotel Kahler Asten 280

Landhotel Grimmeblick 282

Gasthaus Klein 286

ADRESSVERZEICHNIS **290**

Unser Westfalen

Die fett hervorgehobenen Städtenamen stellen die Standorte der im Buch vorgestellten Betriebe dar. Alle übrigen Städtenamen dienen der Orientierung. Eine nach Postleitzahlen sortierte Adressliste finden Sie ab Seite 290.

Traditionelles Vierständerhaus (Hof Hueck)

Westfalen

Der Teutoburger Wald, das Münsterland, das Lipperland, das nördliche und östliche Ruhrgebiet, das Sauerland sowie das Siegerland bilden heute die Region, die wir als das Land der Westfalen bezeichnen. Der Name Westfalen taucht erstmals als Westfalai in den Reichschroniken Karls des Großen auf.

Die Sachsen nannten den westlichen Teil Ihres Stammlandes Westfalen, den östlichen Teil Ostfalen. Der Begriff Ostfalen spielt schon seit dem ersten Jahrtausend keine Rolle mehr. Im Laufe der Jahrhunderte (vornehmlich bis 1368) änderte sich das geographische Gesicht Westfalens mehrfach.

In einem Jahrzehnte andauernden Krieg wurden die Sachsen und mit ihnen die Westfalen in den fränkischen Staat eingegliedert. Im Jahre 955, während der Regierungszeit König Ottos I., wird dem Grafen Heinrich I., der Titel Graf von Westfalen verliehen. In dieser Zeit war Westfalen als Siedlungsgebiet ein einigermaßen klar abgegrenzter historischer Raum. Dies hat sich in den folgenden Jahrhunderten deutlich geändert. Westfalen war bis 1180 ein Teil des alten Herzogtums Sachsen, aber tatsächlich wurde keine zentrale herzogliche Macht ausgeübt. Nach der Zerschlagung des sächsischen Herzogtums wurden die Kölner Erzbischöfe nominell die »Herzöge von Westfalen«. Ihnen gelang es aber ebenfalls nicht ihre Macht gegen die alt eingesessenen regionalen Territorialherren durchzusetzen. Die Zersplitterung Westfalens blieb während des gesamten Mittelalters und der frühen Neuzeit kennzeichnend für den westfälischen Raum.

Für die Geschichte wichtige Territorien waren die Hochstifte Münster, Paderborn und Minden. Und als Nebenland des Kurkölner Staates das Herzogtum Westfalen. Unter den weltlichen Herrschaften ragen die Grafschaften Mark, Tecklenburg und Ravensburg hervor. Hinzu kamen im Mittelalter und der frühen Neuzeit das Land Lippe und Teile des Bistums Osnabrück. Hinzu kamen kleinere geistliche und weltliche Herrschaften wie die Stifte Herford, Corvey, die Grafschaften Limburg und Hoya.

Vor diesem territorial zersplitterten Hintergrund vollzog sich die politische Geschichte dieses Raumes. Die zunächst starken Grafen von Werl-Arnsberg verloren gegen die stärker werdenden Kölner Erzbischöfe einen erheblichen Teil ihres Einflusses, ehe dieses Gebiet 1368 komplett an Köln fiel. Neben den adligen und geistlichen Territorialherren wuchs seit dem Hochmittelalter die Bedeutung und Macht der Städte. Dortmund stieg zur freien Reichsstadt auf und die Fürstbischöfe von Münster und Paderborn mussten vor den selbstbewussten Bürgern ihrer Hauptstädte in Residenzen im Umland ausweichen. Die bedeutenden Städte betrieben eine selbstständige Politik, gingen untereinander Bündnisse ein und schlossen sich der Hanse an.

Jahrhunderte später, in denen sich das geografische Gesicht Westfalens abermals mehrfach veränderte, rückte ein Friedenspakt das Land in den Mittelpunkt des deutschen und europäischen Interesses. Der Dreißigjährige Krieg (1618 – 1648), in dem ganze Landstriche, nicht nur westfälische, verwüstet und entvölkert wurden, fand im Frieden von Münster und Osnabrück ein Ende. Höchste weltliche und kirchliche Würdenträger beendeten mit dem Friedensschluss das unsägliche Grauen, das in dem Streit um den einzig wahren christlichen Glauben seinen Ursprung hatte.

Was wir heute als Westfalen bezeichnen, ist ein Landstrich mit vielen Gesichtern, der im Laufe der Geschichte viele territoriale Wandlungen und politische Strukturen erfahren hat.

Die wohl bedeutendste Dichterin Westfalens, Annette von Droste Hülshoff, schrieb einst: »Wenn wir von Westfalen reden, so verstehen wir darunter einen sehr großen, sehr verschiedenen Landstrich, [...] daher möchten wohl nur wenige Teile unseres Deutschlands einer so vielseitigen Beleuchtung bedürfen.« Tatsächlich verbergen sich, wie bereits eingangs erwähnt, in der Region, die wir heute Westfalen nennen, gänzlich unterschiedliche Landstriche. Das Ruhrgebiet z. B. wird erst nach Ende des Zweiten Weltkrieges in Teilen zur Region Westfalen gerechnet. Und – Hand auf's Herz, wer verbindet das Wittgensteiner Land mit dem Begriff Westfalen. Oft wird das Münsterland als das typische Westfalen betrachtet und der Kiepenkerl als dessen bekanntester Vertreter.

Westfalen als politische, eigenständige Einheit hat es nur für einige Jahre gegeben. Als König von Westfalen regierte Napoleons jüngster Bruder Jérôme Bonaparte, König eines um zahlreiche Gebiete (unter anderen auch Osnabrück) erweiterten Königreichs Westfalen. Für die kurze Zeit von 1807 bis 1813 löste er die ungeliebten Preußen ab, die ihre Provinz Westfalen mit harter Hand regierten. Der als »König Lustig« in die Annalen eingegangene Herrscher wählte das im Hessischen gelegene Kassel als Hauptstadt.

Neben vielen Verwaltungsreformen und einer freiheitlichen Rechtordnung hatte auch die französische Küche einen positiven Einfluss auf die traditionelle Küche Westfalens.

Viele einheimische Gerichte wurden fantasievoller, leichter und eleganter. Als Kontrast zu den französischen Einflüssen blieb aber der wesentliche Teil der regionalen Küche bodenständig und der Tradition verpflichtet, vor allem bei der Landbevölkerung. So sind die französischen Einflüsse keine Erfindung der letzten Jahrzehnte. Die westfälische Küche ist mit ihren »Klassikern« und den französischen Einflüssen eine der interessantesten Deutschlands überhaupt.

Nach der kurzen Regierungszeit von König Jérôme, wurde von 1816 bis 1946 Westfalen abermals preußische Provinz. Die Provinzhauptstadt war Münster. Im Jahre 1816 wurde der Landkreis Essen in die Rheinprovinz ausgegliedert und 1817 die Fürstentümer Sayn-Wittgenstein in die Provinz Westfalen eingegliedert. Jetzt entwickelte sich, gefördert durch die Landesbehörden, ein starkes westfälisches Selbstverständnis. Territorien, die lange zum westfälischen Kulturraum gehörten, wurden unabhängige Bundesstaaten des Deutschen Reiches, wie z. B. die Länder Oldenburg und Lippe.

Geprägt wurde die Entwicklung der Provinz Westfalen auch vom industriellen Aufstieg des westfälischen Ruhrgebiets. Ab dem 20. Jahrhundert lässt sich nur noch ansatzweise von einer eigenständigen westfälischen Geschichte sprechen. Nach dem Ende des Zweiten Weltkrieges und der Auflösung des Landes Preußen durch die britische Militärregierung wurden die preußische Rheinprovinz und Westfalen zum Land Nordrhein-Westfalen vereinigt. Seit dem Beitritt des Landes Lippe (1947) besteht Nordrhein-Westfalen nunmehr aus drei Landesteilen. Der Landesteil Westfalen gliedert sich in die Regierungsbezirke Arnsberg, Detmold und Münster.

Im Folgenden wollen wir uns nun den Menschen in Westfalen, ihrer Kultur, ihren Bräuchen und kulinarischen Spezialitäten zuwenden.

Das Kaiser-Wilhelm-Denkmal an der Porta Westfalica

Landwirtschaft im Umbruch – von Hofläden und Direkterzeugern

Die Großhändler der Gastronomie haben durch ihre Marktmacht und ihr Fachpersonal naturgemäß bessere Möglichkeiten der Qualitätskontrolle als der Endverbraucher. In den Ketten der Supermärkte besteht für den Endkunden gar keine Möglichkeit der Qualitätsüberwachung. Seit die Lebensmittelskandale ein jahrelanger Dauerbrenner in den Medien sind, ist es zu einer gesteigerten Nachfrage bei Direkterzeugern und Hofläden gekommen.

Westfalen ist eine Region, die sich mit Grundnahrungsmitteln komplett selbst versorgen kann. Die landwirtschaftliche Struktur ist über viele Jahrhunderte gewachsen. Nach Erhebungen der Landwirtschaftkammer Nordrhein-Westfalen gibt es heute in der Region Westfalen-Lippe noch annähernd 14 000 landwirtschaftliche Betriebe. Auch in der Landwirtschaft ist der betriebswirtschaftliche Erfolg sehr oft von der Größe des Hofes abhängig. Wenn keine Spezialisierungen stattfinden, sind Höfe mit einer Fläche von unter 100 Hektar auf Dauer kaum noch überlebensfähig. Tierhaltung findet oft in »Fabriken« statt. So gibt es im Osten der Republik Geflügelhöfe mit über 1 Million Tieren in geschlossener Haltung. Diese Tiere sehen in ihrem kurzen Leben von oft nur 30 Tagen kein Tageslicht. Um den Ausbruch von Krankheiten – sprich Ausfälle – zu vermeiden, werden dem Trinkwasser bereits prophylaktisch Medikamente beigemischt. Die Produktion (Hähnchen mit 1,2 kg bis 2 kg Gewicht) kommt dann als deutsches Marken-/Qualitätsgeflügel auf den Markt. Das Resultat ist aber oft nur strukturloses Fleisch, das durch nährstoffreiches Futter auch noch verfettet sein kann. Die Nach-

frage nach Hähnchenfleisch in Deutschland ist so groß, das trotz dieser Fleischfabriken nur 60 % aus heimischer Produktion gedeckt werden können. Der größte Exporteur in den europäischen Markt ist Brasilien. In die EU wird das Geflügel leicht gesalzen, zollbegünstigt geliefert.

Infolge der Konzentration und Spezialisierung bestehen viele kleinere und mittlere Höfe heute nicht mehr in ihrer ursprünglichen Form. Sie sind umfunktioniert zu Reiterhöfen, Ferienhöfen oder zu Höfen, die sich auf die Direktvermarktung und die Gastronomie spezialisiert haben.

Westfalen ist glücklicherweise so strukturiert, das selbst in Ballungsgebieten, aber auf alle Fälle mindestens an den Stadträndern Hofläden zu finden sind. Zwischen den Städten oder auf dem Land betreiben immer mehr Bauern die Direktvermarktung ihrer Produkte. Einerseits kaufen qualitätsbewusste Gastronomen direkt ab Hof, dabei nicht selten ganze Kontingente an z. B. vorbestellten Enten, Gänsen oder Kaninchen. Es gibt aber auch viele Höfe, die aufgrund ihrer kleinen Flächen betriebswirtschaftlich nicht mehr rentabel waren und sich deshalb auf die Direktvermarktung spezialisiert haben. Die vorhandenen Flächen reichen dann in der Regel für die Futtererzeugung oder für die Spezialisierung auf Sonderkulturen (Himbeeren, Erdbeeren, Blaubeeren, Kartoffeln oder Spargel, viele Kohlarten wie Weißkohl, Rosenkohl, Wirsing, Grünkohl usw. oder auch Kürbisse) aus. Einige Bauern, wie z. B. ein Züchter von Charolais-Rindern in Dülmen, verkaufen artgerecht aufgewachsene Tiere, die die meiste Zeit des Jahres auf fruchtbaren Wiesen verbringen, direkt an Metzgereien der Umgebung und an die Gastronomie. Andere landwirtschaftliche Betriebe beschicken mit ihren eigenen Verkaufswagen die regionalen Wochenmärkte. Vereinzelt gibt es sogar spezielle Bauernmärkte.

Da die oft großen Scheunen vielfach nicht mehr benötigt werden, entstehen immer mehr, oft tolle Hofläden, wo neben den eigenen Produkten auch die Spezialitäten anderer Höfe angeboten werden. Hier, im Hofladen seines Vertrauens kann der qualitätsbewusste Bürger noch direkt kontrollieren, woher die angebotenen Waren kommt. Das Warenangebot wird immer reichhaltiger und reicht in guten Hofläden von frischen Eiern, saisonalen Gemüsen, Obst, Kartoffeln, selbst hergestellter Wurst oder Käse, Marmeladen, Likören und Schnäpsen, Enten, Gänsen den eigenen Fleischprodukten und Spezialitäten wie dem echten westfäli-

schen Knochenschinken oder Wildwurst vom Reh oder Hirsch. Auf einigen Höfen finden Sie zusätzlich noch Bauernhofcafés oder Restaurants, wo die selbst erzeugten Produkte des Hofes in der Restaurantküche zubereitet werden, so kann der Wochenendeinkauf auf einem Bauernhof zu einem echten Erlebnis werden. – Es muss ja nicht jedes Wochenende sein.

Nicht selten werden zur Erntedankzeit auch Hoffeste veranstaltet, bei denen oft auch Führungen durch die Stallungen angeboten werden.

Eine zur Martinszeit vorbestellte frei lebende Hausgans, macht den Martinsbraten wieder zu einem ganz besonderen Erlebnis. Leider ist es so, dass eine Gans, ein Hähnchen oder eine Ente, die nicht aus der »Fleischfabrik« kommt auch einen etwas anderen, sprich höheren Verkaufspreis hat.

Sollte uns der Trend zu natürlicherer Ernährung sowie das Wissen um die Herkunft und die Lust auf individuelle, regionale Spezialitäten das nicht wert sein, was bei Autos und Möbeln schon längst selbstverständlich ist: »Qualität hat ihren Preis?« Etwas weniger ist manchmal mehr – besonders wenn es um Qualität und Genuss geht.

Geflügelhof zur Nieden

Fleisch – insbesondere Geflügel – ist eine besonders sensible Angelegenheit, wenn es um die Produktqualität geht. Bereits seit Jahren begleiten viele negative Presse-Nachrichten dieses Thema. Das Wissen über die Herkunft der Produkte ist da nur ein erster Schritt in Richtung Transparenz. Bei der industriellen Aufzucht von Hähnchen werden in Großbetrieben zwischen 500 000 und 1 000 000 Tiere gleichzeitig aufgezogen. Die Tiere erreichen ihr Schlachtgewicht von 1 kg – 1,2 kg bereits nach 28 Tagen. Diese Großbetriebe sind so ausgelegt, das eine »Partie« eine Durchlaufzeit von maximal 30 Tagen hat, da ansonsten nicht rentabel gearbeitet werden kann.

Ardeyer Landhähnchen – das bessere Hähnchen

Es geht auch anders. Im Jahre 1987 entstand aus einer Idee die Ideologie, dass nicht der Mensch, sondern die Natur produziert. In dem bäuerlichen Familienbetrieb zur Nieden in Fröndenberg-Ardey werden dem »Ardeyer Landhähnchen« geräumige Ställe mit viel Sonnenlicht sowie die Verfütterung von Getreide aus eigenem Anbau geboten. Die Mischung des Futters ist energiearm, so dass ein langsames Wachstum erreicht wird, was wiederum für eine fettarme Fleischqualität von Vorteil ist. Anstatt der eingangs erwähnten Aufzuchtzeit von 28 Tagen hat das Ardeyer Landhähnchen 70 – 80 Tage Zeit gesund heranzuwachsen. In dieser Zeit erreicht das Hähnchen ein Schlachtgewicht von bis zu 3 kg. Auf Tiermehl und antibiotische Leistungsförderer wird bei zur Nieden selbstverständlich verzichtet. Die hauseigene Schlachtung in dem bäuerlichen Betrieb wird ständig vom Kreisveterinäramt betreut,

wodurch dem Verlangen des Kunden nach kontrollierter Lebensmittelerzeugung Rechnung getragen wird. Gesundes Geflügel ist leicht und bekömmlich – das weiß heute jedes Kind. Bei ernährungs- und gesundheitsbewussten Bürgern hat Geflügel das Fleisch anderer Nutztiere in vielen Fällen zurückgedrängt oder ersetzt. Dadurch, dass dem Hähnchen bei zur Nieden mehr als die doppelte Zeit zum Heranwachsen gegeben wird und die Tiere gesund und stressfrei (Stichwort extensive Bodenhaltung) aufwachsen, verlässt hier nur hochwertiges und wohlschmeckendes Fleisch den Hof. Auf dem modernen Hof werden anstatt der in Industriebetrieben üblichen 500 000 Tiere »nur« 10 000 Tiere gehalten. Die Qualität, die von Fröndenberg-Ardey an die Kunden ausgeliefert wird, ist so gut, dass bei einer Verkostung der Verbraucherzentrale im Jahre 2005 das Ardeyer Landhähnchen geschmacklich am besten abschnitt.

Neben dem Landhähnchen werden auf dem Hof auch wohlschmeckende Wurstspezialitäten hergestellt. Kunden aus der Gastronomie und Hofläden der Region wissen die Qualität seit Jahren zu schätzen. Der Geflügelhof zur Nieden ist mit eigenen Verkaufsständen auf vielen Wochenmärkten der Region vertreten.

Hofladen zur Nieden

Auf dem Gelände des Hofes befindet sich auch ein kleiner moderner Hofladen mit guten Lebensmitteln von Direkterzeugern aus der Region. An erster Stelle werden im Hofladen natürlich die Lebensmittel aus eigener Produktion angeboten wie frische Hähnchen, Hähnchenschnitzel, Schenkel und Delikatess-Geflügelwurst.

Zusätzlich umfasst das Angebot Spezialitäten regionaler Anbieter wie z. B. Kaninchen vom Hof Kuhlenbäumer, Käse von der Hofkäserei Wellie, Senf aus der Schwerter Senfmühle, Liköre vom Gut Bimberg, Dietes Honig, Austerrmanns feine Gurkentöpfe, Freilandeier vom Hof Eckei und andere feine Dinge. Natürlich gibt es hier zur Saison auch frische Weidegänse.

Senf von der Schwerter Senfmühle

Die Herstellung von Senf und seine Nutzung als Heilpflanze lassen sich zurückverfolgen bis zu den alten Ägyptern. Einmal mehr ist es die Bibel, die diese alte Urpflanze der Menschheit bereits erwähnt. »Das Himmelreich ist gleich einem Senfkorn, das ein Mensch nahm und säte es auf meinen Acker.« (Matth. 13). Kein Samen geht so schnell auf wie das Senfkorn. Schon zu biblischen Zeiten fand Senf neben dem Einsatz als Gewürz auch als Heilmittel seine Verwendung. Durch Zerstoßen der Senfkörner wird Allysinöl frei. In Verbindung mit Wasser entsteht eine scharfe Paste, die äußerlich bei Ekzemen und Hautflechten, innerlich bei Blasenentzündungen und zur Reinigung von Magen und Darm Anwendung findet. Vielleicht sind Ihnen ja noch die Senfwickeln als altes Hausmittel bekannt?

Senf in der Küche

Heute ist der Senf aus kaum einer Küche wegzudenken. Hausmannskost, deftige Regionalküche und feine Sterneküche – überall wird mit Senf gekocht, gebraten und geschmort. Aber auch in feinen Desserts und Pralinen findet Senf seine Verwendung. Und – Senf gibt es schon lange nicht mehr nur in der milden oder scharfen Variante. Durch die Zugabe von unzähligen Gewürzen wie Estragon, Zucker, Dill, Majoran, aber auch Honig, Curry oder Chili sind so viele Geschmacksrichtungen auf dem Markt, dass für fast jeden Haushalt oder Kochprofi das Richtige dabei ist. Umso wichtiger ist es, dass wir wissen, woraus und wie unser Senf entsteht.

Schwerter Senfmühle

Hergestellt wird der Senf in meist industriell betriebenen Senfmühlen. Einige Markennamen sind Ihnen sicherlich bekannt. In der einfachen bürgerlichen Küche kommt man oft mit 2–3 Sorten Senf aus dem Supermarktregal aus. Für die feine Zunge und besondere Gerichte stellen meist kleine Handwerksbetriebe Senf in geringen Mengen und in vielen verschiedenen Geschmacksvariationen her.

Senf, von Hand gemacht, wird heute bundesweit nur noch in vier handwerklich betriebenen Senfmühlen produziert (Quelle: Freilichtmuseum Hagen), da das aufwendige Verfahren der Kaltherstellung für die Industrie meist zu aufwendig und der Ausstoß zu gering ist. Die Senfe werden aus Senfsaat hergestellt, ohne Verwendung von Zucker oder Süßstoff. Senf aus Senfsaat beinhaltet alle Wirkstoffe des Senfsamens im fertigen Produkt und ist qualitativ hochwertig und geschmeidig. Im Gegensatz hierzu steht die Herstellung aus Senfmehl, welches teilentölt ist.

Die von Frank Peisert betriebene »Schwerter Senfmühle« ist die einzige ihrer Art in Westfalen. Sie ist ein kleiner alteingesessener Familienbetrieb, der im Jahre 1845 von der Kaufmannsfamilie Hegelich in Hagen gegründet und schon bald nach Schwerte verlegt wurde. Von 1902 bis 1999 betrieb die Familie Adrian die Schwerter Senfmühle, die (lt. historischem Prospekt) 1935 zu den weltweit modernsten ihrer Art zählte. Senfmüller Wilhelm Adrian betrieb die Mühle in den vergangenen Jahren vor 1999 nur noch als Hobby und für seine Stammkunden. Zu diesen zählte auch Frank Peisert.

Im Alter von 69 Jahren hörte Wilhelm Adrian in der Adventszeit des Jahres 1999 mit der Senfherstellung auf. Just zu dieser Zeit brauchte Stammkunde Frank Peisert neuen Senf. »Wenn du Senf willst, dann mach dir doch selbst welchen«, sagte Wilhelm Adrian damals. Gegen den Rat der Familie, des Steuerberaters und der Bank handelte Peisert mit Adrian zwischen den Jahren den Kaufvertrag aus und kaufte die Senfmühle. Schon war Frank Peisert Senfmüller.

Da der alte Standort für eine andere Nutzung vorgesehen war, wurden die Mahlgänge nebst Zubehör nach langer Suche an die Ruhrstraße in die Rohrmeisterei Schwerte verlegt. Seit November 2000 ist die Produktion wieder angelaufen und Frank Peisert steht an den alten Maschinen aus den 30er Jahren des vorigen Jahrhunderts. Der alte Senfmüller Adrian wies ihn in die Verfahrenstechnik der handwerklichen Senfherstellung ein und übergab ihm die über Generationen nur mündlich überlieferten Rezepturen.

Für den Schwerter Senf werden nur hochwertige Zutaten verwendet. Für Grund- bzw. Standardproduktion werden zwei Arten von Senfsaaten benötigt. Die gelbe Senfsaat (wächst in ganz Mitteleuropa) ist für die Würze verantwortlich. Die braune Senfsaat (wird z. B. aus Süditalien importiert) wird für die Schärfe benötigt. Die Saat wird auf einem Walzenstuhl von zwei gegeneinander laufenden Profilwalzen geschrotet und in ein Maischefass gegeben. Durch die langsame und schonende Mahlung entsteht nur wenig Wärme, sodass von einem Kaltherstellungsverfahren gesprochen wird. Zu viel Wärme bei der Mahlung lässt den Senf bitter werden. Die restlichen Zutaten für den Adriansenf, wie Weinbrandessig und Salz, werden dann ebenfalls in das Maischefass gegeben. Durch den Essig- und Salzgehalt ist eine natürliche Konservierung gewährleistet. Im Laufe der Jahre hat Frank Peisert die Senfherstellung verfeinert und die Produktpalette erweitert.

Eigentlich ist es überflüssig zu sagen, aber wir erwähnen es noch einmal der Vollständigkeit wegen, den Senfen der Schwerter Senfmühle werden im kalten Herstellungsverfahren weder Farbstoffe noch Zucker hinzugefügt. Dadurch ist der Senf auch für Diabetiker geeignet. Einkaufen können Sie diesen Senf in fast 60 Hofläden, Feinkostgeschäften und Fleischereien.

Von Kräuterseitlingen und Shiitake-Pilzen

Speisepilze wurden vor einigen Jahrzehnten noch hauptsächlich in Wald und Feld gesammelt. Heute kommt der größte Teil der im Handel angebotenen Speisepilze aus Zuchtbetrieben. Zum einen stehen die benötigten Wald- und Wiesenflächen nicht mehr ausreichend zur Verfügung, zum anderen verzeichnet der Pro-Kopf-Verbrauch stetige Zuwachsraten. Pilze sind kalorienarm, eiweißreich und beinhalten viele lebenswichtige (essentielle) Aminosäuren. In der Gastronomie sind sie Begleiter vieler Speisen und ab und zu bilden sie als delikate Pilzpfanne auch das Hauptgericht.

Auf dem Bauerhof Schmöning in Haltern-Lippramsdorf züchten Klaus und Stephanie Schmöning seit fünf Jahren Speisepilze. Der 60 ha große landwirtschaftliche Betrieb ist seit 1725 im Familienbesitz. Schweinemast (600 Stück), Bullenmast, und Milchkühe (25 Stück) sind ein wesentlicher Bestandteil des Betriebes.

Als Familie Schmöning sich ein neues Wohnhaus baute, stand das alte Gebäude leer und durfte für die Tierhaltung nicht genutzt werden. Das Haus sollte aber einer neuen Nutzung zugeführt werden. Nach eingehender Beratung durch die Landwirtschaftskammer entschloss man sich zur Pilzzucht. Holländische Berater wurden hinzugezogen, das Haus wurde umgebaut und für die Pilzzucht hergerichtet. Heute werden in sechs Räumen die Speisepilze Kräuterseitling und Shii-Take gezüchtet. Die sechs Räume haben den Vorteil, dass die zur Zucht notwendigen Substratblöcke zu unterschiedlichen Zeiten bestückt werden können und so das ganze Jahr über frische Pilze zur Verfügung stehen. Die Pilze werden manuell geerntet und verbraucherfreundlich in 100 g bis 2 kg großen Verpackungseinheiten angeboten. Zu beziehen sind die frischen Pilze im eigenen Hofladen. Geliefert wird aber auch direkt in die Gastronomie, die besonders die Frische und Qualität zu schätzen weiß.

Shiitake Pilze stehen im Gegensatz zu Steinpilzen oder Pfifferlingen das ganze Jahr über als Frischware zur Verfügung

zen, da diese auch bei längerem Kochen nicht weich werden. Der Geschmack ist leicht lauchartig, leicht scharf und fester als das der Champignons. Er kann im Kühlschrank problemlos bis zu drei Wochen aufbewahrt werden.

Kräuterseitlinge

Schon der Name verspricht zu Recht ein exzellentes Aroma. Der beige bis dunkelbraune Hut des Kräuterseitlings bleibt recht klein. Der Stiel ist weiß, glatt und dickfleischig. Trotz der Dicke ist er wunderbar zart mit einem leckeren Waldaroma. Er ist reich an Eiweiß und Mineralstoffen, dabei leicht bekömmlich und sehr kalorienarm.

Für die Zubereitung von Shiitake Pilzen liegen im Hofladen zahlreiche Rezepte bereit, die aber auch per Fax angefordert oder von der Homepage abgerufen werden können.

Der Shiitake-Pilz

Der Shiitake Pilz stammt aus Japan. »Shii« bedeutet soviel wie Passaniabaum, es ist der Baum, auf dem der Pilz ursprünglich gedieh und Take heißt Pilz. Der Pilz ist besonders gut verträglich, hat kaum Kalorien, dafür aber reichlich Ballaststoffe. Der regelmäßige Verzehr steigert ganz allgemein die Abwehrkräfte des Körpersund fördert die Gesundheit. Er senkt z. B. den Cholesterinspiegel. Bei den Asiaten gilt der Pilz als Heilpflanze. Shiitake Pilze sind bei Vegetariern ein beliebter Fleischersatz. Frische Shiitake Pilze brauchen meist nicht geputzt zu werden, nur verhärtete Stiele sollte man kür-

HOF GROTHUES-POTTHOFF

Fast 800 Jahre landwirtschaftliche Erfahrung kann die Familie Grothues-Potthoff in die Waagschale werfen, wenn es um die Erzeugung von hochwertigem Gemüse und Obst geht. Jahrhunderte, in denen die Geheimnisse und Kenntnisse der Landwirtschaft, des Obst- und Gemüsebaus von Generation zu Generation weitergegeben wurden. Erfahrung, die in jedem Feld, Baum und in jedem Strauch steckt.

Der 120 ha große Betrieb verfügt über 80 ha Forst- und Getreidefläche sowie über 40 ha Sonderkulturen. Speziell den Sonderkulturen wollen wir uns in diesem Artikel widmen. Der Spargel- und Obstanbau sind die Spezialitäten des Hofes. In den 1980er Jahren hat man mit der Direktvermarktung dieser Produkte begonnen. Heute findet der Verkauf dieser hochwertigen Erzeugnisse nicht mehr nur im Hofladen statt. Die anspruchsvolle Gastronomie und der hochwertige Lebensmittelhandel sind die Kunden der Familie Grothues-Potthoff.

Auf dem Hof werden heute bis zu 100 Arbeiter und Angestellte beschäftigt. Von den 100 Beschäftigten sind etwa 80 Arbeiterinnen und Arbeiter als Erntehelfer tätig, die nur während der Saison auf dem Hof sind, hier wohnen und arbeiten. Betrachtet man den Hof betriebswirtschaftlich, so handelt es sich hierbei um ein gestandenes mittelständisches Unternehmen.

Der Spargel und die Äpfel sind die besonderen Spezialitäten des Hofes. Sie werden jeweils auf 10 Hektar angebaut. Die Saison beginnt bereits im April mit der Spargelernte. Täglich frisch gestochen kommt der Spargel direkt in den Hofladen oder wird mit eigenen Lkw an den Handel geliefert. Spargel schmeckt nur frisch. Muss er kurz gelagert werden, erfolgt das dunkel, kühl und feucht im hofeigenen Kühlhaus. Natürlich steht er auch bei der hofeigenen Gastronomie in vielen Variationen auf der Speisenkarte.

Bereits Anfang Mai folgen die Erdbeeren. Ein Teil des gesamten Erdbeeranbaus befindet sich unter großen Folientunneln, so dass diese frühe Ernte möglich ist. Verschiedene Sorten und Anbautechniken ermöglichen Ernten bis in den November hinein. Täglich frisch gepflückt gelangen sie in den Hofladen.

In der Fruchtfolge folgt die Königin der Beerenfrüchte – die Himbeere – bereits Ende Mai. Auch bei der Himbeere werden die Sträucher unter Folientunneln und im Freiland kultiviert. Der Anbau unter den ca. 2,50 m hohen Folientunneln umfasst eine Anbaufläche von einem Hektar. Zur Befruchtung wurden eigens Hummelvölker angeschafft, da sich Bienen in den Tunneln nicht zurechtfinden. Die Früchte muss man gesehen haben, groß und trotzdem sehr intensiv in der Frucht. Gerade die Früchte unter den Folientunneln

(Foliengewächshäuser) sehen aus wie gemalt. Die Hitze unter dem Tunnel kann so enorm sein, dass die Arbeit nur noch in sehr leichter Sommerkleidung möglich ist. Bei der Himbeerernte helfen keine Maschinen, reine Handarbeit ist hier gefragt. Der hohe Aufwand und die Empfindlichkeit der Frucht und kurze Lagermöglichkeit sind die Hauptfaktoren für die hohen Preise, die der Verbraucher im Handel zahlen muss. Ab Mitte Juni folgen dann die Brombeeren und von Juli bis September die Heidelbeeren, die ausschließlich im Freiland auf ehemaligen Waldböden oder Torfersatz-Böden angebaut werden. Bei Grothues-Potthoff werden nur Kulturheidelbeeren angebaut. Auch hier werden unterschiedliche Sorten angebaut, damit über einen längeren Zeitraum geerntet werden kann.

Fast das ganze Jahr über liefert Grothues-Potthoff knackige Äpfel, die auf 10 ha Fläche angebaut werden. Die Aufzucht bzw. die Produktion dieser Früchte ist eine sehr aufwendige Angelegenheit. Um Frostschäden während der Apfelblüte zu vermeiden bzw. zu reduzieren, werden diese mit Wasser besprüht. Hierzu werden 30 m^3 Wasser pro Stunde und Hektar benötigt. Das bedeutet bei der Größenordung von 10 ha Anbaufläche 300 m^3 pro Stunde.

Gelagert werden die Äpfel nach der Ernte in speziellen Kühlhäusern, denen der Sauerstoff entzogen wird. Dadurch wird die Atmung der Äpfel verhindert und man kommt ohne chemische Hilfsmittel aus. Verschiedene Sorten sind bis Juli des Folgejahres lagerfähig. Die eigenen Apfelsorten bilden in Kombination mit anderen Früchten die Grundlage für die köstlichen hofeigenen Säfte und Fruchtaufstriche, die im Hofladen und im Lebensmittelhandel der Region angeboten werden.

Die Kombination aus Erfahrung, verantwortungsvoller Weiterverarbeitung und Veredelung durch qualifizierte Mitarbeiter macht die Früchte und Erzeugnisse vom Hof Grothues-Potthoff zu erlesenen Produkten.

Die Tradition des Hofes ist es, fortschrittlich zu sein. Den Fortschritt verdankt er seiner großen Erfahrung und Tradition.

Viele Direkterzeuger verkaufen ihre Produkte im eigenen Hofladen

SASSE – DIE BRENNEREI FÜR EDELBRÄNDE IM MÜNSTERLAND

Der Kornbrand gehört zur Kulturgeschichte Westfalens, wie die Geschichte des Weins untrennbar mit der Mosel und der Pfalz verbunden ist. Das Münsterland ist für diese typische Spirituose besonders bekannt.

Im 18. und 19. Jahrhundert reiften noch alle Kornsorten mehrere Jahre in Fässern, was dem Brand einen besonderen Charakter bescherte und ihn aufgrund unterschiedlicher Getreidesorten von Kornbrennerei zu Kornbrennerei unterschiedlich schmecken ließ. Die Fässer verliehen dem Korn eine goldgelbe Farbe. Als die Kornbrennereien jedoch weitestgehend industrialisiert wurden, kam es immer mehr zur »Entschmackung« des Produktes, die goldene Farbe verschwand ebenfalls. Auch die 1707 gegründete Brennerei Sasse aus Schöppingen hat diese Entwicklung mitgemacht. Seit einigen Jahren können Freunde besonderer Kornbrände hier aber wieder den »Sasse Lagerkorn« erstehen, einen Brand, der wie noch vor Jahrhunderten mehrere Jahre in Fässern reift und dessen Neuentdeckung die Familie Sasse einem reinen Zufall verdankt.

Als die Sasses vor einigen Jahren am Vorabend des 6. Dezembers als Mitglieder der Schöppinger Nikolausgesellschaft unterwegs waren, um Leckereien an Groß und Klein zu verteilen, stießen sie auf eine gut 35 Jahre alte Flasche »Sasse Korn«. Noch aus Malzdestillaten nach altem Rezept hergestellt, waren Geschmack und Aussehen dieses Kornbrandes beeindruckend. Man beschloss, die über einhundert Jahre alten Eichenholzfässer zu reaktivieren und Destillate nach altem Verfahren zu brennen, um einen besonders hochwertigen Brand zu produzieren, der in seiner Qualität einem Single Malt Whisky durchaus ebenbürtig ist.

Das naturreine Wasser und das biologisch angebaute Getreide verleihen dem Lagerkorn einen außergewöhnlich milden Geschmack. Für den Brennvorgang hat man bei Sasse eine Brennanlage aus Kupfer restauriert. Diese ist zwar teurer in Wartung und Instandhaltung als moderne Edelstahlanlagen, liefert dafür aber einzigartige Korndestillate. Die Entwicklung und Herstellung des Sasse Münsterländer Lagerkorns V.S.O.P. erfordert höchstes Fachwissen und vor allem viel Zeit.

Die Kornbrennerei Sasse bietet Führungen und Destillateurkurse mit Verkostung an. Die edlen Brände und auch Liköre kann man im Sasse-Laden direkt neben der Destillerie, im Internetshop sowie beim qualifizierten Fachhandel beziehen.

HOFKÄSEREI WELLIE

Die Hofkäserei Wellie befindet sich in Warmen, das liegt im schönen Ruhrtal, zwischen Wickede und Fröndenberg. Die wirtschaftliche Basis des Hofes war vor zahlreichen Jahren die Milchproduktion, die zur Weiterverarbeitung an die Molkereien geliefert wurde.

Im Herbst 1994 begann die Erfolgsgeschichte der Hofkäserei Wellie, als Annette Wellie ihre erste Butter und den ersten Joghurt produzierte und an den Hofladen auf dem Stockumer Hof und im Bekanntenkreis verkaufte. Bald kamen die ersten Anfragen nach selbst hergestelltem Käse. Der wurde anfangs noch zugekauft. Nach kurzer Zeit wurde die 6 qm große Wirtschaftsküche zur Käserei umgebaut. Reichte anfangs ein 20-l-Kochtopf, musste es schnell ein 40-l-Gefäß sein, gefolgt von einem 200-l-Bottich. Die Nachfrage nach den gesunden Naturprodukten stieg stetig und so musste bald ein 1000-l-Gefäß her. Bereits nach einem Jahr beschäftigte Annette Wellie vier Angestellte. Als die Raumnutzung an ihre Grenzen stieß, errichtete Familie Wellie auf dem Hof eine Käserei mit Hofladen. In den hellen hygienischen Räumen werden nun täglich die leckeren und gesunden Spezialitäten hergestellt. Die Produktion basiert nach wie vor auf den bewährten Rezepten alt überlieferter Handwerkstradition – ohne Zugabe von Bindemitteln, Geschmacksverstärkern, Farbstoffen und Nitratsalzen. Selbstverständlich wird die Qualität ständig überprüft. In erster Linie wird heute Rohmilchkäse produziert.

Vor dem Betrieb stehen den »schwarzbunten« Milchkühen große Grünflächen als Weidefläche und Heureservoir zur Verfügung. Für die Hofkäserei Wellie wird heute ausschließlich Milch aus eigener Produktion verwendet.

Optimale Bedingungen für die schwarzbunten Kühe sind die Grundlage für die hervorragende Milchqualität, dem Vorprodukt für die Käsespezialitäten der Hofkäserei. Eine artgerechte Haltung in großzügigen Boxenlaufställen im Winter und viel Auslauf auf den satten grünen Weiden im Sommer sowie das selbst angebaute Futter garantieren die gleich bleibend hohe Qualität der Käsespezialitäten.

So wird der Käse bei Wellie hergestellt

Zu der morgenfrischen 31 °C warmen Milch werden Milchsäurebakterien und Lab gegeben. Ist die Milch nach einer Stunde dick, wird sie mit einer Käseharfe in Würfel geschnitten, damit die Molke austreten kann. Die Dickmilchwürfel werden mit dem Rührwerk in Bewegung gehalten und durch den andauernden Molkeaustritt immer fester. Jetzt spricht man vom Käsebruch. Ist die richtige Konsistenz erreicht, wird der Bruch in Käseformen gepresst, damit der Laib seine richtige Form erlangt und die überschüssige Molke ablaufen kann. Nun muss der Käse noch ins Salzbad. Hier bekommt er seine Rinde und kann Salz zur Geschmacksbildung aufnehmen. Nach ein bis zwei Tagen, je nach Größe, wird er im Reiferaum eingelagert. Hier reift er auf Kiefernbrettern je nach Sorte, vier Wochen bis zu mehreren Jahren. Je länger der Käse reift, desto aromatischer wird er. Während der Reife wird er ständig gedreht und gewaschen. Der Rohmilchkäse wird durch Zugabe von Gewürzen, Kräutern oder Obst in vielen Geschmacksrichtungen produziert.

Da ist zum Beispiel der »Glückskäse-Käfer«, ein würziger Rohmilch-Schnittkäse. Sein Fettgehalt beträgt mindestens 45 % in der Trockenmasse. Er wird aus frischer Milch direkt auf dem Hof Wellie hergestellt. Neben der Tatsache, dass er lecker ist, eignet sich der Käse aufgrund seiner attraktiven Farbgebung und seiner optisch reizvollen Verpackung auch ausgezeichnet als Geschenk. Anlässe und Gelegenheiten um Freunden und Bekannten so auf originelle Weise Glück zu wünschen, gibt es immer wieder.

Auch nach vielen Jahren wird die handwerkliche Herstellung von Käse bei Annette Wellie nicht zur Routine. Immer noch entstehen neue Produkte oder Geschmacksrichtungen, wie zum Beispiel »Der Schwatte«, Honig, Senf, Bärlauch oder Tomaten-Basilikum Käse. Den »Hellweger« gibt es zurzeit in ca. 20 Geschmacksrichtungen wie z. B. Hellweger Natur, Hellweger mit Bärlauch, Hellweger mit Haselnuss, Hellweger mit Senf, Hellweger mit grünem Pfeffer und viele mehr. Der Ruhrtaler zum Beispiel ist ein würziger Rohmilchkäse mit Weißschimmel. Diesen Rohmilchkäse gibt es in den Geschmacksrichtungen »Natur« und mit Rucola.

Neben Käse werden im Hofladen auch noch Buttermilch, Trinksauermilch, Quark, Dickmilch, zehn verschiedene Fruchtjoghurtsorten, Sahne, Crème fraîche und Frischkäse aus eigener Produktion verkauft – alles in umweltfreundlichen Mehrweggefäßen. Zusätzlich gibt es hier auch Rindfleisch aus eigener Zucht und Spezialitäten wie Rindersalami.

Die Produkte der Hofkäserei Wellie werden heute bundesweit vertrieben und per Paketdienst versandt. In der Region erhalten Sie die Spezialitäten der Hofkäserei in der Gastronomie, in Hofläden und in Metzgereien.

Fischhof Baumüller

Etwas außerhalb von Wickede an der Ruhr, an der Westgrenze des Kreises Soest, finden Sie den Fischhof der Familie Baumüller. Die Geschichte des ehemaligen Kotten und die der Familie Baumüller führt zurück bis in das Jahr 1773, als Caspar Baumüller gegen die Zahlung von jährlich zwei Reichstalern ein kleines Fleckchen Land vom Kloster Scheda zur Nutzung erhält. Über die Jahrhunderte erlebte das kleine Anwesen eine wechselvolle Geschichte, in der die verschiedenen Generationen oft nicht von der kleinen Landwirtschaft leben konnten und sich ihr Zubrot als Schneider, Zimmermann oder Maurermeister verdienen mussten, um Hof und Familie durchzubringen. 1968 beginnt die Geschichte des Fischhof Baumüller. Hubert Baumüller legt Angelteiche an, die vom frischen Quellwasser des Strullbaches gespeist werden, setzt dort Forellen aus und gibt Angelscheine an Sportangler aus.

1972 errichtet er eine Räucherei und baut in die vorhandenen Stallungen Wasserbecken für die Fischzucht. Der Betrieb entwickelt sich. Drei eigene sowie hinzugepachtete Fischteiche bilden heute das Fundament für den Fischhof Baumüller, der inzwischen von Sohn Frank und seiner Frau Walburga bewirtschaftet wird. Frank Baumüller ist gelernter Fischwirt und hat den Hof 2002 übernommen. Neben der Fischzucht und Vermarktung wird die kleine Landwirtschaft in bescheidenem Umfang weiter betrieben. Die Ländereien liefern Futter für 35 Schafe, die direkt vermarktet werden.

Mit den Produkten aus seiner Forellenräucherei hat sich Frank Baumüller weit über den Ort und die Region hinaus einen exzellenten Ruf erworben. Feinkostgeschäfte und die Gastronomie zählen zu seinen Kunden. Mit Overkamp aus Dortmund verbindet ihn eine langjährige »westfälische Freundschaft«. Haus Delecke am Möhnesee und Hof Hueck in Bad Sassendorf zählen ebenfalls zu seinen Kunden.

Zum Fischhof gehört ein kleiner Hofladen, der unter Fischliebhabern als Geheimtipp gilt. Hier werden die Fischspezialitäten des Hauses direkt vermarktet. Ebenfalls zum Unternehmen gehört der »Fisch-Park am Strullbach«. Hier befinden sich drei Teiche – ein kleiner ($750\,m^2$) und ein großer Forellenteich ($2000\,m^2$) sowie ein großer Naturteich ($3700\,m^2$) – mit unterschiedlichen Angelsituationen. Diese sind mit verschiedenen Forellenarten aber z. B. auch mit Bachsaiblingen, Karp-

fen, Aalen und Stören besetzt. Die Teiche können von Anglergruppen oder Fischereivereinen gemietet werden. Ein wahres Eldorado für Angelfreunde.

Mit seinem modernen Marktwagen ist der Fischhof auf den Wochenmärkten in Unna-Stockum, Neheim und Werl sowie auf dem Mühlenfeldmarkt in Werl-Hilbeck und dem Sonntagsmarkt beim Landcafé Scheer (direkt an der B1) vertreten. Ein weiteres Geschäftsfeld ist sein Fisch-Plattenservice für Endkunden. So kommen im Jahr viele Tonnen Forellen und Lachs zusammen.

Baumüller setzt auf absolute Qualität. Seine Fischteiche werden durch frisches Brunnenwasser gespeist. Die diversen Zuchtteiche sind mit Forellen, Lachsforellen, Aalen und Karpfen besetzt. Der Maßstab für Baumüllers Qualitätsgarantie ist, dass alle Produkte aus seinen Teichen lebend und frisch verarbeitet werden.

Der Räucherlachs wird nur aus frischen, ganzen Fischen geschnitten und geräuchert.

Für die nahe Zukunft plant Frank Baumüller im Innenhof seines Anwesens die Errichtung eines kleinen Verköstigungsraumes mit angegliedertem Essgarten. Ist dieser erst eingeweiht, können Sie die vielen exzellenten Fischspezialitäten gleich vor Ort probieren.

Fleisch und dessen Qualität

Gekocht, gebraten, geräuchert oder geschmort, Fleisch von Rind, Lamm oder vom Schwein, für Fleisch gibt es die unterschiedlichsten Rezepte und Zubereitungsarten. In diesem Buch finden Sie tolle Rezepte von erstklassigen Köchen und auch unsere Leser und Leserinnen haben oft einen großen Erfahrungsschatz, wie man Fleisch auf die verschiedensten Weisen geschmackvoll zubereitet.

Ob im privaten Haushalt, in der Werkskantine, in einem Landgasthof oder in einem Sternerestaurant gekocht wird, wichtig ist das Wissen über Herkunft und Qualität unserer Lebensmittel.

Besonders beim Fleisch hat es in den letzten Jahren viele Lebensmittelskandale gegeben, die bis heute nicht aus den Schlagzeilen verschwinden wollen. Wenn der letzte Skandal gerade beginnt in Vergessenheit zu geraten, wird wieder ein LKW mit umdeklariertem Gammelfleisch entdeckt. Die kriminelle Energie einiger Erzeuger und Händler scheint so groß zu sein, dass wir mit diesen Vorfällen wohl auch in Zukunft immer wieder rechnen müssen. Aufgrund der Häufigkeit dieser Vorfälle ist die Sensibilisierung der Verbraucher bzw. der Restaurantgäste für gutes Fleisch eine wichtige Voraussetzung dieses tolle Lebensmittel wieder ohne faden Beigeschmack genießen zu können. Der Moderator einer bekannten Kochsendung im deutschen Fernsehen redet in diesem Zusammenhang oft vom »Metzger seines Vertrauens«. Vertrauen und die Kenntnis von der Herkunft des Fleisches spielen eine immer größere Rolle. Im Verhältnis zu unseren europäischen Nachbarn geben wir nur sehr wenig Geld unseres verfügbaren Einkommens für Lebensmittel aus. Verschiedenen Quellen zur Folge sind es nur ca. 11,5 %. Man kann sicherlich nicht jedes Produkt in einem Hofladen kaufen, daher haben die Supermärkte alleine aufgrund der quantitativen Nachfrage sicherlich ihre Berechtigung, aber ein Kilo Hähnchenfleisch für 2,18 € oder ein Kilo Gans für 2,68 € kann beim besten Willen keine erstklassige Qualität haben.

Das Verbraucher und Gastronomie besser informiert und sensibilisiert werden müssen, haben auch verantwortungsvolle Lieferanten der Gastronomie erkannt und veranstalten zu den verschiedensten Themen Produktseminare, die mit erstklassigen Fachleuten besetzt sind.

So lud der Service-Bund Vreriksen seine Kunden zu einem Seminar über Fleischqualitäten in seine Food-Factory nach Dortmund ein.

Im Rahmen dieses Seminars haben Fleisch-Experten und der populäre Fernsehkoch und Buchautor Stefan Marquard die anwesenden Seminarteilnehmer über die grundsätzlichen Fragen der Fleischqualität informiert.

Nach dem interessanten und aufschlussreichen theoretischen Teil war der Höhepunkt des Tages, auf welche Weise Stefan Marquard (gelernter Metzger) und sein Team den fachgerechten Umgang mit frischem Fleisch demonstrierte. Zu jedem Unterthema gab es kleine Köstlichkeiten zum Probieren. Die Anwesenden machten regen Gebrauch davon, stellten Fragen, ließen sich von Marquards Ideen inspirieren und genossen Carpaccio mit Ruccola, gerösteten Pinienkernen und frisch geriebenem Parmesan, Tafelspitz mit Pfifferlingen und frischen Kräutern oder kleine Rindfleischspießchen mit Schmand, die mit klein zerdrückten Cornflakes bestreut wurden.

Die Tellermitte

Alles dreht sich um die Mitte auf dem Teller – um das Fleisch! Gutes Fleisch braucht einen guten Bauern, einen guten Schlachter und einen guten Koch. Viele Faktoren entscheiden über die Qualität – Aufzucht, Fütterung, Schlachtung, Zerlegung, Reife, uvm. Fehlende Transparenz führt nach den vielen Gammelfleischskandalen und anderen Enttäuschungen beim Verbraucher, Kunden und Restaurantbesucher zu Unsicherheit und fehlendem Vertrauen.

Allerdings gibt es auch Anbieter, die aus den zurückliegenden Skandalen gestärkt hervorgegangen sind und sich durch Transparenz das Vertrauen ihrer Kunden bewahrt haben. Der Service-Bund bürgt mit seinem Qualitätssiegel »FleischPlus« für Qualität plus mehr Genuss! Die Gäste in Restaurants und Hotels erwarten Fleischqualität und Fleischgenuss.

Markenfleisch macht Fleischqualität sicher. Nur festgelegte Qualitätskriterien schaffen das notwendige »Mehr« an Sicherheit. Die Informationen, unter welchen Bedingungen das Fleisch produziert wurde, sind häufig sehr dürftig. Entscheidend für die Qualität sind daher die speziellen Richtlinien für das Markenfleischprogramm vom Service-Bund. Köche und Küchenchefs entscheiden mit ihrem Einkauf über die Qualität ihrer Fleischgerichte. Egal ob Rind- oder Schweinefleisch – die Qualitätsstandards von »FleischPlus« beruhen auf sieben Qualitätssäulen: deutsche Herkunft, art- und tiergerechte Aufzucht, kontrollierte Futtermittel, kurze Transportwege, kontrollierte Schlachtung und Zerlegung, immer gleich bleibende anwenderfreundliche Zuschnitte. Bei Rindfleisch kommen ausschließlich Jungbullen zur Schlachtung.

»FleischPlus« garantiert Sicherheit

Das Fleisch stammt aus den ländlichen Regionen Deutschlands, ist in seiner Herkunft nachweisbar und wird in deutschen EG-Betrieben geschlachtet. Durch aussagekräftige Etikettierung können alle Teilstücke identifiziert werden. Das Fleisch unterliegt strengsten hygienischen Kontrollen und wird systematisch auf Rückstände untersucht. Neben den lebensmittelrechtlichen Auflagen werden freiwillige Selbstkontrollen durchgeführt.

Für die Restaurantgäste ist erlebbare Qualität entscheidend – Qualität, die auf den Teller kommt. Mit den zusätzlichen Kriterien wird die Voraussetzung für den besonderen Fleischgenuss geschaffen: ideale Zubereitungseigenschaften, geringe Garverluste, Zartheit und Bissfestigkeit.

Das Plus: Mehr Fleischgenuss!

Die Qualität von Rindfleisch hängt vom Reifegrad und der Intensität der Marmorierung ab – von den vielen weißen Fettäderchen, die das rote Muskelfleisch durchziehen. Diese Marmorierung ist abhängig von der Rasse, vom Futter, vom Alter – und natürlich auch von den individuellen Anlagen jedes einzelnen Tieres. Der Kenner weiß das.

»FleischPlus« orientiert sich nicht nur an den klassischen Qualitätskriterien, die für Markenfleisch verbindlich sind, sondern insbesondere an der für die Gastronomie so wichtigen Genussqualität.

VON DER HAND IN DEN MUND

Fingerfood ist trendy und auch thematisch derzeit in »aller Munde«. Nun ist Fingerfood keine Erfindung der vergangenen Jahre, oder eine Weiterentwicklung der bekannten Partyhäppchen der End-Fünfziger des vorigen Jahrhunderts, als die zarte Pflanze Wirtschaftswunder zu sprießen begann (z. B. mit Käsewürfeln und Weintrauben). Fingerfood ist schon gar keine Erfindung der Amerikaner, auch wenn der Name es vermuten lässt. Während konservative Menschen darin den Verfall der Esskultur sehen, ist diese Variante der Verköstigung von Gästen selbst bei Sterneköchen und Ernährungswissenschaftlern ein Thema.

Erstmalig wurden die kleinen Häppchen 1923 bei der Eröffnung des Berliner Flughafens Tempelhof angeboten. Der deutsche Koch Karl Borro Palleta servierte seine »Erfindung« unter dem Namen »Cocktail-Tibits«. Seine Kreationen fanden sehr großen Anklang. Er reichte anstatt der damals üblichen Pralinen und Kartoffelchips filigrane kleine Köstlichkeiten wie daumenlanges Weißbrot mit hauchdünnen Hummerscheibchen und Krebsschwänze unter millimeterdünnen Streifen gekochter Forellenhaut und überzog Medaillons von Gänsestopfleber mit Madeiragelee. Das war der Anfang der kulinarischen Miniaturen, von denen selbst der König der Köche, Auguste Escoffier (1846 – 1935, u. a. Verfasser des Guide Culinaire) hell begeistert war und Palleta einen langen Dankesbrief schrieb. Aufgrund eines Magenleidens musste Palleta seine Kochkunst aufgeben. Der zweite Weltkrieg tat ein Übriges, dass dieser kurze Hype schnell wieder in Vergessenheit geriet. Heute zelebrieren deutsche Canapé-Koryphäen die »Art of Fingerfood«. Heiko Antoniewicz, ehemals Sternekoch und Mitinhaber des Dortmunder Restaurants »Art Manger« sowie Buchautor, zur Philosophie des Häppchens: »Es ist optisch ansprechend. Nicht größer als das alte Fünfmarkstück. Und jedwedes Dekor muss essbar sein.« Er verrät, warum er großen Aufwand für die kleinen Dinge treibt: »Sie werden mit einem, maximal mit zwei Bissen verspeist. In diesem kurzen Moment müssen Sie alles erfassen können, was dieses Gericht ausmacht«.

Tex-Mex und Sushi sind schon länger populär und gelten als Vorreiter der heutigen Fingerfood-Euphorie und Lifestyle-Küche. »Ethno-Food« ist eine weitere neue Bezeichnung für die kleinen Appetizer. Vielleicht ist dieser Name gar treffender, werden die Speisen doch

Auch das Informationsangebot in der einschlägigen Literatur und Fachpresse steigt stetig und trägt damit diesem Trend Rechnung.

Erfolgreich gegen alle Regeln

Dass Fingerfood gesellschaftsfähig geworden ist, wird, so glaube, ich auch von seinen Kritikern nicht mehr ernsthaft bestritten. Von einem Verfall der Esskultur kann schon gar keine Rede sein. Edelste Zutaten und ein vielfältiges und variantenreiches Angebot tragen maßgeblich zur Beliebtheit dieser Art der Nahrungsaufnahme bei. Niedergang der Esskultur? Spätestens seitdem sich auch Sterne gekrönte Restaurants dieses Themas angenommen haben, ist die Angelegenheit zugunsten des Fingerfood entschieden. Bei einem Fingerfood-Menü, mit z. B. 9 Gängen, genießen Sie je nach Zusammenstellung mehrere Fisch, Fleisch, Geflügel oder auch vegetarische Gänge. Von den Köstlichkeiten der Desserts ganz zu schweigen. Der Fantasie sind dabei kaum Grenzen gesetzt. Ich kann Ihnen aus eigener Erfahrung sagen, dass auch hier nach dem siebten Gang ein langsam aufkommendes Sättigungsgefühl einsetzt.

Die steigende Beliebtheit des Fingerfoods hat auch dafür gesorgt, dass sich ein eigenes Geschirrangebot nicht nach einer reinen Lehre zubereitet, sondern vielmehr als bunte Mixtur vieler ethnischer Geschmacksströmungen. Das Ergebnis ist immer häufiger auf den silbernen Tabletts von Buffets zu bestaunen. Selbst bei Nachtischbuffets muss der Fingerfood-Anhänger auf die süßen Speisen nicht verzichten.

Helmut Stolzenhoff, Geschäftsführer der Stolzenhoff Catering Company: »Wir können mit unseren Fingerfood-Spezialitäten individueller auf die verschiedenen Geschmacksansprüche der Gäste bei großen Events und Empfängen eingehen. Selbst Vegetarier kommen hier nicht zu kurz. Mit dem kulinarischen Angebot und der optischen Gestaltung können wir Themenvorgaben, Jahreszeiten und Regionen kreativer darstellen. Wir verzeichnen im Fingerfoodbereich seit einiger Zeit eine steigende Nachfrage.« Auch die Geschäftsleitung vom Service Bund Vreriksen setzt auf diesen Trend. Das Thema Fingerfood ist der Geschäftsleitung von »Vredos Food Factory« so wichtig, dass sie für ihre Kunden aus der Gastro-Szene seit einiger Zeit Fingerfood-Seminare veranstaltet.

Während die einen den Verdacht haben, die Gastgeber von Empfängen wollten ihre Gäste mit nicht allzu viel Essen nach dem offiziellen Teil schnell wieder los werden, entwickelt sich Fingerfood für andere zu einer beliebten neuen »Esskultur«.

für diese Art zu speisen entwickelt hat. Speziell geformte Löffel, kleine Teller und Porzellan- oder Glasschalen sowie Behälter in vielen Variationen haben eine eigene Tisch- und Darreichungsform kreiert.

Besonders beliebt sind Fingerfood-Buffets (auch als Flying Buffet bezeichnet) aber auf Partys und Empfängen aller Art. Kein Wunder also, dass Fingerfood bei Partygängern auf der Hitliste ganz oben steht. Einen Bissen hier, einen Löffel dort – alles gegessen im Stehen, beim Schlendern oder einfach so aus der Hand. Es gibt kein Besteck, keine starre Sitzordnung und auch keine feste Menüfolge, jeder sucht sich den nächsten Gang am Buffet selbst aus, oder noch besser: auf Empfängen sorgt der Service auf seinen Rundgängen mit kleinen Tabletts kontinuierlich für Nachschub. So erstaunt es nicht, dass die köstlichen Kreationen im Miniformat von keinem Empfang und kaum einer Party mehr wegzudenken sind. Die neue Einfachheit zu speisen ist einfach zu verlockend. Wie immer kommt es auch hier auf die richtige Menge an.

Bei einer Veranstaltung, die sich über den ganzen Abend erstreckt, planen Sie zehn bis zwölf Häppchen pro Person ein. Wer die Snacks als Appetitanreger vor dem Dinner reicht, rechnet mit drei, maximal fünf Minisnacks pro Gast. Für einen kurzen Stehempfang oder eine Cocktailparty (2 – 3 Stunden) kalkulieren Sie vier bis sechs kleine Köstlichkeiten pro Gast ein.

Entscheidend für den Erfolg ist die Vielfalt der Speisen. Für zehn bis 20 Gäste empfehlen Gastronomie-Experten sechs verschiedene Gerichte. Bei größeren Gruppen empfehlen sich acht verschiedene Gerichte.

Auswahl der Gerichte: Der Anlass und die Art der Gäste spielen eine wesentliche Rolle. Haben Sie ein gemischtes Publikum eingeladen oder möchten Sie Geschäftsfreunde mit erlesenen Köstlichkeiten beeindrucken? Saisonale Angebote können ideal genutzt werden. Grundsätzlich ist es ratsam, neben bekannten Gerichten ein bis zwei Besonderheiten anzubieten. Dabei sollten die Snacks sowohl im Geschmack als auch in den Farben und Formen variieren. Passt es zur eingeladenen Gesellschaft, können Sie das Buffet auch nach einem Motto ausrichten und beispielsweise vorwiegend asiatische Snacks (Sushi) oder mexikanische (Tortillas) anbieten. Spezialitäten und Besonderheiten der regionalen und internationalen Küchen warten darauf von Ihnen entdeckt zu werden. Locken Sie doch einfach einmal Ihre Gäste auf kulinarisches Neuland.

Von mediterranen Genüssen wie »Sauce pizzaiola im Spaghettinest« oder »Jakobsmuscheln auf Zucchinistreifen« bis hin zu asiatischen Geschmackserlebnissen wie einem »Curry von roten Linsen mit gebratenem Lammfilet« reicht das fast unendliche Angebot.

Gehen Sie einmal wieder auf kulinarische Entdeckungsreise und besuchen ein gutes Restaurant, das Fingerfood oder Gabelmenüs anbietet.

vreriksen foodservice

Alles Gute für den Gaumen

www.vreriksen.de

Kräuter und Co. Der eigene Kräutergarten

Was wird den Kräutern nicht alles zugeschrieben und angedichtet und was bewirken Wild- und Küchenkräuter tatsächlich? Da ist gelegentlich von Kräuterhexen und Kräuterdoktoren die Rede. Kräuter machen süchtig, Kräuter beruhigen, regen an und heilen sogar. Hausfrauen, Hobbyköche und die Chefs der vielen kleinen und großen Restaurantküchen wollen mit den Kräutern vor allem eins – unseren Speisen eine besondere Note geben. Kräuter und Gewürze gehören zwar nicht zu den Grundzutaten der meisten Rezepturen, doch sind sie für die schmackhafte Zubereitung von Speisen unerlässlich. Oft verleihen Sie einem Gericht den berühmten »Kick«.

Aufgrund des zunehmend milden Klimas gedeihen oft auch Kräuter aus südlichen Regionen in unseren Gärten und Kräutergärten. Der Kräutergarten ist das Stichwort, denn frische Kräuter sind in fast allen Fällen getrockneten Kräutern oder pulverisierten Kräutern vorzuziehen. Einige Kräuter verlieren im getrockneten oder pulverisierten Zustand fast vollständig ihre Würzkraft bzw. ihr Aroma, z. B. Estragon. Es gibt Köche, die ihre Kräuter jede Woche von der Côte d'Azur einfliegen lassen, weil sie gerade bei Estragon, Salbei und Rosmarin auf das besondere Aroma der Kräuter aus den sonnenverwöhnten Regionen Europas schwören. Bei den Restaurants mit gehobener Preisstruktur mag das durchaus ein gangbarer Weg sein, in einem gutbürgerlichen Restaurant oder bei Ihnen zu Hause würde das den Etat über Gebühr belasten.

Ein kleiner Kräutergarten hinter dem Haus, ein Balkonpflanzkasten oder ein Blumenkasten vor Ihrem Küchenfenster sind für den Anfang völlig ausreichend. Die heimischen Kräuter sind all die grünen Blattpflanzen, die frisch oder getrocknet zum Würzen angebaut werden. Gewürze sind meist getrocknete oder gemahlene tropische Samen, Wurzeln, Stängel oder Rinden. Manchmal treffen diese strikten Unterscheidungsmerkmale allerdings nicht zu, da einige Pflanzen sowohl als Küchenkraut wie auch als Gewürz eingesetzt werden. Für den »Hobbykräutologen« gilt, frostunempfindliche Kräuter können ab Ende April direkt ins Freie ausgesät werden. Frostempfindliche Kräuter wie Basilikum werden im Gewächshaus vorgezogen oder nach den Eisheiligen im Pflanzencenter gekauft und im Balkonkasten oder Kräuterkarten ausgepflanzt. Wer schneller ernten will, kauft seine Lieblingskräuter bereits im Topf und pflanzt sie dann zu Hause aus.

In den Pflanzencentern und vielen Gärtnereien gibt es bereits eine große Vielfalt an Kräutern. Hier nur eine kleine Auswahl, die in keiner Küche fehlen darf.

Schnittlauch *(Allium schoenoprasum)* lässt sich sehr leicht ziehen. Er wird gerne roh z. B. in Salaten verzehrt und in Marinaden verwendet. Er hat einen aromatischen Zwiebelgeschmack, schmeckt aber feiner als andere Lauchsorten. Seine Blüten können als Garnierung verwendet werden. Schnittlauch ist reich an Vitamin C und Eisen. Sehr durstig. Nicht hacken, dann wird er bitter. Mit einem scharfen Messer in feine Röllchen schneiden.

Knoblauch *(Allium sativum)* ist bekannt für seinen Geruch und sein unvergleichliches Aroma. Knoblauch wird frisch mit weißer, violetter oder roter Haut angeboten. Die Geschmacksrichtungen reichen von mild bis scharf. Roh wird Knoblauch gerne in Salatsaucen und Marinaden verwendet. Beim Braten muss Knoblauch rasch gegart werden, da er sonst verbrennt und bitter wird.

Petersilie *(Petroselinum crispum)* Es gibt eine glatte und eine krause Variante der Blattpetersilie sowie die Wurzelpetersilie. Die krause Variante ist sehr mild und wird meist für die Garnitur verwendet. Die geschmacksintensivere glatte Variante eignet sich sehr gut zum Würzen von Möhrengerichten.

Basilikum *(Ocimum basilicum)* ist eines dieser vielen Mittelmeer-Kräuter, die auch aus unserer Küche nicht mehr wegzudenken sind. Eine sehr frostempfindliche Pflanze. Würziges, leicht pfeffriges Aroma, mitunter etwas süßlich (mehr als 20 Sorten). Basilikum möglichst frisch verwenden. Viele Mittelmeergerichte gewinnen an Kontur durch Basilikum. Bei einem Tomaten-Mozzarella-Salat ist frischer Basilikum nicht wegzudenken. Bei kräftigen Braten wird er auch in getrockneter Form eingesetzt.

Dill *(Anethum graveolus)* Kaum ein Fischgericht, bei dem dieses einjährige Kraut keine Verwendung findet. Fenchelartiges Aroma. Passt auch zu auch zu Gurken und Roter Beete. Wer es mag kann auch den Kartoffelsalat damit verfeinern.

Kapuzinerkresse *(Tropaeolum majus)* Sie gedeiht fast überall. Ein fantastisches Küchenkraut, von dem man sowohl das Blatt als auch die Blüten verwenden kann. Die Blätter haben einen leicht pfeffrigen Geschmack. Die essbaren Blüten sind eine schöne Dekoration für Salate und Desserts. Die Blüten werden auch separat in Feinkostgeschäften angeboten.

Koriander *(Coriandrum sativum)* Korianderblätter sind das auf der Welt am häufigsten verwendete Gewürz. Es wird vornehmlich in Asien und der lateinamerikanischen Küche verwendet. Die Blätter erinnern an die glattblättrige Petersilie. Sein Geruch ist gewöhnungsbedürftig, leicht seifig. Passt gut zum Würzen von Suppen und Salaten. Seine kugeligen Samen werden für die Weihnachtsbäckerei verwendet, aber auch zum Würzen von Braten, Gurken und Roter Beete.

Majoran *(Origanum majorana)* ist ursprünglich im Mittelmeerraum ein sehr verbreitetes Gewürz, das sich aber seit Jahren auch in unserer Region etabliert hat. Seine kleinen pelzigen Blätter haben ein minziges kräftiges Aroma. Majoran schmeckt frisch und getrocknet. Majoran passt besonders gut zu deftigen Gerichten. Nicht fehlen darf Majoran in der Leberwurst und in Lebergerichten sowie in vielen Pasteten. Erst zum Schluss der Garzeit hinzu geben. Gedeiht gut in Gefäßen.

Oregano *(Origanum vulgare)* ist die wilde Variante des Majoran. Er liebt es sonnig, trocken und warm. Im Geschmack dem Majoran sehr ähnlich, deshalb nie beide Gewürze in einem Gericht verwenden. Leicht winterhart, als Kübelpflanze geeignet. Am aromaintensivsten ab Juli. Passt besonders gut zu Pizza und Tomatengerichten.

Estragon *(Artemisia dracunculus)* Mehrjähriger Mittelmeerstrauch, der in unserer Region Winterschutz benötigt. Frischer, bittersüßer Geschmack. In der feinen Küche wird nur der französische Estragon verwendet. Die in Russland vorkommende Art ist derber im Geschmack.

Rosmarin *(Rosmarinus officinalis)* Mehrjähriger Strauch aus dem Mittelmeerraum, bis einen Meter hoch), bedingt winterhart, d.h. Winterschutz erforderlich. Als Kübelpflanze geeignet. Passt zu herzhaften Gerichten der mediterranen Küche. Als Gewürz dienen seine Blätter, die gemahlen oder als ganzer Zweig (wieder entfernen) verwendet werden. Rosmarin hat eine frische, belebende Wirkung sowohl als Gewürz wie auch als Badezusatz. Seine Blüten blühen weiß über rosa bis violett.

Salbei *(Salvina officinalis)* Die mehrjährige Pflanze (bis 70 cm hoch) stammt aus dem Mittelmeerraum. Sehr beliebt bei den meisten Köchen, soll er doch über »4 000« verschiedene Geschmacksnuancen verfügen. Lässt sich gut in Kübeln kultivieren. Bedingt winterhart. In harten Wintern frieren viele Triebe ab. Er sollte regelmäßig zurückgeschnitten werden. Salbei ist robust und treibt im Frühjahr neu aus. Salbei hat ein zartbitteres, zitronig-herbes Aroma.
Salbei-Blätter schmecken frisch am besten. Beliebt als Würzmittel bei Lamm, Kalb und Leber. Nicht wegzudenken bei Saltimbocca. Salbei ist auch bekannt für seine heilende Kraft, insbesondere bei Entzündungen der Schleimhäute.

Thymian *(Thymus vulgaris)* Ein Winterharter Zwergstrauch. Eines der beliebtesten Kräuter am Mittelmeer, besonders bei den Franzosen. Schmeckt pfeffrig scharf und behält auch im getrockneten Zustand seine Würzkraft. Seine winzigen Blätter werden von den Ästen abgestreift und so zum Mitkochen vielen Fleisch- und Wildgerichten beigegeben. Er macht Lammbraten leicht verdaulich. Wird auch für Wildpasteten verwendet. Die Mittelmeerpflanzen sind aromatischer als die inzwischen in unserer Region heimischen Sorten. Seine ätherischen Öle besitzen vielfache therapeutische Wirkungen, sind bakterientötend, krampflösend, helfen bei Husten und fördern die Fettverdauung.

Zitronenmelisse *(Melissa officinalis)* Wer dieses Kraut einmal in seinem Garten hat, wird es so schnell nicht mehr los. Es verbreitet sich schnell durch unterirdische Triebe. Kübelpflanzung ist angeraten. Ideale Würze an frischen Salaten und Kräuterquark, aber auch für Desserts. Die ätherischen Öle der Pflanze duften nach Zitrone und wirken beruhigend und stärken das Gedächtnis (Melissengeist). Die jungen zarten Blätter passen zu allen Gerichten, für die Sie Zitronen verwenden würden.

Güde Messer – Der Griff nach dem Glück

Schon seit Jahrhunderten tüfteln die ehrgeizigsten und kreativsten Messerhersteller in Solingen mit großem handwerklichen Können an der Gestaltung von Klingen und Schneiden, um Schärfe und Schneiden immer weiter zu verbessern. In den ersten Jahrzehnten des 20. Jahrhunderts wurden von den rund 9 000 selbstständigen Handwerksbetrieben der Klingenindustrie in Solingen die entscheidenden Techniken entwickelt, mit denen auch heute noch qualitativ sehr hochwertige Messer hergestellt werden.

Firmengründer Karl Güde wusste, dass es nur einen Weg gab, gute Messer herzustellen: Aus einem Stück Stahl werden Rohlinge im Gesenk geschmiedet, von Hand geschliffen, mit einem Griff versehen und von Hand abgezogen. So und nicht anders wurden richtige Messer gemacht. Natürlich gab es auch zur Zeit der Gründung von Güde bereits Messer, die nicht geschmiedet, aber in einer Standardqualität hergestellt wurden. Diese zählten jedoch nicht zu den Produkten, die den weltweit hervorragenden Ruf der Solinger Klingen begründeten.

Im Laufe der Jahrzehnte wuchsen einige Solinger Messer-Manufakturen zu großen Fabriken heran, andere waren vom Markt verschwunden. Franz Güde, Sohn des Firmengründers, führte sein Unternehmen mit stoischer Konsequenz nach den althergebrachten Qualitätsmaßstäben als Handwerksbetrieb.

Im Wesentlichen war die technische Entwicklung der Klingenindustrie abgeschlossen, als Franz Güde im Jahr 1930 die letzte wirklich einschneidende Neuentwicklung der Messermacher gelang. Franz Güde entwickelte ein Verfahren, durch das die Klinge bis zur Schneidfläche in Wellen durchgeschliffen werden konnte. Der Vorteil: Die Messer blieben wesentlich länger scharf.

Heute sind selbst billige Brotmesser aus allen Teilen der Welt mit einem Wellenschliff nach Franz Güde ausgestattet. Güde Messer werden für Profis entwickelt. Schlachter, Metzger und Köche waren schon in den 1950er Jahren die wichtigsten Kunden der handwerklichen Messermanufaktur. Die kompromisslose Güde-Qualität hatte sich bei denjenigen sehr schnell herumgesprochen, die bei ihrer Arbeit auf gute Messer angewiesen sind. Diese kompromisslose Qualität stellt Güde auch heute noch im traditionell handwerklichen Verfahren her.

Schon als Kind hielt sich der Enkel von Franz Güde, Dr. Karl Peter Born, gerne in der Produktion des Unternehmens auf und schaute den Arbeitern auf die Finger. Als er Ende der 1980er Jahre in vierter Generation das Unternehmen übernahm, führte er es konsequent auf seinen Ursprung der handwerklichen Fertigung mit höchsten Qualitätsansprüchen zurück.

Auch im Jahr 2007 gibt es bei Güde keine »teilgeschmiedeten« oder an das Griffstück angeschweißte Klingen, sondern nur die im Gesenk in einem Stück handgeschmiedeten Messer. Güde fertigt auch in vierter Generation in kleinen Stückzahlen seine Messer von Hand und folgt dabei auch individuellen Kundenwünschen. Als Hersteller bietet Güde auch einen Nachschärfservice (Inspektion) für seine Kunden an.

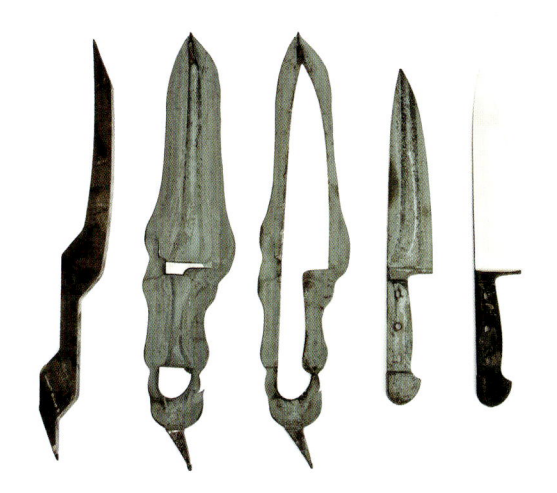

Vor die Wahl gestellt, zeitgemäße oder zeitlose Messer herzustellen konzentrierte sich Dr. Born auf die ursprünglichen Formen. Die klassischen Messerformen, die in den 1930er Jahren optimiert wurden, sind beides: zeitlos und zeitgemäß. Dabei werden trotz allem von Zeit zu Zeit auch Trends gesetzt wie z. B. mit den Olivenholzgriffen oder dem »Chinesen aus Solingen«, dem Chai Dao Messer.

Heute, in einer Zeit, in der in einigen Branchen gute handwerkliche Qualität wieder einen hohen Stellenwert einnimmt, in der bei der Wahl der Lebensmittel Ursprünglichkeit und natürlicher Geschmack wieder entscheidende Kriterien sind, in dieser Zeit finden die zeitlos schönen Messer aus dem Hause Güde zahlreiche Liebhaber – bei den Profis und immer mehr bei ambitionierten Hobbyköchen. »Darum wenden wir uns ab von der selbstverständlichen Annahme, dass Handarbeit ein Anachronismus ist, Kochen nur Zeitvertreib und jedes Messer es irgendwie tut. Greifen wir lieber danach, was die Hand gut gebrauchen kann und am besten in die Finger bekommt: ein Messer, das den Namen Werkzeug wirklich verdient. Und damit ein Glücksgriff ist.« (Aus dem Vorwort des Buches: Der Griff nach dem Glück – das Messerhandbuch.) Das Buch schildert ausführlich die Geschichte, Herstellung und Pflege der Messer sowie die Beschreibung der unterschiedlichen Messertypen und der Firmengeschichte von Güde. Das Buch ist für 19,80 € inkl. Versandkosten bei Güde erhältlich.

Westfälische Klassiker

Die Küche in Westfalen ist oft nicht das Spiegelbild der »Westfälischen Küche«. Im Laufe der Jahrzehnte, streng genommen sogar in den letzten 200 Jahren, veränderten Einflüsse von Außen die Esskultur und ergänzten und bereicherten das kulinarische Angebot. Den ersten größeren Einfluss nahm die Koch- bzw. Esskultur der Franzosen auf die bodenständige Regionalküche. Während der Besatzungszeit der Franzosen, d. h. der wenigen Jahre in denen es das Königreich Westfalen unter Jerome Bonaparte gab, wurden viele französische Küchengewohnheiten in die traditionelle Küche der Westfalen übernommen. Es wurde jetzt auch feiner und raffinierter gekocht. Ab dem ausgehenden 19. Jahrhundert kamen durch die vielen ostdeutschen und polnischen Arbeiter, die zu Hunderttausenden als Arbeiter in den Kohlegruben und Hochöfen des Reviers arbeiteten neue Einflüsse hinzu. Im Laufe der Jahrhunderte verschmolzen dann auch einige Küchen- und Kochtraditionen miteinander.

Den letzten großen Einfluss nahm dann die so genannte »mediterrane Küche« auf das kulinarische Angebot in unserer Region. In den 1960er und 70er Jahren kamen Millionen von Gastarbeitern in die Bundesrepublik. Die brachten natürlich ihre kulinarischen Essgewohnheiten mit ins Land. Anders als damals geplant, wurde auch eine große Zahl von Gastarbeitern in Deutschland auf Dauer ansässig, die heute bereits in dritter Generation Bürger unseres Landes sind. Italiener, Griechen, Marrokaner, Spanier und Türken eröffneten hier Eisdielen und Restaurants. Wir gehen zum Italiener wurde zum geflügelten Wort. Die einheimische, sprich traditionelle Küche wurde zeitweise in den Hintergrund gedrängt.

In den zurückliegenden Jahren ist auf breiter Front eine Rückbesinnung auf die traditionelle Küche erkennbar. Regionalität ist Trumpf, zu Hause und in der Gastronomie. Aufgrund der jahrelangen Lebensmittelskandale bevorzugen die Menschen immer mehr Produkte aus regionalem Anbau und vom »Metzger ihres Vertrauens«. Diese Entwicklung betrifft seit Jahren auch eine Rückbesinnung auf die traditionellen Gerichte – sprich, die Klassiker sind wieder auf dem Vormarsch – und das auch in den jüngeren Bevölkerungsgruppen. Still und heimlich hat sich in den letzten Jahren die Anzahl der Feinschmecker-Restaurants in Westfalen erhöht, in denen wieder die westfälischen Klassiker auf der Karte stehen. Westfälische Spitzenköche, ausdrücklich auch jene, die mit einem Michelin-Stern ausgezeichnet sind. Dem Pfefferpotthast haben Dortmunder Gastronomen gleich ein ganzes Fest in der Innenstadt gewidmet.

Lippischer Pickert, Pfefferpotthast, Münsterländer Töttchen, Himmel und Erde, Westfälischer Sauerbraten, Schnippelbohnen, die Münsterländer Gänsesuppe, der Rehrücken in der Pumpernickelkruste und der Buchweizen-Pfannkuchen sind nur einige dieser traditionellen Gerichte aus den verschiedenen Regionen Westfalens.

Wir stellen Ihnen hier nachfolgend eine kleine Auswahl dieser traditionsreichen, oft über Generationen, ja sogar Jahrhunderte überlieferten Gerichte vor.

STAATLICH
BAD MEINBERGER
Natürliches Mineralwasser aus dem Naturpark Eggegebirge

Exclusiv

Natürliches Mineralwasser
in Premium-Qualität

Kleine Pfefferpotthastgeschichte

In jedem Buch über Dortmund oder Westfalen wird er erwähnt und in jedem Kochbuch über die Region gibt es Rezepte über Pfefferpotthast. Kaum jemand kennt jedoch die Geschichte dieses Gerichtes. Westfälischer als Pfefferpotthast kann ein Gericht kaum sein. Zum ersten Mal erwähnt wurde es 1378 in einer Geschichte, in der es um die Freiheit der Stadt Dortmund ging.

Bereits zu dieser Zeit gab es das Pfefferpotthastfleisch auf dem Fleischscharren (Fleischmarkt) zu kaufen, deshalb bezeichnen viele Dortmunder ihn auch als »Dortmunder Pfefferpotthas«. Mundartlich fehlt bei der Dortmunder Schreibweise das »t« am Schluss. Vermutlich datieren die Ursprünge des Pfefferpotthasts noch weit vor das Jahr 1378. Der Name Pfefferpotthast erklärt sich aus den drei Wörtern Pfeffer, Pott und Harst, wobei das »r« im Worte Harst mundartlich im Laufe der Jahrhunderte verschluckt und zum heutigen »Hast« wurde.

Im Jahre 1378 versuchte Graf Dietrich von Dinslaken zusammen mit anderen Rittern die Stadt Dortmund durch Verrat in seine Hand zu bekommen. Eine wichtige Rolle dabei spielte die angesehene Witwe Neise Sudermann aus Hengsen-Opherdicke (ihr Vater war Johann von Wickede). Der Graf hatte nämlich mit der Witwe ein kleines Verhältnis (Krösken) angefangen und verabredete mit ihr einen mörderischen Plan.

Am 4. Oktober (Sonntag nach Michaelis) kamen in aller Frühe zwei Fuhrwerke der Witwe Sudermann vor das Wißstraßentor der Stadt gefahren. Der erste Wagen kam direkt bis vor das Tor gefahren und war mit Holz beladen. Im zweiten Wagen hielten sich unter Heu und Stroh Soldaten des Grafen versteckt. Witwe Neise bat den Torwächter Rübenkamp, den sie gut kannte, ihr doch vom Fleischmarkt etwas »Hast für Pfefferpotthast« zu holen.

Rübenkamp verließ seinen Posten und rannte zum Markt. Die Verräterin stieg auf den Turm und winkte mit einem weißen Tuch den Feinden zu und zog die Ketten, womit das Fallgitter in die Höhe gezogen wurde. Die Feinde stürmten mit lautem Geschrei aus Wagen und Hinterhalt.

Um es kurz zu machen, der Überfall misslang, weil Neise nicht an das zweite Fallgitter gedacht hat. Die Angreifer wurden von den Wachen und der Bürgerwehr erschlagen. Der Sohn von Neise, der Sohn des Grafen und der Wächter Rübenkamp sowie alle Mitwisser wurden noch am selben Tag auf dem Marktplatz enthauptet. Witwe Neise wurde auf ihren Holzwagen gebunden und verbrannt. Dieser Sieg wurde mit einem üppigen Pfefferpotthast-Mahl gefeiert.

Einige Dortmunder Gastwirte haben diese Tradition des »Pfefferpotthastfestes« wieder neu belebt. Seit 1992 findet in Dortmund auf dem »Alten Markt« alljährlich Ende September/Anfang Oktober wieder ein Pfefferpotthasfest statt. In großen Festzelten wird hier dieses urwestfälische Gericht an tausende begeisterter Besucher ausgegeben. Neben Pefferpotthast gibt es dann natürlich noch andere westfälische und Dortmunder Spezialitäten wie Dortmunder Panhas, Möpkenbrot und Grünkohl mit gebratener Mettwurst.

Pfefferpotthast

Zutaten für 4 Personen

*1 kg Rinderkamm oder Zungenstück in Gulaschstücke geschnitten   1 EL Salz   700 g Zwiebeln in Scheiben
10 Stck Pfefferkörner   5 g Lorbeerblatt   10 Stck Nelken   10 Stck Pimentkörner   etwas Bier
500 ml Fleischbrühe   Saft oder geriebene Schale einer Zitrone   Paniermehl   grob gemahlener Pfeffer*

Zubereitung

1. Fleisch und Zwiebeln im Topf mischen und mit Wasser auffüllen. Nicht zuviel Wasser; soviel dass, wenn das Fleisch allein im Topf wäre, es mit Wasser bedeckt wäre. Mit Salz würzen. Zugedeckt etwa 1 Stunde kochen lassen.

2. In der Zwischenzeit die Gewürze (Pfeffer, Lorbeer, Nelken, Piment) mit etwas Wasser aufsetzen und stark kochen lassen. Man kocht also die Gewürze aus, ohne dass sie selbst später in dem Gericht verbleiben.

3. Nach 30 Minuten die Gewürzbrühe durch ein Sieb in den Topf mit dem Fleisch geben. Nach ca. 1,5 Stunden Gesamtkochzeit Hitze wegnehmen und probieren. Evtl. mit Pfeffer, Salz nachwürzen. Vielleicht müssen Sie auch Fleischbrühe abnehmen, wenn es zu »suppig« ist, oder Fleischbrühe zugeben.

4. Man bindet den Potthast mit Paniermehl (in der trockenen beschichteten Pfanne etwas angeröstet) und schmeckt ihn mit ein wenig Zitronensaft (Spritzer) und Bier würzig ab. Eine Prise Zucker macht den Potthast fein. Man serviert ihn in einer Ragoutschüssel und streut grob gemahlenen Pfeffer darüber.

5. Dazu isst man Salzkartoffeln und Gewürzgurken. Ein Dortmunder Bier als begleitendes Getränk ist natürlich nicht zu verachten.

Gekocht von Günther Overkamp-Klein, Overkamp

Münsterländer Töttchen

Zutaten für 4 Personen
750 g Kalbsfleisch (am besten verschiedene Fleischstücke von Brust Schulter und Hals)
1 Bund Suppengrün (mit Porree und Sellerie)   2 Stck Lorbeerblätter   1 Stck Gewürznelke
1 Messerspitze Thymian, gerebelt   8 Stck Pfefferkörner   2 Stck große Gemüsezwiebeln   2 EL Mehl
150 ml trockener Weißwein   1 TL Weißweinessig   2 EL gekörnte Brühe
1 EL mittelscharfer Senf (am besten aus der Schwerter Senfmühle)   Salz, Zucker

Töttchen werden fast im gesamten nördlichen Westfalen angeboten. Wer gerne kulinarische Entdeckungsreisen unternimmt, kann feststellen, das die Töttchen fast in jedem Restaurant in einer etwas anderen Variante angeboten werden. Hinterfragt man die Gründe bei Chefkoch, so hat fast jeder seine eigenen Geheimrezepte. Eines ist jedoch unabänderlich: Die Grundlage bildet immer das Kalbfleisch. So nennt Gasthaus Stuhlmacher in Münster seine Töttchen auch »Münsteraner Kalbs-Töttchen«. Es soll allerdings auch Traditionsgasthöfe im Münsterland geben, die Schweinskopf zulassen.

Es heißt, der Name »Töttchen« sei eine Verballhornung des französischen Gerichtes »en tortue« und ein Überbleibsel aus der französischen Besatzungszeit Napoleons I. Die Zutaten und die Art des Würzens variieren sehr stark.

So gibt es Töttchen-Rezepte, in denen Porree und Sellerie dominanter sind und auch Kalbsherz verwendet wird. Das Gericht muss traditionell immer eine leicht süß-saure Geschmacksnote haben.

Zubereitung

1. Das Fleisch mit dem gewaschenen Suppengrün, den Lorbeerblättern, der Nelke, dem Thymian, den Pfefferkörnern und etwas Salz und 2 EL gekörnter Brühe bei mittlerer Hitze in reichlich Wasser weich kochen.

2. Das Fleisch aus der Brühe nehmen und in kleine Würfel schneiden. Die Brühe durch ein feines Sieb gießen. Die Zwiebeln schälen, in Würfel schneiden und in Butter goldgelb braten.

3. Das Mehl darüber stäuben und leicht Farbe nehmen lassen. Mit Weißwein ablöschen. Jetzt soviel von der Brühe dazugießen, dass eine dickliche Sauce entsteht. Die Sauce 15 Minuten einreduzieren lassen.

4. Mit dem Essig, etwas Zucker und dem in 3 EL Brühe verrührten Senf pikant und säuerlich abschmecken. Die Fleischwürfel in die Sauce geben und einige Minuten darin erhitzen (aber nicht verkochen).

5. Auf einem Teller anrichten und hübsch garnieren.

Dazu passen Petersilienkartoffeln oder frisches Bauernbrot. Ein frisches Bier und ein Lagerkorn vervollkommnen das ganze Gericht zu einem Geschmackserlebnis.

Gekocht von Matthias Hoffmann, Gasthaus Stuhlmacher

Grünkohleintopf

Zutaten für 4 Personen

800 g Grünkohl   2 Stck Zwiebeln   2 Stck große Kartoffeln fest kochend
150 g durchwachsener Räucherspeck   2 EL Gänse- oder Butterschmalz   500 ml Rinderbrühe, kräftig
1 EL Zucker   Pfeffer aus der Mühle   4 Mettenden (weiche Mettwürste) z. B. von Marten
2 EL Crème fraîche   1 EL mittelscharfer Senf

Zubereitung

1. Von den Kohlblättern die dicken Rippen entfernen. In feine Streifen schneiden.

2. Blätter waschen und 5 Minuten in kochend heißes Wasser tauchen, kalt abschrecken, abtropfen lassen. Die Zwiebeln abziehen und vierteln. Kartoffeln schälen und grob würfeln. Speck in kleine Würfel teilen.

3. Fett in einem Suppentopf oder Bräter erhitzen. Zwiebeln und Speck kräftig anbraten, Grünkohl dazugeben, gut umrühren.

4. Dann die Brühe zugießen, mit Zucker und Pfeffer würzen. Mettenden einstechen, aufs Gemüse legen und alles etwa 60 Minuten bei mittlerer Hitze kochen.

5. Kartoffeln zufügen, 15 Minuten weiterkochen. Crème fraîche (nach persönlichem Geschmack evtl. auch etwas mehr als angegeben) unterrühren und mit Schwerter Senf abschmecken.

6. Heiß servieren. Wir servieren dazu Lyoner Kartoffeln, das sind Bratkartoffeln mit Zwiebelstreifen gebraten. (Vorsicht, diese verbrennen sehr schnell in der Pfanne.)

Gekocht von Günther Overkamp-Klein, Overkamp

Stielmus

Zutaten für 4 Personen

*750 g Rindfleisch (Tafelspitz vom Jungbullen)   1 kg Stielmus   1 kg Kartoffeln (gerne mehlig kochende Sorte)
Etwas ausgelassener geräucherter fetter Speck   Salz und Pfeffer
etwas Sahne oder Landrahm*

Stielmus, ein einfaches traditionelles westfälisches und rheinländisches Gericht, das in unserer Zeit der Rückbesinnung auf Speisen aus regionalem Anbau verfeinert wurde und in vielen westfälischen Restaurants wieder auf der Speisekarte steht.

Als Stielmus werden die oberirdischen jungen Triebe der weißen Mai- und Herbstrüben bezeichnet. Andere Bezeichnungen sind Rheinlander Rübstiel, Stängelmus, Stripmus oder »Knisterfinken«. Der Name klingt altmodisch und ländlich und kommt aus dem Westfälischen, hat aber einen ganz banalen Hintergrund. Wenn das junge Rübenkraut (Stielmus) nicht gründlich gewaschen wurde, blieb etwas von der schweren westfälischen Erde daran haften. Beim Essen »knisterte« es, oder besser gesagt knirschte es dann. Deshalb war es nicht gerade ein Kompliment für die Hausfrau, wenn sie »Knisterfinken« auf den Tisch brachte. Stielmus führte auf den Märkten lange Zeit ein Schattendasein. Doch erlebt die althergebrachte ursprünglich rheinische Spezialität in den vergangenen Jahren ein erfreuliches Comeback. Geschmacklich ist Stielmus zwischen Spinat und Kohlrabi anzusiedeln.

Die Ernte

Um Stielmus zu produzieren, sät man die Rübensamen so dicht, dass sie gezwungen werden, lange Blattstiele zu bilden oder es werden Sorten verwendet, die zwar eine Wurzel, aber keine Rübe bilden. Letztere werden bei der Ernte mit der Wurzel aus der Erde gezogen. Bei den rübenbildenden Sorten werden die Blätter am Boden abgeschnitten und ermöglichen so durchaus eine zweite Ernte. Stielmus wird im Winter unter Glas ausgesät, sodass ab Februar geerntet werden kann. Haupterntezeit ist jedoch im April, Mai und Juni, wenn die Freilandware auf den Markt kommt.

Zubereitung

1. Die dunklen Blattteile von den Rübstielen entfernen und wegwerfen. Die Stiele und die starken Blattrippen gründlich waschen und abtropfen lassen. Danach in ca. 1 cm lange Stücke schneiden. Die Kartoffeln schälen und würfeln.

2. Tafelspitz salzen, pfeffern in ca. 500 bis 750 ml Wasser mit einer mit Nelke und Lorbeerblatt gespickten Zwiebel köcheln lassen. Das geschnittene Stielmus in ein Sieb geben und kurz mit kochendem Wasser übergießen (blanchieren). Nach 1 ¼ Stunden zu dem Fleisch geben. Nach einer weiteren ¼ Stunde auch die Kartoffeln zum Fleisch und Stielmus geben und noch eine weitere halbe Stunde weiter kochen lassen.

3. Nach den zwei Stunden Kochzeit das Fleisch und eventuell etwas Brühe herausnehmen (damit das Gemüse nicht zu suppig wird – Stielmus zieht Wasser). Stielmus und Kartoffeln grob stampfen. Mit Salz und Pfeffer würzen und mit etwas ausgelassenem fetten Speck und eventuell nach Geschmack mit Rotkäppchens Landrahm verfeinern.

4. Den Tafelspitz in dünne Scheiben (gegen die Faser) schneiden und auf dem Eintopf servieren.

Gekocht von Günther Overkamp-Klein, Overkamp

Panhas

Zutaten für 4 Personen
*1 l Wurst- oder Metzelsuppe (beim Fleischer bestellen)   Fleisch- oder Speckreste
nach Belieben etwas Blut   150 g Weizenmehl (oder 100 g Haferflocken)   50 g Buchweizengrütze
2 EL klein gehackte Zwiebelwürfel   Nelken, Nelkenpfeffer, Salz, Thymian, Majoran*

Panhas oder Pannas ist ein altes westfälisches und rheinisches Gericht, das traditionell zu jedem Schlachtfest gehörte.

In den Zeiten der Hausschlachtungen wurden die verschiedenen Frischwürste in einem großen befeuerbaren Topf »Schwienepott«, nach und nach gekocht. In diesem Topf wurden sonst über das gesamte Jahr Essensreste und minderwertige Gemüse und Feldfrüchte für die Schweine gekocht. Die anfallende gehaltvolle Brühe wurde natürlich nicht weggeworfen, sondern reduziert und mit verschiedenen Mehlen (z. B. auch Buchweizenmehl) angedickt. Je nach wirtschaftlicher Lage kamen noch Fleisch- und Speckwürfel hinzu. Anschließend ließ man das Produkt in beliebigen Formen erstarren. Typisch ist die Würzung, vor allem mit Piment. Der Panhas musste recht bald verzehrt werden, da er sich nicht lange hielt. Er war somit ein typischer und traditioneller Teil des Essens während der Schlachtzeit.

Heute besteht der Panhas in der Hauptsache (regionale Abweichungen möglich) aus Hackfleisch, frischer Leber- und Blutwurst, die zusammen mit Zwiebeln in der Pfanne gebraten und anschließend mit Brühe aufgegossen werden. Diese Mischung wird mit Blut und Buchweizenmehl eingedickt. Das Wort Panhas stammt eventuell von »Pfannenhase«, was im plattdeutschen Pannenhase/Pann'has lautet und zu Pannas verschliffen wurde. Gehalten hat sich das Wort auch im nicht mehr plattdeutsch sprechenden bekannten Schimpfwort »Pannaskopp«, was wohl vom oft unförmigen und unansehnlich grauen Aussehen des Pannas herrührt.

Zubereitung

1. Fleisch- oder Speckreste in die Wurstsuppe geben. Mit Blut auffüllen.

2. Mehl oder Haferflocken, Buchweizengrütze, Gewürze und Zwiebelwürfel hineingeben und so lange rühren, bis sich die Masse von der Kasserolle löst.

3. 10 – 15 Minuten kochen lassen und abkühlen lassen. Nach Bedarf in Scheiben schneiden. Mehlieren und nach personlichem Geschmack goldbraun anbraten.

Dazu schmeckt Rübenkraut, Apfelkompott, Birnenkompott und Pumpernickel.

Gekocht von Günther Overkamp-Klein, Overkamp

Maibock-Keule aus dem Holzkohlenmeiler

Zutaten für vier Personen
*1 Stück Keule vom Maibock, entbeint (ca. 1,5 kg)/Rehkeule geht auch   200 g Morcheln
1 Bund Rosmarin   1 Bund Salbei   Salz, Pfeffer   2 kg frischer Ton   Alufolie*

Die Köhlerei ist ein sehr altes Handwerk, das bereits in die Eisenzeit (ca. 1000 bis 500 Jahre v. Chr.) zurückreicht. Im Meiler werden Holzscheite zu Holzkohle verkohlt. Die gewonnene Holzkohle wurde zur Verhüttung von Erzen verwandt. Mit der Entdeckung der Steinkohle und der Herstellung von Koks wurde die Holzkohleherstellung im Meiler immer mehr zurückgedrängt. Heute ist das Köhlerhandwerk ein ausgestorbenes Gewerbe, wurde aber als Kulturgut wiederentdeckt. Köhler Hubertus Birkelbach schichtet jedes Jahr gegen Ende April den »Meiler Flaesheim« auf. Innerhalb von vier bis sechs Wochen wird dann Holz zu Holzkohle verkohlt, die im Forsthof Haard auch gekauft werden kann. Das Ganze wird von einem bunten Rahmenprogramm begleitet.

Zubereitung

1. Den Ton zu einer 2 cm dicken Schicht ausrollen. Die Keule von beiden Seiten leicht mit Pfeffer und Salz würzen. Mit (ca. 50 g) in Scheiben geschnittenen Morcheln, Rosmarin und Salbei belegen. Nun wird die Keule in Alufolie eingewickelt. Das Ganze auf die ausgerollte Tonschicht legen und mit einer zweiten Tonschicht belegen. Beide Tonschichten zu einer luftdichten Tonhülle verbinden.

2. Nun öffnet der Köhler den Meiler im unteren Bereich und wir legen die mit dem Maibock gefüllte Tonhülle für zwei Stunden hinein. Die Keule schmort in ihrer luftdichten Verpackung nun für zwei Stunden im eigenen Saft und nimmt das Aroma der beigelegten Gewürze auf. Es wird kein Fett zugegeben wie beim herkömmlichen Schmoren. Das Fleisch wird unglaublich zart und aromatisch.

3. Zwischenzeitlich die Beilage vorbereiten: Wir bereiten die restlichen 150 g Morcheln als Beilage zu und geben ein kleines Walnussbrötchen dazu (um den Bratensaft zu dippen). Die Walnussbrötchen entweder aus einer Brotbackmischung und gehackten Walnüssen selber herstellen oder in einer guten Bäckerei kaufen, oder wir bereiten aus neuen Kartoffeln und den Morcheln ein Kartoffelgratin.

4. Nach zwei Stunden nehmen wir den gebackenen Tonklumpen aus dem Meiler. Wir schlagen die Tonhülle mit der stumpfen Seite eines Küchenmessers auf. Vorsichtig die Alufolie öffnen, damit der Bratenfond nicht verloren geht. Es kommt uns ein intensiv aromatischer Duft entgegen. Den Saft abgießen und die Alufolie bis zum Anrichten wieder verschließen. Den Fond durch ein feines Sieb passieren und in einem kleinen Topf warm halten. Wer möchte, kann den Fond etwas nachwürzen und eventuell mit einigen Butterflocken verfeinern und andicken.

5. Jetzt die Keule vorsichtig aus der Folie nehmen, in Scheiben schneiden und mit den Beilagen anrichten. Ein guter Rotwein darf bei dieser Köstlichkeit nicht fehlen.
Einen Holzkohlenmeiler hat nicht jeder zur Verfügung. Ein mit einem Teigstreifen (aus Wasser und Mehl) hermetisch abgeschlossener Römertopf geht auch.

Angelockt vom herrlichen Duft der Maibockkeule, bogen fünf radelnde ältere Herren vom Waldweg ab und beobachteten uns, neugierig geworden, bei der Herrichtung der Keule für das Foto. Großzügig wie Hans Grafe ist, lud er die »alten Herren« dann zu Maibock und einem exzellenten Rotwein ein. Wir glauben, sie werden ihren Freunden noch lange von diesem kulinarischen Erlebnis am Meiler Flaesheim erzählen.

Zubereitet am Kohlenmeiler von Hans Hermann Grafe, Jägerhof zum »Stift Flaesheim«

Geschmorte Keule vom Münsterländer Frühlingszicklein

Zutaten für vier Personen
*2 Stück Keulen vom Frühlingszicklein (à 800 – 1000 g)   1 Stück frische Staude Mangold
1 kg Kartoffeln   2 Stück Eier   200 g Quittenkompott   Rapsöl, 50 g Butter   Salz, Pfeffer aus der Mühle,
Salbei, Koriander   Demiglace vom Kalb   Bratenfond von der Ziege (entfetten)
Schmorgemüse (aus Möhren, Sellerie, Porree)   ¼ l Rotwein*

Die Ziege, Jahrhunderte lang nicht nur in Westfalen die Kuh des kleinen Mannes, erlebt seit einigen Jahren in der feinen Regionalküche eine wahre Renaissance. Dabei ist nicht nur das Fleisch eines jungen Zickleins eine Delikatesse, sondern vor allem auch alle Produkte, die aus Ziegenmilch hergestellt werden. Diese Produkte sind vor allem auch für Allergiker geeignet, die keine Kuhmilchprodukte vertragen.

Wir besuchten für Sie den Ziegenhof von Hedwig und Hubert Sondermann in Dorsten. Auf dem 40 ha großen konventionell betriebenen Gemüsehof baut Sohn Heinrich Sondermann Gemüse für die Firma Iglo an. Hedwig und Hubert Sondermann (eigentlich auf dem Altenteil) betreiben hier seit 1986 eine Ziegenzucht und besitzen eine ca. 100 Tiere große Herde. Ihre Produkte aus Ziegenmilch wie Sahne, Butter, Joghurt, Quark, Frisch- und Schnittkäse finden vor allem in der Gastronomie, im Feinkosthandel und in Reformhäusern Käufer. Ein Großteil Ihrer Kunden auf dem Hof kaufen diese Produkte aus gesundheitlichen Gründen.

Wir haben uns bei Hedwig Sondermann ein junges Zicklein bestellt und kochen für Sie.

Zubereitung
1. Die beiden Keulen mit Pfeffer, Salz und Koriander würzen und 15 Minuten im Bräter mit Rapsöl anschmoren, bis sie eine schöne braune Färbung genommen haben.

2. Den Ofen auf 180 °C vorheizen und die beiden Keulen für ca. 1 Std. in den Ofen geben und mehrfach mit dem Bratenfond übergießen.

3. Wenn die Keulen fertig gegart sind, bei 60 °C warm stellen.

4. Kartoffeln reiben, Teig auspressen und zur Bindung zwei Eier unterrühren. Nach Geschmack mit Salz und evtl. etwas Pfeffer würzen. Den Teig mit der Hand gut durchkneten. Waffeleisen einölen und die Kartoffelwaffel darin backen.

5. Für die Sauce den Rotwein einreduzieren, bis er dickflüssig wird. Den Bratenfond entfetten (durch einen Kaffeefilter gießen). Das Schmorgemüse durchpassieren. 2 EL Grundsauce (Demiglace), den Bratenfond und das durchpassierte Gemüse zu dem einreduzierten Rotwein geben. Mit Pfeffer aus der Mühle, Koriander und Salbei würzen.

6. Zum Schluss den Mangold in Streifen schneiden und 2 Minuten blanchieren. In Eiswasser kurz abschrecken. Danach kurz in Butter anschwitzen. Nach Geschmack würzen.

7. Die Keulen dekorativ in einem flachen Bräter oder auf einem großen Teller drapieren. Den Mangold dazugeben und mit einigen Pinienkernen bestreuen. Einige Reibeplätzchen und das Quittenkompott dazugeben. Die übrigen Reibeplätzchen, Mangold, das Quittenkompott und die Sauce in separaten Schälchen dazustellen. Das Quittenkompott korrespondiert angenehm mit dem zarten Fleisch der Keulen vom Zicklein.

Dazu empfehlen wir einen trockenen Rotwein aus dem Badischen.

Gekocht von Hans Hermann Grafe, Jägerhof zum »Stift Flaesheim«

Das Münsterland erleben

Das Regionalbewusstsein ist bei der Münsterländer Bevölkerung auch im 21. Jahrhundert noch sehr stark ausgeprägt. Es ist daher nicht gerecht, das Münsterland auf die Stadt Münster und die vier politischen Kreise Borken, Coesfeld, Warendorf und Steinfurt zu begrenzen, wie es politisch korrekt wäre. Es gibt auch heute noch so etwas wie das gefühlte Münsterland. Diese Region Münsterland basiert vor allem auf historischen Grenzen, der Sprache, einer gemeinsamen Geschichte und dem katholischen Glauben. Die landwirtschaftlich geprägte Region ist eingerahmt von großen, noch zusammenhängenden Waldflächen wie der Haard, der Davert und den Baumbergen, Mooren und Heideflächen wie der Westruper Heide oder dem Gebiet rund um das »Heilige Meer« in der Nähe von Hopsten. Allen voran aber ist die Stadt Münster das geistige, kulturelle und wirtschaftliche Zentrum dieser nach ihr benannten Region und einzige Großstadt. Verwaltungsrechtlich hat das Münsterland eine Fläche von 5 940 km² und eine Einwohnerzahl von ca. 1,6 Millionen. Im Westen grenzen die Niederlande, im Süden das Ruhrgebiet, im Südosten die Soester Börde, im Osten die Region Ostwestfalen-Lippe, im Nordosten und Norden Niedersachsen. Die Bevölkerung orientiert sich aber eher an den historischen Grenzen.

Die historischen Grenzen sind gleichzusetzen mit denen des seit dem Hochmittelalter bis zum Jahr 1803 bestehenden Hochstifts Münster. Hier wurden die Grenzen im Süden durch die Lippe gebildet, und im Nordosten verlief sie etwa mittig zwischen Teutoburger Wald und oberer Ems. Die Grenzen hatten Bestand bis zur großen nordrheinwestfälischen Kommunal-Gebietsreform, in deren Folge es unter anderen auch zu umfangreichen Eingemeindungen kam. Der größte Teil des Münsterlandes ist von intensiver landwirtschaftlicher Nutzung geprägt, die dabei relativ kleinteilig ist. Äcker, Wiesen, Weiden, kleine Wälder und Wallhecken ergeben ein abwechslungsreiches Bild, deshalb spricht man auch von der »Münsterländer Parklandschaft«.

Besiedelt wurde das Gebiet seit 8000 v. Christus. Seit etwa 500 n. Christus wurde das Münsterland von den Sachsen besiedelt. Die Ursprünge der Stadt Münster gehen wohl auf die Gründung eines Klosters (lat. monasterium) durch den Missionar Liudger (gestorben 809 in Billerbeck) zurück. (805 war Münster bereits Bistum, 1090 wurde der Dom eingeweiht und 1170 erhielt Münster die Stadtrechte.

Die Münsterländer Parklandschaft ist ein vorwiegend flaches Gebiet und deshalb schon von Natur aus ein Paradies für Radfahrer. Die Möglichkeit für »Pättges-Touren« scheint fast unendlich. »Pättkes« sind von den Bauern angelegte und gepflegte, oft ungepflasterte Feldwege, auf denen aus Platzgründen meist nur ein Traktor in einer Richtung fahren kann.

Im Münsterland hat sich in vielen Jahrzehnten eine regelrechte Radfahrerkultur mit Zentrum in Münster gebildet. Aufgrund der geographischen Struktur der Region ist es ein beliebtes Freizeitvergnügen, das Münsterland mit dem Fahrrad zu erkunden. Und da gibt es viel zu sehen und zu erleben, denn das Münsterland verfügt über ein gekennzeichnetes Radwegenetz von 4 500 km Länge. Erleben Sie auf den verschiedenen Themenrouten, welchen Weg die Römer bereits vor 2 000 Jahren beschritten haben oder welche zeitge-

Der Paulusdom – 1264 dem Apostel Paulus geweiht

Der Allwetterzoo in Münster mit rund 1 000 000 Besuchern jährlich

nössischen Skulpturen und Kunstwerke Ihnen an der Strecke begegnen.

Im Münsterland gibt es eine Großzahl an kleinen und großen Adelssitzen, Wasserschlössern, Burgen und Klöstern. Deren Zahl ist so groß, dass eigens die »100 Schlösser Route« angelegt wurde, ein gut ausgeschilderter Radwanderweg mit Richtungs- und Kilometerangaben. Radeln wie die Royals auf 1 400 km gekennzeichneten Strecken. An der 100 Schlösser Route liegen ca. 150 Wasserburgen, Schlösser und Herrensitze die teilweise spannende Geschichten zu erzählen haben.

Das Wasserschloss in Nordkirchen – das »Westfälische Versailles« – ist dabei die größte Schlossanlage Deutschlands. Im Schlosshof finden seit 1998 regelmäßig große klassische Konzerte statt. Regelmäßig wird diese Veranstaltung von 6 000 – 7 000 begeisterten Zuschauern und Zuhörern besucht. Zum Schluss der Veranstaltung findet ein großes Höhenfeuerwerk statt.

All die vielen Wasserburgen, Herrenhäuser und schlossartigen Gebäude im Münsterland aufzuzählen würde den Rahmen sprengen, aber eine Entdeckungsreise lohnt sich auf jeden Fall. In vielen Schlössern kann man gut, teilweise fürstlich speisen, einige sind zu Hotels ausgebaut, und Schloss Westwinkel verfügt sogar über einen Golfplatz.

Die alte Hauptstadt der preußischen Provinz Westfalen, Münster, ist für sich selbst gesehen zu jeder Jahreszeit eine Reise wert. Das Herz der Stadt ist der Paulus-Dom mit seiner berühmten astronomischen Uhr. Zu dessen Füßen findet auf der Domplatte regelmäßig ein geschäftiges Markttreiben statt. Aber auch der berühmte Prinzipalmarkt mit dem historischen Rathaus und seinem Friedenssaal, dem traditionsreichen Gasthaus Stuhlmacher und den berühmten Arkaden, aber auch der Spiekerhof mit den beiden Restaurants »Großer« und »Kleiner« Kiepenkerl sind ein Anziehungsmagnet für viele Touristen, auch aus dem Ausland. Am Kopf des Prinzipalmarkts, im Kreuzungspunkt der ältesten Stadtstraßen Münsters, liegt die Lambertikirche, ein spätgotischer Bau von 1375. In den drei Käfigen am Turm wurden 1536 die Leichname der Wiedertäufer-Anführer zur Schau gestellt. Die Lambertikirche hat einen der letzten Türmer Europas.

Natürlich können Sie von hier aus auch den Spuren der Friedensreiter von Münster nach Osnabrück folgen oder die schönsten historischen Stadtkerne mit der »Leeze«, wie die Münsterländer ihr Fahrrad nennen, ansteuern.

Das Tatort-Team in Münster – Jan Josef Liefers (links) und Axel Prahl

Als fürstbischöfliche Residenz erbaut, heute Hauptgebäude der Universität

Von der Innenstadt aus bietet sich auch ein Abstecher zum Allwetterzoo mit seinem bekannten Planetarium an. Das Freilichtmuseum Mühlenhof liegt in unmittelbarer Nähe des Zoos.

Das Münsterland aktiv erleben

Ein besonderes Erlebnis ist es, die Region Münsterland aus einer Höhe von rund 1 000 m zu betrachten. Dazu bieten sich zwei Möglichkeiten an: Sie lassen sich vom Wind treiben und »erfahren« eine mehr oder weniger große Strecke mit einem Heißluftballon. In Münster und der näheren Umgebung gibt es gleich mehrere Ballonvereine. Die Piloten nehmen bei ihren Ausfahrten gegen eine Gebühr auch gerne 1 – 3 Passagiere mit, um den Etat der Vereinskasse aufzufüllen. Nur vom Wind angetrieben, erleben Sie aus teilweise sehr geringer Höhe die Münsterländer Parklandschaft. Sie sehen die großen zusammenhängenden Waldgebiete der Davert oder der Hohen Mark. Sie sehen die Wildpferde im Merfelder Bruch, grasende Rinder und Schafe und einige der vielen Schlösser. Alles scheint zum Greifen nahe. Bei dieser Fahrt genießen Sie die Langsamkeit. Zum Schluss dieser Fahrt (meist ca. 2 Stunden) wer-

Der Aasee (39,5 ha) – Freizeit- und Erholungsgebiet im Herzen der Stadt

Radlerparadies Münsterland – über 4000 km Radweg sind ausgeschildert

den Sie auch noch mit Sekt getauft und zu einer Baroness oder einem Baron der Lüfte ernannt.

Etwas rasanter geht es da schon zu, wenn Sie bei einer der Flugschule auf den kleinen Verkehrs- und Sportflugplätzen einen Rundflug oder gar Kunstflug buchen. Hier bietet sich die Möglichkeit, zusammen mit dem Piloten eine Flugroute seiner Wahl auszusuchen. Die Rundflüge dauern meist eine ¼ bis ½ Stunde und kosten ca. 60 – 120 €. Einen ganz besonderen Kick bietet ein Kunstflug.

Wenn Sie es eher beschaulich mögen, bieten sich ausgedehnte Wandertouren durch das Münsterland geradezu an. Vorbei an Schlössern, Burgen und Seen und an manch kleinen Entdeckungen, die in keinem Reiseführer stehen. Die Landschaft lädt einfach dazu ein, frische Waldluft zu schnuppern und nach einigen Stunden in einem Hofcafé einzukehren.

Ein ganz andere Perspektive bietet das Land vom Wasser aus. Geführte Kanutouren mit Einkehr in einem der zahlreichen Wasserwander-Rastplätze können bei Vereinen wie dem »Lippetourismus e.V.« gebucht werden. In einigen Marinas der Kanalwasserstraßen kann man Motorboote chartern (wenn man im Besitz eines Sportbootführerscheins ist) oder gleich eine Yacht zusammen mit dem Skipper mieten und so einen Tagesausflug mit Freunden starten. Die Boote sind meist 10 m – 14 m lang und bieten 6 – 10 Mitfahrern ausreichend Platz.

Das Münsterland ist auch Pferdeland. Wildpferdefang, Hengstparade, Pferdemuseum und Kutschfahrten. Pferdeliebhaber kommen im Münsterland voll auf ihre Kosten. Was immer Sie auch unternehmen wollen, im Münsterland fühlen Sie sich in Ihrem Element.

Das Münsterland kulinarisch genießen

Pumpernickel, Münsterländer Kalbstöttchen, Panhas und Pfefferpotthast. Wenn ein Westfale von Himmel und Erde spricht, ist das in aller Regel nicht philosophisch gemeint, sondern deutet auf ein traditionelles Gericht hin. Äpfel, die oben am Baum, also im Himmel, wachsen, und Kartoffeln aus der Erde, als Mus und Brei und natürlich mit Blutwurst, sind nur eine der originalen Leibspeisen im Münsterland.

Die Wiedertäufer-Käfige der Lambertikirche in Münster

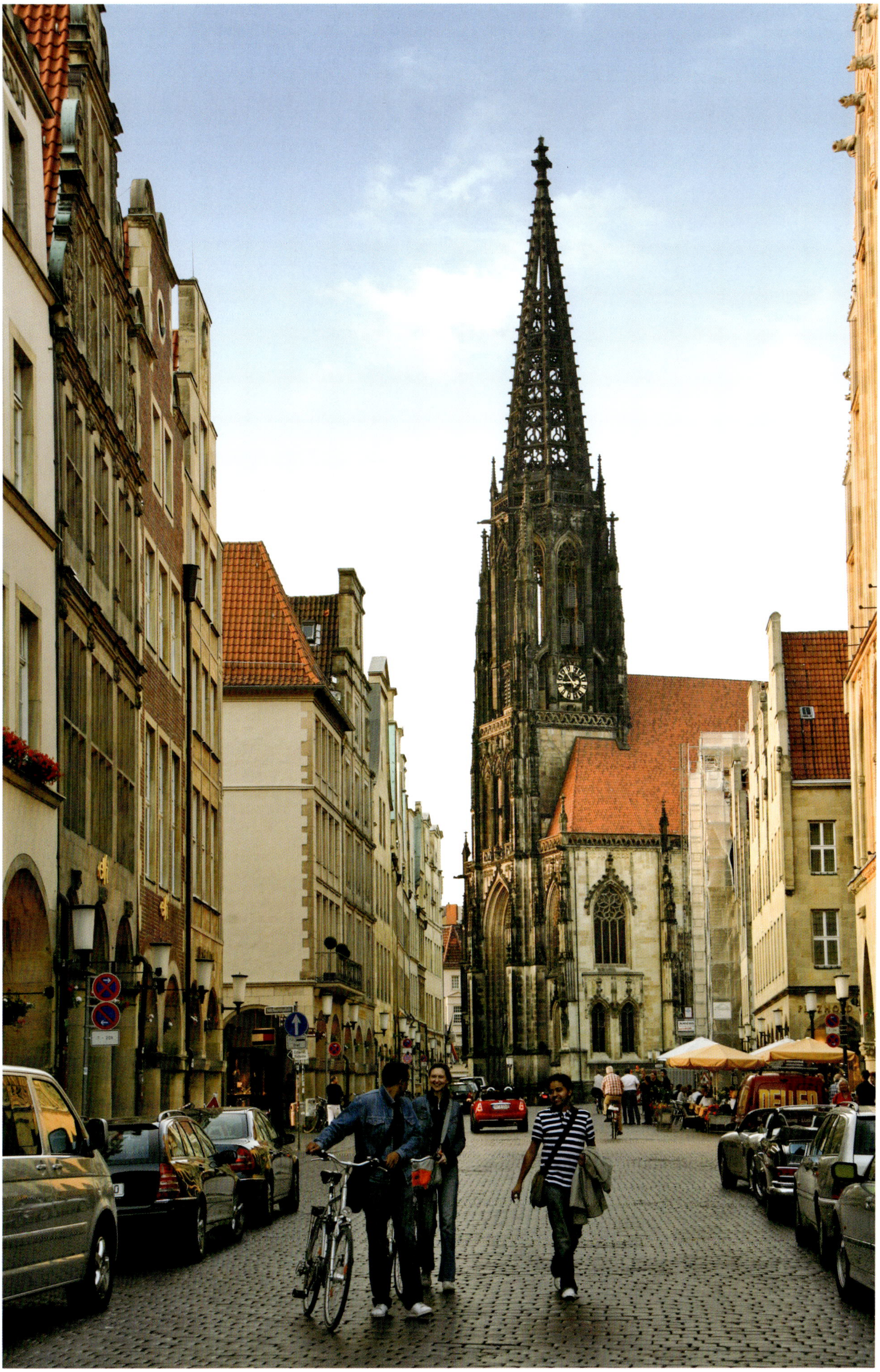

Das westfälische Versailles – Wasserschloss Nordkirchen

Was auch immer Sie mögen: Von der Sterneküche bis zum westfälischen Hofrestaurant, Hochküche oder westfälisch deftig, für jeden Geschmack ist etwas dabei. Gerne essen werden Sie im Münsterland allemal. Hier genießen Sie eine besondere Gastfreundschaft und eine sehr vielfältige Küche. Auch die Sterneköche verwenden gerne regionale Produkte und haben auch die so genannten Klassiker auf ihrer Karte.

Lassen Sie sich auf keinen Fall die traditionellen Gerichte entgehen. Wer nicht einmal Töttchen bei Pinkus Müller, Stuhlmacher oder dem Kleinen Kiepenkerl probiert hat, weiß nicht wie das ursprüngliche Münsterland schmeckt. Aber nicht nur dieses süß-saure Gericht mit Kalbfleisch ist ein Muss. Auch Panhas mit Bratkartoffeln und Pfefferpotthast, sind mehr als sprachlich schöne Kreationen. Weit über die Grenzen hinaus bekannte Spezialitäten sind das Schwarze Pumpernickel-Brot und der weltberühmte westfälische Knochenschinken. Münsterland – erfahren, erleben und genießen.

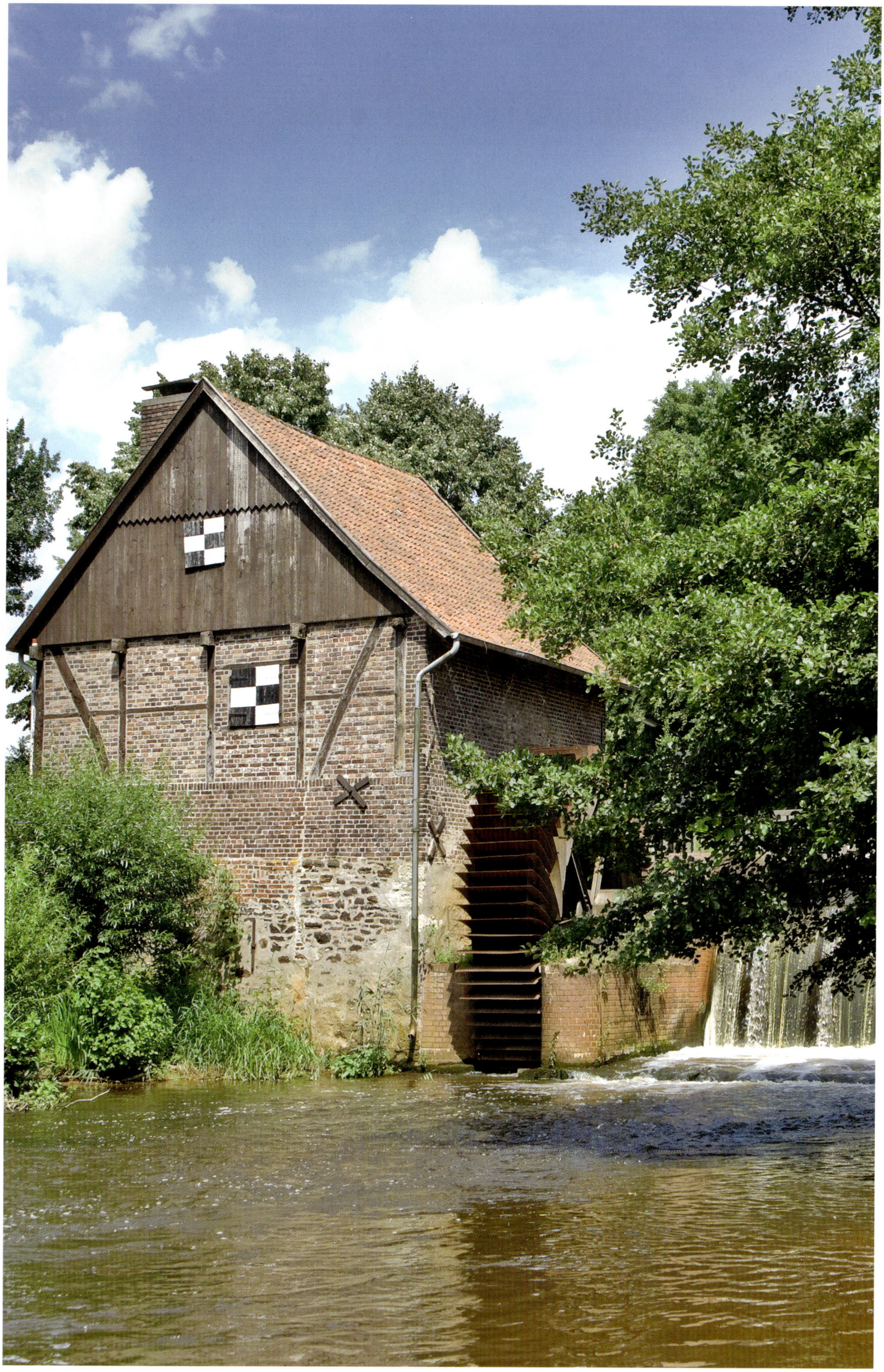

Halterns gute Stube – Hotel-Restaurant Jägerhof zum »Stift Flaesheim«

Der Jägerhof zum »Stift Flaesheim« ist eines dieser liebenswerten Landhotels, wie sie in Zeiten, in denen nur Größe, Luxus und Hightech zählen, nicht mehr so oft gibt. In den exklusiven Wohnfabriken bleibt die persönliche Atmosphäre eines inhabergeführten Hauses nur allzu oft außen vor. Doris und Hans Grafe haben das Haus über Jahrzehnte durch ihr persönliches Engagement geprägt. Seit 1702 befindet sich der Jägerhof im Besitz der Familie.

Vor rund 40 Jahren wurde der Jägerhof als Hotel-Restaurant in seiner heutigen Form erbaut. Ein stilvolles kleines Hotel mit zehn Doppelzimmern, einer Gaststube, einem Restaurant und einem Saal. Tagungs- und Gesellschaftsräume sowie zwei Bundeskegelbahnen bieten Möglichkeiten für viele Veranstaltungen.

Der Jägerhof liegt verkehrsgünstig an der Flaesheimer Straße zwischen Datteln und Haltern und nur einige Kilometer entfernt von der Autobahn A43. Gleich »Hinter dem Haus«, will sagen, nur einige hundert Meter entfernt beginnt der Naturpark Haard. Im Bereich von Flaesheim, am Rande der Haard, gibt es noch einen echten Köhler. Jedes Jahr gegen Ende April schichtet der Köhler hier den »Meiler Flaesheim« auf. Hans Grafe bereitet dann auch schon einmal auf besonderen Wunsch seiner Gäste »Maibockkeule aus dem Holzkohlenmeiler« direkt am Meiler zu (siehe hierzu Rezept auf Seite 58).

Viele verlockende Ausflugsziele in der Umgebung machen den Jägerhof zu einem beliebten Ausgangspunkt für Ausflüge mit dem Fahrrad, zu Fuß und wenn es sein muss auch mit dem PKW. Gleich auf der anderen Straßenseite ist die über 1000 Jahre alte Stiftskirche einen Besuch wert. Außerhalb der Gottesdienste ein Ort der Stille und Meditation. Zur modernen Marina Flaesheim sind es nur 3,5 km, ebenso wie zum Halterner Stausee. Vom Hotel aus starten die Hausgäste auch gerne zu einer ausgedehnten Wanderung in die Haard. Für Radwanderer ist der Jägerhof eine willkommene Raststation auf ihren Ausflugstouren.

Das Restaurant

Gediegene Gemütlichkeit, von besonderer Individualität, genau wie es die Gäste von einem Landgasthof mit Tradition erwarten, finden die Gäste in allen Restaurationsräumen des Hauses. Die Gaststube ist bemalt mit alten Bildern von Ernst Oldenburg. Die Motive haben alle einen engen Bezug zum Haus und der näheren Umgebung. Die urgemütliche Gaststube ist auch der bevorzugte Aufenthaltsraum der vielen Stammgäste und der Liebhaber der Küche von Hans-Hermann Grafe. Das Restaurant besteht aus zwei variablen Räumen, die durch eine Schiebetür getrennt oder zu einem großen Raum vereint werden können. Im Restaurant finden 60 Gäste einen gemütlichen Platz. Im von Doris Grafe liebevoll mit alten Bildern und Antiquitäten dekorierten Foyer befindet sich eine gemütliche Gaube mit einem Tisch für sechs Personen. Im Saal können je nach Bestuhlung Veranstaltungen und Feiern mit 60-100 Personen stattfinden.

Die Küche des Jägerhof

Hans Grafe zählt zu den auffällig kreativen Köche in der Region rund um Haltern. Grafe ist immer auf der Suche nach besseren oder neuen Produkten und neuen Rezepten. Diese Kreativität spiegelt sich auch in seinen oft wechselnden Speisenkarten wider. Neben seinen und den westfälischen Klassikern finden sich nahezu jede Woche einige neue Gerichte. Bekannt ist er auch für seine saisonalen kulinarischen Highlights und das jedes Jahr im Januar stattfindende »Burns Supper«. Diese Veranstaltung, die er zusammen mit dem Whisky-Club Haltern durchführt, ist meist schon im September ausverkauft. Hier findet zu Ehren des schottischen Dichters Robert Burns ein exklusives Whisky-Tasting statt, das von einem Sechs-Gänge-Menü, dessen Hauptgang der »Haggis« ist, begleitet wird.

Hans Grafe, seit 1970 Besitzer und Küchenchef des Hauses, ist für viele kulinarische Seiten offen. Er liebt es zu experimentieren und so sich und die Küche des Hauses ständig weiter zu entwickeln. »Woche für Woche das gleiche Einerlei, da käme ja Langeweile auf, das möchte ich meinen Gästen nicht zumuten« meint Grafe mit einem verschmitzten Lächeln auf den Lippen. Wenn es auf den Wochenmärkten mal wieder etwas Neues gibt, wird es in der Küche gleich ausprobiert. Von seiner Küchenmannschaft und ihm für gut gefunden, findet man es meist schon am nächsten Tag auf der schwarzen Tafel, die im Restaurant die Angebote des Tages bekannt gibt.

Sein Maibock auf Rosmarinzweigen, Bretonisches Zicklein oder die Charentes-Melone in Portwein – kulinarisch mag er es frisch und mit viel Fantasie gewürzt. Für viele Gäste, vor allem aber für seine Frau Doris ist er ein Berufener, was Kochkunst und Kreativität in der Küche angeht. Ein größeres Publikum hat jedes Jahr beim kulinarischen Fest »Haltern bittet zu Tisch« die Gelegenheit, einige seiner Spezialitäten zu kosten.

Kommt man an einem schönen Frühlings- oder Sommertag gegen 17.00 Uhr am Jägerhof vorbei, ist die Wahrscheinlichkeit groß, dass man Hans Grafe im schattigen Biergarten seines Restaurants antrifft. Meist sitzt er dann auf der Bank, mit einem Pott Kaffee. Es scheint, dass er sich schon wieder ein neues Rezept ausdenkt, dass wahrscheinlich in der nächsten Woche auf der Karte steht.

Fasanenbrust mit Holundersauce Rosmarinkartoffeln und Rosenkohl

Zutaten für 4 Personen

2 Stck Fasanenbrust mit Knochen   400 g geputzter Rosenkohl   4 Stck große Kartoffeln
Für die Sauce: 0,1 l Holundersaft   0,1 l naturtrüber Apfelsaft   Bratfett vom Fasan
Salz, Pfeffer, Muskat   1 EL Honig   4 EL zerlassene Butter   50 g Butter   0,1 l Gemüsebrühe
2–3 Stck (je nach Größe) Rosmarinzweige   Olivenöl

Zubereitung

1. Für die Fasanenbrüste den Ofen auf 200 °C vorheizen. Die Fasanenbrüste innen und außen mit Pfeffer einreiben, mit der zerlassenen Butter einpinseln und in eine gebutterte Kasserolle legen. Im Ofen 20 Minuten braten. Ab und zu mit dem Bratenfett begießen. Danach den Ofen abstellen, den Fond abgießen und die Fasanenbrust im Ofen warm stellen.

2. 300 g Rosenkohl in 1 l Wasser bissfest kochen. Dem Kochwasser etwas frisch geriebenen Muskat zugeben und mit Salz abschmecken. Von dem übrigen 100 g Rosenkohl die Blätter lösen und kurz in Salzwasser (evtl. ein Hauch Muskat) blanchieren.
Die 300 g Rosenkohl-Röschen in einer Sauteuse kurz in etwas Butter und Honig schwenken. So wird der Geschmack abgerundet und die Röschen erhalten eine glänzende Oberfläche.

3. Die Kartoffeln halbieren, mit Olivenöl bestreichen und in eine Sauteuse geben. Etwas Gemüsebrühe und die Rosmarinzweige hinzugeben. Im Backofen 30 Minuten bei 180 °C dünsten.

4. Für die Sauce 0,1 l Holundersaft einreduzieren und mit 0,1 l naturtrübem Apfelsaft auffüllen. Abermals einreduzieren, bis die Sauce eine feinsämige Konsistenz erreicht hat. Den aufgefangenen Bratenfond durch ein feines Tuch filtern und der Sauce zugeben. Mit Salz und Pfeffer abschmecken (der Apfelsaft dient auch dazu, den etwas strengen Holundersaft etwas zu süßen).

5. Die zwei Fasanenbrüste teilen und auf vorgewärmten Tellern platzieren. Rosenkohlröschen, je 2 halbe Rosmarinkartoffeln und die Rosenkohlblättchen dekorativ, wie auf dem Foto, anrichten. Zum Schluss die Holundersauce angießen.

Fasan, Wachtel und das schottische Moorschneehuhn gelten als Krönung des Wildgeflügels und genossen in der heimischen Küche einen hohen Stellenwert. Durch Schonzeiten wurde die Jagdsaison immer wieder verkürzt, die Ausbeute war gering und die Preise entsprechend hoch. Wildgeflügel wird deshalb heute in stetig steigender Vielfalt gewerblich aufgezogen und fast das ganze Jahr über in Wildfachgeschäften und dem Gastronomiegroßhandel angeboten. Zu diesen Wildgeflügelarten, die heute gezüchtet werden, gehören auch Rebhühner, Wachteln und Fasane. Fasane werden oft in großen Fasanerien aufgezogen und mitunter zur Ergänzung der Bestände auch wieder in freier Wildbahn ausgesetzt. Der Reiz des Besonderen ging durch das große Angebot leider etwas verloren. Der Jagdfasan (Phasianus colchicus) gehört zu den Feldhühnern. Sein Fleisch hat ein mildes Aroma. Es reicht in der Regel für zwei Personen. Die Hähne haben ein prächtiges Gefieder. Ursprünglich stammt der Fasan aus Asien und wurde im 18. Jahrhundert in Deutschland und Europa angesiedelt.

ÉLEVÉ E
CHÂ
PEN
Saint-Emi
APPELLATION SAINT-EM
MIS EN BOUTEIL
12,5 % vol.
PAR C.V.A - 33560
SARL SOVIFA
PRODUIT DE FRANCE

Halterner Stausee

Macht auch aus der Luft eine gute Figur – Hotel Seehof

HOTEL SEEHOF
DIE TAGUNGSPROFIS
AUS HALTERN

Blick von der Sonnenterrasse des Hauses

Haltern hat schon seit den frühen 1920er Jahren einen guten Ruf als Naherholungsgebiet für die Menschen aus dem Revier. Die Westruper Heide und seit 1930 auch der Halterner Stausee waren und sind bis heute ein beliebtes Ausflugsziel. 1927 erbaute der Unternehmer Rohling an der Hullerner Straße das Hotel w. Erst drei Jahre später wurde der Halterner Stausee geflutet. Ein Schelm, wer Böses dabei denkt, denn das Südufer des Sees einschließlich einer Bootsanlegestelle liegt direkt am Parkplatz des Hotels. Folgerichtig wurde das Hotel mit seiner großen Terrasse sehr schnell zu einem beliebten Ausflugsziel. In den 1960er Jahren kam es erstmals zu einer Massenmotorisierung der Bevölkerung und die Menschen aus dem »Pott« strömten nur so in die waldreiche Haard, die Heide und zum Halterner See, mit seinen vielen Freizeitmöglichkeiten.

1997 kaufte der Halterner Unternehmer Klaus Kandaouroff das etwas in die Jahre gekommene Hotel. Das Gebäude wurde komplett renoviert. Kandaouroff setzte noch eins drauf und baute gleich ein neues komfortables Tagungshotel mit 116 Zimmern und acht, teilweise variablen, Tagungsräumen dazu. Alt und Neu wurden durch einen modernen runden Glasturm, in dem sich die Lobby befindet, verbunden. Es entstand eine neue gelungene, architektonische Einheit. Nach wie vor ist die große Sonnenterrasse vor dem Altbau im Sommer ein äußerst beliebter Anziehungspunkt für Spaziergänger, Wochenausflügler und vor allem Hotelgäste und Seminarteilnehmer. Von der Terrasse haben die Gäste einen wunderschönen Blick auf den See. Ruder- Segelboote und das Ausflugsschiff Möwe ziehen bei schönem Wetter Ihre Bahn. Bei einem dampfenden Kaffe und einem hausgemachten Stück Kuchen die Aussicht und den Tag genießen hat schon etwas von Urlaub. Wenn Sie dass Abendessen bei einem kühlen Glas Weißwein und einer gegrillten Dorade genießen und dann die Sonne am gegenüber liegenden Ufer des Sees als feuerroter Ball untergeht, fühlt man sich zwar nicht wie auf den Malediven, aber ein schöner See in Bayern oder Südtirol könnte es schon sein.

Hotelzimmer

Ob Sie privat oder geschäftlich im Hotel wohnen, sich erholen möchten oder als Tagungsteilnehmer zwischen den Vorträgen auf Ihrem Zimmer arbeiten müssen, die 116 Komfortzimmer sind so eingerichtet, dass Sie sich in jedem Fall wohlfühlen. Zur Standardausrüstung der Zimmer gehören selbstverständlich Direktwahltelefon, ISDN, Farbfernseher und Minibar. In einem großen Teil der Zimmer sind die Bäder mit Whirlpoolwannen ausgestattet und verfügen über einen Balkon. Genuss ist, wenn Sie bei einem guten Barolo auf dem Balkon mit Blick auf den See, den Sonnenuntergang über dem Halterner Stausee erleben. Leider gibt es diese schönen Tage nicht oft im Jahr.

Erfolgreich tagen

Unternehmen, die für ihre Mitarbeiter Seminare oder Tagungen abhalten, tun dies in der Regel nicht in den eigenen vier Wänden, selbst wenn sie dazu räumlich in der Lage wären. Tagungen und Seminare sollen Wissen und Motivation der Mitarbeiter fördern. Die gewohnte Routine und Störfaktoren mindern die Aufmerksamkeit und haben auch keinen positiven Einfluss auf die Teambildung.

Erfolgreich tagen heißt, eine Umgebung schaffen, in der alle technischen und räumlichen Gegebenheiten vorhanden sind (deshalb sind die acht Tagungsräume teilweise mit variablen Wänden ausgestattet), ein angenehmes Umfeld und eine schöne Umgebung vorhanden sind. Wenn dann noch komfortable Zimmer, ein großes Schwimmbad, Whirlpools, Saunen, diverse Restaurants und für den abendlichen Absacker gar eine Bar vorhanden ist, sind die äußerlichen Voraussetzungen gegeben.

Durch das individuelle Raumkonzept stehen Konferenzräume inklusive moderner Tagungstechnik für bis zu 350 Personen zur Verfügung. Bei der Realisierung von Sonderwünschen, Ausstattung und einer abgestimmten Seminarverpflegung, stehen die Hotelmanagerin Elke Kandaouroff und ihr Team jederzeit unterstützend und beratend zur Verfügung.

Zusatzmotivation durch Naturseilgarten

Damit nicht genug. Das Hotel Seehof ist eines der wenigen Tagungshotels, auf dessen Grundstück sich ein Naturseilgarten (Ropes Course) mit einer Vielzahl an hohen und niedrigen Herausforderungen für die Teambildung befindet. Im Alltagsstress und der ewigen Jagd nach Aufträgen und dem Kampf mit dem Mitbewerb ist das in den eigenen Wänden nur schwer möglich. Motivation und Teamgeist gehen oft verloren oder haben sich erst gar nicht gebildet. Die Trainingsmethoden sind so ausgelegt, dass die Bewältigung der gestellten Aufgaben für den Teamgeist der einzelnen Gruppen eine besondere Herausstellung darstellt.

Schlussfolgernd kann man sagen, dass im Seehof auch Seminare mit garantiertem Motivationsschub zu buchen sind.

Die Restaurants

Mit gleich vier Restaurants, die insgesamt über 400 Sitzplätze verfügen, ist der Seehof ein idealer Gastgeber für »à la carte Gäste«, Familienfeiern und Veranstaltungen (z. B. Oldtimertreffen oder die Ausfahrt des Ferrari-Ownersclub – der große Parkplatz liegt gleich vor dem Haus, kann abgesperrt werden und bietet sich für diese Treffen an). Seit vielen Jahren findet im gro-

Restaurant Seestuben

ßen Restaurant auch der Silvesterball mit Livemusik für durchschnittlich 250 Gäste statt.

Themenabende und Degustatiosmenüs werden von Hotelmanagerin Elke Kandaouroff gerne als kleines Ereignis inszeniert und gehören zu den Höhepunkten des kulinarischen Kalenders im Seehof. In Zusammenarbeit mit einem renommierten Weinhändler werden Goethe-Abende, spanische und französische Abende inklusive der zu den entsprechenden Veranstaltungen passenden Weine verkostet.

Klaus und Tochter Elke Kandaouroff

Die Küche

Christof Peeters, hat sein Handwerk im benachbarten Hotel Jammertal gelernt und weitere Erfahrungen in Baden-Württemberg im Wald- und Schlosshotel Friedrichsruh und im Hotel Krautkrämer in Münster gesammelt. In den acht Jahren, seit er als Küchenchef im Seehof arbeitet, hat er gelernt, was Flexibilität in der Küche bedeutet. In der Woche ist das Hotel oft ausgebucht mit Tagungsteilnehmern, am Wochenende kommen viele (will sagen Hunderte, im Sommer gleich in Reisebussen) Ausflugsgäste aus der näheren und weiteren Umgebung zum Halterner Stausee und der Westruper Heide. Die Gäste bei Firmenjubiläen, von großen Hochzeiten und Familienfeiern wollen oft exklusiv bekocht werden. Parallel dazu läuft das à la carte Geschäft. Neben dem handwerklichen Können, einer eingespielten Küchenmannschaft und einem ausgeprägten Organisationstalent ist es vor allem die schon genannte Flexibilität, sich täglich, ja manchmal stündlich auf neue kulinarische Herausforderungen einzustellen. Neben der guten bürgerlichen Küche, verleiht Christof Peeters auch gerne rustikalen Klassikern einen Touch von Leichtigkeit. Zu seinen persönlichen Favoriten gehören Fische und Krustentiere aus den heimischen und mediterranen Gewässern.

Für Klaus und Elke Kandaouroff gehört es zu den vornehmsten Pflichten, sich auch persönlich um die kleinen Probleme oder großen Sonderwünsche ihrer Gäste zu kümmern. Die individuelle Betreuung und wenn irgend möglich auch die Erfüllung ausgefallener Ideen von Tagungskunden zählen zu den besonderen Stärken dieses eingespielten Familienteams.

Gefüllter Kaninchenrücken mit Trauben-Walnussbutter und gebackenen Trüffelkartoffeln

Zutaten für eine Person
1 Stck Kaninchenrücken (im Ganzen ausgelöst mit Bauchlappen)
100 g Hähnchenbrustfilet in Würfel geschnitten   80 ml kalte Schlagsahne   80 g Butter   1 Stck Eiweiß
1 EL Walnussöl   1 EL gehackte Walnüsse   2 EL abgezogene, entkernte Trauben   2 EL Weinbrand
50 g geröstete Weißbrotwürfel   100 g Möhrenbrunoise   2 Stck Trüffelkartoffeln   Salz, Pfeffer, Knoblauch
Olivenöl, Rosmarin, Thymian

Seit März 2001 ist Christof Peeters Küchenchef im Seehof. Sein Handwerk erlernte er im Hotel Krautkrämer in Münster. Seine Erfahrungen sammelte unter anderem im »Alten Gymnasium Husen« und im »Wald- und Schlosshotel Friedrichsruh«. Im Seehof ist Flexibilität gefragt. Einerseits versorgt die Küche an manchen Tagen 250 bis 300 Tagungsteilnehmer und bereitet teils gleichzeitig für die Gäste im à la carte Restaurant raffinierte Vier-Gänge-Menüs zu.

Seine privaten Favoriten sind die neue rustikale, westfälische (z. B. Blutwursttravioli) und die leichte Mittelmeerküche.

Zubereitung

1. Farce: Gewürfeltes Hähnchenfleisch in einen Mixer geben. Salzen, pfeffern und mit dem Weinbrand, dem Walnussöl und dem Eiweiß und der Sahne zu einer glatten Farce verarbeiten. Möhren- und Brotwürfel unterheben.

2. Kaninchenroulade: Ein Stück Alufolie mit etwas Walnussöl bestreichen. Darauf etwas Salz und Pfeffer geben. Den Kaninchenrücken auf die Alufolie legen und mit der Farce bestreichen. Jetzt die Folie mit dem Kaninchenrücken aufrollen. Wie ein Bonbon fest zudrehen und mit einer Gabel einstechen. Die Rollen in einer Pfanne mit Olivenöl, Rosmarin und Thymian anbraten und dann im Ofen bei 120 °C ca. 30–40 Minuten garen.

3. Sauce: Für die Sauce, die gehackten Walnüsse in heißer Pfanne anschwenken und die abgezogenen, entkernten Trauben kurz mit andünsten.

4. Kartoffelchips: Trüffelkartoffeln schälen und in Scheiben schneiden. Die Kartoffelchips in heißem Fett ausbacken und mit Salz und Pfeffer würzen.

5. Anrichten: Kaninchenrücken aus der Folie wickeln, schräg aufschneiden und mit der Trauben-Walnussbutter umgießen. Die blau-violetten Kartoffelchips als Fächer auf dem Teller drapieren.
Als Beilage empfehlen wir z. B. geschmorten Chicorée, umwickelt mit Parmaschinken.

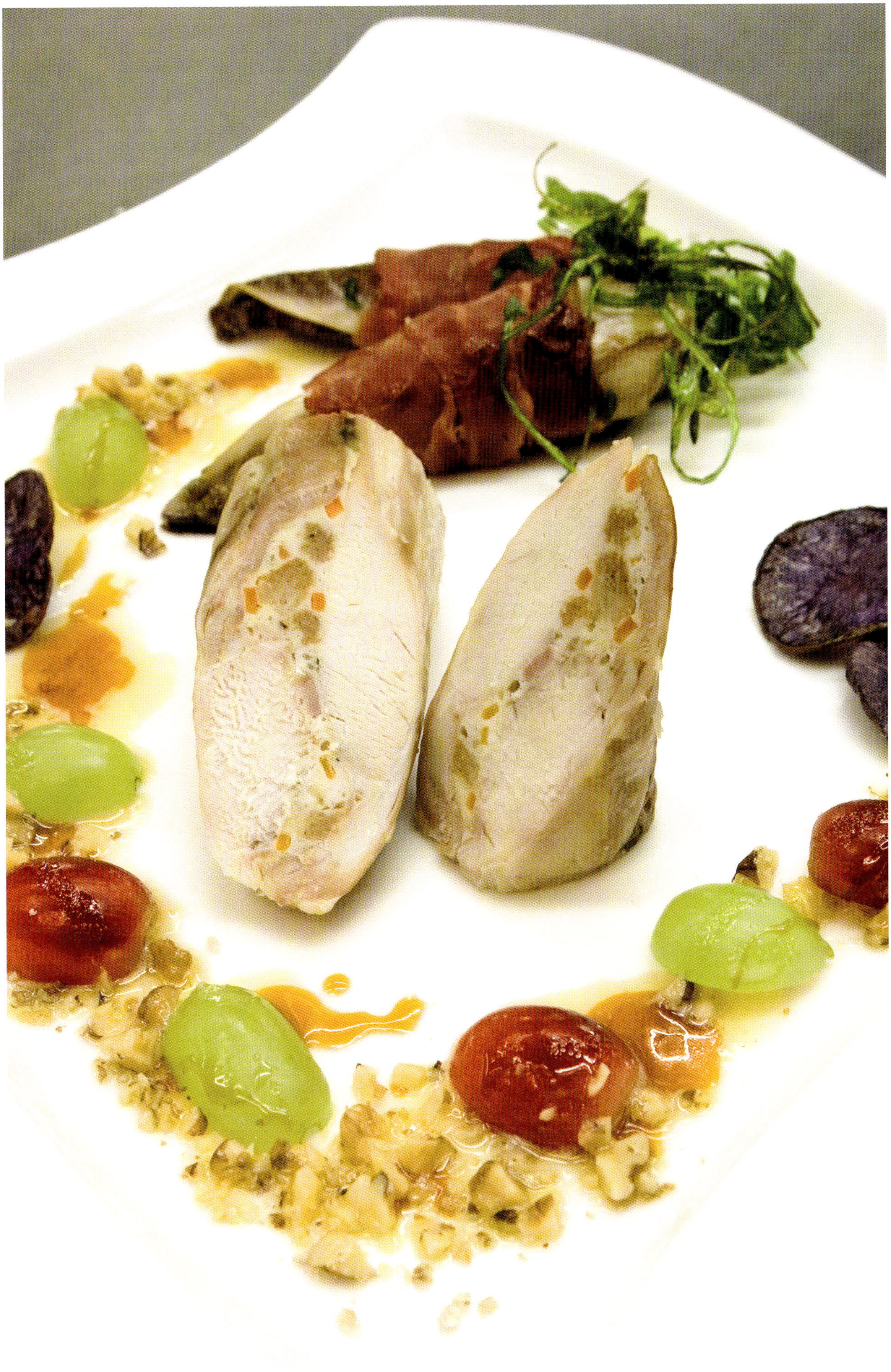

Bilkenroth – schenken und geniessen

Mit einem Feinkostgeschäft verbindet der geneigte Leser im Allgemeinen ein zumeist edel ausgestattetes Ladenlokal, in dem frische Austern, Kaviar, viele edle Käsesorten, Hirschschinken, Trüffel und Ähnliches angeboten wird. Die Firma Bilkenroth ist seit über 100 Jahren das älteste Spezialgeschäft für edle Zigarren. Folgerichtig nannte man sich in den 1920er und 30er Jahren Havannahaus in Anlehnung an die weltberühmten kubanischen Zigarren.

Bereits seit 1903 beschäftigt man sich in der Familie Bilkenroth mit den fachgerechten Vertrieb von Tabakprodukten und Zubehör. Dieses immer noch inhabergeführte Unternehmen, in der Fußgängerzone von Haltern am See, ist ein Fachgeschäft, wie man es in den von Superstores geprägten Einkaufslandschaften ohne fachkundige Personal, nur noch selten findet.

Das Spezialgeschäft hat in den letzten Jahrzehnten sein Angebot um zahlreiche edle Produkte erweitert. Das reichhaltige Sortiment erfordert eine individuelle und kompetente Beratung. Die Erfüllung von Sonderwünschen hat den Inhaber Horst Bilkenroth eine Vielzahl von Kunden beschert, die sich aus der ganzen Region einfinden, um sich bei der Auswahl exklusiver Geschenke von ihm fachkundig beraten zu lassen.

Sein Feinkostbereich umfasst neben einem traditionellen Tabak und Weinangebot unter anderem auch exklusive Brotaufstriche, ausgefallene Schokoladen und Senf. Sein Auswahlkriterium heißt dabei: Lieber selten und gut als Massenware. Ein sehr guter Haussekt (Blanc de Blancs) mit individueller Etikettierung für den Kunden befindet sich ebenfalls im Angebot. Sein Spezialgebiet sind aber Zigarren, Wein und Champagner, Whisky, feine Obstbrände und Liköre.

Tabak

Das genussvolle Einkaufen begann für die Kunden des Hauses bereits 1903 mit dem Angebot von exklusivem Tabaks und Zigarren. Mit dem Siegeszug der Zigarette musste der gelassene Genuss einer Zigarre dem schnellen Konsum der Zigarette weichen. Nach wie vor befinden sich in dem begehbaren Humidor aber die kostbarsten Schätze an handgemachten Zigarren aus Kuba und der Dominikanischen Republik. Gerade befindet sich das Geschäft mit den Tabakprodukten im Umbruch und das Rauchen verschwindet aus der Öffentlichkeit. Vielleicht geht der Trend ja wieder zum stillen Genießen einer Zigarre zu Hause.

Wein und Champagner

Bilkenroth erweiterte das Angebot um preiswerte, aber auch um erlesene Weine vorwiegend aus dem deutschsprachigen Raum. Der Glykol- und Weinpanscherskandal der 1970er Jahre hat dem Unternehmen sehr geschadet. Als Konsequenz verlegte man sich von der lieblichen Massenware hin zu den trockenen Qualitäts- und Spitzenweinen. Das Angebot umfasst derzeit über 300 Positionen aus bekannten Lagen deutscher Anbaugebiete, europäischen Lagen und aus Übersee. Regelmäßig finden auch Weinproben in der umliegenden Gastronomie statt. Oft mit mehrgängigen Degustationsmenüs.

Wenn man an Spitzenweine denkt, landet man schnell in Frankreich und stößt dabei unweigerlich auf die vielfältigen Champagnerprodukte großer und kleiner Anbieter. Bevorzugt wurden kleinere Spezialmarken wie Jacques Robert, Autréau, oder Paul Goerg in das Angebot aufgenommen. Das Feine am Champagner liegt auch darin, dass er kein Genuss für jeden Tag ist. So kommen die Kunden gezielt zu Horst Bilkenroth und fragen nach dem »besonderen Geschmack«. Sie möchten etwas Ausgefallenes schenken, etwas, was sich der Beschenkte im Normalfall nicht selber kaufen würde. Im Laufe der Jahre wurde Bilkenroth dafür bekannt, ausgefallene Produkte und Geschenke anzubieten. Nehmen wir zum Beispiel den Champagner von Paul Georg. Champagnerweine zeichnen sich dadurch aus, dass sie von einer besonderen Vielfalt geprägt sind. Diese Unterschiede verleihen »Paul Georg« die Originalität und den Charakter seiner verführerischen Note. Der Champagner, ein Wein der verschiedenen Jahrgänge und Rebsorten, ist umso besser, je mehr alte Weine, die so genannten Reserveweine, bei dem Zusammenführen der Cuvée hinzukommen. Erzeugt und in den kühlen Kellereien von Vertus zur Reife gebracht, ist der Champagner von Paul Georg die beste Empfehlung für glückliche, genussvolle Momente.

Whisky

Neben dem Champagner haben es Horst Bilkenroth die Single Malt Whiskys angetan. Auf diesem Gebiet gilt er als ausgewiesener Fachmann und veranstaltet regelmäßig Whisky-Tastings. Dabei stehen jeweils bis zu acht Whiskys zur Beurteilung. Die Whisky-Tastings veranstaltet er in routinierter und kompetenter Manier zusammen mit Dr. A. Siegmar Schmidt. Sie entführen das aufmerksame Publikum gemeinsam in die Geschmackswelten des schottischen Single-Malt Whiskys.

Über 200 Sorten aus den besten Destillen Schottlands findet der Liebhaber bei Bilkenroth. Zwanzig Sorten werden als lose Ware in »Ballons« angeboten. Hier ist Probieren möglich, und die abgefüllte Kaufmenge kann vom Kunden bestimmt werden. Von seinen alljährlichen Fahrten ins schottische Hochland bringt Horst Bilkenroth auch immer interessante Sonderabfüllungen und Raritäten mit nach Haltern in sein »Feinkostgeschäft der besonderen Art«.

Als Mitglied des Whisky-Clubs Haltern gehört er zu den Mitveranstaltern des alljährlichen »Burns Supper« im Restaurant Jägerhof »Zum Stift Flaesheim«. Dieser Veranstaltung haben wir im Folgenden ein eigenes Kapitel gewidmet.

Burns Supper in Haltern

Wie kommt eine Gedenkveranstaltung zu Ehren des schottischen Nationalbarden Robert Burns nach Haltern in Westfalen? In Haltern-Flaesheim gibt es einen Whisky-Club, dessen Mitglieder sich mit der Geschichte des schottischen Whiskys beschäftigen, genau gesagt mit den Single Malts. Beschäftigt man sich mit der Vita des Robert Burns etwas genauer, findet man sehr schnell heraus, dass er den Malts sehr zugetan war, was neben einer Infektionskrankheit mit zu seinem frühen Tod beigetragen hat.

Der am 25. Januar 1759 in Alloway (Ayrshire) geborene Burns erreichte in seinem kurzen Leben von nur 37 Jahren mit seinen Gedichten und Liedern eine so große Beliebtheit, dass ihm zu seiner Beerdigung mehr als 10 000 Menschen die letzte Ehre erwiesen. Robert Burns gilt als größter schottischer Dichter aller Zeiten, dem in Schottland eine kultische Verehrung entgegen gebracht wird. Das »Burns Supper« ist eine Gedenkveranstaltung ihm zu Ehren, die am 25. Januar von seinen Anhängern und den Liebhabern schottischer Whiskys fast weltweit begangen wird. Seit 2001 auch im Jägerhof »Zum Stift Flaesheim« in Haltern. Im Jahre 2004 ist aus diesen Veranstaltungen der Whisky-Club Haltern (Friends of Single Malts) hervor gegangen. Heute pflegen 17 Mitglieder (Beamte, Angestellte, Ärzte und Unternehmer) das Andenken an Robert Burns mit der jährlichen Gedenkfeier im Jägerhof. Diese Veranstaltung wird in hervorragender Weise, will sagen möglichst nahe am Original, in jedem Jahr von Dr. A. Sigmar Schmidt (Laird of John O'Groats) und Horst Bilkenroth (Laird of Glencairn) organisiert. Im Saal des Jägerhofs wird diese Veranstaltung zusammen mit 60 Gästen regelrecht zelebriert. Nicht ganz alltäglich, wenn man bedenkt, dass es sich bei diesem Restaurant um ein Haus mit jahrhunderter alter westfälischer Tradition handelt.

Ein spezielles Menü, bei dem ein Gang »Haggis«, ein gefüllter Schafsmagen ist, und eine strenge Zeremonie, die mit einer freundlichen Begrüßung beginnt und in deren Verlauf der »Chairman« ein Gedicht von Robert Burns vorträgt, gehören zum festen Bestandteil des Suppers. Wenn die versammelten Gäste nach dem Haggis fragen, wird dieser in Begleitung des »Pipers« (Dudelsackpfeifers) auf einer Servierplatte hereingetragen und feierlich angeschnitten. Die Gäste applaudieren dem Chairman und toasten sich stehend mit einem Glas Whisky zu.

Hans Hermann Grafe, Küchenchef und Besitzer des Jägerhofs, ist einer der wenigen Gastronomen der Region, in dessen Restaurant ein Burns Supper nach den original Regeln stattfindet. Natürlich ist auch er Mitglied in dem Whisky-Club. Die Veranstaltung ist so beliebt, dass sie regelmäßig mehrere Monate vor dem 25. Januar ausverkauft ist.

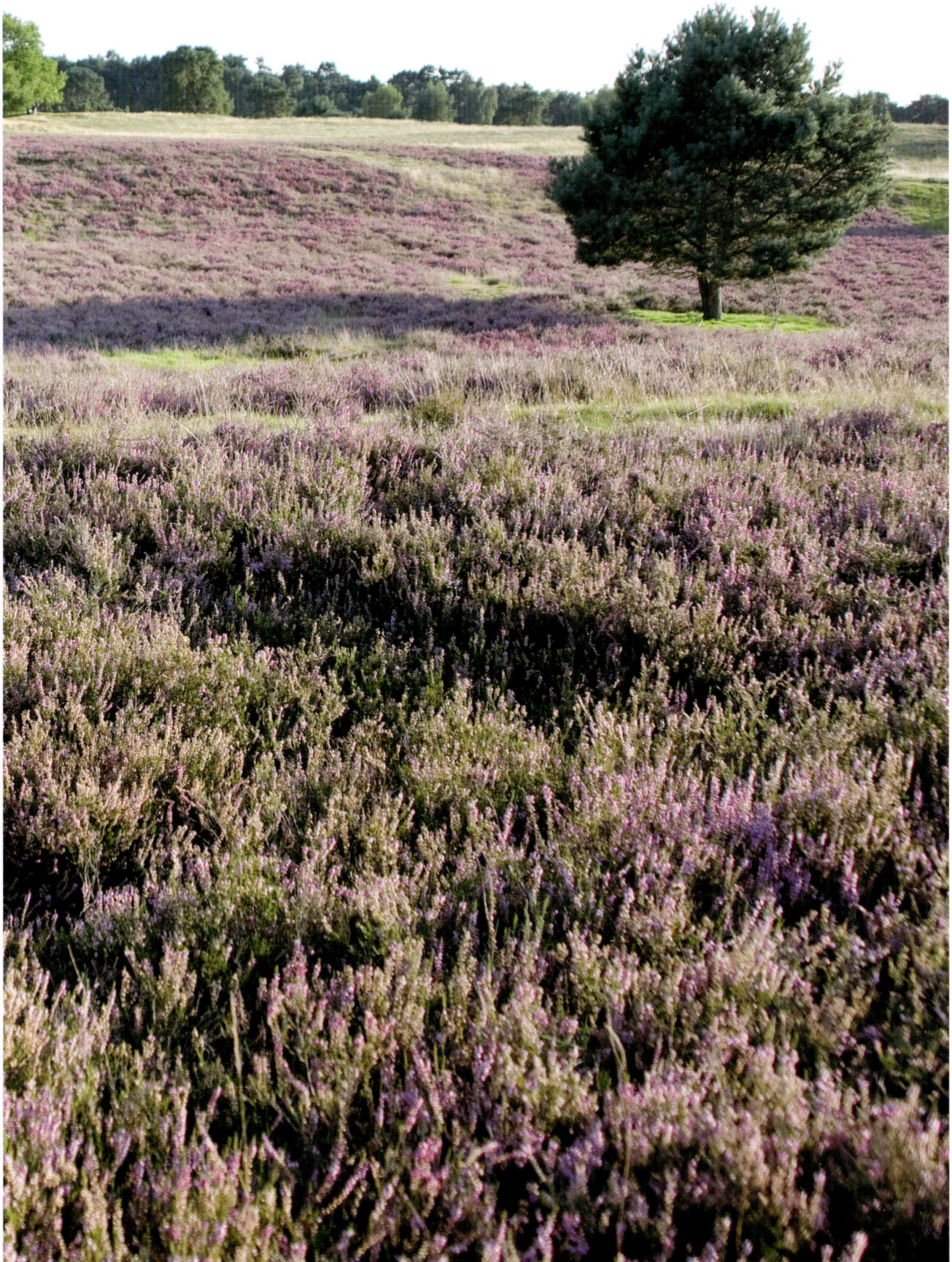

Kleiner Kiepenkerl
Münsters gute Stube

Die gepflegte Gastronomie ist seit mehr als 300 Jahren Tradition dieses Hauses. Nach der Zerstörung im zweiten Weltkrieg wurde das Haus am 17. November 1955 wieder eröffnet. Seit dieser Zeit haben sich die ehemaligen Bierstuben Wielers zu einer feinen Adresse in Münster weiterentwickelt. Aus den ehemaligen Bierstuben wurde das Restaurant »Wielers – Kleiner Kiepenkerl«. Den Namen »Kleiner Kiepenkerl« erhielt das Restaurant von seinen vielen Stammgästen. Er ist seit 1988 offizieller Name des Hauses.

Das Restaurant ist heute beliebter Treffpunkt für viele Münsteraner, für Menschen aus der Region – ja sogar aus ganz Europa. Wolfgang und Gerda Deckenbrock sind die Inhaber des Traditionshauses am Spiekerhof 47, im Herzen Münsters und fühlen eine besondere Verantwortung gegenüber ihren Gästen: »Es ist und bleibt das Bestreben unserer Familie, den Gästen des Hauses ein echtes Stück westfälischer Gastronomie zu bieten – mit einer anerkannt guten Küche und einem breiten Spektrum gepflegter Getränke.«

Das Restaurant

Das Restaurant strahlt eine einzigartige Atmosphäre aus, die den Gästen schon beim Betreten der Räume den Eindruck vermittelt, »hier ticken die Uhren noch anders«.

Der obligatorische Stammtisch, »die Schöpperecke« befindet sich gleich am Eingang in der Gaststube. An diesem Stammtisch treffen sich regelmäßig Ärzte, Rechtsanwälte, Unternehmer, Müßiggänger und andere nette Leute.

Hier bleibt auch die heute leider viel zu verbreitete Hektik vor der Tür und man fühlt sich wohl, vom ersten Augenblick. Seit mehr als 50 Jahren können die Gäste hier im Restaurant auf hohem Niveau »Westfälisch Genießen«. In einem der vielen Erker und Nischen findet sich immer ein Plätzchen, um mit Ruhe und Gelassenheit eine der feinen Spezialitäten des Hauses zu genießen. »Wir möchten, dass sich die Gäste bei uns wohl fühlen und meinen damit, mindestens so wohl wie in ihrer eigenen Wohnung.«

Die Räume im Restaurant sind so gestaltet, dass auch größere Familien- oder Betriebsfeiern in einem abgeschlossenen Bereich stattfinden können, z. B. im Kaminzimmer.

Das Kaminzimmer

Solnhofener Fliesen im klassisch westfälischen schwarz-weißen Muster, ein stilechter Kachelofen und die liebevoll dekorierten Tische lassen sehr schnell ein Gefühl der gediegenen Gemütlichkeit aufkommen. Hier kann man sich wohlfühlen, genießen und mit Freunden feiern.

Die Freiterrasse

Die Terrasse des Kleinen Kiepenkerl gehört zu den schönsten der Stadt. Sie ist bei schönem Wetter ein internationaler Treffpunkt von Menschen, die das ganz besondere Flair des weltoffenen Münster genießen und erleben möchten. Die Küche des Kleinen Kiepenkerl zählt zu den ersten Adressen im Münsterland und die Spezialitäten des Küchenchefs Herbert Hohenbrink schmecken an den mit Stofftischdecken und Stoffservietten eingedeckten Tischen besonders gut. An heißen Sommertagen überspannen große Schirme die Terrasse und schützen so vor zu viel Sonne. Bei einem leichten Nieselregen brauchen die Gäste nicht gleich aufzuspringen und die liebevoll eingedeckten Tische zu verlassen.

Gepflegt speisen, ein kleines Bier, einen kühlen Wein oder einen dampfenden Kaffee genießen. Manchmal braucht der Mensch nicht mehr um den Augenblick zu genießen.

Gambas in Münsterländer Schinken

Zutaten für vier Personen

12 Stck Gambas   6 Scheiben Münsterländer Knochenschinken, ca. 10 cm breit   200 g Basmati Reis
500 g weißer Spargel   500 g grüner Spargel   80 g Butter
frischer Estragon, Salz und Zitrone

Hubert Hohenbrink ist als Ur-Münsteraner der westfälischen und insbesondere der münsterländischen Küche verbunden. Da alle guten Köche auch neugierig sind und gerne einmal über den Tellerrand hinausschauen, verschließt er sich natürlich auch nicht den Einflüssen der leichten Mittelmeerküche. So kommt einerseits sein frischer Spargel direkt vom Hof Becker in Münster Gelmer. Ein Spargelgericht kombiniert er dann auch gerne mit Gambas und einem Münsterländer Schinken. Lassen Sie sich überraschen.

Zubereitung

1. Die Gambas können Sie auf dem Markt so kaufen, dass nur noch der Darm durch einen kleinen Schnitt im Rücken entfernt werden muss.

2. Nun die Gambas mit etwas Zitrone beträufeln und sie dann in die halbierten Schinkenscheiben einrollen.

3. Den Estragon waschen und zupfen. Einen kleinen Teil zum Garnieren zur Seite legen.

4. Den Basmati Reis 12 Minuten köcheln lassen, abschütten und kalt abspülen.

5. In der Zwischenzeit den Spargel schälen, in Salzwasser blanchieren. Wenn er noch Biss hat, in Eiswasser abschrecken.

6. Einen Teil der Butter in eine Pfanne geben, die Gambas bei kleiner Hitze darin 3 – 4 Minuten anbraten. Die Gambas kurz warm stellen, den Rest der Butter in die Pfanne geben, Estragon hinzufügen und leicht anschwitzen.

7. Nun den wieder heiß gemachten Basmati Reis und den Spargel mit den Gambas anrichten. Mit Estragonbutter überglänzen und den Rest Estragon zum Garnieren benutzen.

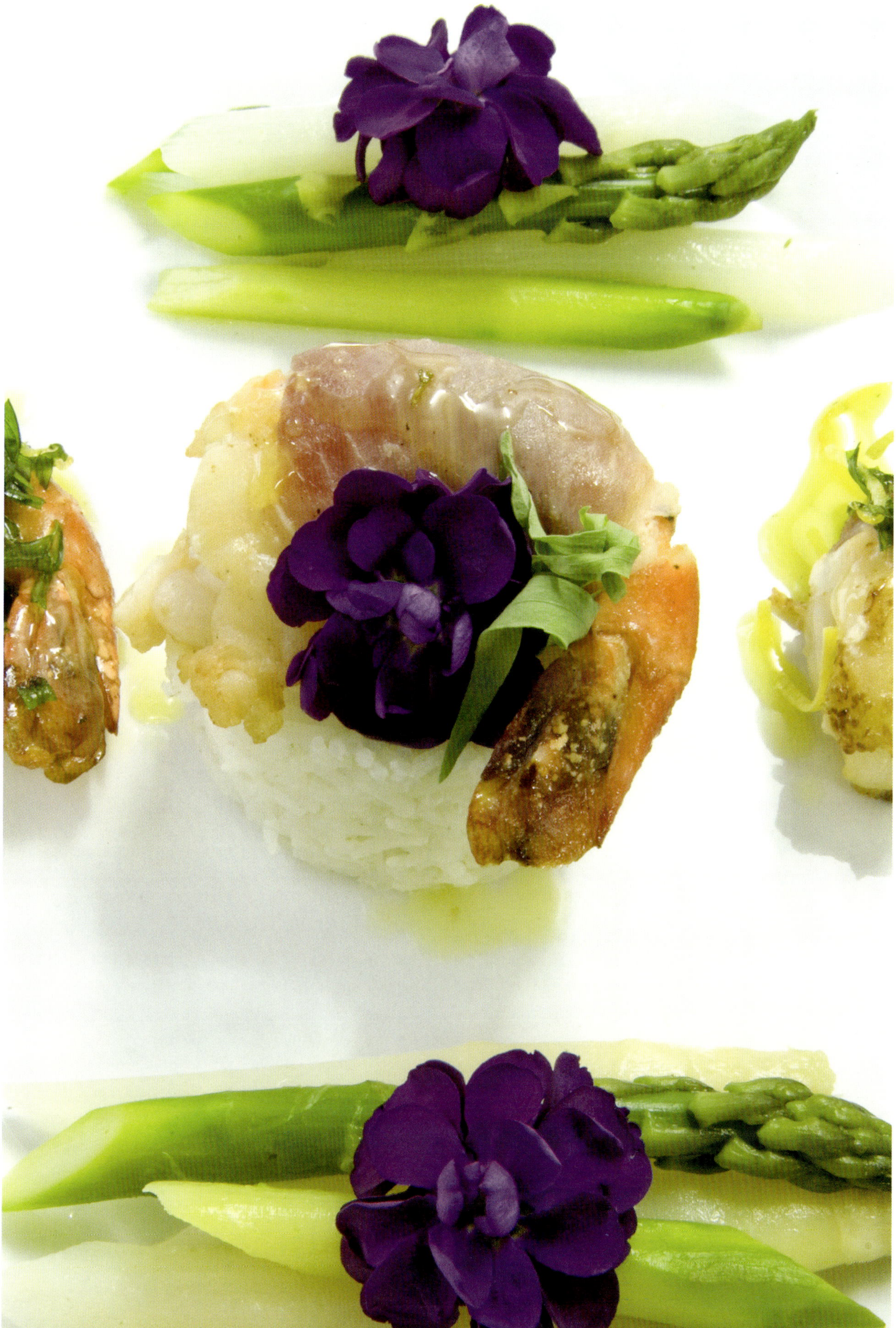

Auf den Spuren des Kiepenkerls

Seit über 30 Jahren sind sie ausgestorben, die fauchenden und rauchenden Dinosaurier der Neuzeit. Einige von ihnen haben sich herübergerettet bis in die Gegenwart und werden von ihren Besitzern liebevoll gehegt und gepflegt. Die Rede ist hier von den schwarzen Dampffrössern, den Dampflokomotiven. Seit 1835 die erste dampfgetriebene Eisenbahn zwischen Nürnberg und Fürth ihren Dienst aufnahm, haben sie uns zuverlässige und treue Dienste geleistet, bis sie in den 1970er Jahren keine Eisenbahnübergänge mehr kreuzten (die DB hat 1977 den Dampflokbetrieb eingestellt).

Die meisten Menschen der Generation unter dreißig haben deshalb so ein schwarzes Ungetüm noch nie in freier »Wildbahn« gesehen, allenfalls in einem Museum. Bevor die Playstation die Kinderzimmer eroberte, waren Modelleisenbahnen in irgendeiner Art und Weise in fast jedem Haushalt anzutreffen. Mit ihnen spielten nicht nur Kinder. Wenn wir von Eisenbahnromantik sprechen, sind fast immer alte Dampfloks gemeint. Gegen Ende ihrer aktiven Dienstzeit wurden sie oft mit Argwohn betrachtet. Sie waren zu laut, stanken nach Rauch und waren natürlich auch viel zu langsam. Zahlreichen Eisenbahnfreunden ist es zu verdanken, dass sie heute wieder fahren, wenn auch nur noch selten und auf besonders ausgewiesenen Strecken. Vereinen wie den »Hammer Eisenbahnfreunden« ist es zu verdanken, dass auch jüngere Menschen und Kinder heute wieder etwas von dieser Eisenbahnromantik miterleben können. Die Eisenbahnfreunde (Vereine) kaufen die ausrangierten Loks entweder für einen symbolischen Preis oder schließen mit der DB einen Überlassungsvertrag. Dieser besagt im Wesentlichen, dass mit dem übernommenen Gerät kein Konkurrenzbetrieb aufgebaut werden darf. Diese Fahrzeuge und Waggons werden dann in liebevoller Kleinarbeit restauriert. Ein wesentlicher Aspekt des Betriebs dieser Nostalgiebahnen, die oft auf stillgelegten Nebenstrecken verkehren, ist der Erhalt dieser Strecken. Die DB hat naturgemäß wenig Interesse, von ihr nicht mehr genutzte Strecken aufwendig zu pflegen und in Stand zu halten. So gibt es einen ständigen Kampf der Vereine mit der DB um den Erhalt eines jeden Streckenkilometers.

Wir nutzten die Gelegenheit zur Fahrt mit einer Dampflok der Baureihe 80 039 und dem Nostalgiezug am 7. Oktober 2007. Die Fahrtroute führte teils über unbekannte Gleise von Hamm über Neubeckum, Tönnishäuschen, Sendenhorst, Albersloh und Wolbeck zum Ost-Bahnhof in Münster, wo das »Westfälische Eisenbahnmuseum« beheimatet ist. Der Fahrpreis betrug 37 Euro. In diesem Fahrpreis waren Verpflegung und ein »Westfälischer Korn« mit eingeschlossen. Der Nostalgiezug bestand aus Wagen der so genannten »Holzklasse« (3. Klasse), der 2. und der 1. Klasse, zwei Buffet- und einem Proviantwagen. In den Buffetwagen gab es kleine Snacks, alkoholfreie Getränke und vier Sorten vom gut gekühlten »Potts« Landbier.

Unsere kleine »Abenteuerfahrt« startete um 10.00 Uhr mit 190 Fahrgästen auf dem Hammer Hauptbahnhof, zunächst noch ohne Dampflok. Die neu restaurierte Diesellok des Vereins, eine V 60 615, beförderte den Nostalgiezug über eine Güterbahnstrecke, auf der sonntags Betriebsruhe herrscht, zum Übergangsbahnhof nach Neubeckum. Ab Neubeckum wurde die Fahrt mit der Dampflok als Zugmaschine fortgeführt. Am ehemaligen Bahnhof Tönnishäuschen gab es bei Pängel-Anton«* einen Stopp von einer Stunde. Das ehemalige kleine Bahnhofsgebäude ist heute eine Kneipe

* **Pängel-Anton:** Pängel-Anton ist ein westfälischer Ausdruck für die dampflokbetriebene Eisenbahn, auf der der Schaffner Anton vor Bahnübergängen die Glocke zur Warnung schlägt.

und Treffpunkt für Nostalgiker und Oldtimerfreunde verschiedener Couleur. So parkten hier an diesem herrlichen Herbstsonntag ein Triumph TR6, eine dieser schwarzen französischen Gangsterlimousinen, ein altes BMW-Cabrio und ein 1936er V6 Ford Pickup mit einem originalen Einschussloch (Kal. 44) im rechten Seitenfenster, den die Pächter der Kneipe als Lieferwagen nutzten. Auch die Zweiradfans kamen hier auf ihre Kosten. Alte BMWs, Zündapps, Moto-Guzzis und eine 98er Victoria gaben sich hier ein Stelldichein. Am ehemaligen Bahnhof Tönnishäuschen wurde Wasser genommen, will sagen, die alte Dampflok löschte hier ihren gewaltigen Durst. Mit Einstellung des offiziellen Eisenbahnbetriebs durch Dampfloks verschwanden aber auch die Versorgungseinheiten für Wasser und Kohle aus den Bahnhöfen. Bei den Hammer Eisenbahnfreunden übernahm die freiwillige Feuerwehr das Befüllen der Lok mit Wasser. Während sich die Fahrgäste im Biergarten von Pängel-Anton mit Bratwurst und Bier oder Kaffee und Kuchen stärkten, nutzten wir die Gelegenheit, uns die 1929 gebaute Dampflok einmal genauer anzusehen. Die bei der Hohenzollern AG für Lokomotivbau, Düsseldorf, gebaute Lok verfügt über 575 PS. Auf dem Führerstand, wo der Lokführer und der Heizer ihren Dienst tun, geht es reichlich eng zu. Neben Hebeln und Rädchen ist das Bild geprägt von

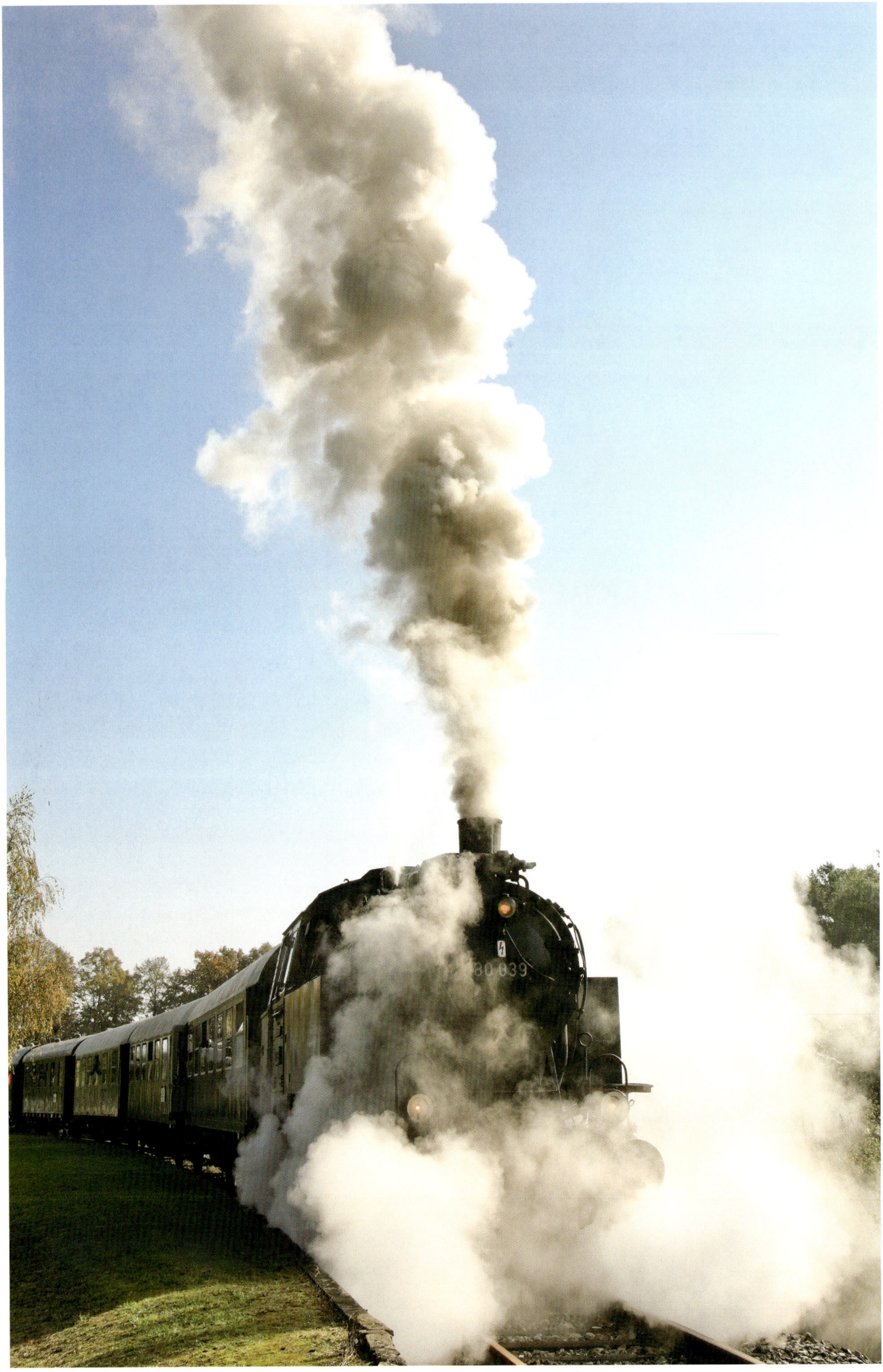
80 039

großen Messinstrumenten, die den Wasserstand, den Kesseldruck usw. anzeigen. Nicht zu übersehen ist natürlich die riesige Luke, hinter der das große Kohlenfeuer lodert. Die Sicht nach vorne erhält der Lokführer durch ein kleines ovales Fenster, so dass er sich, wann immer das Wetter es zulässt, aus dem großen Seitenfenster lehnt. Die Verantwortung für den gesamten Zug hat der Zugführer. Am heutigen Tag hat der 55-jährige Organisationsprogrammierer Herr Lindner die Verantwortung für den Zug und die 190 Fahrgäste. Lindner ist seit 15 Jahren im Verein und hat sich vom Rangierer zum Lokführer hochgedient. Die erforderlichen Prüfungen (Lokführer, Zugführer usw.) erfolgen selbstverständlich alle nach DB-Richtlinien. Nach etwas über einer Stunde Aufenthalt setzt sich der Nostalgiezug unter dem mächtigen Geschnaufe der Dampflok in Richtung Münster in Bewegung. Die Fahrt geht mit ca. 20 km/h vorbei an Wäldern, Wiesen und Feldern durch die teils parkähnliche Landschaft des Münsterlandes. Die Strecke der Westfälischen Landeseisenbahn verläuft über viele Kilometer in sehr geringem Abstand zur Straße. Uns fällt auf, dass viele »Paparazzi« (Eisenbahnfreunde) den Zug mit ihren Autos verfolgen. Sie versammeln sich an besonders schönen Streckenabschnitten, um den Zug in voller Fahrt zu fotografieren. Fast pünktlich um kurz nach 14.00 Uhr trifft der Zug im Bahnhof Münster-Ost ein. Hier werden die Fahrgäste von einer Dixieland-Formation mit flotten Rhythmen am Eisenbahnmuseum begrüßt. Im alten Lokschuppen gibt es Erbsensuppe aus der Gulaschkanone oder Kartoffelsalat mit Würstchen. Die Fahrgäste können sich hier die Beine vertreten und alte Schienenfahrzeuge bestaunen, bevor es um 16.00 Uhr wieder in umgekehrter Reihenfolge nach Hamm zurückgeht. Um 19.30 Uhr endet dann im Hauptbahnhof von Hamm ein unvergesslicher Sonntagsausflug.

Stuhlmacher – Ein Gasthaus, ein Name und viel Tradition

»In Münster gehört zur Bürgerehre eine anarchische Eigenwilligkeit, deren behaglicher Stolz jäh hervorbricht, wenn ihre vornehme Nüchternheit missachtet wird. Stuhlmacher ist die Verkörperung.« (Frankfurter Allgemeine Zeitung, 1990) Münster gilt bei vielen Bürgern als die Metropole Westfalens. Weltoffenheit, Handel, Kultur, Bildung und der weltweit bekannte Prinzipalmarkt üben eine große Anziehungskraft auf in- und ausländische Besucher aus. Ebenso ist Münster Sitz westfälischer Institutionen, Verbände und Unternehmen, die »Westfalen« im Namen tragen. Der internationale Ruf, den Münster genießt, wurde wohl schon durch den Westfälischen Friedensschluss von 1648 begründet.

Zur Geschichte der Stadt gehört aber auch eine traditionsreiche Gastronomie, bei der das Gasthaus Stuhlmacher eine herausragende Rolle spielt.

Am 28. März 1890 erwirbt der Kaufmann Louis Stuhlmacher vom Gastwirt Bernhard Gunnemann das Haus Nr. 7 am Prinzipalmarkt. Verkauft wird auch das gesamte Küchen- und Wirtschaftsinventar. Das Haus Nr. 7 war historischer Grund, gleich neben dem Rathaus. Louis Stuhlmacher hatte ganz zweifellos – wie man so schön sagt – mit dem Immobilienkauf einen »Fitsch gemacht«. Dass er mit dem Kauf dieses Hauses ein Gasthaus etablieren würde, das im Verlauf der nächsten hundert Jahre hier nicht mehr wegzudenken sein würde, konnte er damals noch nicht ahnen. Nun ist das alte Patrizierhaus schon annähernd 120 Jahre im Besitz der Familie Stuhlmacher/Feldhaus.

Der Prinzipalmarkt ist mit dem Rathaus, den vielen, teils exklusiven Geschäften der erste Anlaufpunkt der vielen Touristen, Geschäftsleute, aber auch der Einheimischen – und Stuhlmacher ist mittendrin. Es ist deshalb nicht verwunderlich, dass dieses Gasthaus weit über die Region Münsterland hinaus bekannt ist. Familie Feldhaus gilt in Münster auch als Förderer der heimischen Künstler. Deshalb ist es auch nicht verwunderlich, dass alle Galerieräume mit wertvollen Gemälden aus der Geschichte der Stadt und des Gasthauses ausgestattet sind. Das bekannteste Bild, der »Dämmerschoppen bei Stuhlmacher« vom Maler Fritz Grotemeyer, hängt heute als Replika im Wiedertäuferzimmer des Gasthauses. Das Bild zeigt die Ehefrau des Gründers – Tante Anna inmitten einer illustren Schar bekannter Münsteraner Bürger. Julius Feldhaus (ihr 2. Ehemann) sieht man im Hintergrund in Anzug und Krawatte. Tante Anna – wie sie von den Gästen liebevoll genannt wurde – war die Seele des Geschäfts. Sie war eine liebevolle, gütige und sich für das Haus Stuhlmacher aufopfernde Frau. Als ihr Mann Louis 1912 im Alter von nur 56 Jahren starb, musste »Tante Anna« den Laden alleine schmeißen. Sie heiratete noch einmal – den Hotelier Julius Feldhaus. Beide führten das Haus in den »goldenen Zwanzigern« zu Blüte und überregionaler Bedeutung. Sie hat bis heute in der Familie einen Ehrenplatz und ist auf einigen der vielen Bilder immer noch im Gasthaus präsent.

In den Mittagsstunden des 5. Oktober 1944, zum Ende des letzten Krieges, wurde das Gebäude bei einem Luftangriff fast vollständig in Schutt und Asche gelegt. Dabei ging auch ein Teil der Originalgemälde verloren. Sie wurden später als Kopie nach alten Vorlagen wieder neu erstellt. Der Prinzipalmarkt bot selbst ein Jahr nach Kriegsende noch ein Bild totaler Zerstörung. Franz Feldhaus sen. ging schon im September mit viel Energie und der aufopfernden Hilfe seiner späteren Frau Margret Laumann an den Wiederaufbau. »Margret war wie eine Mutter der Baukompanie – die Erste, die mit anpackte – die Letzte, die ging.« Der Wiederaufbau ging trotz aller Widrigkeiten zügig voran, und so wurde am 5. Oktober 1948 im »Stuhls«, wie es die Einheimischen nennen, wieder Bier gezapft. Jetzt begann die Neuzeit im Gasthaus Stuhlmacher.

Bei Stuhlmacher haben viele Stammtische, Vereine und studentische Verbindungen ihr Zuhause. Viele ehemalige Studenten treffen sich alljährlich im Frühjahr zu den Stiftungsfesten ihrer Verbindungen in Münster und besuchen aus diesem Anlass natürlich auch Stuhlmacher.

Außer im großen Schankraum (60 Sitzplätze und notfalls doppelt so viele Stehplätze) trifft man sich zu den unterschiedlichsten Anlässen im Prinzenzimmer, Jagdzimmer, Lambertuszimmer und dem Wiedertäuferzimmer. Im Sommer spielt die Musik aber draußen im Biergarten. Hier trifft sich alles, was dem Namen einer weltoffenen Stadt Ehre macht. Der einheimische Kaufmann nimmt hier nach Büro- oder Geschäftsschluss gerne einen Dämmerschoppen und streift dabei die Hektik des Tages ab, bevor es nach Hause geht. Einheimische, Studenten und viele Touristen, auch aus den Nachbarländern und Übersee, erfrischen sich hier mit einem der elf verschiedenen Biere vom Fass. Die Küche bietet heute Bodenständiges aus dem Münsterland, wobei das Münsterische Kalbstöttchen und der Pfefferpotthast natürlich nicht fehlen dürfen. Aber auch eine Fülle internationaler Gourmetfreuden finden Sie auf der Karte. Der nach 10-jähriger Tätigkeit in Hamburg nach Münster gewechselte Matthias Hoffmann ist der Küchenchef bei Stuhlmacher.

Neben der Standardkarte gibt es jetzt auch eine Aktionskarte, auf der man auch zahlreiche Fischspezialitäten findet. Eine willkommene, stetig wechselnde Bereicherung der Speisenkarte.

Stuhlmacher objektiv zu beschreiben ist fast unmöglich. Stuhlmacher passt in kein Klischee. Stuhlmacher ist Stuhlmacher. Seit einem Jahrhundert fast so etwas wie eine Kultstätte – der Begegnung, der Bürger, der gepflegten Biere und der gastronomischen Bonität. »Nicht Kneipe, nicht Restaurant. Eher beides, frei und auch ein bisschen vornehm«, schreibt die FAZ über Stuhlmacher. Wir können uns dem nur anschließen.

Weitere Informationen finden Sie auch im Stuhlmacher-Buch »Ein Haus – ein Name – Erinnerungen« erhältlich bei Gasthaus Stuhlmacher für 14,80 €.

Lachsfilet unter der Sauerkrautkruste mit Riesling-Buttersauce und Kräuterkartoffeln

Zutaten für vier Personen

Lachs: 800 g Lachsfilet   250 g Crème fraîche (38%)   400 g Weinsauerkraut   Salz, Pfeffer, Zucker
Sauce: 100 ml Riesling   500 ml Fischfond   90 g kalte Butter   0,1 g Safran (gemahlen)
Saft einer Zitrone, Mondamin oder Maizena, Salz, Pfeffer, Zucker   1 Stck Möhre   ½ Stange Lauch
¼ Stck Sellerie (alles in feine Streifen schneiden)
Kartoffeln: 600 g festkochende Kartoffeln   1 Schale grüne Kresse   1 kl. Bund Dill (fein hacken)
1 kl. Bund glatte Petersilie

Aus einem renommierten Fischrestaurant in Hamburg wechselte der gebürtige Sauerländer Matthias Hoffmann vor vier Jahren in Münsters Traditions-Gasthaus Stuhlmacher. Als Küchenchef dieses Hauses lernte er natürlich auch alle westfälischen Tradtionsgerichte kennen und lieben. Zu seinen und Stuhlmachers Spezialitäten zählen aber auch Fischgerichte in vielen Variationen, um die, dank Matthias Hoffmann, die Speisekarte des Hauses bereichert wurde.

Zubereitung

1. Das Lachsfilet von Haut und Gräten befreien. Auf ein gesalzenes Blech mit der Hautseite nach unten geben.

2. Das Sauerkraut abtropfen und gut ausdrücken. Mit dem Messer grob hacken und in eine Schüssel geben. Mit Crème fraîche und den Gewürzen zu einer glatten Masse vermengen.

3. Mit einer Palette das Lachsfilet mit der Sauerkrautmasse komplett, gleichmäßig bedecken. Im vorgeheizten Backofen bei 200 °C Oberhitze ca. 10 bis 12 Minuten garen.

4. Für die Sauce den Weißwein mit Zitronensaft 1 Minute leise köcheln lassen. Fischfond dazugießen. Mit Salz, Pfeffer und Zucker abschmecken. Mit Mondamin oder Maizena in Saucendicke abbinden. Mit dem Schneestab die kalte Butte untermontieren und die Gemüsestreifen dazugeben.

5. Die Kartoffeln in Salzwasser garen und vor dem Servieren in den gehackten Kräutern wälzen.

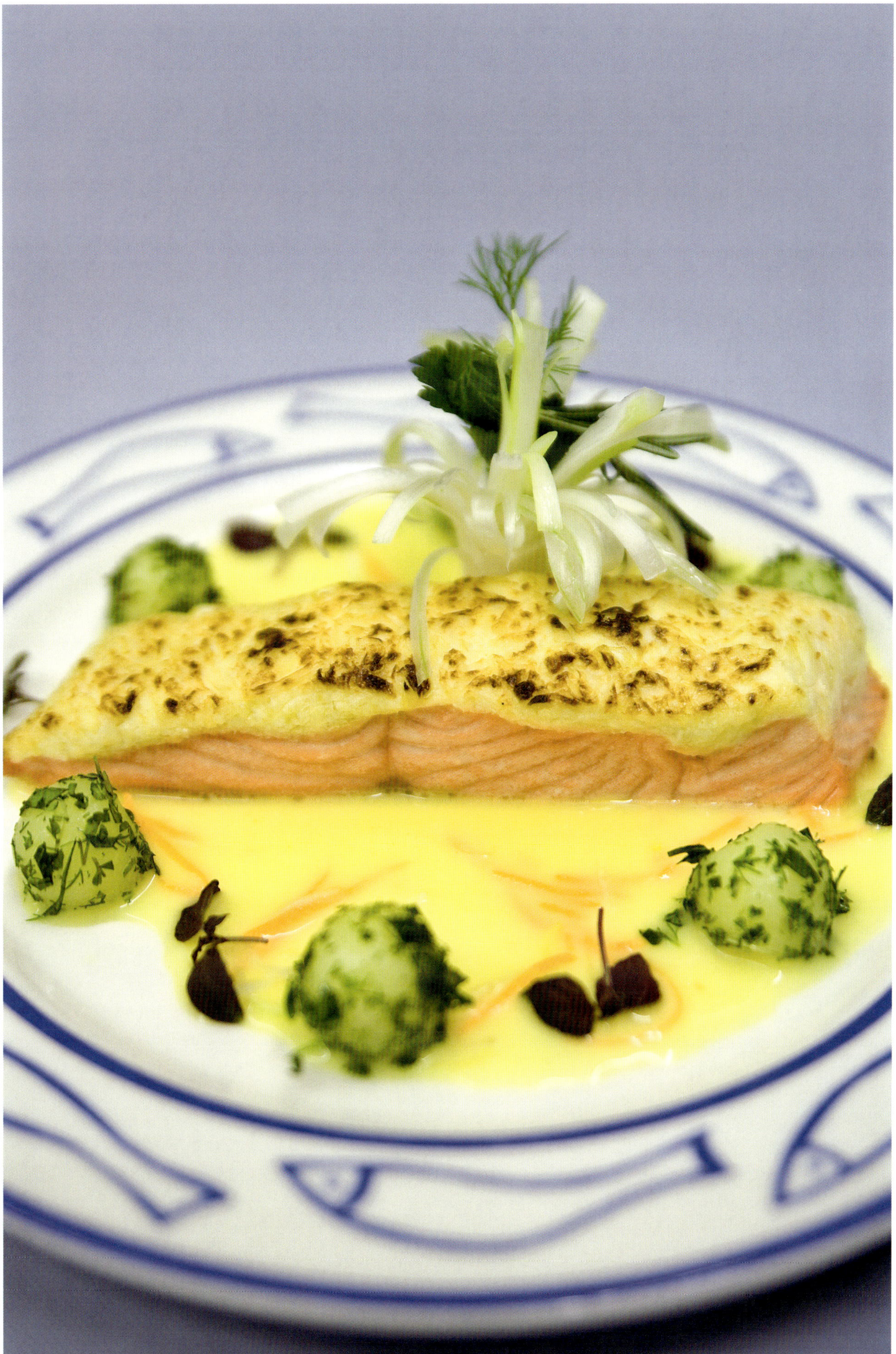

Altes westfälisches Bauernhaus, Mühlenhof Münster

Hotel Krautkrämer – Wein und Kunst am Hiltruper See

»Ein Hotel wie jedes andere sind wir nicht – achten Sie auf die Details!« Diese Aussage von Hausherr Hans-Joachim Krautkrämer finden Sie in der Broschüre des Hotels. Tagungshotel, Golfhotel, Wellnesshotel und die Restaurantküche sind wahrlich schon genug Gründe, um dem Hotel Krautkrämer einen Besuch abzustatten.

Die fantastische Lage direkt am Ufer des Sees lockt im Sommer auch viele Ausflügler aus Münster und Umgebung zu einem Besuch auf die große Sonnenterrasse. Von der Terrasse haben Sie einen wunderschönen Ausblick auf den See. Was gibt es Schöneres als diesen bei einem gepflegten Essen und einem kühlen Glas Weißwein oder auch einem Stück hausgemachter Torte und einer Tasse dampfenden Kaffee zu genießen? Schöne Aussichten, westfälische Kreativität, junge Kunst, Lebensfreude und deutsche Eiche – die Mischung ist es, die dieses Hotel so interessant macht.

Die Restaurantküche bietet Kunst gleich in zweierlei Hinsicht. Regionale Köstlichkeiten oder Kreationen für den Weltbürger: Raffiniert einfach – oder einfach raffiniert, Sie haben die Wahl. Menschen mit gutem Geschmack treffen hier auf ein Angebot, das nicht miteinander konkurriert, sondern sich wohltuend ergänzt. Für die Ausgewogenheit des Angebots der gehobenen westfälischen Regionalküche und des internationalen Angebots zeichnet seit vier Jahren Küchenchef Silvio Eberlein verantwortlich. Dem lauwarmen Törtchen vom Rehfilet mit Trompetenpilzen, Perlgraupen und glasierten Schwarzwurzeln als Vorspeise kann durchaus eine geschmorte Oldenburger Entenbrust mit Orangen-Pfeffersauce, Rotkohl und Kartoffelklößen folgen. Wer es mag, findet ebenso Variationen von Trüffel oder Kaviar auf der Karte. Dem Carpaccio vom weißen Heilbutt und Lachs mit Kaviar und Kürbis folgt ein Medaillon vom Kalbsfilet mit Jacobsmuschel,

Trüffeljus, Schwarzwurzeln und Petersilien-Gnocchi. Einen ganzen Knurrhahn mit Safransauce oder ein Filet vom Seeteufel sind nur zwei Beispiele für die Fischliebhaber unter Ihnen. Das Angebot der Küche wird vom Hausherrn als bodenständig mit mediterranem Einfluss eingestuft.

Kochkunst ist die eine Sache, wie sie präsentiert wird, die andere. Das Speisenangebot präsentiert sich als Einleger in aufwendig gestalteten Klappkarten mit Kunstdruck-Reproduktionen wie dem »Venner Moor« (Bernhard Krug – Öl auf Leinwand) oder »Der Spaziergang« (Ryszard Kryński – Öl auf Holz) sowie »Die Reise ohne sich fort zu bewegen« (Horst Becking – Mixed Media auf braunen Stoff).

Kunst bei Krautkrämer

Die Gäste des Hauses ahnen es schon kurz nach ihrer Ankunft im Hotel: Hausherr Hans-Joachim Krautkrämer muss ein leidenschaftlicher Kunstliebhaber und Sammler sein. Schon als Lehrling im Berliner Ambassador investierte er sein bescheidenes Salär in Kunstobjekte. Die Liebe zur Kunst hat ihn bis heute nicht losgelassen. An jeder freien Wandfläche des Münsteraner Hotels hängen Bilder, jede Titelseite der Hauszeitung, jede Speisen- und Weinkarte ist mit Reproduktionen seiner Sammlung versehen. Im Hotelpark stehen Skulpturen, die auf dem internationalen Kunstmarkt hoch gelobt und bestens bekannt sind. Die Kunst ist (neben dem Wein) Krautkrämers Hobby und Passion. Seit vielen Jahren gibt er Etablierten wie Neuen eine Chance. Jungen Künstlern gegenüber ist er sehr aufgeschlossen. Gern verbindet er auch seine Leidenschaft für gute Weine mit der Kunst. So fand am 30. März 2007 eine Vernissage »Kunst und Wein« zur Kunstausstellung »8 Positionen zeitgenössischer Kunst« statt. In der Zeit vom 31. März bis zum 30. September wurden Skulpturen, Objekte und Malerei bei Krautkrämer gezeigt.

Spitzenweine bei Krautkrämer

Wer gute Weine so schätzt wie Hans-Joachim Krautkrämer, versteckt sie nicht in einem dunklen Keller. In einem kleinen Weinladen (befindet sich im Hotel), den Krautkrämer »unsere Schatzkammer« nennt, werden edle Tropfen und preiswerte Trinkweine ausgesuchter Qualität angeboten. Wer ein breites Angebot an hervorragenden Riesling-Weinen sucht, wird hier auf jeden Fall fündig. Qualitätswein, Kabinett, Spätlesen oder Auslesen aus den Spitzenweingütern an Rhein, Mosel, Saar und Nahe sind das ganze Jahr über vorrätig.

Rieslingweine sind das Stichwort für eine große Gala, die seit 1988 alljährlich gemeinsam mit dem Magazin »Der Feinschmecker« veranstaltet wurde. Bei der Riesling-Gala handelte es sich um einen Wettbewerb, auf dem traditionsgemäß die besten trockenen Rieslingweine des Vorjahres präsentiert werden. Der erste Wettbewerb im Jahre 1988 wurde von Krautkrämer noch im Alleingang initiiert. Für die Riesling-Gala 2007 stellten sich 320 Gewächse von 50 Weingütern dem Wettbewerb, wovon es 15 Gewächse in die Endausscheidung schafften.

Seit 2008 findet in Kooperation mit Vinum im Hotel die Gala-Veranstaltung und Präsentation »Best of Riesling« statt.

Mit Kunst und Wein lässt sich punkten, aber das Geld verdienen muss Hans-Joachim Krautkrämer mit dem Hotel. Das Hotel verfügt über fünf Tagungsräume unterschiedlicher Größe. »Tagungen ohne Erfolg sind uns ein echtes Rätsel. Modernste Technik und ein perfektes Drumherum – kulinarisch, kulturell, sportiv … Tagungen sollen Spaß machen, denn gute Laune motiviert«, so H. J. Krautkrämer. Nach einem anstrengenden Seminartag kann eine gemeinsame abendliche Weinprobe der Abwechslung und Belebung des Teamgeistes durchaus förderlich sein. Es besteht aber auch die Möglichkeit, nach dem Seminar mit einer Kanufahrt, einem Golfschnupperkurs oder einer Ballonfahrt über dem Münsterland, gemeinsam mit Seminarteilnehmern oder auch alleine, das Wochenende einzuleiten. Gutes für Körper und Geist bieten die Wellness-Arrangements mit zwei oder drei Übernachtungen. Die gebuchten Anwendungen werden begleitet von einem ausgewählten kulinarischen und einem interessanten Freizeit-Angebot. Schwimmbad und Sauna stehen natürlich nach Lust und Laune zur Verfügung.

Auch im tiefsten Münsterland ist es wunderschön! In die Lüfte steigen, per Rad von Schloss zu Schloss, ein Spaziergang rund um den See. Durch die Stadt flanieren, beim Shopping etwas Nettes finden. Kultur in Oper und Theater, Museum oder Galerie. Schönes kann so nah sein.

Für Golfer ist das Hotel ein wahres Eldorado, das von Plätzen geradezu umzingelt ist. Stellvertretend seien hier nur die Plätze in Amelsbüren, Westerwinkel und Nordkirchen genannt. Natürliche Hindernisse mit idyllischen Wasserläufen und kleinen Seen – ein Paradies für Golfer. Damit nicht genug: Bis 2009 soll der im Bau befindliche eigene Platz vor der »Haustür« fertig gestellt sein. Kunst und Kultur, Gaumenfreuden, Freizeit und Erholung – das Gute liegt so nah.

Steinbuttkotelett mit Hummer
Safran-Muschel-Fumet und grünem Spargel

Zutaten für vier Personen

*4 Stck Steinbuttkotelette   1 Stck ganzer Hummer   500 g Miesmuscheln   200 ml Weiswein
150 g Crème fraîche   500 g grüner Spargel   500 g Kartoffeln   5 – 7 Stck Safranfäden
Butter, Salz, Pfeffer, Zucker   Kräuter (Blattpetersilie, Kerbel, Dill)*

Silvio Eberlein ist 1973 in Sebnitz geboren. Er absolvierte seine Kochlehre im Hotel Obermühle in Garmisch Partenkirchen und absolvierte danach mehrere Stationen Sternerestaurants. Seit 2003 ist er Küchenchef und seit 2007 Leiter der Gesamtgastronomie im Hotel Krautkrämer.

Zubereitung

1. *Muschelsauce:* Muscheln putzen. Weißwein aufkochen, die Muschel hineingeben und kochen, bis sie sich öffnen. Anschließend den Sud durch ein feines Sieb passieren und mit Crème fraîche aufkochen. Mit Salz abschmecken und den Safran hinzufügen.

2. Hummer in einem Gemüsesud 3 Minuten kochen. In Eiswasser abschrecken, ausbrechen und portionieren.

3. *Kräuterquetschkartoffeln:* Kartoffeln kochen, Butterflocken dazugeben und mit einer Gabel kleindrücken. Mit Salz und Pfeffer aus der Mühle würzen. Anschließend in eine Ausstechform pressen und mit Kräutern bestreuen.

4. Spargel schälen und in gleich große Stücke schneiden; anschließend blanchieren. Butter in eine Pfanne geben; Spargel und Gewürze hinzugeben.

5. Die Steinbuttkoteletts anbraten und je nach Dicke noch 3 – 5 Minuten bei 150 °C im Ofen garen.

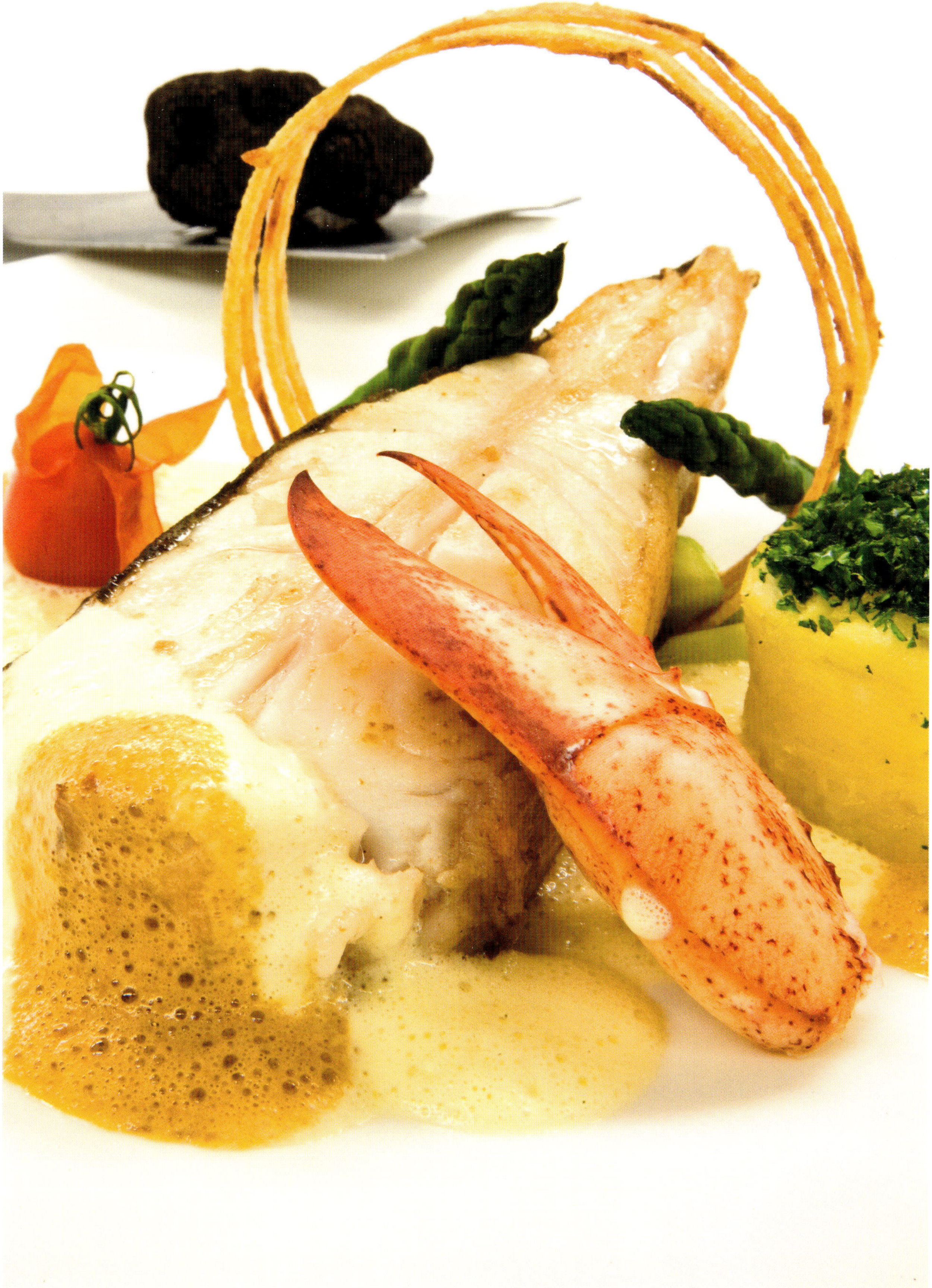

Im Engel – Tradition und mediterrane Lebensart in Westfalen

Mit Mut und Leidenschaft hat Gerhard Leve das Hotel-Restaurant Im Engel zu einer kulinarischen Vorzeigeadresse in Warendorf und im gesamten Münsterland gemacht. Bereits seine Eltern Werner und Elfriede Leve begannen 1955 den Betrieb von einem Gasthof zu einem renommierten Restaurant mit klassisch französischer Küche zu formen.

Schon in den 1970er Jahren wurden von Werner und Elfriede Leve französischen Wochen im Restaurant durchgeführt. Gerhard Leve übernahm den elterlichen Betrieb vor 16 Jahren, als er sich selbst noch in der Ausbildung befand. Im Gespräch bemerkt man als sein Gegenüber sehr schnell, dass Leve mit Herz und Seele dabei ist, wenn er über das Hotel Restaurant, seine große Leidenschaft den Wein oder die Familiengeschichte redet. Bereits seit 1246 ist die Familie Leve in Warendorf ansässig. 1545 wurde der Gasthof Im Engel erbaut und seit 1692 ist er im Familienbesitz. Wahrlich eine lange Tradition, die es zu bewahren und entwickeln gilt. Bezeichnend und absolut zutreffend ist seine Einstellung, dass Tradition nicht vom Zuschauen, sondern vom Mitmachen lebt. Gerhard Leve hat aber nicht nur mitgemacht sondern auch vorgemacht. Seit er mit seiner Frau Ute gemeinsam das Hotel führt, wurde viel bewegt im Familienunternehmen Leve.

Der gelernte Hotelkaufmann und Sommelier baute eine Weinkarte auf, die ihresgleichen in Westfalen sucht. Wenn es um die westfälische Küche geht, wird er zu einem leidenschaftlichen Redner. Da sprudeln ganz neue Ideen, wie sich die heimische Küche und Esskultur noch spannender und vielfältiger gestalten ließe. Dabei herauskommen kann dann schon mal eine »kulinarische Schlenderweinprobe durch die Warendorfer Altstadt«. Leve ist es gewohnt, seine Ideen auch zu realisieren. Die Bandbreite des kulinarischen Angebotes reicht heute von Münsterländer Spezialitäten bis zur Neuen deutschen Gourmet-Küche mit mediterranen Akzenten. Alle sechs Wochen wird die Speisekarte den Jahreszeiten und den frisch zur Verfügung stehenden Produkten angepasst. Der Anspruch des Inhabers setzt sich auch im Tun und Handeln seiner weißen Brigade fort. In den Kochtöpfen des Warendorfer Betriebes kommt konsequenterweise nur das Beste, was die Jahreszeit zu bieten hat. Auf den Teller kommt dann zum Beispiel Rinderbäckchen in Rotwein mit Apfel-Karottenpüree, nicht ganz zufällig auch die Leibspeise des Chefs.

Im Laufe der Jahre verliehen Gerhard Leve und seine Frau Ute, die ebenfalls vom Fach und Sommelier ist, ihrem Haus ein modernes Gesicht. Sie erweiterten den Betrieb erst kürzlich durch einen Hotelneubau. Neue Pläne stehen bereits wieder an. Das Hotel verfügt mittlerweile über 33 Doppelzimmer, 1 Suite, und 5 Einzelzimmer mit Vier-Sterne-Komfort. Hier schläft man wie auf Wolken gebettet. Behagliche Kirschbaummöbel und freundliche italienische Stoffe verleihen den Zimmern eine freundliche, behagliche Atmosphäre. Im 2006 erstellten Neubau werden die Gäste in den Bädern mit Whirlpoolwannen und Lichttherapie verwöhnt.

Auch ein kleiner Wellness-Bereich mit Sauna, Solarium und Whirlpool gehört zum Angebot des Hauses. Das wissen nicht nur Radwanderer nach einem anstrengenden Tag auf den berühmten Münsterländer Pättkes zu schätzen, sondern auch Geschäftsreisende.

Engelchen – Bistro und Vinothek

Himmlische Tropfen nehmen einen großen Stellenwert bei der Familie und insbesondere bei Gerhard Leve ein. Am liebsten würde er später einmal selbst anbauen. Im Jahr 2006 erfolgte die zusätzliche Eröffnung des »Engelchen«, ein Bistro mit angeschlossener Vinothek in der Warendorfer Altstadt. Das Bistro ist eine legere, bezahlbare Tagesgastronomie für Touristen und Geschäftsreisende vor Ort. Hier wird auch ein klassisch westfälischer Eintopf angeboten. Der Knüller auf der Speisekarte ist jedoch das »Doris Day Menü«. Der Großvater von Doris Day hat das Haus bis 1890 als »Konditorei von Kappelhoff« geführt. Die Geschichte der Doris von Kappelhoff (später Doris Day) wird hier im Haus erzählt. Zu Ehren von Doris Day ist am Eingang zum Engelchen ein Hollywoodstern mit ihrem Namen im Maßstab 1:1 in den Boden eingelassen.

So lebendig wird sich auch in Zukunft die Tradition im Hause Leve weiter entwickeln. Mit den beiden Söhnen Frederic und Justus steht bereits die 11. Generation in den Startlöchern um die Familientradition weiter zu führen.

Ein Wein für Westfalen

Das Hotel Restaurant »Im Engel« verfügt über eine Weinkarte, die in Westfalen wohl einmalig sein dürfte. Die Karte umfasst 1 350 Positionen, die sich alle im eigenen Keller befinden. Der Rüdesheimer Apostelwein von 1727, in Originalabfüllung des Bremer Ratskellers, zählt zu den absoluten Raritäten des Hausherrn Gerhard Leve. Der Gault Millau zeichnete sie 1999 als »Weinkarte des Jahres« aus.

Himmlische Tropfen sind die persönliche Leidenschaft der Familie Leve. Ab 1991 baute sich Gerhard Leve parallel zu seiner Tätigkeit als leidenschaftlicher Gastronom und Hotelier ein Weinhandelsgeschäft auf, das heute über 450 Sorten im Angebot hat. Absehbar und fast zwangsläufig kam 1998 ein Weinclub hinzu, der zurzeit 200 Mitglieder zählt. Hier finden viermal im Jahr Weinclub-Stammtische statt, Jahresfahrten in deutsche und internationale Weinbaugebiete und in unregelmäßigen Abständen auch vinophile Kulturveranstaltungen.

Die Zeitschrift »Aktiva« bescheinigt Gerhard Leve eine Spitzenposition in der deutschen Weinkennerschaft. Für den Verein »Westfälisch genießen« legte er das Projekt »Roter Westfale« und »Weißer Westfale« mit jeweils 10 000 Flaschen auf. Bei beiden Weinen handelt es sich um ein Cuvée, wie in der nachfolgenden Expertise kurz beschrieben. Die Weine sind in dem bekannten Weingut »Dr. Bürklin-Wolf«, vinifiziert worden.

Weißer Westfale 2007 – Pfälzer Cuvée

Der Wein: Sorgfältiger und zeitgemäßer Ausbau. Gekühlte Vergärung im Holzfass und Edelstahltank. Lagerung im Holzfass. Internationale Reben im Zusammenspiel mit heimischen Sorten ergeben einen beschwingten und modernen Weißwein. Leichter Genuss auf hohem Niveau.
Rebsorten: Silvaner, Weißburgunder, Riesling, Chardonnay, Scheurebe, Gewürztraminer, Sauvignon Blanc und Auxerrois.
Charakteristik: Fruchtig-florale Eleganz und Frische im Duft nach gelben Äpfeln, Blüten und Mandeln. Auf der Zunge von charmanter Leichtigkeit, jedoch mit dem Tiefgang und dem finessenreichen Spiel des Rieslings. Milde, zugängliche Struktur mit gepufferter Säure, aber gleichzeitig von lebhafter, innerer Frische. Ein ungemein zeitgemäßer charmanter Weißwein.

Roter Westfale 2007 – Pfälzer Cuvée

Der Wein: Sorgfältiger, zeitgemäßer Ausbau, Maischegärung. Lagerung 50 % im Holzfass und 50 % im Barrique. Internationale Reben im Zusammenspiel mit heimischen Sorten ergeben einen kraftvollen, vielschichtigen und modernen Rotwein. Auch hier gilt: Leichter Genuss auf hohem Niveau.
Rebsorten: Aclon, Cabernet Franc, Cabernet Sauvignon, Dornfelder, Merlot und Spätburgunder.
Charakteristik: Feine Aromen nach schwarzen Kirschen und Pflaumen werden im Duft von einer ganz dezenten Vanille-Note begleitet. Saftig-fruchtige Ansprache auf der Zunge mit zugänglicher Struktur und ausreichend Körper. Durchaus mit Spiel und gewisser Tiefe, jedoch gleichzeitig animierend und unkompliziert. Die charmante und doch selbstbewusste Anlage dieses Weins vereint gehobenen Anspruch mit purem Trinkvergnügen.

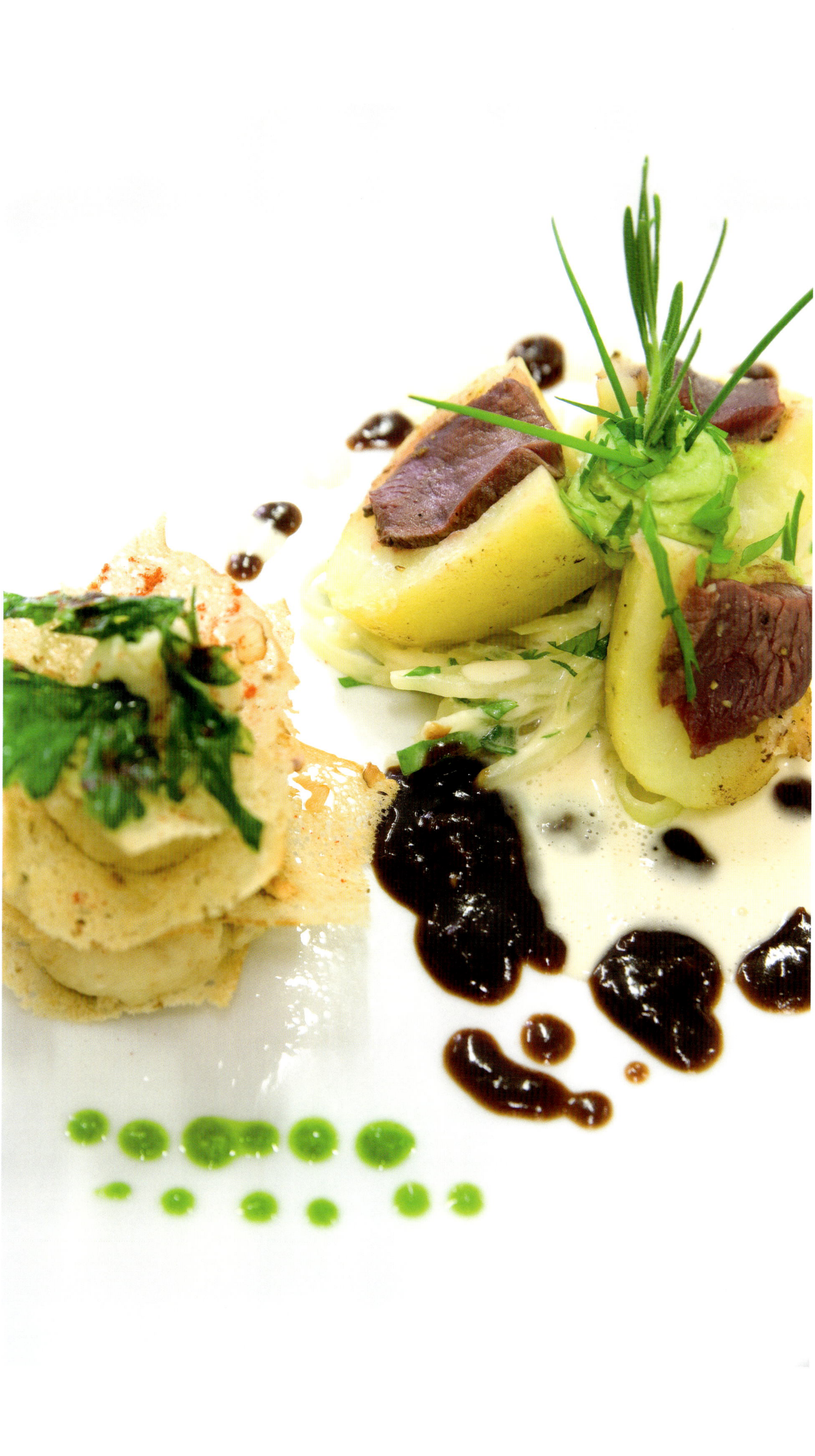

Rehmedaillon in der Kartoffel gegart mit geröstetem Petersilienwurzelgemüse, Kappes und Kirsch-Pfeffersauce

Zutaten für 4 Personen

*4 Stck mittelgroße Kartoffeln (festkochend) 240 g Spinat-Fleischfarce 240 g pariertes Rehrückenfilet
160 g Schweinenetz 500 g Petersilienwurzel 500 g Spitzkohl 50 g Schalotten 80 g Butter
50 ml Hühnerfond 50 ml Sherry 100 ml Velouté (mit Mehl und Butter gebundener Fleischfond)
100 ml Wildjus 40 g Kirsch-Pfeffer-Relish*

Küchenchef Christian Wandtke wurde 1977 in Warendorf geboren und absolvierte seine Lehre bei Heinz Poppenborg in Harsewinkel. Nach der Lehre machte er Station im Schloss Wilkinghege und kehrte anschließend noch einmal zu Poppenborg zurück. Seit 2005 ist er Küchenchef im Hotel-Restaurant »Im Engel«. Hier kocht er eine leichte gutbürgerliche Regionalküche, in der er gerne Produkte von den Erzeugern aus der Nachbarschaft verwendet.

So kommt der Spargel vom Hof Stratmann aus Warendorf und viele Fleischprodukte aus der eigenen Schlachtung von Hof Schulze-Osthoff.

Im Restaurant wird aber auch die französisch und mediterran inspirierte gehobene Weltküche geboten. Eine seiner Spezialitäten sind mallorquinische Gerichte. Wandtke selbst mag gerne Rumpsteaks mit tollen Saucen und fantasievollen Beilagen.

Zubereitung

1. Die ungeschälten, halbierten und ausgehöhlten Kartoffeln blanchieren, abtrocknen und mit Spinatfarce bestreichen. Rehmedaillon einlegen und mit Farce einstreichen. Im Schweinenetz einschlagen und anbraten.

2. Anschließend im Ofen bei 160 °C 12 Minuten backen. Danach ruhen lassen und schräg tranchieren.

3. Petersilienwurzeln waschen, schälen und in Scheiben schneiden. 60 g Butter erhitzen und die Schalotten anschwitzen. Die Petersilienwurzeln dazugeben, würzen und langsam rösten. Mit Sherry ablöschen, braune Butter dazugeben, mit etwas Hühnerfond begießen und weich schmoren.

4. Durch ein Sieb streichen und abschmecken. Spitzkohl putzen, in feine Rauten schneiden, blanchieren und mit feiner Velouté verkochen.

5. Wildjus mit Kirsch-Pfeffer-Relish aufkochen und 20 g Butter in Flocken dazugeben. Anrichten und servieren.

PFERDESTADT WARENDORF

International bekannt wurde die 38 000 Einwohner zählende Kreisstadt Warendorf spätestens 1956. In diesem Jahr gewann der Warendorfer Hans-Günther Winkler bei den Olympischen Spielen in Stockholm die Goldmedaille der Springreiter. Heute ist Hans-Günther Winkler Ehrenbürger der Stadt.

Die Geschichte Warendorfs begann aber bereits vor 800 Jahren. Durch die verkehrsgünstige Lage im östlichen Münsterland entwickelte sich die Stadt zu einem berühmten Handelsplatz für Leinen und Damast, aber auch die Zünfte der Goldschmiede, Zinngießer und Töpfer spielten während der Blütezeit eine wichtige Rolle. Bereits um 1200 erhielt der Ort die Stadtrechte. Zu dieser Zeit war das politische Deutschland geprägt von vielen kleinen Fürstentümern. Wegelagerer und hohe Zollforderungen behinderten die Entwicklung des Handels. So trat die Stadt bereits 1255 dem rheinischen Städtebund bei, um sich vor diesen Missständen zu schützen. Später wurde Warendorf auch Mitglied der Hanse. Der ehemalige Marktflecken wurde zur wichtigsten Stadt neben Münster. Die Industrialisierung hatte auf Warendorf kaum einen Einfluss und so verlor sie die zeitweise herausragende Stellung. Dadurch war die Stadt im zweiten Weltkrieg für Luftangriffe kaum ein lohnendes Ziel, und so ist der historische Stadtkern bis heute fast komplett erhalten.

Von der Handels- zur Pferdestadt

Nach 1815 wurde aus der einst blühenden Handelsmetropole eine kleine, eher ärmliche Ackerbürgerstadt. Die Trendwende kam 1826, als Preußen das Landgestüt Warendorf gründete. Pferde prägten von nun an das Bild der Stadt und machten Warendorf als Pferdestadt weltweit bekannt. Aus dem preußischen Landgestüt wurde das nordrhein-westfälische Landesgestüt mit der angegliederten Deutschen Reitschule. Nach und nach siedelten sich hier immer mehr nationale und internationale Vereinigungen und Organisationen des Pferdesports an. Zu den namhaften Organisationen zählen unter anderen auch die Deutsche Reiterliche Vereinigung, die Sportschule der Bundeswehr und das Deutsche Olympiakomitee für Reiterei.

Hengstparaden

Die alljährlichen Hengstparaden sind legendär. Tempo und hohes Können kennzeichnen die Warendorfer Hengstparaden. Alle Hengste – unter dem Reiter, vor dem Wagen oder an der Hand – werden einzeln kommentiert und vorgeführt. Dabei kann das Fachpublikum einen Eindruck von der Leistungsfähigkeit der Hengste gewinnen. Die Besucher kommen aus allen Teilen Deutschlands und vielen anderen Staaten.

Zum Tag der offenen Tür im Januar strömen bis zu 7 000 Besucher in das Landesgestüt. In der Halle der Deutschen Reitschule läuft ein mehrstündiges Programm, das alle Hengste entsprechend kommentiert. Warendorf ist heute ein Name, der weltweit mit dem Pferdesport verbunden wird. Olympiasieger, Welt- und Europameister geben sich hier ein Stelldichein.

Der Spezialist für den gedeckten Tisch

Ein liebevoll gedeckter Tisch verleiht einem guten Essen erst den richtigen Rahmen und ist durchaus in der Lage ein Candle-Light-Dinner oder ein festliches Menü aufzuwerten, bzw. in Szene zu setzen. Neben dem persönlichen Geschmack spielen Ambiente und Einrichtungsstil eine große Rolle. In Restaurants kommt es besonders darauf an, dass Porzellan, Glas und Dekoration aufeinander abgestimmt sind und mit dem Stil des Hauses korrespondieren. Um ein abgestimmtes harmonisches Ganzes zu formen, braucht es in vielen Fällen der Unterstützung von Fachleuten. Die 1992 gegründete Firma Erich Kleine Büning aus Dülmen verfügt über jahrelange Praxis und Fachleute für eine kompetente Beratung. Gerade bei Neugründungen und umfangreichen Sanierungen kommt es darauf an, dass von Anfang an alles stimmig und harmonisch ist, denn nur der gekonnt eingedeckte Tisch vermittelt Harmonie und Ruhe und schafft damit erst die Voraussetzung für stilvolles Genießen.

Ob klassisch, modern oder gar avantgardistisch spielt dabei keine so große Rolle. Die Einrichtung, abgestimmte Harmonie und auch das Speisenangebot des Restaurants spielen die Hauptrolle. In der Praxis ist es oft so, dass gerade bei der Entscheidung, welches Porzellan bzw. welche Gläser angeschafft werden, anfangs auf den Rat von Fachleuten verzichtet wird. Große Summen, teils im sechsstelligen Bereich, werden selbst in kleinen Restaurants in das Interieur investiert. Bei Porzellan, Besteck und Glas wird dann oft der Rotstift angesetzt, obwohl der eingedeckte Tisch ein Stilelement des Hauses ist. Nach der ersten Anschaffung von Billigprodukten wird oft schon nach wenigen Jahren eine Neuinvestition fällig. Unter dem Strich ist das meist teurer als das Restaurant von Anfang an mit auf einander abgestimmten Qualitätsprodukten auszustatten. So gibt Villeroy und Boch auf seine Produkte eine Kantenschlag-Garantie von drei Jahren. Das Preisleistungsverhältnis ist bei guter Markenware fast immer besser, als das von Massenimportware aus Fernost.

Neben Mobiliar, Glas, Besteck und Porzellan spielt die Tischwäsche ebenfalls eine ganz entscheidende Rolle bei der Ausstattung des Restaurants. Die Tischwäsche ist es, die dem Restaurant die bereits angesprochene Harmonie und eine angenehme Wohlfühlatmosphäre verleiht. Sie muss dem Einrichtungsstil und dem Porzellan angepasst sein. Die gesamte Einrichtung muss eine Einheit bilden. Optische Fremdkörper erzeugen eine innere Abwehrhaltung bei den Gästen. Fachbetriebe wie die Firma Erich Kleine Büning können bei der Suche nach einem harmonischen Gesamterscheinungsbild und nach der geeigneten Tischwäsche eine Menge Erfahrung mit einbringen.

Erich Kleine Büning (ekb) betreut, berät und beliefert seit vielen Jahren die Gastronomie. Seine Klientel sind die gutbürgerlichen und die gehobenen Gastronomien, aber auch Gastronomieketten der Region wie z. B. Café Extrablatt und Café del Sol.

Als Partner der Gastronomie spielt die kurzfristige Lieferfähigkeit auch größerer Stückzahlen eine wesentliche Rolle. Ein gut sortiertes Hochregallager und der hauseigene Lieferservice gehören bei der Firma Erich Kleine Büning zu den Grundleistungen des Hauses um auch spontane Lieferwünsche zu erfüllen. Neben einem funktionellen Porzellan- und Glas-, sowie einem leistungsfähigen Kücheninventar gehören auch Servierartikel (z. B. Chafing Dishes), Tischdecken, Servietten, Hotelwäsche, Leuchter, Kerzen und Hygieneartikel zum Warenangebot.

Aufgrund der langjährigen Erfahrung, Kompetenz und Zuverlässigkeit der Firma Erich Kleine Büning kann ein unverbindliches Beratungsgespräch und ein Besuch der Ausstellung eine wertvolle Hilfe bei der Gestaltung des gedeckten Tisches sein.

Von wilden Pferden, kapitalen Hirschen und Hechten im Karpfenteich

Wanderer kommst du nach Dülmen, dann kannst du viel erzählen. Erzählen möchte ich Ihnen jetzt von einem prächtigen Wildpark, einer großartigen Teichlandschaft und den wilden Pferden vom Merfelder Bruch. Alle drei Dinge haben miteinander zu tun und sind eng verbunden mit dem Namen derer von Croÿ. Das Adelsgeschlecht der Herzöge von Croÿ ist in ganz Europa ansässig. Im Jahre 1803 siedelte sich ein Teil der französischen Linie im westfälischen Dülmen an, wo sie ab 1830 das Dülmener Schloss errichtete und 1836 das Haus Merfeld erwarb. Das Dülmener Schloss wurde in Frühjahr 1945 bei einem alliierten Bombenangriff zerstört. Amerikanische Bergepanzer schoben dann eine breite Schneise durch den Schlosspark und beseitigten die Reste des Schlosses. Das Schloss wurde nicht wieder aufgebaut. Die Familie lebt seitdem im Haus Merfeld. Die alte Adresse, Schlosspark 1, ist heute die Adresse der »Herzog von Croÿ'schen Verwaltung«. Von hier aus steuert der 51-jährige Erbprinz Rudolf von Croÿ die unternehmerischen Aktivitäten des Hauses, zu denen auch die im Familienbesitz befindlichen Teichgüter, der Wildpark und die Wildpferdebahn Merfelder Bruch gehören. Alle Teiche, von denen der größte eine Wasserfläche von über 30 ha hat, wurden vom Großvater des Erbprinzen künstlich angelegt. Das Teichgut hat eine Gesamtfläche von 360 ha. In den naturnah angelegten Teichen werden Karpfen, Schleie, Aale, Zander und Hechte gezüchtet, die an die Gastronomie und an Privatkunden verkauft werden. Neben den Speisefischen werden hier aber auch bedrohte Arten gezüchtet und aufgezogen und in Flüssen und Seen wieder ausgesetzt. Zu diesen Arten zählen Moderlieschen, Bitterlinge und Gründlinge. Für die Fischereivereine kommen noch Besatzfische hinzu. Alle Fische wachsen in großen, nicht überbesetzten Teichen nahezu natürlich auf. Zugefüttert wird ausschließlich mit Getreide. Dass keine Wachstumsbeschleuniger verwendet werden, ist selbstverständlich und sei hier nur vollständigkeitshalber erwähnt.

Da die Teiche künstlich angelegt wurden, wird der Wasserstand über ein System von Zu- und Ableitungsgräben mit Wehren und Schleusen gesteuert, damit der Wasserstand möglichst konstant bleibt und bei starkem Regen die umliegenden Wiesen und Felder der Bauern nicht überflutet werden. Über das ganze Teichsystem wacht seit vielen Jahren Fischmeister Dieter Schwarten. Über Dieter Schwarten können Privatpersonen, Gastronomen und Fischereivereine die Fische beziehen. Der Verkauf erfolgt direkt an den Hälteranlagen.

Der Wildpark

Der gesamte Wildpark ist ein Baudenkmal und umfasst ein Areal von 280 ha. Damwild und Heidschnucken leben hier in Rudeln und Herden in nahezu freier Wildbahn. Vereinzelt lebt auch Rotwild im Park. Die Parkanlage wurde ab dem Jahre 1864 im Auftrag des Herzogs von dem bekannten englischen Landschaftsarchitekten E. Miller geplant. Im Park wechseln sich Buchen, Eichen und Mischwälder ab, die immer wieder unterbrochen sind von großen Wiesen und Weiden. Vereinzelt trifft man auf große, mächtige alte Baumsolitäre. Kleine Tümpel und Teiche lockern hier und da die Landschaft auf. Die gesamte Parkanlage wird heute noch so bewirtschaftet und gepflegt wie vor 140 Jahren.

Der Wildpark ist komplett eingezäunt. Innerhalb des Parks gibt es keine Zäune. Der Park ist über drei Tore für Besucher jederzeit frei und kostenlos zugänglich. Besonders wohltuend: Kein Kiosk, kein Eiswagen, kein Souvenir-Shop. Hier kann sich der Bürger noch auf langen Spaziergängen entspannen und die Natur genießen. Besonders lohnend ist ein Besuch in den frühen Morgenstunden, wenn der Nebel noch über den Wiesen wabert und sich langsam lichtet. Zu dieser Zeit sind keine Besucher im Park. Jetzt ist die Wahrscheinlichkeit sehr groß, einen einzelnen mächtigen Hirsch oder einige Rehe in aller Ruhe beim Äsen zu beobachten. Das Damwild ist wesentlich zutraulicher, so dass man sich diesen Tieren oftmals bis auf wenige Meter nähern kann. Ausdrücklich möchte ich an dieser Stelle jedoch darauf hinweisen, sich vorsichtig und zurückhaltend zu verhalten. Der Wildpark ist kein Zoo, die Tiere haben hier Vorrecht – und das wissen diese auch. Bleiben Sie auf den Wegen und genießen Sie Landschaft und Tiere in aller Ruhe aus dem gebührenden Abstand.

Herr Rövekamp ist der zuständige Förster für den Wildpark. Bei ihm kann auch Wildfleisch bestellt und gekauft werden. Nach den ungezählten Gammelfleischskandalen erfreuen sich die Fleischprodukte aus dem Wildpark einer steigenden Nachfrage. Wurden früher nur ganze Stücke (ganze Tiere) angeboten, so wird das Fleisch heute portioniert, vakuumiert und im Kühlhaus gelagert. Zerlegt wird das Fleisch von einem beauftragten Metzger. Angeboten wird das Fleisch nur im Herbst und Winter. Die gepflegte Gastronomie der Region kauft hier gerne ihr Fleisch für die Wildsaison.

Eine Herde wilder Pferde

Die wilden Pferde im Merfelder Bruch sind ein einzigartiges Naturdenkmal und seit Jahrzehnten weit über die Grenzen Westfalens und Deutschlands hinaus bekannt. Die Wildpferdebahn ist heute die letzte ihrer Art auf dem europäischen Kontinent. Vor annähernd 200 Jahren gab es noch ca. sieben Wildpferdebahnen in Europa. Die Wildpferde vom Merfelder Bruch leben hier schon seit »Urzeiten«. Bereits in einer Urkunde des Jahres 1316 werden die Wildpferde erstmals erwähnt, an denen die Herren von Merfeld ein Recht hatten. Die Herzöge von Croÿ wollten diese einzigar-

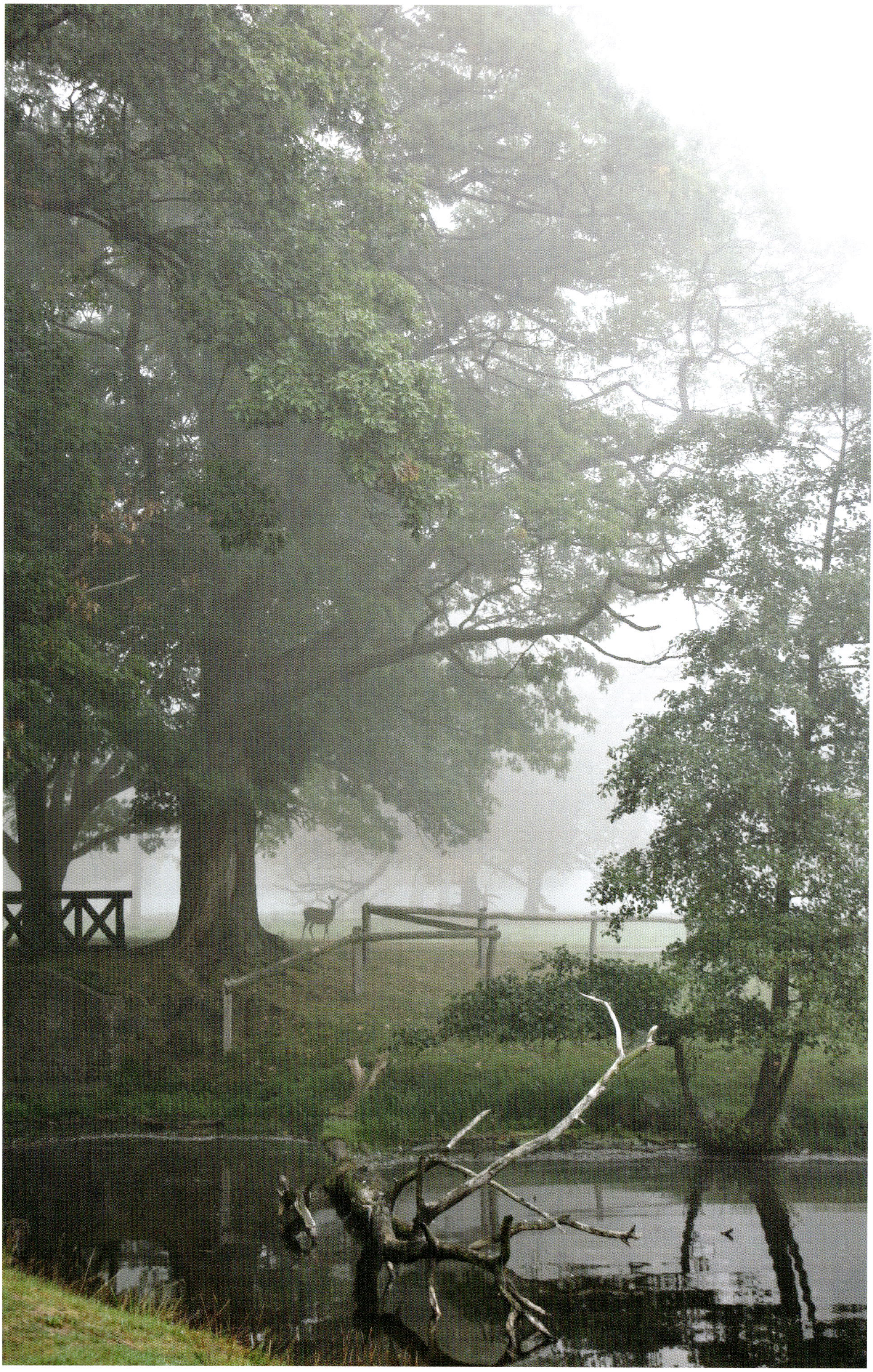

tige Herde vor dem Aussterben retten und schufen ihnen vor ca. 150 Jahren (als neue Eigentümer des Hauses Merfeld) ein heute 350 ha großes Reservat. Sie sicherten damit das Überleben der Herde, das durch die fortschreitende Parzellierung und Kultivierung des Landes stark gefährdet war. In der Wildpferdebahn leben durchschnittlich 300 Wildlinge. Bis auf einige eingezäunte Wiesenflächen, auf denen im Sommer das Heu für die Winterfütterung gewonnen wird, können die Pferde in diesem Naturschutzgebiet vollkommen frei lebend der Futtersuche nachgehen. Die Tiere sind sich selbst überlassen, folgen ihren Instinkten und kommen mit der Witterung und dem Nahrungsangebot auf ihrem Lebensraum gut zurecht.

Das 350 ha (3,5 km²) große Reservat besteht zu 45 % aus Wald, 45 % aus Weiden und 10 % aus Wegen, Wassergräben und der Arena. Die Waldflächen dienen den Tieren als Schutzwald. Die Altholzbestände beherbergen interessante Lebensgemeinschaften wie Grün-, Bunt- und Schwarzspechte; in deren ausgedienten Nisthöhlen leben Käuze und Marder.

Die Wildpferdebahn ist ein Naturschutzgebiet und gemeinsam mit der Herde ein Naturdenkmal. Das oberste Ziel des Naturschutzes ist die Arterhaltung des Dülmener Wildpferdes. Dazu gehört neben der Zucht mit Primitivrassen (primitiv i. S. v. ursprünglich) vor allem der Erhalt des vielfältigen Biotops. Den Dülmener Wildpferden bleibt als Primitivrasse das ursprüngliche Erbgut erhalten. Vielleicht wird es eines Tages notwendig sein, das überzüchtete Erbgut der Hauspferdbestände mit dem Erbgut einer natürlichen Rasse »aufzubessern«.

100 Jahre Wildpferdefang

Eine besondere Attraktion ist alljährlich am letzten Samstag im Mai der traditionelle Wildpferdefang. Bis zu 20 000 Besucher strömen dann zur Arena und verfolgen, wie die einjährigen Hengste per Hand und ohne Hilfsmittel aus der Herde herausgefangen und anschließend versteigert werden. Die zähen, intelligenten und charakterfesten Tiere sind als Freizeitpferde sehr beliebt. Stuten werden nicht veräußert. In der Wildbahn geboren, beenden sie auch hier (in meist sehr hohem Alter) ihr Leben. Nach dem Abfangen der kleinen Hengste wird ein Deckhengst eingesetzt, der bis zum Herbst bei den Stuten den Fortbestand der Herde sichert. Diesem nur einmal im Jahr stattfindenden Auftrieb geht eine ca. 14-tägige Aufbauphase voraus. Hier arbeitet Erbprinz von Croÿ gerne mit einheimischen Vereinen und Verbänden zusammen, die, wie er es nennt, über eine »Hierarchie und Logistikstruktur« verfügen. So zahlt er lieber den örtlichen Institutionen ein Entgelt, als professionellen Sicherheitsdiensten und Eventveranstaltern. Naturgemäß ist das vor allem die freiwillige Feuerwehr und das Rote Kreuz. Für die ca. 20 000 Besucher müssen 800 transportable Toilettenhäuser aufgestellt werden, Weideflächen werden zu Parkplätzen umfunktioniert, Gefahrenwege für Feuerwehr, Krankenwagen und Polizei müssen ausgewiesen und abgesperrt werden. Die Arena muss hergerichtet werden. Nicht zu vergessen, gibt es hier keine Strom- und Wasseranschlüsse. Für die eintägige Veranstaltung ist schon eine bemerkenswerte Logistik und vor allem viel Auf- und Abbauarbeit notwendig. An dem Tag werden ca. 40 Junghengste versteigert. Diese erzielen einen Durchschnittspreis von 500 Euro. Hinzu kommen die Einnahmen aus den Eintrittsgeldern. Von diesen Einnahmen müssen sämtliche Ausgaben für die Veranstaltung und das ganze übrige Jahr gedeckt werden. Das Reservat muss gepflegt (Zäune, Wege) und beaufsichtigt werden.

Die Wildpferdebahn ist heute ein Naturschutzgebiet mit der Herde als Naturdenkmal. Die bekanntlich strengen Auflagen lassen eine wirtschaftliche Nutzung nur bedingt zu. Betriebswirtschaftlich sind da kaum Gewinne zu erzielen. Die Familie derer von Croÿ stellt sich hier der sozialen und traditionellen Aufgabe der Arterhaltung und Landschaftspflege. Das Geld muss die Familie woanders verdienen – aber das war nicht Thema dieser kleinen Geschichte.

HOF GROTHUES-POTTHOFF

Ein großer und moderner Bauernhof, eine bodenständig, westfälische Gastronomie und ein Hofladen voller frischer Produkte, die überwiegend aus der eigenen Produktion stammen – all das und etwas mehr ist der Hof Grothues-Potthoff in Senden. Die herzliche Gastfreundschaft sowie die Frische und die Qualität der Produkte sind in der ganzen Region bekannt und so ist es nicht verwunderlich, dass sich der Hof zu einem überaus beliebten Ausflugs- und Einkaufsziel entwickelt hat.

Das 800 Jahre alte Anwesen liegt direkt an der 100 Schlösser-Route durch das Münsterland und dem Radwanderweg Dortmund-Ems-Kanal in Richtung Norddeich. Im Frühling, Sommer und Herbst ist der Hof ein Eldorado für Radwanderer, die hier gerne rasten und die hofeigenen Produkte und Erzeugnisse genießen, bevor sie mit ihren Rädern das nächste Etappenziel ansteuern.

Die Geschichte des Hofs kann anhand alter Urkunden bis in das Jahr 1253 zurückverfolgt werden. Die im Original erhaltene Verkaufsurkunde vom 14. Mai 1374 wird im Münsterschen Staatsarchiv aufbewahrt. Sie ist nicht wie damals allgemein üblich in Latein, sondern in der damaligen Volkssprache verfasst. Ab dem Jahr 1652 kann die Generationenfolge lückenlos nachvollzogen werden.

Mit Diplom-Gartenbau Ingenieur Alexander Grothues-Potthoff hat bereits die 14. Generation die Führung des traditionsreichen Hofes übernommen. Er führt die neuesten Erkenntnisse seines Studiums mit dem Wissen und der Erfahrung aus der Landwirtschaft sowie der fast 800-jährigen Hofgeschichte zum Wohle der Gäste und Kunden des Hofes zusammen.

Das Hofcafé

Für Radwanderer und für die Ausflugsfahrt bietet das Hofcafé an schönen Tagen mit seiner großen Sonnenterrasse ein interessantes und immer lohnendes Ziel. Wo könnte man besser genießen als in dem urwüchsigen Ambiente eines traditionsreichen Hofes? An kühlen Tagen verströmt der Kamin mit seiner gemütlichen Sitzecke eine wohlige Wärme im ganzen Raum. Wenn dann der Duft von frisch gebackenem Brot oder Kuchen durch die Räume strömt, kann auch schlechtes Wetter die Stimmung nicht trüben. Das Hofcafé mit seinem schönen, großen und hellen Wintergarten und dem separaten Gesellschaftsraum bietet Räumlichkeiten für viele Anlässe. Für kleine Gruppen, Familienfeste oder Tagungen mit bis zu 60 Personen und für viele andere Anlässe ist der Hof eine stark nachgefragte Adresse.

Das kulinarische Angebot reicht von süß bis herzhaft. Ein reichhaltiges Frühstücksbuffet gibt es hier bereits ab 9.00 Uhr morgens. Jeden Sonntag wird ein reichhaltiges Schlemmerbuffet angeboten. Die Tageskarte ist geprägt von saisonalen Produkten aus eigener Herstellung und regionaler Erzeuger.

Die deftige Bauernpfanne und knusprige Pfannkuchen werden hier ebenso angeboten wie leckere Kuchen aus der hauseigenen Backstube, die zusammen mit duftenden Tees und Kaffeespezialitäten serviert werden. Außerhalb der Hauptsaison, wenn der Strom von Radfahrern und Tagesausflüglern etwas abgenommen hat, setzt der Küchenchef auch gerne einmal ausgefallene und »kompliziertere« Gerichte auf die Karte. Zu seinen Favoriten zählen aufwändige Terrinen und Pasteten in jeglicher Form.

Der Hofladen

Seit den 1980er Jahren überzeugt der Hof seine Gäste und Kunden auch als Direktvermarkter. Die alte Tenne mit ihrem herrlichen Eingangsportal wurde zu einem großzügigen Hofladen ausgebaut, in dem die ganze Vielfalt gesunder und köstlicher Angebote, aber auch Floristik, Geschenk- und Dekorationsartikel angeboten werden.

Seit 2006 werden auf dem Hof auch eigene Apfel- und Birnensäfte gepresst und im Hofladen angeboten. Auf einer zehn Hektar großen Fläche werden unter anderem die besonders säurebetonten und fruchtigen Sorten Rubinette, Topaz, Elstar und Boskoop angebaut. Der Verschnitt dieser aromatischen Sorten ergibt eine einzigartige Aromenvielfalt.

Konfitüren und hauseigene Marmeladen, Leckeres aus der Backstube, eingelegte Köstlichkeiten, Feinkost und ausgesuchte Weine sowie edle Tropfen aus eigener Produktion bereichern in dem gut sortierten Hofladen das Angebot. Zu den Spezialitäten gehört aber unbestritten der Spargel – täglich frisch gestochen. Ab Mai kommen die leckeren Erdbeeren auf den Tisch. Es folgen Himbeeren, Heidelbeeren und Brombeeren. Auf den 120 ha Gesamtfläche werden alleine 40 ha Sonderkulturen angebaut.

In der Hofbackstube werden täglich frisch, auch sonntags, Bauernbrot, Sonnenblumenkernbrot, Kürbiskernbrot, Mehrkornbrot, Dinkelbrot und einige andere Sorten gebacken. Samstagnachmittags können die Besucher im Hofladen erleben wie frischer Baumkuchen gebacken wird. Da die Hauptbestandteile Butter, Marzipan und Eier sind, ist Baumkuchen besonders saftig und auch über längere Zeit haltbar.

Abgerundet wird das vielfältige, liebevoll zusammengestellte Angebot des Hofes vom alljährlich stattfindenden Weihnachtsmarkt. Anfang Oktober wird im Hofladen eine reichhaltige Palette von Adventsfloristik, Baumschmuck sowie eine große Auswahl an Weihnachtsbäumen angeboten. Im Hofcafé genießt man während dieser Zeit weihnachtliches Gebäck und aromatischen Glühwein.

Zweierlei Spargelmousse im Kochschinkenmantel an Frühlingssalaten

Zutaten für 4 Personen

Grünes Spargelmousse: 200 g grüner Spargel   400 ml Spargelfond   1 Stck Schalotte (Brunoise)   200 g Spinat (für die Spinatmatte)   hauchdünnen Kochschinken   6 Blatt Gelantine   100 g geschlagene Sahne   20 g Öl   Salz, Pfeffer, Zucker   *Weißes Spargelmousse:* 500 g weißer Spargel   1 l Spargelfond   2 Stck Schalotten (Brunoise)   250 g geschlagene Sahne   15 Blatt Gelantine   30 g Öl   Salz, Pfeffer, Zucker   *Orangenvinaigrette:* 30 g Orangenöl   1 Messerspitze Senf   60 g Olivenöl   ½ Stck Orange gepresst   Salz, Pfeffer, Zucker

Der 1980 geborene Michael Neve kam vom münsterschen Romantikhotel Hof zur Linde im Jahre 2006 als Küchenchef zum Hof Grothues-Potthoff nach Senden. Seine Lieblingsprodukte sind Terrinen und Pasteten. Im Winter, wenn die Ausflugsgäste etwas seltener kommen, kocht er auch gerne raffinierte Gerichte, die etwas mehr Zeitaufwand erfordern.

Zubereitung

1. Als erstes muss die grüne Spargelmousse hergestellt werden. Die Schalottenbrunoise farblos in Öl anschwitzen, dann den geschälten grünen Spargel dazugeben, mit dem Spargelfond aufgießen und gar kochen. Mit Salz, Pfeffer und Zucker abschmecken.

2. Als nächstes die Masse pürieren und dann in ein Litermaß passieren (so stellt man am besten fest, wie viel Gelantine benötigt wird. 12 Blatt pro Liter sind ideal). Falls der Farbton der Masse nicht grün genug ist, kann man noch 2 EL Spinatmatte dazu geben. Die eingeweichte Gelantine dazugeben und auf Eis kalt rühren, bis sie anfängt zu stocken. Jetz die geschlagene Sahne unterheben.

3. Als nächstes die Mousse 2 cm hoch in eine mit Frischhaltefolie ausgelegte Terrinenform füllen und sie dann 2 Stunden kalt stellen.

4. Für die weiße Spargelmousse schwitzt man die Schalottenbrunoise farblos in Öl an, gibt den geschälten Spargel hinzu, gießt das ganze mit Spargelfond auf und lässt es gar kochen. Mit Salz, Pfeffer und Zucker abschmecken.

5. Den Spargel pürieren und ebenfalls in ein Litermaß passieren. Jetzt kommt die eingeweichte Gelantine hinzu. Abermals kalt rühren und die geschlagene Sahne unterheben. Bevor in die Terrinenform umgefüllt wird, mit Frischhaltefolie auslegen und dann mit hauchdünn geschnittenen Kochschinken auskleiden. Jetzt die Hälfte der Terrine befüllen.

6. Als nächstes nimmt man die grüne Mousse aus dem Kühlschrank und stürzt diese. Die grüne Mousse wird jetzt in die Terrine mit der weißen Mousse gelegt, danach die restliche weiße Mousse auffüllen. Jetzt den Kochschinken umklappen und die Mousse damit umschließen. Falls noch kleine Löcher im Mantel sind, diese am besten mit passend geschnittenen Kochschinken schließen, umso schöner ist nachher das Ergebnis. Bevor die Terrine gestürzt und geschnitten werden kann, noch drei Stunden kalt stellen.

7. Zum Schluss wird aus den beschriebenen Zutaten noch eine Orangen-Vinaigrette hergestellt, die hervorragend zum Spargel passt.

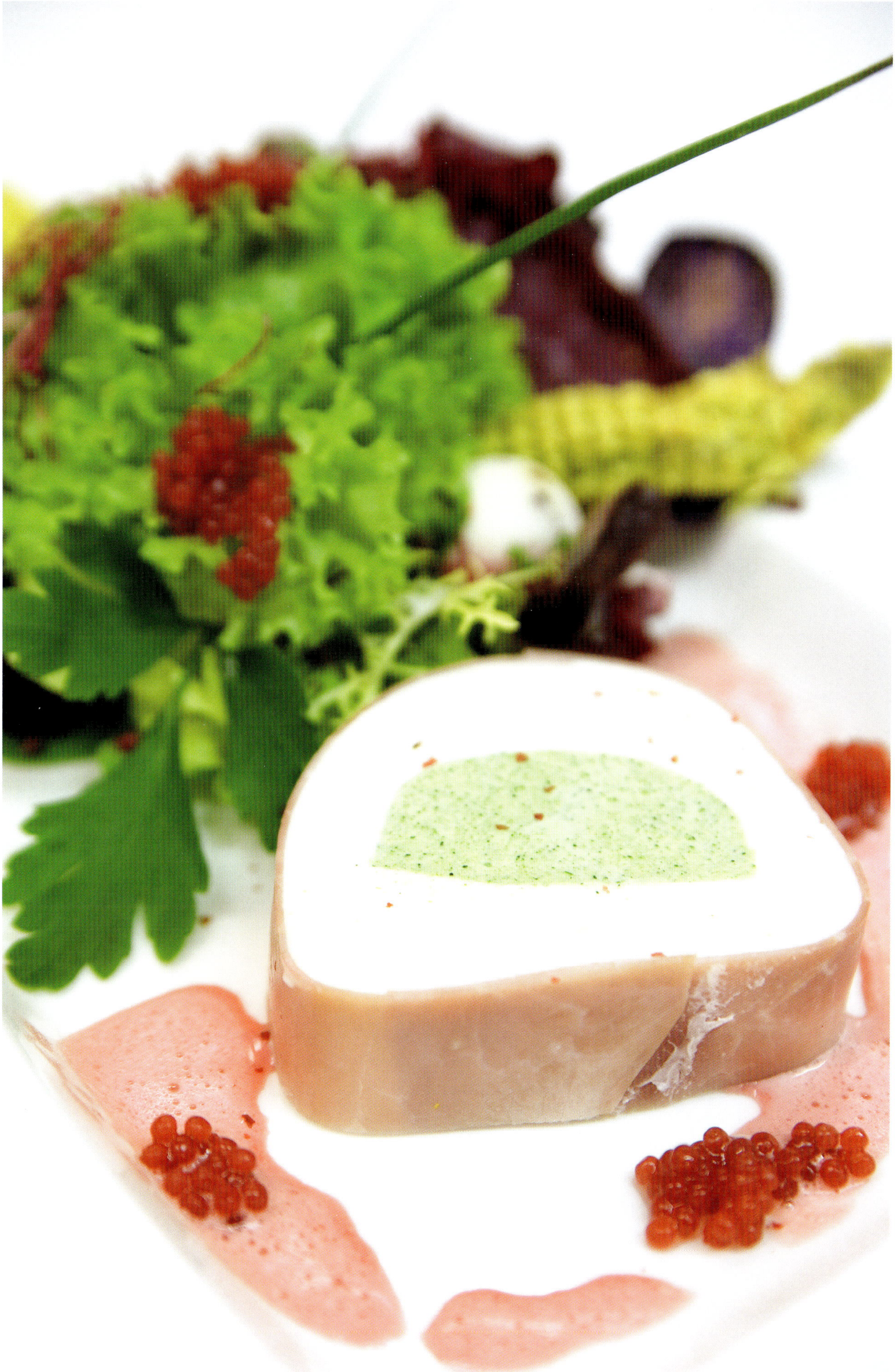

Fischrestaurant Friesen Stube

Wer immer noch meint, dass Fisch und Münsterland nicht so richtig zusammen passen, der irrt. Im Ortskern der Gemeinde Senden finden Sie ein Restaurant, das sich, vermeintlich atypisch für diese Region, auf Fisch in allen Variationen spezialisiert hat.

Wie kamen die beiden Ur-Westfalen Siegfried und Hildegard Kropp dazu, mitten im Münsterland ein Fischrestaurant zu eröffnen und es dann auch noch »Friesen Stube« zu nennen?

Nach seinen Tätigkeiten als Koch und Küchenchef in renommierten Hotels Deutschlands und der Schweiz, zog es Siegfried Kropp wieder in seine Heimat nach Westfalen zurück. Nachdem er für einen Fischkonzern vier Fischrestaurants eingerichtet und eröffnet hatte, verfestigte sich bei ihm und seiner Frau Hildegard der langgehegte Traum von der Selbständigkeit. Eine kleine Gastronomie mit Charme und Persönlichkeit sollte es sein – eben etwas Besonderes. Die kulinarische Ausrichtung war dann schnell gefunden: Fisch in allen Variationen. Traditionelle Gastronomie gab es schließlich genug. Von den skeptischen Kommentaren ließen sie sich nicht beirren und eröffneten im Jahr 1985 das Fischrestaurant Friesen Stube.

Von Anfang an stand fest, dass sie den Westfalen ihre kulinarischen Sitten und Gebräuche nicht streitig machen, sondern diese um weitere Köstlichkeiten bereichern wollen. Sie nennen es »Fischspezialitäten aus der westfälischen Küche«.

Da verwundert es nicht, dass bewusst auf Anker, Fischernetze und andere übertrieben maritime Dekorationen verzichtet wurde. Das urgemütliche Restaurant ist im Stil einer westfälischen Stube eingerichtet – westfälisch rustikal mit einer Spur von Eleganz. Die sorgfältig ausgewählte Dekoration sorgt für einen dezenten friesischen Einschlag. Stilvoll eingedeckte Tische und großzügiger Blumenschmuck runden das Gesamtbild ab. Bereits der erste Eindruck vermittelt ein Gefühl von Geborgenheit und »zu Hause«.

Bei schönem Wetter kann man Speisen und Getränke auf der kleinen, ruhig gelegenen Gartenterrasse genießen. Sie ist von einer hohen Hecke umgeben und bietet Platz für ca. 20 Personen. Elegant eingedeckte Tische laden zu einem Genießerabend unter freiem Himmel ein.

Die Kropps ergänzen sich gut, worin wohl auch das Erfolgsrezept des Familienbetriebs liegt. Während Hildegard Kropp sich liebevoll um Einrichtung, Dekoration und natürlich in erster Linie um die Gäste kümmert, lebt Siegfried Kropp seine Kreativität in der Küche aus.

Rotes Knurrhahnfilet, kross gebratenes Zanderfilet oder Seeteufelmedaillons im Schinkenmantel und Gambas vom Grill sind nur einige Beispiele, die Appetit machen. Die edle im Ganzen gebratene Nordseezunge fehlt auf der Karte natürlich auch nicht. Frisch zubereiteten bretonischen Hummer gibt es auf Vorbestellung. Wer eine große Vielfalt an Fischspezialitäten genießen möchte, wählt die Edelfischpfanne, die ab 2 Personen zu haben ist.

Durch ein monatlich wechselndes Menü und zusätzliche saisonale Angebote wie heimischen Spargel, Maischolle oder frischen Matjes wird auch den zahlreichen Stammgästen ständige Abwechselung geboten.

Nahezu legendär ist die Störtebekersuppe. Seit der Eröffnung vor 23 Jahren ist sie auf der Speisekarte zu finden und nach wie vor nicht wegzudenken. Ein Vorspeisenrenner ist auch das kleine Scampipfännchen, das mit hausgebackenem Brot serviert wird.

Auch wenn viele Gäste der Friesen Stube durch langsames Herantasten bereits zu überzeugten Fischgenießern geworden sind, ist Fisch dennoch nicht jedermanns Sache. Aber auch dies sollte Sie nicht von einem Besuch der Friesen Stube abhalten. Unter der Rubrik »Wenn es heute mal kein Fisch sein soll« sind auf der Karte z. B. ein Filet vom Salzwiesenlamm mit Rotweinjus oder ein Filetsteak vom Galloway-Rind zu finden.

Die exzellente Küche, das vielfältige kulinarische Angebot und die gemütliche Atmosphäre haben sich vor allem durch Mund zu Mund-Propaganda über die Grenzen des Münsterlandes hinaus bis ins Ruhrgebiet herumgesprochen. Hildegard und Siegfried Kropp haben sich mit ihrer Friesen Stube in Westfalen ihren persönlichen Traum erfüllt und freuen sich auf Ihren Besuch.

Seeteufelmedaillions im Schinkenmantel und Gambas auf Barolosauce mit gebratenem Gemüse

Zutaten für 4 Personen

600 g Seeteufelfilet   4 Scheiben luftgetrockneten westfälischen Schinken   4 Stck Gambas   4 Stck rote Zwiebeln   0,2 l Barolo   0,2 l Fischfond   4 Stck Nelken   2 Stck Lorbeerblätter   8 Stck Blumenkohlröschen   8 Stck Fingermöhren   12 Stck Kirschtomaten   Salz, Pfeffer   Olivenöl   Knoblauch, Rosnarin, Salbei   Butterfett, Butter   Muskat

Der 1947 in Münster geborene Siegfried Kropp ist Küchenchef und Inhaber des Fischrestaurants Friesen Stube in Senden. Seinen Beruf hat er in seiner Heimatstadt erlernt. Die Wanderjahre führten ihn auch für 5 Jahre in die Schweiz nach St. Moritz und Zürich. Durch seine Arbeit für einen Fischkonzern, für den er vier Restaurants eröffnete, wurde er auf »Fisch gepolt«. Hier entstand bei ihm auch der Wunsch zur Selbständigkeit.

Zubereitung

1. Seeteufelmedaillons mit Schinken umwickeln. In Olivenöl von allen Seiten anbraten. Rosmarin und Salbei zugeben. Mit Salz und Pfeffer würzen. Im Backofen bei 140 °C 10 Minuten garen.

2. Gambas bei schwacher Hitze mit Knoblauch in einer Pfanne braten, salzen und pfeffern. Für die Sauce rote Zwiebeln in Olivenöl andünsten, mit Barolo und Kalbsfond auffüllen. Nelken und Lorbeer zugeben und auf ⅓ einkochen. Mit Salz und Pfeffer würzen, absieben und mit Butter aufschlagen.

3. Die Gemüse im Salzwasser bissfest blanchieren. Anschließend in Butterfett goldgelb anbraten. Mit Muskat, Salz und Pfeffer abschmecken.

4. Zum Anrichten die schräg halbierten Seeteufelmedaillons auf einem Saucenspiegel platzieren. Gambas anlegen und mit dem Gemüse garnieren.

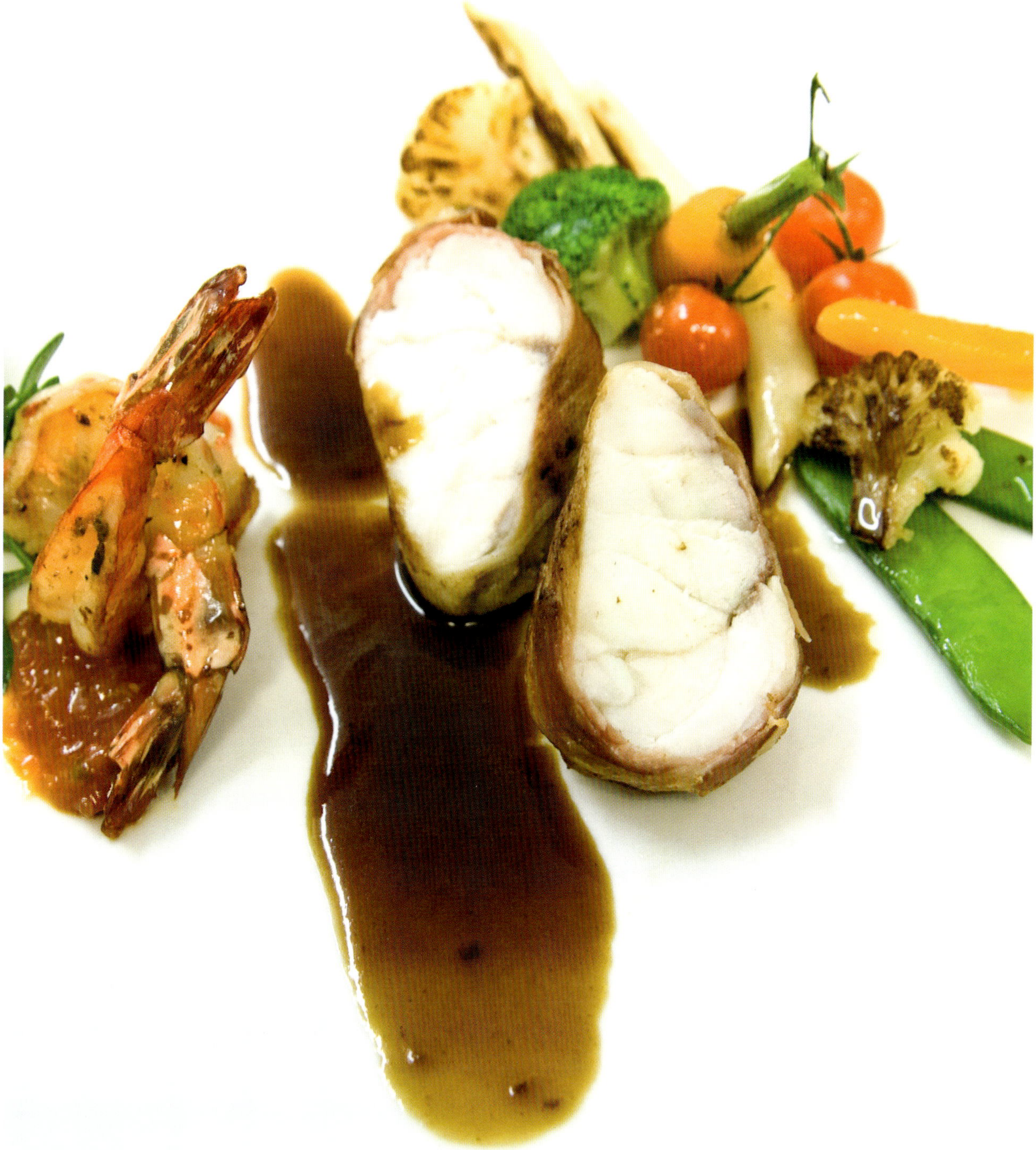

CHALET – DAS GÄSTEHAUS

Freunde beherbergen und für Freunde kochen, war für Petra und Friedhelm Kortmann viele Jahre ein Hobby, das mit Leidenschaft betrieben wurde. Friedhelm Kortmann war in jenen Jahren noch Beamter bei der Staatsanwaltschaft. Beide halfen gerne in Restaurants von Freunden aus. Ihr Traum war es, selbst einmal ein Restaurant mit kleinem Hotel zu führen.

1997 bot sich die Gelegenheit, das historische Gasthaus Alt Ochtrup als Pächter zu übernehmen. Nach anfänglichen Schwierigkeiten stellte sich auch der gewünschte Erfolg ein. So ganz zufrieden waren die beiden aber dennoch nicht. Es fehlten ein paar Gästezimmer. Da in Ochtrup die Bettenkapazität knapp war und sich die Übernachtungsnachfragen häuften, entschloss man sich im Jahre 2000 auf eigene Rechnung komplett neu zu bauen. An der Gronauer Straße wurde auch schnell ein entsprechendes Grundstück gefunden. Durch langwierige Verhandlungen mit den Behörden konnte erst zu Silvester 2003 der Grundstein gelegt werden.

Parallel zu den Planungen für das Gästehaus Chalet eröffnete Petra Kortmann am 20. März 2003 ein Geschäft für Wohnkultur und Lebensart – das Country-Living. Hier steht Petra Kortmann und ihr Team den Kunden mit Rat und Tat und einem einzigartigen Angebot im englischen und mediterranen Landhausstil zur Verfügung. Für Petra Kortmann ist das Country-Living eine sinnvolle Ergänzung zum Gästehaus Chalet. Vom Ambiente des Gästehauses inspiriert, haben die Gäste hier die Möglichkeit Gegenstände dieses Einrichtungsstils zu erwerben.

Am 18. September 2004 schließlich konnte die offizielle Einweihung des Gästehauses gefeiert werden. Da steht es nun, das Chalet – das Traumhaus von Petra und Friedhelm Kortmann, ein Chalet, wie man es sonst nur an der Côte d'Azur erwartet. Die Farben des Gebäudes geben dem Haus ein typisch mediterranes Aussehen. Der Name des Gästehauses vervollständigt diesen südländischen Gesamteindruck. Der Name entspringt dem Geschäftssinn der quirligen Gastgeberin. Sie wollte in allen Verzeichnissen wie z. B. Telefonbüchern, oben auf der Liste stehen. Ähnlich verhält es sich auch mit der Architektur ihres neuen Anwesens. Denkt man sich die mediterrane Außenfarbe weg, könnte es

Petra Kortmann *Friedhelm Kortmann*

auch eine Unternehmervilla aus der Gründerzeit sein. Nachdem die beiden Gastgeber ihr Traumhaus bezogen hatten, war für Friedhelm (Frido) Kortmann nach 26 Jahren der Zeitpunkt gekommen, seinen Beamten-Job an den Nagel zu hängen. Petra Kortmann ist heute Inhaberin von Country-Living und dem Gästehaus Chalet, hat aber im Country-Living ein sehr gutes Team beschäftigt, sodass sie sich fast ausschließlich dem Gästehaus widmen kann. Das Chalet verfügt über fünf komfortable Zimmer und zwei Suiten mit so bedeutungsvollen Namen wie Abendrot oder Carpe Diem. Das äußerst elegant im mediterranen Stil eingerichtete Restaurant gliedert sich in einen zentralen Hauptteil, einen Wintergarten, einen kleinen Tagungsraum und eine Lounge mit schweren Ledersesseln und Bibliothek. Der Tagungsraum wird im Allgemeinen auch als Restaurant genutzt. Große weiße Flügeltüren trennen diesen Bereich bei Bedarf jedoch vom übrigen Restaurant. Insgesamt verfügt das Restaurant über 70 Plätze. Es könnten durchaus auch zwanzig Plätze mehr sein, wenn Petra Kortmann nicht so großen Wert auf das Wohlgefühl Ihrer Gäste legen würde. Großzügige Tische laden hier zum stilvollen Genießen ein. Ledersessel, Couchen, ansprechende Dekoration und liebevolle Accessoires machen es jedem Gast schwer, sich bei Petra und Friedhelm Kortmann nicht wohlzufühlen, denn

dass Motto der Beiden heißt: »Willkommen zu Hause«. In den liebevoll gestalteten Räumlichkeiten möchten die Gastgeber den heiteren Charme des Südens nach Westfalen bringen.

Petra Kortmann kocht selbst für ihre Gäste. In der Küche kreiert Sie zusammen mit Köchin Claudia Vennebernd Gerichte zwischen »Evolution und Tradition« sowie Spezialitäten anderer Länder. Eines haben alle Gerichte gemeinsam, sie werden ausschließlich aus frischen Produkten zubereitet. In der Küche geht es traditionell handwerklich zu, ein Kombidämpfer z. B. ist nicht ihre Sache. Das Speisenangebot ist sehr saisonal ausgerichtet. Eine große Speisekarte erwartet der Gast vergeblich. Wechselnde Speisen und Menüfolgen bringen Abwechslung in das Angebot.

Die experimentierfreudige Gastgeberin kauft ihre Produkte fast ausschließlich bei heimischen Erzeugern. Für den fangfrischen Fisch fährt sie in das benachbarte Holland. Jeden Mittwoch gibt es einen mediterranen Buffetabend. Alle Vorspeisen sind auf dem Buffet angerichtet. Während sich die Gäste mit kleinen Köstlichkeiten auf einen genussvollen Abend einstimmen, wird für jeden Gast der ausgewählte Hauptgang frisch zubereitet. Für die passenden begleitenden Getränke ist Weinkenner Frido verantwortlich.

Petra Kortmann ist immer wieder für Überraschungen gut. Nachdem sie z. B. den Film Chocolat gesehen hatte, verwandelte sie das Restaurant in ein Schokoladenmeer. Apropos Schokolade: Petra Kortmann kochte und dekorierte schon mit Schokolade, lange bevor dieses zu einem neuen Trend in der Küche wurde.

Obwohl man die Welt nicht verändern kann, möchte sie in ihrer Welt und in ihrem Gästehaus die Gäste verzaubern. Man hat durchaus den Eindruck, dass ihr das auch gelingt.

Hotel Bomke – Tagungshotel mit kulinarischer Erlebnisgarantie

Wadersloh ist ein kleines Dorf im östlichen Münsterland. Wer bei der Anreise die Landschaft etwas aufmerksamer betrachtet als üblich, merkt sehr schnell, dass er mitten in der Provinz gelandet ist. Was verschlägt jemanden schon hierhin aufs flache Land? Für Feinschmecker und für Unternehmen, die Tagungen und Seminare abhalten, ist es das traditionsreiche Hotel Bomke.

Im Hotel der Familie Bomke treffen viele vermeintliche Gegensätze aufeinander, die Sternekoch Jens Bomke zu einem harmonischen, sich gegenseitig ergänzenden Ganzen zusammengefügt hat. Das bereits 1874 erbaute Hotel wird bereits in vierter Generation von der Familie geführt. Mit Jens Bomke steht in der Restaurantküche jemand am Herd, der seinen Gästen die große Gourmetküche bietet, aber mit gleicher Liebe zur Perfektion auch die rustikale sowie die feine Regionalküche. Der Sternekoch gehört seit vielen Jahren zu dem erlesenen Kreis der »Jeunes Restaurateurs d'Europe«, der Vereinigung junger Spitzenköche. Lernt man Jens Bomke bei öffentlichen Auftritten wie Präsentationen oder Kochevents kennen oder ist des Öfteren Gast in seinem Hause, merkt man sehr schnell, dass ihm die Liebe zum Kochen am Herzen liegt. Er gehört zu den wenigen Spitzenköchen, die es nicht mit aller Macht in eine der 100 ausgestrahlten Kochsendungen (pro Woche) im Deutschen Fernsehen drängt. Er widmet sich lieber seinen Gästen und ist dort bis auf wenige Ausnahmen immer präsent. Natürlich verfügt das Hotel über eine kompetente und engagierte Küchenbrigade, trotzdem steht Bomke gerne und oft selbst am Herd. Gerade bei der Zubereitung ausgefallener und komplizierter Gerichte kommen seine Souveränität und Perfektion zum Tragen. Da bringt ihn nichts aus der Ruhe. Um das hohe Niveau in allen Bereichen seines kulinarischen Angebotes (Gourmetrestaurant, Alte Schmiede, Vinothek) zu halten und für die Zukunft zu sichern, hat er der Auswahl seiner Produkte einen sehr hohen Qualitätsstandard zu Grunde gelegt. Absolute Frische ist Priorität. Das wissen auch seine Lieferanten und halten sich strikt an seine Vorgaben.

In den drei Restaurants des Hauses können die Gäste zwei ganz besondere Spezialitäten genießen, die Jens Bomke selber herstellt. Die Familie verfügt seit 1924 über ein Brennrecht und betreibt bis heute eine kleine Abfindungsbrennerei. Da in der Gegend um Wadersloh die sehr aromatische Stromberger Zwetschge auf Streuobstwiesen wächst, brennt er aus diesen Früchten seinen bei den Gästen beliebtesten Digestif, »Bomkes Zwetschgenwasser«. Bomke ist nicht nur ein passionierter Schnapsbrenner, er schlachtet auch noch selber. Eine alte Familientradition sind die hausgemachten Würste. Seine Leberwurst, Blutwurst, der Schwartemagen und das Möppkenbrot schmecken nicht nur seinen Wadersloher Stammgästen, sondern vor allem auch seinen Restaurantgästen in der alten Schmiede sowie den Hotelgästen.

Die einen bezeichnen das Haus Bomke als westfälischen Landgasthof, die anderen als gesuchte Gourmetadresse für die Liebhaber französisch-mediterraner Gourmandise. Alle bescheinigen Jens Bomke aber eine außerordentliche Heimatverbundenheit mit Westfalen, deshalb ist der Begriff »Haute Cuisine mit Bodenhaftung« die genau passende Bezeichnung für seine Küche.

Ist es nicht ein besonderes Erlebnis in einem solchen Hotel-Restaurant zu feiern, zu tagen oder exklusive Fahrzeuge zu präsentieren? Der moderne Tagungstrakt (Gartenpavillon) des Hotels bietet Platz für 100 Tagungsteilnehmer und fällt auf durch seine ausgeklügelte Rundum-Verglasung auf. Wenn bei gutem Wetter die großen Schiebetüren geöffnet sind, vermitteln sie das Gefühl, im Freien zu feiern oder zu tagen. Der Boden ist mit dunklem Parkett ausgelegt, und die Wände bestehen aus edlem Wenge-Holz.

Diese edle Ausstattung und die besondere Atmosphäre, kombiniert mit der Sterneküche von Jens Bomke, machen auch das Feiern und Tagen zu einem besonderen Erlebnis in Wadersloh. Wer spricht da noch von Provinz?

Bachsaibling auf geschmortem Spargel mit Pfifferlingen und Kerbelpüree

Zutaten für 4 Personen

*4 Stck Bachsaiblingfilets (à 70 – 75 g)   350 g weiße Spargelspitzen (möglichst schlanke Stangen)
200 g grüne Spargelspitzen (meist aus Thailand)   350 g mehlig kochende Kartoffeln   Noilly Prat
200 g frische Pfifferlinge   50 – 60 g Butter   1 Bund Kerbel   0,1 l Geflügelfond   3 Stck Knoblauchzehen
1 Stck Schalotte   0,1 l Sahne   0,05 l Crème fraîche   40 g Saiblingskaviar   Salz, Pfeffer, Tabasco, Olivenöl*
Zur Garnitur: *Chips von La-Ratte-Kartoffeln oder Bamberger Hörnchen*

Der Bachsaibling gilt als sehr feiner Speisefisch, der aber aufgrund seiner hohen Ansprüche an die Wasserqualität nur noch sehr selten angeboten wird. Er benötigt sauerstoffreiche Seen und Flüsse. Beheimatet ist er in den USA und wurde 1884 in Europa angesiedelt. Der Saibling gilt als einer der schönsten und farbenprächtigsten Salmoniden (lachsähnliche Fische). Sein Fleisch ist fest und feinblättrig in der Struktur. Der Geschmack zeichnet sich durch einen besonders hohen Schmelz im Gaumen aus. Leider ist der Preis für diesen edlen Fisch ca. doppelt so hoch wie der einer Forelle. Genießen Sie unbedingt diesen köstlichen Fisch, wenn er in einem Restaurant angeboten wird.

Zubereitung

1. Die Saiblingfilets von der Haut abziehen und gleichmäßig zuschneiden. Das tranige Fett unbedingt herausfilieren. Die Haut rautig, wie das Saiblingsfilet zuschneiden und zwischen Backtrennpapier in einer Pfanne bei mittlerer Hitze kross goldbraun braten.

2. Die Kartoffeln schälen und in Salzwasser garen. Durch die Kartoffelpresse drücken und mit Butterflocken leicht glatt arbeiten – vermengen. Kurz vor dem Anrichten ein halbes Bund geschnittenen Kerbel unterheben.

3. Die Pfifferlinge säubern. In einer Pfanne in Butter schwenken und bis auf den von Ihnen gewünschten Punkt garen. Mit etwas Salz, Pfeffer, Knoblauch und Kerbel würzen.

4. Für den Kerbelschaum die Schalotte blättrig schneiden und mit der ebenfalls blättrig geschnittenen Knoblauchzehe in Butter glasig anschwitzen. Die Kerbelstiele hinzufügen. Mit Geflügelfond, flüssiger Sahne und Crème fraîche ablöschen. Fünf Minuten leicht köcheln lassen, dann in der Küchenmaschine mit dem restlichen Kerbel (etwas für die Garnitur übrig lassen) pürieren und mit Noilly Prat, Salz, Pfeffer und evtl. etwas Tabasco abschmecken.

5. Die Spargelspitzen auf Länge schneiden. Die kleinen grünen Spargelspitzen in Salzwasser mit etwas Olivenöl und Knoblauch blanchieren und ebenso auf Länge schneiden. Die weißen Spargelspitzen mit etwas Öl und Butter leicht schmoren und kurz vor dem Anrichten mit Noilly Prat ablöschen. Den Thaispargel im letzten Moment mit anschwitzen.

6. Das Saiblingsfilet wird auf einem gebutterten Teller leicht gewürzt und mit Klarsichtfolie abgedeckt. Bei ca. 68 °C 20 – 25 Minuten glasig gegart.

7. Zuerst die Spargelspitzen weiß und grün, dann die sautierten Pfifferlinge, den Kartoffel-Kerbelstampf und das Saiblingsfilet anrichten und mit Kartoffelchips und der Saiblingshaut garnieren. Den Kerbelschaum ansaucieren und mit Saiblingskaviar garnieren.

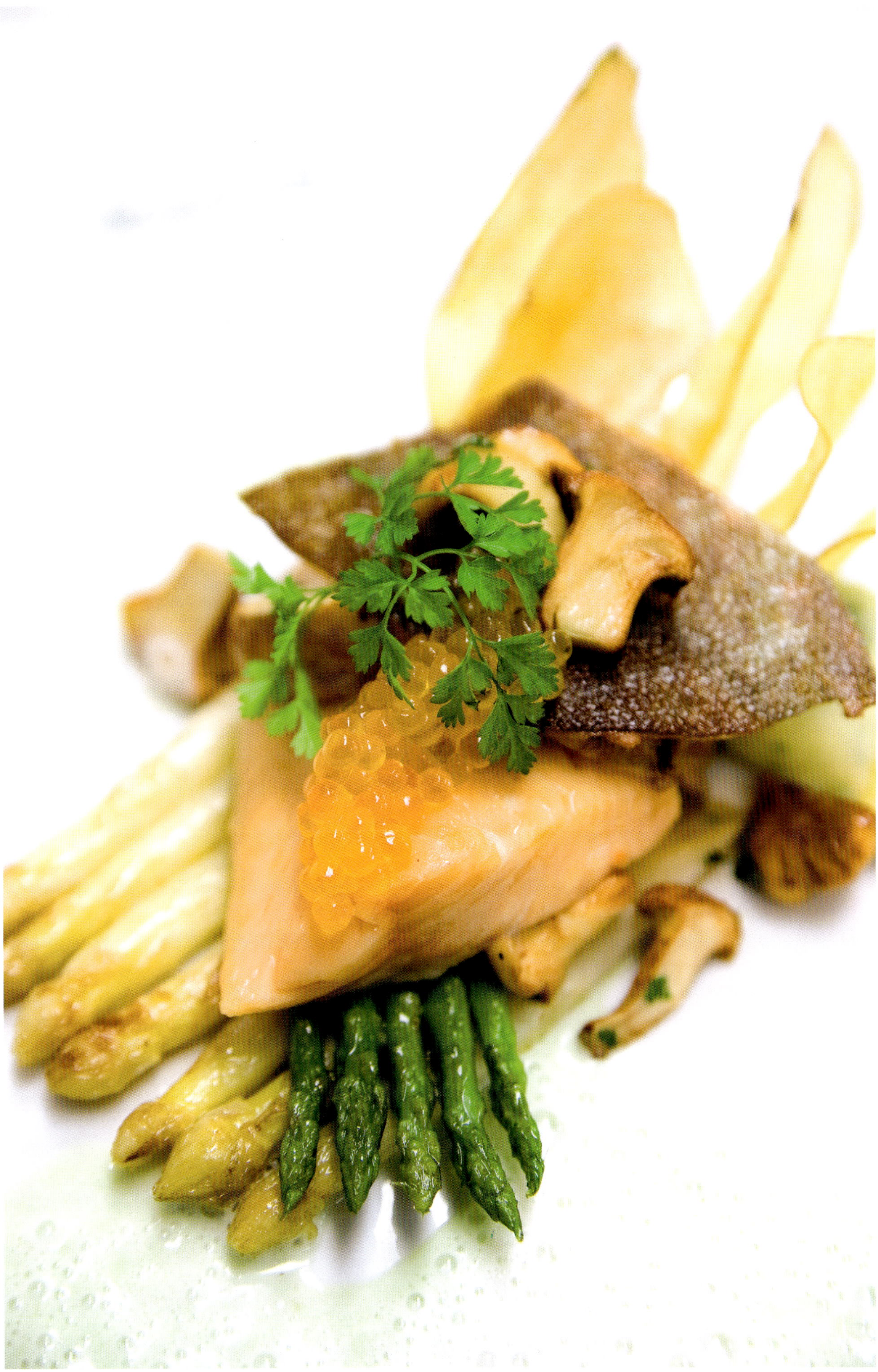

Hugo im Dahl – Spezialitätenrestaurant im stillen Tal

Das kleine Restaurant liegt etwas versteckt in einem landwirtschaftlich geprägten, abgeschiedenen Tal in Ascheberg-Herbern. Hektik und Lärm spielen hier keine Rolle.

Bereits die Anfahrt erfolgt über die letzten Kilometer auf asphaltierten, gut ausgebauten Feldwegen. Ausgedehnte Felder, Wiesen und Wälder bestimmen das Bild. Bereits einige Kilometer vor dem Ziel ist der Weg zum Restaurant ausgeschildert. Das eiserne Tor zum Grundstück ziert eine springende Forelle – seit über 50 Jahren das Logo von »Hugo im Dahl«.

Das Restaurant Hugo im Dahl existiert bereits Generationen. Familie Burghardt, die Eltern der jetzigen Inhaberin Gabriele Ledendecker, haben das Restaurant bereits 1955 übernommen. Es befand sich bis 2005 in einem alten umgebauten Bauernhaus. Wurde das Restaurant anfangs noch als herkömmliches Speiselokal betrieben, drehte sich ab Mitte der 1960er Jahre alles um die Forelle. Eigene, von frischem Quellwasser gespeiste Teiche lieferten die beste Voraussetzung für prächtige und besonders frische Exemplare dieses Edelfisches. Das Restaurant wurde in 50 Jahren zu einer festen Größe auf dem kulinarischen Kalender von Fischliebhabern und Feinschmeckern, und Gabriele Ledendecker avancierte in den vergangenen Jahren zur perfekten Gastgeberin. Das alte Bauernhaus ist nun Geschichte. Baulich nicht mehr auf dem neuesten Stand und ein nicht verlängerter Pachtvertrag machten der Idylle ein Ende.

Im März 2008 eröffnete Gabriele Ledendecker ihr »Spezialitätenrestaurant Hugo im Dahl«.

Für das neue Restaurant hat sie ihr geräumiges Wohnhaus zu einem kleinen exklusiven Restaurant umbauen lassen. Alte Stammkunden brauchen sich nicht neu zu orientieren, denn das neue Restaurant liegt nur einen Steinwurf vom alten Restaurant entfernt.

Hat man sein Fahrzeug abgestellt und geht die wenigen Meter zum Restaurant, wird man schon neugierig von einer äsenden Damwildherde beäugt.

Als erstes erreicht man Gabriele Ledendeckers »Essgarten«, der sich unmittelbar vor dem Haus befindet. Elegante dunkle Korbgeflechtmöbel mit dicken hellen Polstern und liebevoll eingedeckten Tischen verleihen diesem Garten eine besondere Eleganz. Das Ganze wird noch übertroffen von den schweren Clubsesseln, die frei auf dem Rasen stehen. Büsche und Hecken bilden die natürliche Grenze dieses Essgartens. Hier lässt sich der Sommer besonders entspannt genießen. Vorbei ist es mit dem Stress, der Genuss steht jetzt im Vordergrund.

An kühlen Abenden sorgt der aufmerksame Service mit warmen Decken dafür, dass kein Gast fröstelt.

In das kleine exklusive Restaurant gelangt man durch eine Lounge mit gemütlichen Sitzmöbeln und einem offenen Kamin. Das Restaurant besticht durch seine harmonisch aufeinander abgestimmte Einrichtung. Weiße Hussen über den Stühlen, weiße Tischdecken mit roten Läufern bestimmen das Bild. Stilvoller Blumenschmuck, Leuchter auf den Tischen und farblich abgestimmte Tapeten und Dekorationen verleihen dem Ganzen eine behagliche Atmosphäre.

Das kulinarische Angebot von Gabriele Ledendecker umfasst neben den Forellen aus der eigenen Zucht auch ausgesuchte Seefische und Krustentiere. Die Jakobsmuschel zählt ebenfalls zu ihren Spezialitäten. Den Abschluss Ihrer Menüs bilden exquisite Desserts.

Entschleunigen Sie von Hektik und Stress im stillen Tal der Nordicker Bauernschaft.

Schlossrestaurant Nordkirchen – zu Gast bei Franz L. Lauter

In Schlössern zu kochen scheint eine Vorliebe von Franz Lauter zu sein. Hier scheint er sich wohlzufühlen, denn nur in einer Umgebung, in der man sich wohlfühlt, man kreativ arbeiten und ständig neue Ideen produzieren. Nach 23 Jahren im Schlossrestaurant Schwansbell in Lünen ist Franz L. Lauter seit November 2004 Ihr Gastgeber im Schlossrestaurant Nordkirchen, dem größten Wasserschloss Deutschlands.

In dieser imposanten Schlossanlage, auch westfälisches Versailles genannt, ist die Finanzschule des Landes Nordrhein-Westfalen untergebracht. Im Jahre 2004 wurde Lauter von der Radeberger Gruppe angeboten, das Restaurant Schlosskeller im Wasserschloss Nordkirchen zu übernehmen. Franz Lauter sowie Ehefrau und Partnerin im Familienunternehmen, Hania Lauter erkannten die neue Chance und ergriffen sie.

Damit war nach 23 Jahren das Kapitel Schloss Schwansbell in Lünen beendet. Davon waren die Eheleute Lauter 21 Jahre ausgesprochen gerne die Restaurantinhaber in der alten Remise des Schlosses. Allein die letzten zwei Jahre verliefen nicht mehr so harmonisch. Hier in Schwansbell erkochte sich Lauter 1993 auch seinen Michelin-Stern und war in den zahlreichen bundesdeutschen Gourmetführern immer gut positioniert. Er baute auch seinen Bekanntheitsgrad als Künstler kontinuierlich aus und war Gast bei zahlreichen Fernsehsendern, allen voran dem WDR. Die Stadt Lünen verlor ihr einziges Gourmet-Restaurant von überregionaler Bedeutung. In Nordkirchen suchte und fand Lauter eine neue gastronomische Herausforderung. Dem »westfälischen Versailles« sollte ein neuer Glanz verliehen werden. Kulinarisch, künstlerisch und kulturell. Das war auch ganz im Sinne des heutigen Eigentümers, dem Land Nordrhein-Westfalen.

Es entstanden drei Restaurants mit unterschiedlichem Ambiente und kulinarischen Angeboten. Bei der Pressekonferenz zur Eröffnung, im November 2004, war dem an Publikum und Fernsehkameras gewöhnten Franz L. Lauter und seiner Frau Hania dann doch etwas mulmig. Würden sich die enormen Investitionen letztendlich rechnen? Würde der Zuspruch der Gäste groß genug sein, um die enorm gestiegenen Personalkosten wieder einzufahren? Bei den umfangreichen Investitionen stand Lauter die Radeberger Gruppe hilfreich zur Seite. Das Schloss war bereits seit Jahren zentrales Marketing-Objekt der Marke Kronen-Bier und Lauter sollte das Objekt durch seine Kochkunst und kreativen Ideen aufwerten. Konnte das gelingen?

Nach der Pressekonferenz ging es übergangslos an die Arbeit. Lauter und sein Team legten los wie die Feuerwehr. Trotz aller in den letzten 23 Jahren erworbenen Auszeichnungen und einem hohen Bekanntheitsgrad, war bei den einschlägigen Print-Medien eine gewisse abwartende Haltung nicht zu übersehen. Konnte der alte Mann dieser Herausforderung noch einmal gerecht werden? Lauter ist Jahrgang 1947 und alte Bäume verpflanzt man nicht, war ein oft gehörter Kommentar. War er nach 23 Jahren Schloss Schwansbell, die einhergingen mit zahlreichen künstlerischen Aktivitäten, für die er 2004 den Kulturpreis der Stadt Werne erhielt, vielleicht nicht auch schon etwas ausgebrannt? Lauter sorgte für viel Gesprächsstoff hinter den Kulissen. Man hörte so dies und das, aber niemand wagte sich aus der Deckung. Viele Kritiker hatten vergessen, dass Künstler in der Regel sehr kreative Köpfe sind. Lauter wuchs mit den Herausforderungen, die er an sich selbst, seine Frau und an sein Team gestellt hat.

Vor einigen Jahren sagte er mir einmal: »Ich weiß, dass meine innere Unruhe und Unzufriedenheit, der Drang nach Neuerung und stetiger Verbesserung für die Menschen, die mich begleiten, oft unerträglich ist.« Lauter ist Künstler, aber bei weitem kein Fantast. Er wägt heute mehr den je das Für und Wider ab. Ideen werden nicht mehr so spontan in Angriff genommen, da die finanziellen Risiken auch größer geworden sind. Einmal gefasste Entschlüsse werden aber umso konsequenter umgesetzt. Das zeigt sich besonders an den zahlreichen Projekten, die seit 2005 durchgeführt bzw. initiiert wurden.

Die Projekte

Nicht genug damit, dass sich der Patron um den Auf- und Ausbau seiner neuen Restaurants im Schloss Nordkirchen kümmern musste, initiierte er auch einige Großprojekte oder war an diesen beteiligt. Möglich gemacht hat ihm das sein ausgezeichnet eingearbeites Restaurant-Team. Er ist heute in der Lage, für eine neue Aufgabe auch einmal einige Tage nicht im Restaurant anwesend zu sein. Der Betrieb läuft weiter, und zwar ohne Qualitätsabstriche. So folgten im Jahr 2005 gleich mehrere gastro-kulturelle Events, an denen Lauter mit seinem Team beteiligt war. Am 5. Juni gastierte Udo Jürgens Open-Air im großen Schlosshof. Am 20. Juli war es Chris de Burgh und im September dann die italienische Opernnacht. Zu diesem traditionellen Klassik-Event kamen 5 000 Besucher. Vom 26. September bis zum 4. Oktober kochte er bei der Eröffnung des Hotels Exzellsior in Baku. Der Höhepunkt 2005 war jedoch sein Aufenthalt vom 2. bis 14. November in Tokio.

Hier kochte er, im Auftrag der Landesregierung bei einem Empfang im Rahmen der Expo in Tokio, für 1 000 Gäste des Landes NRW.

Als Schlusspunkt für das Jahr 2005 fand am 28. November seine Klo-Vernissage im Schloss statt. Dazu hat er die Toiletten der Restaurants künstlerisch ausgestaltet und u. a. die Türen auf den Toiletten von beiden Seiten mit Motiven, ähnlich seinen Bildern, bemalt.

Lauter ist besonders stolz darauf, dass die Restaurants während der Durchführung seiner gastro-kulturellen Events an keinem Tag aufgrund dieser Aktivitäten geschlossen waren.

Für das Kammermusical »Mayerling«, dessen Premiere am Valentistag (14.2.2006) auf Schloss Nordkirchen stattfand, arbeitete Franz L. Lauter als Produzent. Für dieses Musical hat er mit Professor Allan Rzepka, einem der besten Bühnenbildner Europas (Aussage Lauter) und Bildhauer Adam Wieczorek (von ihm stammen auch die Bronzeskulpturen im Restaurant) mit ins Boot genommen. Lauter hat genug Selbstbewusstsein, um seine Erfolge auch mit anderen zu teilen.

fruit.caviar Welt

Neue kulinarische Akzente setzte Lauter 2007 – 2008 mit seinem Fruchtkaviar, den er mit einem überwältigenden Erfolg auf der Internorga 2008 vorstellte. Besucher und Fachpublikum waren begeistert. Seine Fruchtkaviar-Kreationen basieren auf 100 % reinen Früchten mit den vorherrschenden Geschmacksrichtungen Orange, Erdbeere oder Heidelbeere. Die Früchte verleihen dem Produkt seine kaviartypischen Farben. Lauter gibt unumwunden zu, bei diesem Produkt von Ferran Adria, dem Papst der Molekularküche, inspiriert worden zu sein. Während in der Molekularküche nach Lauters Aussage diese optisch dem Kaviar ähnelnden Kügelchen schon nach 2 Stunden ihre Struktur verlieren, ist sein Produkt gegen solche Verfallserscheinungen immun. Sein »Kaviar« kann gekühlt und erhitzt werden, ohne die Struktur zu verlieren. Dadurch erfüllt sein Fruchtkaviar die Voraussetzung für die Großserienproduktion. Das hat auch der Carels Konzern erkannt, der mit Lauter als exklusivem Lizenz- und Ideengeber das Produkt vermarktet.

Dieser Fruchtkaviar kann in Getränken (Sekt mit Orangenkaviar), Desserts und Hauptgerichten als Deko und Beilage eingesetzt werden. Bei einem Menü sollte der Fruchtkaviar aber nur bei einem Gang eingestzt werden.

Das Restaurant

In erster Linie widmet sich Lauter aber dem Gastronomieunternehmen im Wasserschloss Nordkirchen. Seit November 2004 können Sie in den drei Restaurants des Schlosses »zu Gast bei Lauter« sein. Eines der großen Probleme hier eine Gastronomie auf hohem Niveau zu betreiben und im Laufe einer nur kurzen Anlaufphase bei den Gästen auch als neues Gourmet-Restaurant zu etablieren, war die Lösung der Personalfrage. Nach der Ära Schwansbell mussten die Bereiche Küche und Service stark ausgebaut werden. Das Familienunternehmen »Schlossrestaurant Nordkirchen GmbH« beschäftigt heute 30 Menschen. Neues, gutes Personal war in der Region nicht ausreichend akquirierbar. So kommen einige Fachkräfte auch aus der näheren und weiteren Umgebung. Mit Hilfe seines alten und gut ausgebildeten Personalstammes (Chefkoch Norbert Parzych gehört bereits seit 20 Jahren zum Team) und einigen neuen guten Kräften gelangt die Einarbeitung der »Neuen« in relativ kurzer Zeit. Heute verfügt Franz L. Lauter über ein sehr gutes und motiviertes Team, das seine kreativen Ideen und seinen Anspruch, dem Gast kulinarische Gaumenfreuden auf hohem Niveau zu bereiten, perfekt umsetzt.

Möchten Sie das Restaurant besuchen, überqueren Sie zuerst den großen Schlosshof. Laufen Sie auf die Mitte des Schlosses zu, liegt der Eingang zum Schlossrestaurant direkt unter der großen Freitreppe. Schon im Foyer erwarten Sie große Bronzeskulpturen und die ersten Bilder des Patrons. Gleich rechts liegt dann die Bierstube. Rustikale Holztische, Bänke und Stühle prägen das Bild. Hier finden 36 Gäste Platz. Die Karte bietet auch Gerichte für den kleinen Hunger (soll vor allem die vielen Spaziergänger ansprechen) und Rustikales aus der Region.

Gleich dahinter liegt das Bistro Menuett mit seinen 36–40 Plätzen. In dessen Zentrum befindet sich ein großes Himmelbett, das von seiner Liegefläche entkernt wurde. In die freigewordene Fläche wurde ein Restauranttisch mit vier Stühlen installiert. Das Bistro Menuett und das Gourmet-Restaurant »Venus« sind durch große Fenster und eine Flügeltür getrennt, so das die Gäste im Menuett auch einen Blick ins Venus und den Skulpturenpark Venus werfen können. Das Prunkstück dieser Restaurant-Trilogie ist natürlich das Gourmetrestaurant. Die Mehrzahl der Tische ist so platziert, dass Sie einen freien Blick auf den Großen Wassergraben und den dahinterliegenden Park haben. Der große Barocktisch an der Stirnseite bietet 6 Personen Platz und ist zweifelsohne ein Eyecatcher im Restaurant. Hier im Venus wird die große Kochkunst zelebriert.

Dass bei dem »Großprojekt Umzug« und seinen vielen Aktivitäten die Qualität nicht gelitten hat, zeigen die neuen Bewertungen der verschiedenen Gourmetführer für 2006 und 2007. So erhielt Lauter 2 Sonnen im Savoir-Vivre, stieg bei Bertelsmann von zwei auf drei Hauben, und beim gestrengen Gault Millau behielt er seine 16 Punkte. Was er in der kurzen Zeit in Nordkirchen geschaffen hat, kann sich überall sehen lassen. Er ist auch ein kulinarischer Botschafter Westfalens im Ausland. Leider werden für den Mut, in einer für die Gastronomie nicht einfachen Zeit, mit viel Kreativität und Engagement in einem großen Rahmen etwas Neues zu wagen, keine Punkte vergeben. Für seine Leistungen hätte Lauter den 17. Punkt im Gault Millau allemal verdient.

Für seine weitere Zukunft wünscht sich der inzwischen 61-jährige Franz L. Lauter, dass seine bei ihm über viele Jahre ausgebildeten Servicemitarbeiter und Köche das gemeinsam Erschaffene eines Tages in seinem Sinne auf hohem Niveau weiterführen und vielleicht sogar weiterentwickeln mögen.

Kalbsfilet im Spinatblatt
Begleitet von gebratenem Blumenkohl und
Kartoffel-Blutwurstpraline

Zutaten für vier Personen
600 g Kalbsfilet   1 Stck Blumenkohl   4 Stck dicke gekochte Kartoffeln   4 Stck große Spinatblätter
16 Stck Scheiben Blutwurst (ca. 6 cm ø)   Salz, Pfeffer, Muskat

Zubereitung

1. Je ein Kalbsmedaillon à 150 g würzen und in ein blanchiertes Spinatblatt einwickeln. Das Medaillon in geölte Alufolie legen und im Ofen bei einer Temperatur von 120 °C ca. 20 Minuten garen.

2. In der Zwischenzeit die Kartoffeln in 5 mm dicke Scheiben schneiden. Die Kartoffeln und die Blutwurst mit einem quadratischen Ausstecher (Kantenlänge ca. 4 cm) ausstechen. Die Quadrate von den Kartoffeln mit der ausgestochenen Blutwurst schichten. Ein Quadrat besteht aus fünf Karoffel- und vier Blutwurstscheiben. Die fertigen Würfel panieren und bei 160 °C ca. 4 Minuten frittieren.

3. Zum Schluss den Blumenkohl in große Rosen teilen. Diese in Scheiben schneiden und anbraten. Gewürzt wird der Blumenkohl mit Salz, Pfeffer und Muskat.

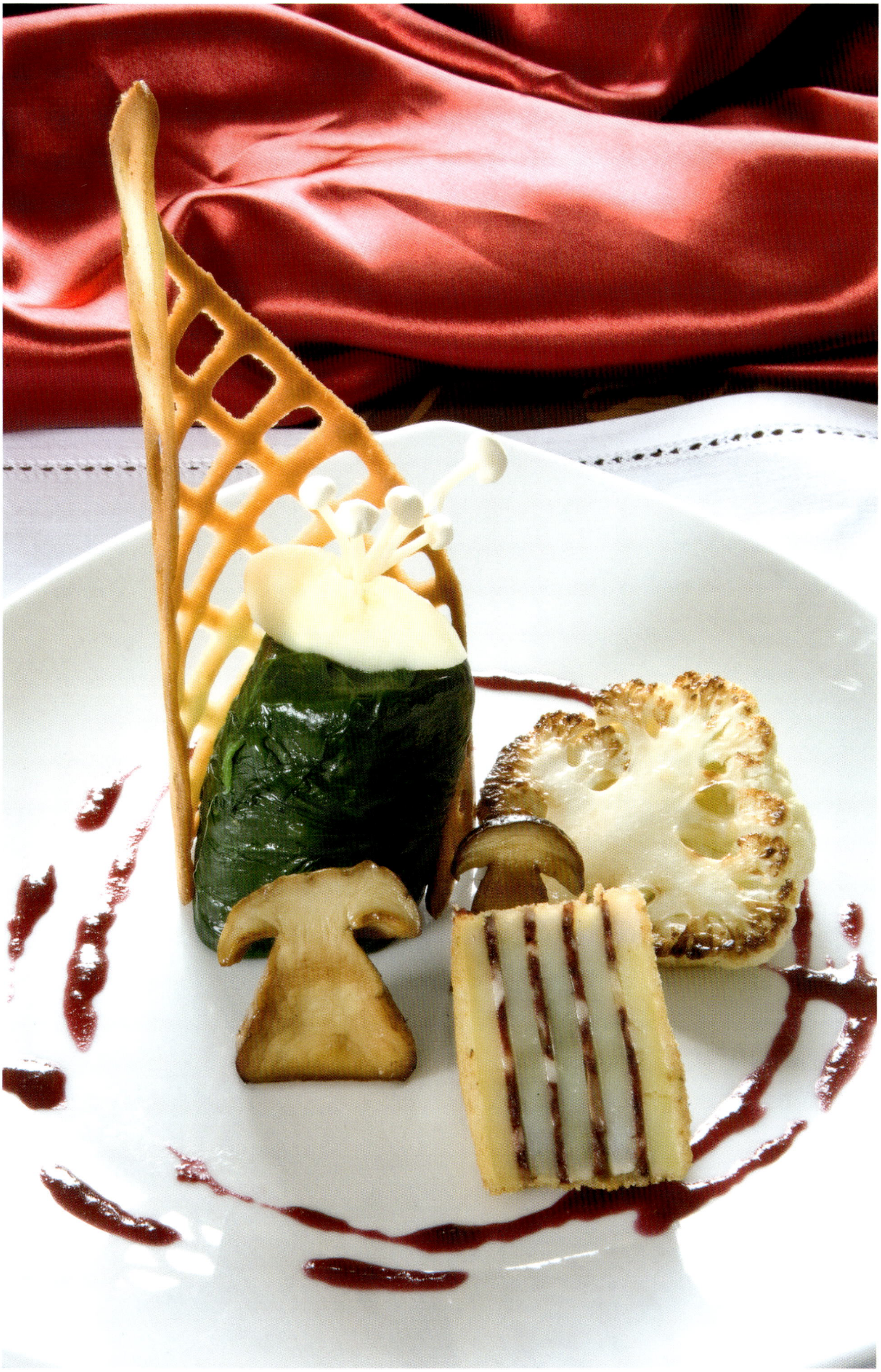

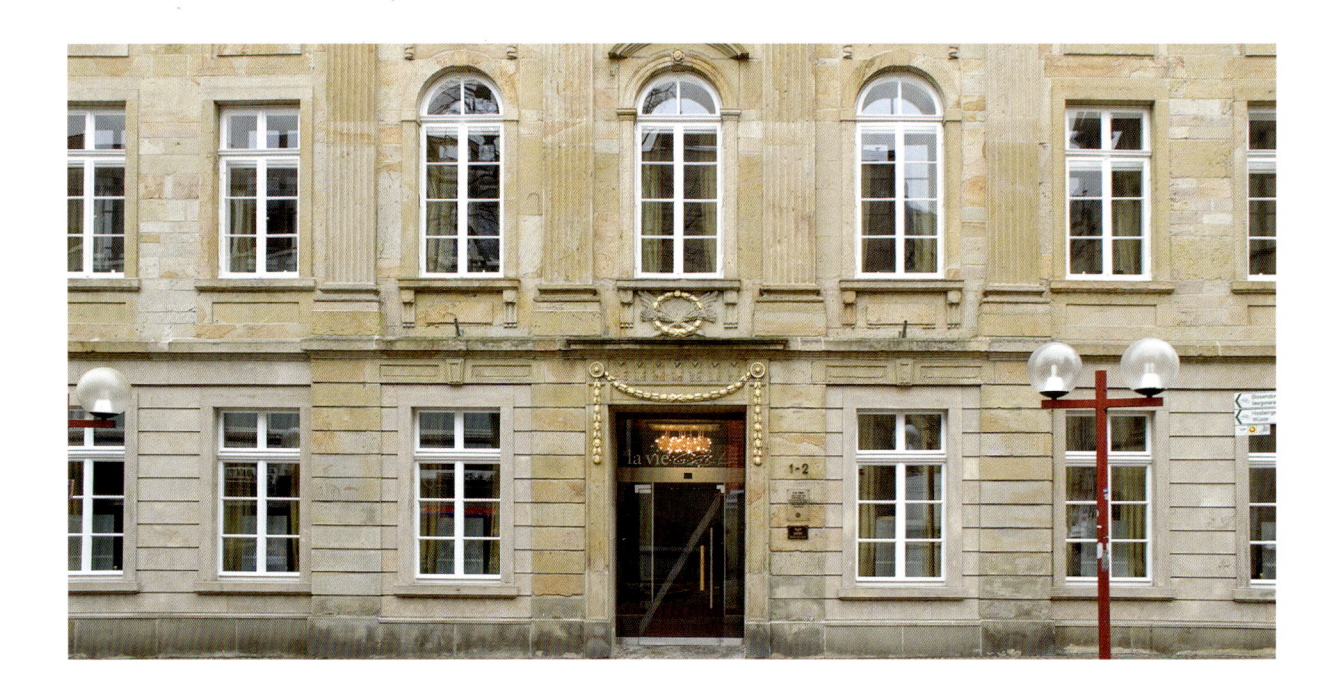

LA VIE – Thomas Bühner

Die dicken Sandsteinmauern einer klassizistischen Villa, in der Fußgängerzone von Osnabrück, beherbergen wohl eines der besten Restaurants zwischen Hamburg und Köln.

Die Gastgeber Thayarni Kanagaratnam und Thomas Bühner haben hier seit ihrem Einzug, im April 2006, eine behagliche Atmosphäre mit persönlicher Note geschaffen. Gleich wenn Sie das Restaurant betreten, werden Sie von Thayarni Kanagaratnam empfangen und umsorgt. Bei Gästen, die das Zwei-Sterne-Restaurant zum ersten Mal besuchen, sollen Hemmschwellen abgebaut werden, deshalb werden die Gäste so empfangen, als seien sie bei den beiden zu Hause eingeladen. Diese Gastfreundschaft setzt sich im behaglichen Restaurant fort, in dem jeder Service-Mitarbeiter dazu beiträgt, dass nicht nur das Menü, sondern der ganze Abend zum Erlebnis wird.

Das la vie erstreckt sich über zwei Etagen. Die Wände im Eingangsbereich sind mit edlem Makassarholz verkleidet. Hier werden Sie von Frau Kanagaratnam empfangen. Im Erdgeschoss befindet sich auch der stilvolle Salon, in dem der Aperitif genommen werden kann oder der Abend mit einem Glas Cognac und eventuell auch einer guten Zigarre ausklingt. Schlichte dunkle Ledersessel, zu kleinen Gruppen zusammengestellt, prägen diesen Raum, in dem das Kaminfeuer auf einem großen Flachbildschirm flackert. Auf der gegenüberliegenden Seite des Eingangs befindet sich hinter dem Weinschrank das Restaurant – Herzstück des la vie. Der dunkele Eichenboden, ginsengfarbene Wände und helle Sandtöne verleihen ihm eine moderne, aber ruhige und angenehme Atmosphäre. Eine breite Holztreppe mit Edelstahlgeländern führt vom Erdgeschoss in die Belletage. Hier herrschen Leichtigkeit, Eleganz und helle Farben vor. Einen Kontrast hierzu bildet eine teilweise wieder freigelegte Sandsteinmauer. Im Foyer laden moderne schnörkellose Ledersessel zum Verweilen ein. Die Bar, gleich neben dem Foyer, ist ein echter Hingucker, sie besteht aus echtem Büffelleder einschließlich der Tresenfläche. Hier oben im historischen Teil des Restaurants prägen Parkettfußboden, ein Kachelofen aus dem 18. Jahrhundert, goldfarbene Vorhänge und in zartem Gelb gelackte Wände das Bild. Behaglichkeit ist fast körperlich fühlbar. Das ganze Haus und das Team um Bühner und seine Frau strahlen eine natürliche Harmonie aus, die sich auch auf die Gäste überträgt. Wichtig ist den beiden, dass der Mensch, der Gast im Mittelpunkt des Geschehens steht.

In der Küche von Thomas Bühner verstehen sich höchste Qualität und höchster Standard von selbst. Auch wenn seine Küche von Haus aus vielseitig und kreativ ist, werden stets neue Gerichte und Trends ausprobiert und für gut befunden oder wieder verworfen. Auch bei allem Neuen steht die Qualität bei Bühner und seinem Team an allererster Stelle. »Wir können nicht billig, wir können nur gut.« Mit einem Formel-1 Rennwagen aus der letzten Saison kann man kein Rennen mehr gewinnen. Diese simple Tatsache spornt ihn immer wieder zu neuer Kreativität an. Erlaubt ist, was den Gästen schmeckt, dabei wird auch vor seltenen Gewürzen und ungewöhnlichen Kombinationen nicht Halt gemacht. Die Produkte werden saisonal und regional eingekauft, wann immer möglich. Auf dem Wochenmarkt von Osnabrück hat er einige Stammlieferanten, die sich auf seine Qualitätsansprüche eingelassen haben. Darüber hinaus kommen seine Produkte und Zutaten natürlich frisch aus aller Welt, um dem Gast an jedem Abend ein vielseitiges und auf höchstem Niveau zubereitetes Menü zu präsentieren. Gourmets und Kritiker haben sich über viele Jahre immer wieder von seinen Ideen überraschen und begeistern lassen. Seine Küche bezeichnet Thomas Bühner als französisch mit einem asiatischen und afrikanischen Akzent. Eine leichte, aromenreiche Küche, in der Bison, Hummer, Rotbarbe und Steinbutt seine Favoriten sind.

Thomas Bühner möchte seinen Gästen das Gefühl vermitteln, dass ein Besuch bei ihm nicht der Fernsehabend zu Hause, sondern der Besuch in der Oper ist. Es soll auch nicht wegdiskutiert oder geschrieben werden, dass diese Qualität ihren Preis hat. Für sein gesamtes Team ist es deshalb um so wichtiger, dass Gäste, die sich nur einen solchen Restaurantbesuch im Jahr gönnen, auf keinen Fall enttäuscht werden, sondern der Abend im la vie als unvergessliches Gesamterlebnis noch lange in Erinnerung bleibt.

Bühners Geschmackschule

Was ist eigentlich der Unterschied zwischen einem »profanen« Kochkurs und der Geschmacksschule von Thomas Bühner. Meines Erachtens findet bei den Kochkursen, die auch immer öfter in den Sterneküchen des Landes stattfinden, gerade ein Wandel, sprich eine Weiterentwicklung statt. Kochkurse bei Restaurantköchen gibt es schon, so lange ich denken kann. Waren es Anfangs meist die reinen Techniken und Fertigkeiten, ein Gericht zuzubereiten, geht es heute oft um sehr viel mehr. Es gibt im deutschen Fernsehen seit einigen Jahren geradezu eine Inflation von Kochsendungen. Bei der Vielzahl an Fernsehsendern finden Sie beim »durchzappen« zu jeder Tages- und Nachtzeit mindestens eine mehr oder minder gute »Kochshow«. Diese Shows sind oft auch reine Shows, im wahrsten Sinne des Wortes. Es wird ein wenig herumgebraten und gekocht, viel erzählt – aber teils so oberflächlich, dass der Zuschauer davon nur wenig mit nach Hause nehmen (sprich anwenden) kann. Sie haben aber eines bewirkt, dass es immer mehr Kochclubs gibt. Diese sind sehr oft von Männern dominiert. Haben sich die Richtigen zusammengefunden, werden sie schnell zu einer »Expertengruppe«. Sie rüsten küchentechnisch auf, ein Kombidämpfer gehört da oft schon zum Standard und wollen sich auch weiterentwickeln. Ein Kochkursus hier, ein Kochkursus da. Manchmal bekommt man auch einen Geschenkgutschein für einen Kurs vom Weihnachtsmann. Oft ist es so, je mehr man in die Materie einsteigt, desto neugieriger wird man.

Thomas Bühner bietet Kochkurse verschiedener Schwierigkeitsgrade an. Bei den Kursen für die fortgeschrittenen Hobbyköche wird ein besonderes Gewicht auf neue, schonende Gartechniken und Aromen gelegt. Nicht umsonst nennt man Bühner auch den König der Aromen. Im la vie dauert so ein Kochkurs in der Geschmacksschule fast einen ganzen Tag.

Die Teilnehmer treffen sich samstags um 11 Uhr in der eigens eingerichteten »Geschmacksschule«, die sich im 1. Stock des la vie befindet. Nach der Begrüßung gibt es einen kleinen Aperitif, auch alkoholfrei, wenn gewünscht. Es folgt der übliche Smalltalk (Wo kommen Sie her, was machen Sie von Beruf usw.). In den Kursen treffen sich Menschen der unterschiedlichsten Berufe und auch Gesellschaftsschichten. Die Menschen, die sich aufgrund ihrer Leidenschaft zum Kochen hier treffen sind Schüler, Hochschulprofessoren, Geschäftsführer großer Handelsunternehmen, Beamte und Pensionäre. Manche von ihnen haben diesen Kurs auch zum Geburtstag geschenkt bekommen. Nun erklärt Thomas Bühner das zu kochende Menü und den Tagesplan.

Je nach Art des Kurses kann dieser folgendermaßen aussehen:
- 11.00 Uhr: Eintreffen der Teilnehmer, Begrüßung und Menübesprechung
- 11.30 Uhr: Marktrundgang, Warenkunde, Produktqualität
- 12.00 Uhr: Vor- und Zubereitung der Speisen, filieren, auslösen, garen, tournieren, ansetzen von Saucen, bzw. herstellen eines aromatisierten Suds
- 16.00 Uhr: Anrichten der gemeinsam zubereiteten Gerichte, gemeinsames Abendessen.

Nun händigt Bühner jedem Teilnehmer die Rezeptmappe aus. Samstags ist großer Wochenmarkt in der Innenstadt. Der Markt befindet sich nur wenige Gehminuten vom Restaurant entfernt. Man macht sich gemeinsam auf den Weg. Was jetzt folgt, nennt sich saisonale Warenkunde. Gemeinsam geht es von Stand zu Stand. Erst Obst (was unterscheidet eine normale Mango von einer Flug-Mango?), dann Käse, Fisch, Fleisch und gelegentlich sogar zum Pferdemetzger, um ein Stück Pferdewurst zu probieren. Erfahrung mit Produkten ist unter anderem die Summe dessen, was man auch probiert hat. Wie will man sich anders ein objektives Urteil bilden? Es gibt auch Himbeeren, die 125 g-Schale für 2,79 Euro, Erdbeeren und die schon erwähnten Flug-Mangos. Was folgt, ist Teil eins der Geschmacksschule. Alle probieren ein paar Himbeeren und Erdbeeren. Die Früchte sehen toll aus, aber geschmacklich? Bestenfalls »drei minus«, schön anzusehen, aber kaum Geschmack. Die Mangos sollen später in der Küche probiert werden. Das Oberthema auf dem Markt war die Diskussion über Herkunft und Qualität der Produkte.

Zurück im la vie, geht es schnurstracks in die »Geschmacksschule«, eine auf dem neuesten Stand der Technik eingerichtete Seminarküche. Ein zentral im Raum stehender und von allen Seiten zugänglicher Küchenblock mit Gasbrennern, Induktionsfeldern und Anrichteflächen bestimmt das Bild. Kleine Kombidämpfer und Backöfen ergänzen die Ausstattung. Endlich geht es daran zu kochen. Eine Menüfolge, bei der auch die Herzen von Feinschmeckern höher schlagen, könnte zum Beispiel so aussehen:
- Eisgekühlter Gazpacho
- Crème brûlée von der Gänsestopfleber
- Bretonischer Hummer an Ingwermarinade
- Reh-, manchmal auch Rentierrücken, im Sud exotischer Gewürze geschmort

- Moelleux au Chocolat
- Oder: Topfenbällchen mit Blutorangenkompott und Vanilleeis auf gewürztem Olivenöl (etwas ganz Besonderes)

Wie kommt Thomas Bühner zu seinen manchmal ausgefallenen Menüfolgen? »Erstens ausprobieren, und zweitens kann ich mir die Geschmäcker mancher Produktkombinationen gut vorstellen. Bei Tomate denkt z. B. fast jeder automatisch an Basilikum. Geht aber auch mit Koriander.«

Was jetzt folgte, war aber erst einmal eine umfassende Warenkunde. Immer wieder beliebt ist die Frage: »Woran erkenne ich, dass der Fisch wirklich frisch ist?« Hier erhält man oft eigenartige Antworten, mitunter selbst von »Fachleuten«, wie von manchem Verkäufer auf dem Wochenmarkt. Das Einzige, was wirklich zählt, ist die Farbe der Kiemen. Sie müssen eine frische rote Farbe haben. Die Augen können nicht immer als Frischenachweis herangezogen werden. Wenn Fische aus großer Tiefe an die Oberfläche kommen, quellen die Augen hervor und werden vom Fischer wieder in die Augenhöhlen zurückgedrückt und dabei beschädigt.

In einer Profiküche findet man eine große Anzahl unterschiedlicher Messer. Wofür braucht man so viele Messer der unterschiedlichsten Längen und Formen? Tipp vom Patron: Die meisten Köche haben nur 3 – 4 Lieblingsmesser. Das Wichtigste: sie müssen gut in der Hand liegen und scharf (sehr scharf) sein. Sollte man sich einmal schneiden, heilen auch Schnittwunden wesentlich schneller, als wenn der Schnitt durch ein stumpfes Messer erfolgt.

Thomas Bühner vermittelt den Kursteilnehmern auch gerne handwerkliche Fähigkeiten. Immer wieder beliebt ist das Filetieren. Dabei werden regelmäßig auch Produkte eingesetzt, die nicht in der Menüfolge enthalten sind, in diesem Fall z. B. Tauben aus dem Bress, Petersfisch oder ein ganzer Rentierrücken.

Das Filetieren von Rund- und Plattfischen wurde während eines Kurses z. B. an zwei je vier Kilogramm schweren Lachsen und einem St. Pierre Fisch (mit seinen messerscharfen Stacheln) geübt. Vom Lachs, einem Fettfisch, haben wir erfahren, dass man aus seinen Resten keinen Sud zubereiten kann. Während eines anderen Kochkurses wurde das Auslösen von Brustfilets an Bresstauben praktiziert.

Von Thomas Bühner werden dann die einzelnen Kursteilnehmer für die Zubereitung der einzelnen Gänge eingeteilt.

Während die einen das Gemüse für den Gazpacho fein schnitten, wurde von den anderen die Gänsestopfleber für die Crème brûlée vorbereitet. Da Gazpacho und Gänsestopfleber für einige Stunden in den Kühlschrank müssen, bleibt Zeit für Gespräche, einen Küchenwein und die Vorbereitung der weiteren Gänge. Eine ganz tolle Sache bei Bühners Kochkursen ist es, dass seine Restaurantküche von den Produkten, die nicht auf der Menüfolge stehen, aber zum Erlernen von Fertigkeiten eingesetzt wurden, kleine Köstlichkeiten für zwischendurch zur Verkostung gereicht werden. Teilweise genießt man ganz besondere Geschmackserlebnisse, wie eine Kugel Vanilleeis auf aromatisiertem Olivenöl. Nach einigen Stunden »tauen« die Teilnehmer meist auf, und es kommt zu lebhaften Gesprächen und dem Austausch von Erfahrungen. Die Gespräche sind manchmal so lebhaft, dass Bühner zur Ordnung rufen muss.

Ab 16.00 Uhr wird dann angerichtet. Die Kochkurse bieten die Möglichkeit, dass zu diesem Zeitpunkt auch die jeweiligen Lebenspartner hinzukommen. Jetzt wird jeweils ein Gang angerichtet und gemeinsam mit den von vom Sommelier ausgesuchten und vorgestellten Weinen genossen. Zwischenzeitlich müssen jeweils zwei Teilnehmer die Tafel etwas vorzeitig verlassen, um den jeweils nächsten (bereits vorbereiteten Gang) fertig zu stellen und anzurichten.

Zum Ende des Kurses erhält jeder Teilnehmer zusätzlich zu der Mappe mit den Prospekten noch eine Urkunde vom Zwei-Sterne-Koch.

Nach einem solchen fast ganztägigen Kochkurs kocht auch ein ambitionierter Hobbykoch nicht gleich auf Sterneniveau, aber er ist sensibilisiert für die Auswahl der Produkte und hat manche Feinheiten für deren Zubereitung, unter anderem mit schonenden Gartechniken gelernt. Wenn er gut aufgepasst hat, nimmt er auch noch etwas davon mit nach Hause, z. B. das Schmoren im Sud exotischer Gewürze.

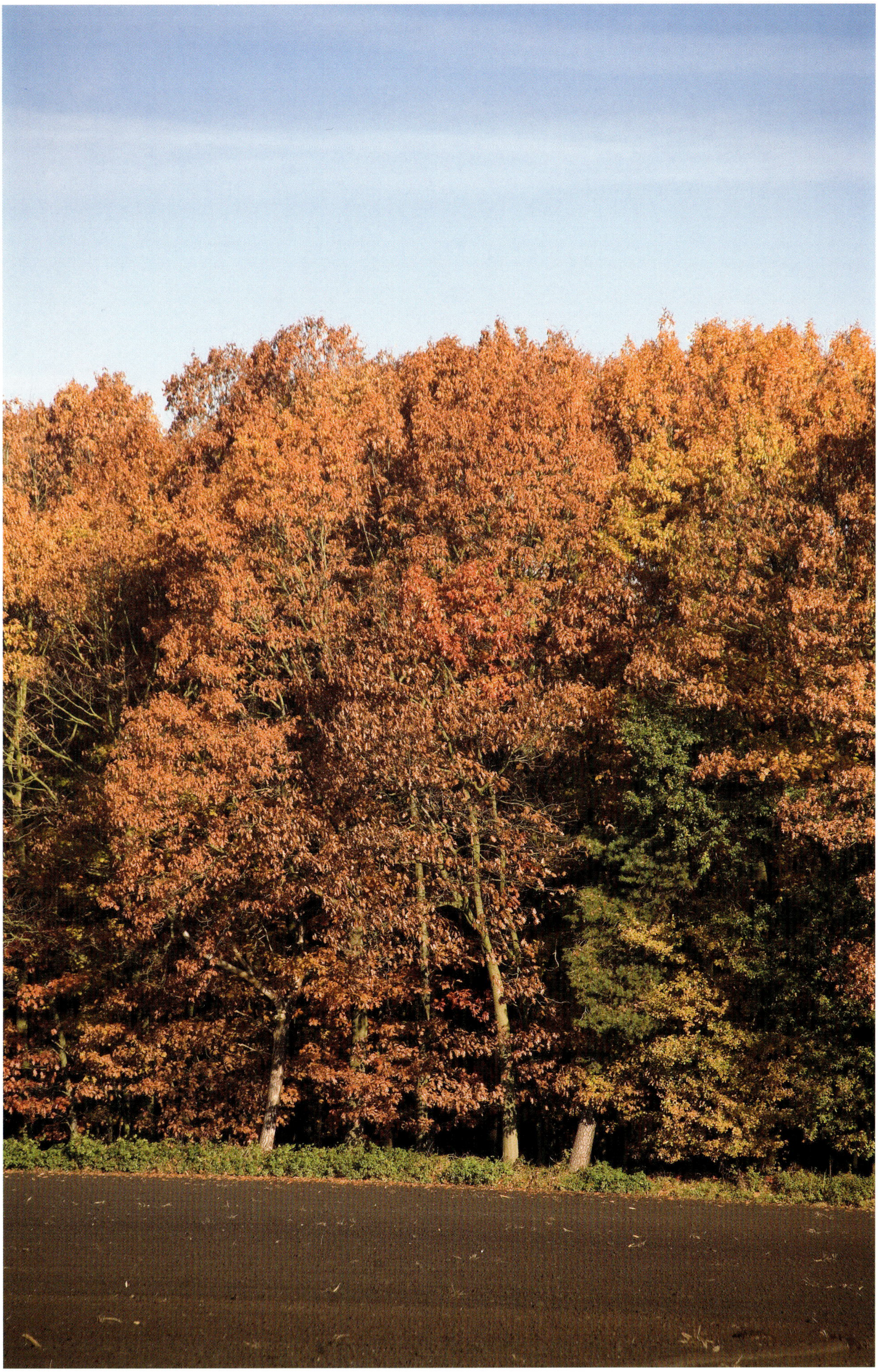

Südlicher Teutoburger Wald/Eggegebirge bei Bad Meinberg

DER TEUTOBURGER WALD UND DAS LIPPERLAND

Sanft geschwungene Hügel, üppige Mischwälder, eine intakte Naturlandschaft, weite Felder und Wiesen, prägen die gesamte Waldregion. Die Bergzüge mit den zahlreichen Quellen, Bächen und der reichen Vegetation machen den Reiz dieser Landschaft aus. Wälder, Wiesen, Äcker und verträumte Dörfer bilden ein harmonisches und reizvolles Landschaftsbild, teilweise unterbrochen von gewaltigen Steinformationen und heiligen Felsen um die sich historische Geschichten und Sagen ranken. Neben den vielen Wäldern hat sich die heimische Flora und Fauna in einer beeindruckenden Artenvielfalt erhalten. Große Teile dieser Region, wie z. B. im Naturpark Eggegebirge mit seinen Mineralquellen, wurden nie intensiv landwirtschaftlich genutzt. Im Gebiet von Hermannsdenkmal und Externsteinen finden Urlauber und Wochenendtouristen noch Flächen mit unberührter Natur. Seit dem 19. Jahrhundert sind hier viele Bade- und Kurorte entstanden, so dass der Teutoburger Wald und auch das Lipperland schon früh von »Ausflüglern«, so wurden die Besucher im 19. Jahrhundert von den Einheimischen genannt, besucht wurden. Heute zählt die Region zu den meist gebuchten Urlaubsgebieten in Deutschland. Überregional bekannt wurde der Teutoburger Wald durch das 1838 – 1875 erbaute Hermannsdenkmal. Sich bei der Betrachtung dieser Region nur auf das Hermannsdenkmal und eventuell noch die Externsteine zu fokussieren, würde der historischen Bedeutung dieser Landschaft nicht gerecht. Im Teutoburger Wald zeugen viele historische Sehenswürdigkeiten von einer langen und wechselvollen Geschichte.

Zu den wertvollen kulturhistorischen Schätzen zählen die vielen Schlösser, Adelssitze und Klöster. Nirgendwo sonst in Deutschland findet man eine solche Dichte an historischen Bauten und Kulturdenkmälern. In diesem Zusammenhang wird oft von der »Weserrenaissance« gesprochen. Beeindruckende Beispiele sind das Lippische Residenzschloss in Detmold und das Schloss Neuhaus bei Paderborn. Auch die Denkmäler der Neuzeit wie die Schachtschleuse in Minden, wo der Mittellandkanal in 13 m Höhe die Weser überquert, locken viele Besucher an.

Mit interessanten Ausflugszielen und Sehenswürdigkeiten ist die Region sowieso reich gesegnet. Da ist

Schlossgraben Schloss Detmold

Goldener Hahn Lippstadt

z. B. die Westfälische Pforte »Porta Westfalica«, das Tor nach Westfalen. Von diesem 88 m hohen Kaiser-Wilhelm-Denkmal hat man bei klarem Wetter einen herrlichen Blick über das Land. Von der Burgruine Ravensberg in Borgholzhausen ist ein Blick bis Münster und ins Sauerland möglich. Lemgo, mit seinen typisch westfälischen Fachwerkhäusern, gilt als eine der schönsten Städte der Weserrenaissance. Das Kur- und Heilbad Oeynhausen liegt im »Heilgarten Deutschlands« zwischen Teutoburger Wald und Wiehengebirge. Erst 1839 wurde die Heilquelle entdeckt. Gegen Ende des 19. Jahrhunderts entstand das schlossartige Kurhaus. Der großartige Kurpark wurde nach den Plänen des bekannten Landschaftsgärtners Peter Josef Lenné angelegt. Für einen entspannenden Spaziergang durch den Kurpark muss man nicht erst eine Kur beantragen. Auch ein Abstecher in das Auto- und Motorradmuseum lohnt sich allemal.

Zwischen Stemwede und dem Schaumburger Wald befindet sich das »Mühlenland«. Mehr als 30 Mühlen der verschiedensten Art sind hier zu entdecken. Die meisten von ihnen wurden liebevoll restauriert.

Ein Hauch von Schottland liegt über den Moorlandschaften im Kreis Minden-Lübbecke. Eine düster-unheimliche Faszination prägt diesen selten gewordenen Landschaftstyp. Eine Wanderung durch das Große Torfmoor oder das Oppenweher Moor, vorbei an den vom Torf tiefschwarz gefärbten Seen und bizarren Bäumen gehört wohl zu den eindrucksvollsten Naturerlebnissen, die diese Region bietet.

Die vielen historischen Klosteranlagen hier im Teutoburgerwald und dem Lipperland können wir nicht unerwähnt lassen. Für die kulturelle Entwicklung besonders bedeutend ist die 822 gegründete Reichsabtei Corvey mit dem noch heute erhaltenen Westwerk aus karolingischer Zeit. Hier finden alljährlich berühmte Musikwochen statt.

Das 1185 von Fürstbischof Hermann II. in der flachen Heide gegründete Kloster Marienfeld wurde 1222 feierlich eingeweiht. Es gelang dem Kloster in kurzer Zeit, zahlreiche Höfe und Siedlungen in seinen Besitz zu bringen. Reiche Landschenkungen und Vermögensstiftungen westfälischer Adliger vergrößerten wirtschaftlichen Einfluss und Macht des Klosters. Die Mönche verwandelten die weite Heidelandschaft der Senne in ein fruchtbares Gebiet und schufen hier eine Oase in der Einöde der Heidelandschaft.

Die ehemalige Klosterkirche Marienfeld ist die einzige erhaltene frühe Zisterzienserkirche in Westfalen. Im 30-jährigen Krieg wurde das Kloster schwer beschädigt. Im 18. Jahrhundert entstand hier eine neue großartige barocke Klosteranlage in schlossähnlicher Form. Im Jahre 1803 wurde das Kloster aufgehoben und teilweise abgerissen. Im herrlichen Park der alten Klosteranlage befindet sich heute das Hotel Klosterpforte. Es gibt viele Schlosshotels und Klöster in Westfalen, die über schöne Gärten und Parks verfügen, aber aufgrund seiner Größe findet hier jeder Hotelbesucher Ruhe, Entspannung und sein »eigenes« Plätzchen.

Zahlreiche weitere Klöster sind einen Besuch wert. Viele Klöster wurden nach der Säkularisation aufgehoben. Sie beherbergen heute Hotels, Restaurants oder Museen.

Von Helden, heiligen Felsen und einem verwunschenen Fürstenschloss

Die drei nachfolgenden, etwas ausführlicher beschriebenen geschichtsträchtigen Orte sind ohne allzu viel Eile während eines Sonntagsausfluges zu besuchen. Wenn Sie das Hermannsdenkmal als erstes anfahren, sind die anderen beschriebenen Ziele nur noch 8 km bzw. 19 km entfernt. Es bleibt also noch genügend Zeit um in einem der Ausflugslokale gemütlich zu speisen, einen Kaffee zu trinken oder nach einem Besuch im Fürstenschloss ein wenig durch die Innenstadt von Detmold zu bummeln.

Das Hermannsdenkmal

Von der Schlacht im Teutoburgerwald gibt es unzählige Geschichten und sogar Historienfilme. Im Jahre 9 n. Chr. brachten germanische Stämme unter der Führung des germanischen Fürsten Arminius (Armin, Hermann) den römischen Legionen unter der Führung des Publius Quintus Varus eine entscheidende Niederlage bei. So schrieb der römische Gelehrte Cornelius Tacitus in seinen Annalen: Armin ist ohne Zweifel Germaniens (Deutschlands) Befreier, der das römische Weltreich nicht in seinen Anfängen bedrängt hat wie andere Könige oder Heerrführer, sondern in der höchsten Blüte seiner Herrschaft.

Der Erbauer Ernst von Bandel ging davon aus, dass die Schlacht im Teutoburger Wald stattgefunden hat. Mittlerweile ordnen die meisten Wissenschaftler den Ort Kalkriese bei Bramsche in Niedersachsen als wahrscheinlichsten Ort der Schlacht ein.

Mit dem Bau des Denkmals wurde 1838 begonnen. Zur Finanzierung des Baus wurden überall in Deutschland Vereine gegründet, die Gelder zur Finanzierung des Bauvorhabens sammelten. 1846 wurde der Sockel fertig gestellt. Nach der »Deutschen Revolution« von 1848 ruhten die Bauarbeiten bis 1863. Erst nach der Gründung des Deutschen Reiches im Jahre 1871 erwachte das öffentliche und poilitische Interesse an diesem Projekt neu, sodass durch Großspenden von Kaiser Wilhelm I. und einigen Großspendern das Denkmal im Jahre 1875 festlich eingeweiht werden konnte. Sein Erbauer Ernst von Bandel erlebte die feierliche Einweihung nur um ein Jahr.

Hermann der Große hat eine Höhe von 26,57 m und besteht aus einer Eisenrohrkonstruktion mit einer Oberfläche aus Kupferplatten. Der Unterbau des Denkmals hat einen runden Grundriss und ist ca. 26 m hoch. Er besteht aus Sandstein. Für den Bau des Sockels wurden auch Steine der prähistorischen Grotenburg verwendet, sodass die Fliehburganlage fast gänzlich zerstört wurde. Die überlebensgroße Hermannsfigur ist mit einer antiken Rüstung bekleidet. Der rechte Arm ist emporgestreckt. Er hält ein 7 m langes Schwert, das ca. 550 kg wiegt. Der linke Arm lehnt auf einem mächtigen Schild. Die Informationen über die Kleidung Hermanns stammen wahrscheinlich aus den Werken des Tacitus. Stammeszeichen fehlen gänzlich an der Figur.

Von der Aussichtsplattform blickt man bei klarem Wetter über den Teutoburger Wald und das Eggegebirge oder die Köterburg bei Höxter. In den 1950er und 60er Jahren war das Denkmal ein beliebtes Ausflugsziel mit teilweise mehr als einer Million Besuchern. In den letzten zwei Jahrzehnten sind die Besucherzahlen leider rückläufig. Dennoch ist das Hermannsdenkmal eine der bekanntesten Sehenswürdigkeiten mit jährlich mehreren hunderttausend Besuchern und wichti-

Das Hermanns-Denkmal

Ein beliebtes Ausflugsziel – die Externsteine

ger touristischer Werbefaktor für diese Region. Über den historischen Hintergrund und die Baugeschichte des Denkmals gibt es zahlreiche Publikationen, die an den Kiosken und in den Gastronomien rund um das Denkmal zu erwerben sind.

Das Denkmal befindet sich südlich von Detmold in der Nähe der Ortschaft Hiddensen im südlichen Teutoburger Wald.

Die Externsteine

Nach den ältesten heute bekannten Überlieferungen zur Geschichte der Externsteine wurden die Felsen in den meisten Quellen als germanisches Heiligtum beschrieben, dass durch Kaiser Karl den Großen zerstört wurde. Ausgrabungen ergaben jedoch keinen eindeutigen Hinweis auf die Nutzung als kultischer Ort. Funde und Anzeichen deuten auf das Mittelalter.

Neuere Auswertungen, insbesondere der Keramikfunde und Metallgüter erbrachte eine Datierung auf das 10. Jahrhundert bis hinein ins 19. Jahrhundert. Nach einer historischen Überlieferung sollen die Externsteine 1093 vom Paderborner Kloster Abdinghof gekauft worden sein. Diese Überlieferungen werden untermauert durch die zahlreichen Felsbearbeitungen aus dieser Zeit. Zum Beispiel das Felsengrab und die obere Kapelle. In der unteren Heiliges-Kreuz-Kapelle befindet sich eine Weihinschrift aus dem Jahre 1115. Das in den Grottenstein gemeißelte Kreuzabnahmerelief stammt aus der Zeit zwischen 1130 bis 1150. Das Relief gilt als älteste in Fels gehauene Großplastik nördlich de Alpen.

Die Felsgruppe ragt in einer sonst fast steinfreien Umgebung bis zu 40 m in die Höhe, besteht aus 13 Einzelfelsen und ist mehrere hundert Meter lang. Die Felsen sind ein Teil der mittleren Gebirgskette des Teutoburger Waldes.

Die Externsteine, die sich nur 8 km entfernt vom Hermannsdenkmal befinden, werden alljährlich von bis zu einer Million Menschen besucht. Einige der bizarren Steine können bestiegen werden. Vom »Gipfel« der Steine blickt man auf den 1920 angelegten, in das Gelände eingebetteten Wiembecke Teich. Die Spitzen der direkt am Teich gelegenen Felsen sind über schmale Treppenaufgänge sowie über eine Brücke, die in großer Höhe zwei Felsen verbindet, zu erreichen. Auch von hieraus hat man bei guten Wetter eine fantastische Aussicht und blickt bis zum Köterberg bei Kassel.

Als Naturschutzgebiet besonders wertvoll sind nicht nur die Felsen, sondern vor allem auch die teil-

Fürstliches Residenzschloss Detmold

weise seltene Farne, Binsen Gräser und Moose. Das Gebiet ist von europäischer Bedeutung, was durch eine europäische Flora-Fauna-Habitat-Richtlinie untermauert wird.

Fürstliches Residenzschloss Detmold

Das malerische Schloss liegt im Zentrum der Altstadt von Detmold und ist die Residenz der Fürsten zur Lippe. Nach einem Besuch und Stadtbummel durch die Geschäfte und Cafés der historischen Altstadt bietet sich der große Schlosspark zum Ausruhen und Entspannen an. Auch eine Besichtigung der 1366 erstmals erwähnten Burg ist für die Freunde historischer Burg- und Schlossanlagen durchaus lohnend. Die Führungen dauern 40 – 45 Minuten und finden im Sommer zu jeder vollen Stunde statt. In der Soester Fehde ließ der Erzbischof von Köln im Jahre 1447 die Burganlage und die Stadt Detmold zerstören. Bereits wenige Jahre später wurde die alte Burg wieder aufgebaut und mit einer mächtigen Wallanlage umgeben. Seit 1511 diente die Burg (heute Schloss) den lippischen Landesherren als Residenz. Um 1780 wurden die Befestigungsanlagen beseitigt, um Raum für den großzügigen Schlosspark zu schaffen. Auf Wiesen des Parks lagern im Sommer viele Bürger und Tagestouristen, um sich auszuruhen, zu entspannen und die Sonne zu genießen.

Im Schloss finden regelmäßig Ausstellungen statt wie die Sonderausstellung »Jagdwaffen aus vier Jahrhunderten« oder die Medienschau Schloss Detmold und die Weserrenaissance.

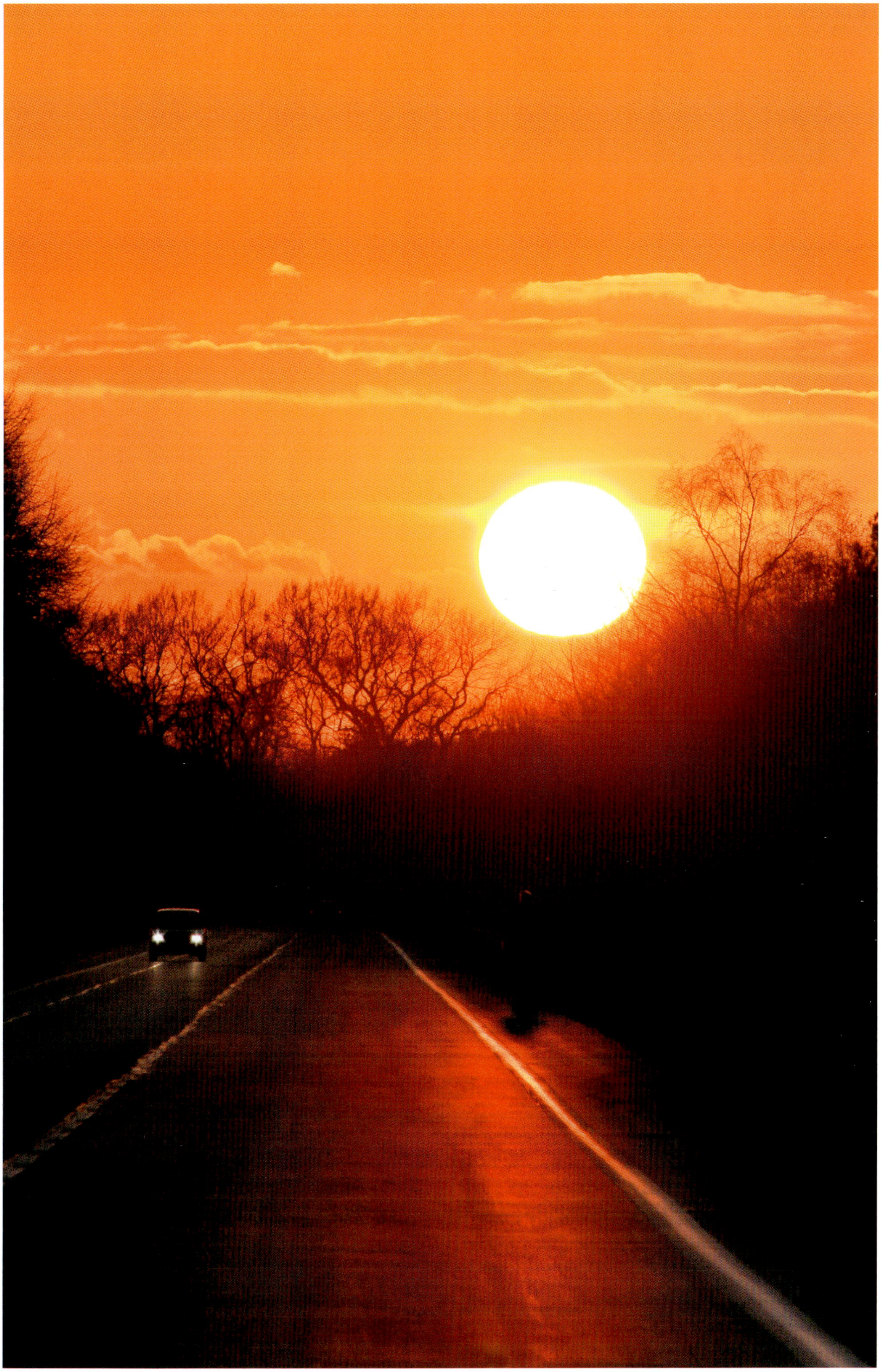

Waldhotel Silbermühle

Das Waldhotel Silbermühle befindet sich in einer der reizvollsten Regionen des Teutoburger Waldes und macht seiner Bezeichnung als Waldhotel alle Ehre.

Biegen Sie von der L954 Leopoldstaler Straße in den Forstweg Neuer Teich ein, befinden Sie sich bereits mitten in einem großen Waldgebiet. Im Verlauf des Weges versperrt eine Schranke den Zugang um den Durchgangsverkehr vom Hotel fernzuhalten und so die Grundvoraussetzung für Ruhe und Erholung der Gäste sicherzustellen. Für eine kleine Gebühr öffnet sich die Schranke und nach einigen hundert Metern erreichen die Gäste das Waldhotel. Spaziergänger und Radfahrer sind von dieser Schrankenregelung natürlich nicht betroffen. Einige zig Meter vor der Schranke befinden sich bereits öffentliche Parkplätze.

Die Silbermühle liegt abseits von jeglichem Verkehr inmitten einer wunderbaren Waldlandschaft und eignet sich für einen einzigartigen Erholungsaufenthalt. Direkt am Haus sind herrliche Liegewiesen, die sich vom Waldrand bis zum Teichufer erstrecken. Ein alter großer schattiger Garten mit Bachlauf grenzt an den Biergarten.

Die Silbermühle wird bereits seit 1895 gastronomisch bewirtschaftet und ist seitdem als besonderes Ausflugslokal und später auch als Hotel in dieser idyllischen Landschaft weithin bekannt. Stetige Verbesserungen und Renovierungen machten die Silbermühle zu dem, was sie heute ist: ein romantisches Waldhotel mit besonderem Charme. Gleich vor dem Hotel liegt ein großer Teich (man könnte schon kleiner See sagen). In diesem Gewässer leben Forellen und der nur in sehr sauberem Wasser vorkommende Saibling. Selbstredend, dass sich diese beiden Edelfische auf der Speisenkarte des Hauses wiederfinden.

Fühlen Sie sich wohl auf der großen Teichterrasse der Silbermühle und genießen den Blick auf den romantischen Teich mit Schwänen, Enten, Gänsen und Fischen.

Nur einige Meter entfernt liegt der große Biergarten mit angrenzendem Spielplatz und die Räucherfischhütte. Der Betrieb dieses Biergartens ist im Wesentlichen auf die Schönwetterperioden während der warmen Jahreszeit beschränkt. Der Verzehr selbst mitgebrachter Speisen ist ausdrücklich erlaubt. Bäume und Schatten sind Kennzeichen des Biergartens. Idealerweise gehören auch die Kiesfläche, Holzbestuhlung und deftiges Essen dazu. Der Spielplatz für die Kinder soll helfen, dass die gesamte Familie sich unkompliziert und preiswert im Biergarten aufhalten kann. Die Silbermühle hat den weitläufigsten Biergarten in der Umgebung von Detmold, mit eigener Bewirtschaftung bietet er 160 Plätze, die komplett durch eine ausfahrbare Markise überdacht werden können. Nach einer Rad- oder Wandertour, ebenso für eine rustikale Party bietet der Biergarten ein zünftiges, schattiges Plätzchen inmitten schöner Natur.

Die Räucherhütte ist am Wochenende geöffnet und bietet frisch geräucherte Forelle, Saibling und hausgebeizten Lachs.

Im Hotel wird den Gästen in gediegener und gepflegter Atmosphäre eine exzellente Küche mit jeweils saisonal aktuellen Gerichten geboten. Saibling und Forelle kommen natürlich auch hier aus dem eigenen Teich. Im Restaurant finden 180 Gäste Platz.

Der Clubraum des Hotels gibt Veranstaltungen einen stilvollen Rahmen im klassischen Ambiente. In diesen Raum lädt man Familie, Freunde und Kollegen ein, um mit ihnen ein unvergessliches Fest oder auch eine romantische Hochzeit zu feiern.

Das Waldhotel Silbermühle bietet seinen Gästen die Abgeschiedenheit, Ruhe und Erholung, die man in unserer hektischen Zeit nur noch selten findet, noch dazu in einer so einmaligen Lage.

Burghotel Blomberg – Jahrhunderte alte Mauern mit vielen Gesichtern

Das Lipperland ist reich an Schätzen ursprünglicher Natur, aber auch an romantischer Fachwerkarchitektur, Herrenhäusern, Burgen und Schlössern. Burg Blomberg ist ein Paradebeispiel für eine Jahrhunderte alte wechselvolle, abenteuerliche und teilweise kriegerische Geschichte. Seit den 1970er Jahren erstrahlt die Anlage als »Burghotel Blomberg« in neuem Glanz.

Zwischen 1231 und 1255 erbaute Edelherr Bernhard III. zur Lippe Burg und Stadt Blomberg. Beim Bau der Burg wurde die Stadtmauer mit einbezogen. Stadt und Burg galten zu jener Zeit als eine der am besten befestigten Anlagen. Der Name Blomberg leitet sich von Blume ab. Es wird angenommen, dass die Schwalenberger Grafen die Besitzrechte auf die lippischen Edelherren mit der Rose im Wappen übertrugen und so Burg und Stadt zu ihrem Namen kamen. 1447, während der Soester Fehde, wurden Burg und Stadt durch den Bischof von Köln und einige andere Fürsten sowie eine große Volksschar aus Böhmen geplündert und verbrannt. In dieser Zeit wurden viele Städte, Burgen, Klöster und Dörfer im Lipperland dem Erdboden gleich gemacht. Ab 1448 wurde die Burg von Johann von Molenburg wieder auf- und weiter ausgebaut. Heute ist Burg Blomberg ein Kleinod unter den Burgen Westfalens. Die Nutzung als modernes Tagungshotel und erstklassiges Restaurant macht sie für die Gegenwart umso wertvoller.

Das Burghotel Blomberg steht für erstklassige Gastlichkeit mit mittelalterlichem Flair. Vor allem als Tagungshotel hat sich die Burg einen Namen gemacht und zählt im Bereich »Events« zu den 10 besten Tagungshotels in Deutschland. Parkplätze direkt am Burghotel sind sowohl im Burginnenhof als auch auf dem Vorburgparkplatz vorhanden.

Das Erholungshotel

Die gesamte Hotelanlage hat so viele Facetten, dass es mehr als einen Grund gibt, Burg Blomberg einen Besuch abzustatten. Das idyllische Blomberg und seine Burg befinden sich inmitten ursprünglicher Natur. Wanderer und Naturliebhaber finden hier ein weit verzweigtes Wanderwegenetz. Passionierte Reiter treffen in der Umgebung der Burg auf ideale landschaftliche Begebenheiten. Nicht gerade alltäglich ist es, dass auf der Burg Pferd und Reiter sowie Hund und Herrchen willkommen sind. Verträumte Kutschfahrten, Biking durch Wald und Feld oder Golfen auf einem der 17 Golfplätze ganz in der Nähe des Hotels werden von der Hotelleitung angeboten oder vermittelt. Sich im Urlaub fit halten, der Natur begegnen und sich erholen ist nur ein Grund, sich hier im Hotel einzuschreiben und ein paar Tage Urlaub zu gönnen. In der Wellness-Oase des Hotels können Sie ein Übriges tun, um zu relaxen. Verwöhnbehandlungen wie Relaxmassagen, Gesichts- und Körperpackungen sowie natürlichen Ayurveda-Therapien lösen Blockaden und lassen Ihre Energien wieder fließen. Ein wohltemperiertes Schwimmbad und Sauna gehören zum Standard der Anlage. Körper und Geist erholen sich hier in einer Ruhe-Oase, wo Lärm und Hektik keine Chance haben.

Traumhaft schön, behaglich und exklusiv übernachten Sie in einem der 42 Doppelzimmer, einem der 6 Einzelzimmer oder in einer der 5 Themensuiten. Die Suiten bieten Luxus zur Pflege von Körper und Geist auf einem sehr hohen Niveau. Hoch oben in den Gemäuern der historischen Burg sind diese ein Refugium für Zwei mit Stil und Anspruch. Ausgestattet mit erstklassigem Designer-Interieur, Videos, DVDs und Büchern ist hier für ein perfektes Wohlfühl-Erlebnis gesorgt.

Die zweistöckige Rittersuite z. B. hebt sich durch ihren urigen Charakter mit viel Fachwerk und Parkettboden von den übrigen Suiten ab. Das Bad dieser Suite verwöhnt z. B. mit runder Whirlpool-Wanne und angrenzender Aquaviva-Sauna.

Das Tagungshotel

Vielleicht ist es die Kombination aus idyllischer landschaftlicher Lage, historischem Ambiente, gepaart mit einem modernen Tagungsangebot, den erstklassigen Übernachtungsmöglichkeiten und dem stilvollen Restaurant, dass Burghotel Blomberg ein gern und viel gebuchtes Tagungshotel ist. Bekanntlich ist der Ort einer Tagung ein wichtiges Kriterium bei der Planung und Ausführung einer Veranstaltung dieser Art. Die Geschäftsleitung eines Unternehmens oder der Veranstalter möchten das Seminar oder die Tagung möglichst erfolgreich gestalten. Die Teilnehmer sollen herausgelöst werden aus der täglichen »Tretmühle« des betrieblichen Konkurrenzkampfes der Abteilungen, und des unternehmerischen Wettbewerbs. Nur wenn dieser Personenkreis den Kopf frei hat, kann der gewünschte Wissenstand, mit einem hohen Wirkungsgrad, allen Teilnehmern vermittelt werden. Im Burghotel finden Sie nicht nur angenehme Räumlichkeiten und eine Tagungstechnik vor, die den modernsten Anforderungen entspricht. Hier stimmen der Service, die Beratung und vor allem die Atmosphäre. Für Tagungen, Veranstaltungen und Seminare von 2 bis 250 Teilnehmern stehen 10 Räume und 2 Terrassen in unterschiedlicher Ausstattung zur Auswahl. Die Räume sind zum Teil miteinander kombinierbar. Alle Räume im neuen Trakt haben Tageslicht, sind aber komplett verdunkelbar, vollklimatisiert und mit modernster Konferenz- und Tagungstechnik ausgestattet. Die Tagungsräume sind teilweise ebenerdig und für Präsentationen sogar mit dem PKW befahrbar. Durch die unterschiedliche Größe und Ausstattung der 10 Tagungsräume, in Kombination mit dem erstklassigen Restaurant und dem Hotel, mit allen seinen Leistungen sowie dem Freizeitprogramm, empfiehlt sich das Hotel für ein internes Meeting der Geschäftsleitung ebenso wie für einen Kongress.

Ein besonderes Highlight sind die in Kombination mit einer Tagung zu buchenden individuellen Burgevents.

Burgevents – lebendige Historie

Die historische Kulisse und das urige Ambiente sind ein idealer Schauplatz für mittelalterliche Events. Ritterspiele, Kostümfeste, Gaukler, Minnesänger und altes Markttreiben versetzen die Gäste der Burg in eine andere Zeit. Auf alle Fälle sind die Events mit einem ausgefallenen Rahmenprogramm gespickt. Sei es das deftige Rittermahl im Gewölbekeller oder ein spannendes Event, angelehnt an mittelalterliche Vorbilder, zu der die Gäste mit Fanfaren in den Burghof gerufen werden.

Holunderblüten Parfait

Zutaten für vier Personen

Holunderblütenparfait: 7 Stck Eigelb   250 ml Vollmilch   75 g Zucker
200 ml Holunderblütensirup   375 g Schlagsahne
Waldmeistermousse: 5 Stck Eigelb   150 ml Waldmeistersirup   500 g Schlagsahne   4 Blatt Gelatine
Erdbeer-Rabarberragout: 500 g Erdbeeren   750 g Rhabarber   250 g Zucker   Weißwein

Seit 1998 kümmert sich Rüdiger Müller um das leibliche Wohl der Gäste auf Burg Blomberg. Kreativität und Flexibilität sind wichtige Voraussetzungen, wenn man über einen so langen Zeitraum die Erwartungen der Gäste erfüllen oder gar übertreffen möchte. Neben dem à la carte Geschäft, spielt die Verpflegung der Tagungs- und Seminarteilnehmer eine große Rolle. Und schließlich hat das Hotel auch mit seinen regelmäßig stattfindenden Events einen ausgezeichneten Ruf zu verteidigen.

Der 50-jährige Küchenchef setzt auf biologisch wertvolle Regionalküche, die er durch mediterrane Akzente verfeinert. Garnelen, Lamm, Rindfleisch und gegrillte Gemüse zählen zu seinen Favoriten. Lebensmittel aus der Region, wie Biobrot, Obst, Gemüse und Eier setzen gewollte Akzente. Zur Abwechslung ein Dessert macht besonderen Spaß.

Zubereitung

1. Eigelbe und Zucker verrühren. Die Milch hinzugeben und erhitzen, bis die Masse abbindet. Anschließend die Masse kalt rühren. Die geschlagene Sahne und den Holunderblütensirup unterheben. Abfüllen.

2. Eigelbe und Waldmeistersirup warm aufschlagen. Die eingeweichte Gelatine hinzugeben. Kalt rühren. Die geschlagene Sahne darunter heben und abfüllen.

3. Das Obst waschen und putzen. Den Rhabarber kurz in kochendes Wasser geben, bis er bissfest ist. Aus dem Fond nehmen und zum schnellen Abkühlen auf einem Blech ausbreiten. Mit Zucker bestreuen. Von 200 g Zucker Karamell herstellen und mit Weißwein ablöschen. Die geputzten Erdbeeren hinzugeben und den Rhabarber hinzugeben. Lauwarm anrichten.

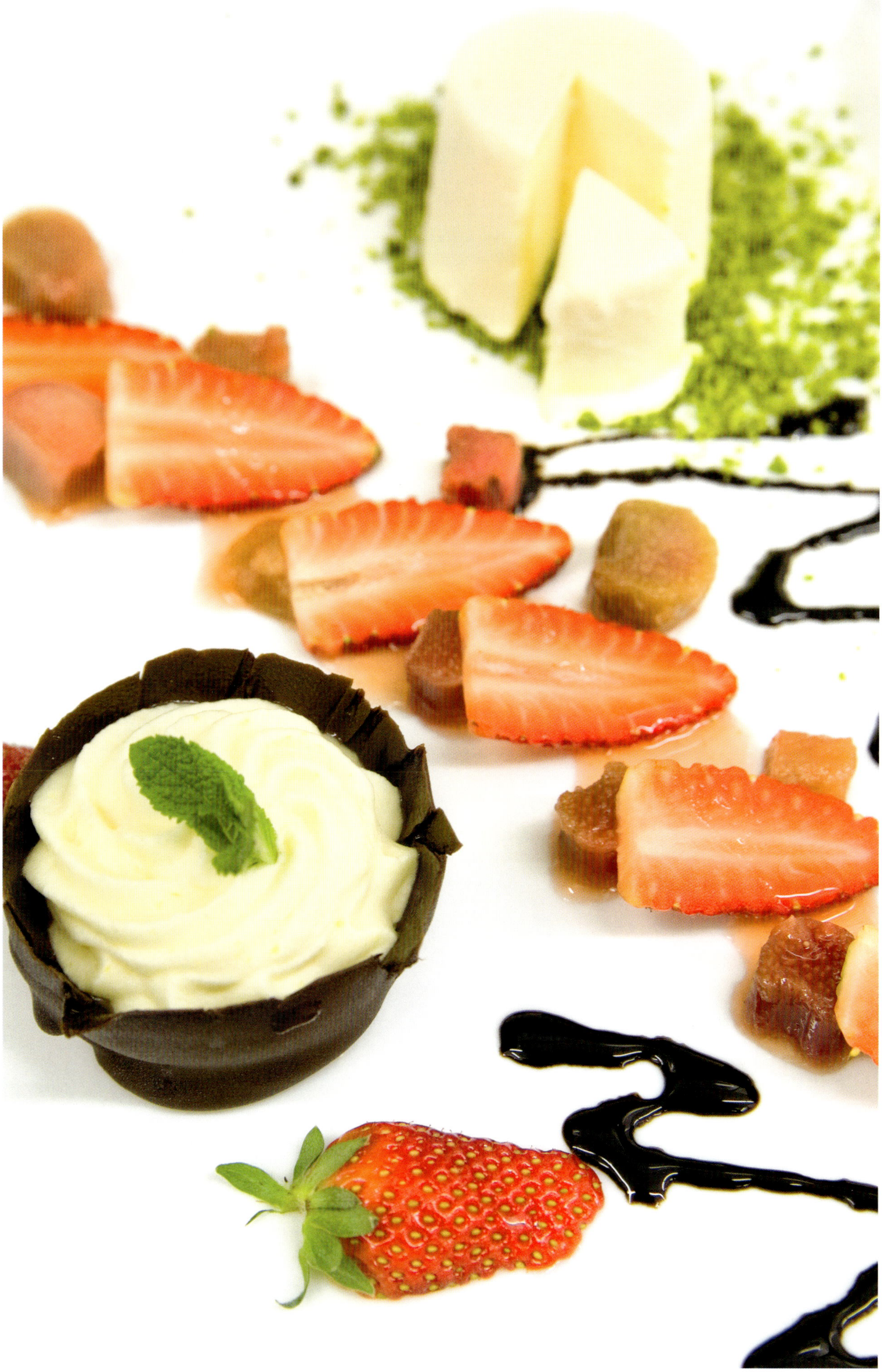

Auf den Spuren der Gebrüder Montgolfiere

Seien wir mal ehrlich, etwas Neid und Bewunderung spielt da schon mit, wenn wir diese großen bunten Ballone in niedriger Höhe über uns dahingleiten sehen. Eigentlich sind diese Luftgefährte ein Relikt aus dem späten 18. Jahrhundert, als 1783 die Gebrüder Montgolfiere in Versailles zur weltweit ersten Ballonfahrt aufstiegen. Seitdem sind über zweihundert Jahre vergangen, und wir erforschen mit Raumschiffen und Satelliten das Weltall. Aber Ballone gibt es immer noch. Was macht die Faszination der Fahrt mit einem Heißluftballon aus? Ist es das langsame Gleiten über Städte, Felder, Seen und Wälder, oder ist es die vermeintliche Stille? Wir wollten es herausfinden und mit einem modernen Heißluftballon das nördliche Münsterland erkunden.

Das unbeständige Frühlingswetter ließ uns immer unruhiger werden, denn wir hatten ein Ballonmotiv vorgesehen, auf dem nicht einfach ein schöner bunter Ballon in luftiger Höhe abgebildet war, sondern schon etwas von dem tollen Erlebnis Ballonfahren zu erahnen sein sollte. Dreimal wurde der geplante Termin wegen starken Windes und Regen verschoben. Jetzt sollte es endlich so weit sein. Das Treffen mit dem Ballonteam von Achim Schneider aus Borken war für 18.00 Uhr angesetzt. Nach kurzer Begrüßung und dem Austausch der Vornamen (man duzt sich) ging es ohne lange Vorrede zum Startplatz, einer kleinen Wiese, in Vreden. Unser Pilot Achim Schneider betreibt den Ballonsport bereits seit 23 Jahren, davon seit neun Jahren gewerblich. Sein Luftfahrtunternehmen verfügt über 13 Ballone, wovon die meisten so genannte Specialshape Ballone sind, die für kommerzielle Marketingaktivitäten weltweit gebucht werden. So besitzt Schneider unter anderem die drei größten fliegenden Coca Cola Flaschen (Höhe jeweils 49 m) und mit dem 38 m hohen Benjamin den größten fliegenden Elefanten der Welt. Mit seinem Team ist er fast das ganze Jahr auf Messen und Events unterwegs, so mit seinem Elefanten 2001 auch bei einem Ballon-Event des Königs von Thailand. Wir dagegen hatten heute nur vor, uns das Münsterland von oben anzusehen.

Los geht's

Aufrüsten nennt man das Herrichten des Ballons für den Start. Der Korb mit den vier Gasflaschen (je 35 kg Flüssiggas) wurde entladen und die beiden Brenner betriebsfertig gemacht. Jeder Brenner verfügt über eine Leistung von 3 000 PS. Je nach Außentemperatur dauert eine Fahrt dann 1,5 – 2,5 Stunden. Der Auftrieb wird von dem Temperaturunterschied der Luft in der Ballonhülle und der Außenluft erzeugt. Je höher die Außentemperatur, desto höher muss die Temperatur in der Hülle sein. Nachdem die Hülle ausgerollt und an dem Korb befestigt worden war, überprüfte Achim Schneider alle sicherheitsrelevanten Befestigungen und Geräte. Jetzt wurde mit einem großen Ventilator Luft in die Ballonhülle geblasen. Nach einigen Minuten war die Hülle soweit gefüllt, dass mit den beiden Brennern die Luft auf ca. 80 °C erhitzt war. Der Ballon Zippo begann sich langsam aufzurichten. Die Korbbesatzung machte sich nun fertig für den Start. Das ganze Team – Ballonfahrer und Verfolger – hielten nun den Korb fest. Der Ballon stand jetzt aufrecht. Pilot und Besatzung stiegen nun nacheinander in den Korb. Mit kleinen dosierten Flammenstößen des Brenners hielt Schneider den Ballon gerade so, dass er aufrecht stand, aber noch nicht abhob. Als Pilot und Mitfahrer im Korb waren, wurde Gas gegeben. Um 19.10 Uhr erhob sich der mit 4 000 qm heißer Luft gefüllter Zippo ganz langsam in den frühen Abendhimmel. Temperatur 13 °C, Wind ca. 1 – 2 m/Sek. bei einer leichten Inversionswetterlage – sprich es war etwas diesig. Keine allzu guten Voraussetzungen für gute Fotos, aber »live is life«.

Mein Kollege Christopher Badde und ich hatten vor, Fotos vom Begleitfahrzeug aus und aus der Luft zu schießen. Badde im Korb und ich im Begleitfahrzeug, so wurde gestartet.

Das Begleit- oder Verfolgerfahrzeug hält nach dem Start immer Funk- und wenn möglich auch Sichtkontakt mit dem Ballon, um im Falle der planmäßigen, aber auch einer unplanmäßigen Landung sofort beim Ballon zu sein, um diesen zu bergen. In der Praxis bricht dann manchmal der Funkkontakt ab oder man verliert den Ballon aus den Augen. Das war bei uns zeitweise, aber nur kurz auch der Fall.

Nun hatten wir den Ballon ja auch gechartert, um Ihnen einige schöne Fotos von der Fahrt zu präsentieren. Der erfahrene Pilot Achim Schneider verstand es, den Ballon immer wieder so zu positionieren, dass uns trotz der widrigen Umstände einige gute Fotos gelangen. Nach ca. einer Stunde erfolgte eine kurze Zwischenlandung, bei der Christopher Badde und ich die Positionen tauschten. Leider wurde es ab 20.00 Uhr immer diesiger, und an Fotos mit toller Fernsicht war nun überhaupt nicht mehr zu denken. Das Erlebnis, mit den drei anderen Besatzungsmitgliedern im Korb zu stehen, den riesigen Ballon über sich, die Wärme der riesigen Flamme zu spüren, wenn der Brenner angezündet wird, und der Blick aus geringer Höhe auf Wiesen, Wälder und Fabriken, wurde durch das etwas diesige Wetter nur wenig getrübt. Am Anfang sprach ich von der Stille bei der Fahrt mit dem Ballon. Ganz so ist es nicht. Die Brenner machen schon einen ganz schönen Lärm, wenn auch jeweils nur für kurze Zeit. Selbst die Zündflamme, die ja immer brennt, verursacht ein zischendes Geräusch. Vom Boden hört man die Autos, bellende Hunde und die Zurufe des Verfolgerteams. Aber trotz allem – ein herrliches Gefühl der Ruhe und Ausgeglichenheit stellte sich bei mir ein. Wir waren durchschnittlich in einer Höhe von 200 – 350 m unterwegs. Pilot Schneider hatte mit seinen Ballonen schon Alpenüberquerungen hinter sich gebracht. Was musste es für ein Erlebnis sein, über den Wolken zu fahren (Ballone fliegen nicht, sondern fahren). Nach einigen Minuten galt es nun einen geeigneten Landeplatz ausfindig zu machen. Das war bei den vielen Wiesen und Weiden im Münsterland aber kein großes Problem. Die butterweiche Landung erfolgte um 20.45 Uhr auf einer Wiese in Wenningfeld, nur 12 km vom Startort entfernt. Nun begann das gleiche Spiel in umgekehrter Reihenfolge wie beim Start – Abrüsten des Ballons. Wieder packte das ganze Team mit an.

Nachdem Ballon und Korb verstaut waren, fand die Ballontaufe für drei Passagiere, die in den Stand der Ballonfahrer aufgenommen werden sollten, statt. Getauft werden traditionsgemäß alle Passagiere, die zum ersten Mal eine Ballonfahrt hinter sich gebracht haben. Bei dieser Taufe wird man in den Adelsstand der Ballonfahrer erhoben. Das Ritual beruht darauf, dass zur Zeit der Gebrüder Montgolfiere das Ballonfahren dem Adel vorbehalten war. Die Taufe erfolgt, indem der Pilot dem neuen Mitglied der Ballonfahrer mit einem Feuerzeug ein Büschel Haupthaar ansengt. Das ist das Symbol für die Flamme des Brenners. Anschließend wird das angesengte Haar mit einem Glas Sekt abgelöscht. Der Sekt symbolisiert den Champagner, das Getränk des Adels. Im Anschluss an die heiß-feuchte Taufe wird ein salbungsvoller Name vergeben wie z. B. Graf Gerhard von den heißen Lüften und der heißen Inversionsschicht von Wenningfeld. Gleichzeitig erhält man für alle Zeiten die gesamte Herrschaft über Wiesen, Weiden, Wälder, bebautes und unbebautes Land mit der Münze und dem Zoll, der Jagd, der Fischerei, dem Bann und allen anderen Rechten an den mit dem Ballon überfahrenen Ländereien, bis einen Zentimeter über dem Boden. Das alles steht dann auf einer eindrucksvollen Urkunde, auf der auch Startzeit, Strecke, Höhe usw. vermerkt sind.

Der Wermutstropfen

Einen kleinen Wermutstropfen muss es ja geben, das sind die Kosten. So kostet eine Ballonhülle ca. 40 000 – 50 000 Euro. Sie hat eine durchschnittliche Lebensdauer von fünf Jahren. Der Korb inklusive dem Brenner schlägt noch einmal mit 20 000 Euro zu Buche. Er hat eine durchschnittliche Lebensdauer von sechs – acht Jahren. Die TÜV-Abnahme schlägt mit 700 Euro zu Buche und eine Gasbefüllung pro Fahrt kostet ca. 100 Euro. Naturgemäß bleibt den meisten Liebhabern des Ballonfahrens nichts anderes übrig als sich in Vereinen zusammen zusammenzuschließen um die Kosten für den Einzelnen im Rahmen zu halten. Es besteht natürlich auch die Möglichkeit eine Ballonfahrt bei einem kommerziellen Ballonteam wie dem des Achim Schneider zu buchen.

Ballonspaß pur gibt es am zweiten Augustwochenende beim 8. Ballonfestival in Borken. Hier starten 80 – 100 Ballone. Als Programmhöhepunkt gibt es abends das große Ballonglühen. Die 30 000 – 40 000 Zuschauer erwartet außerdem Livemusik, Bierstände und ein großes Angebot an Speisen.

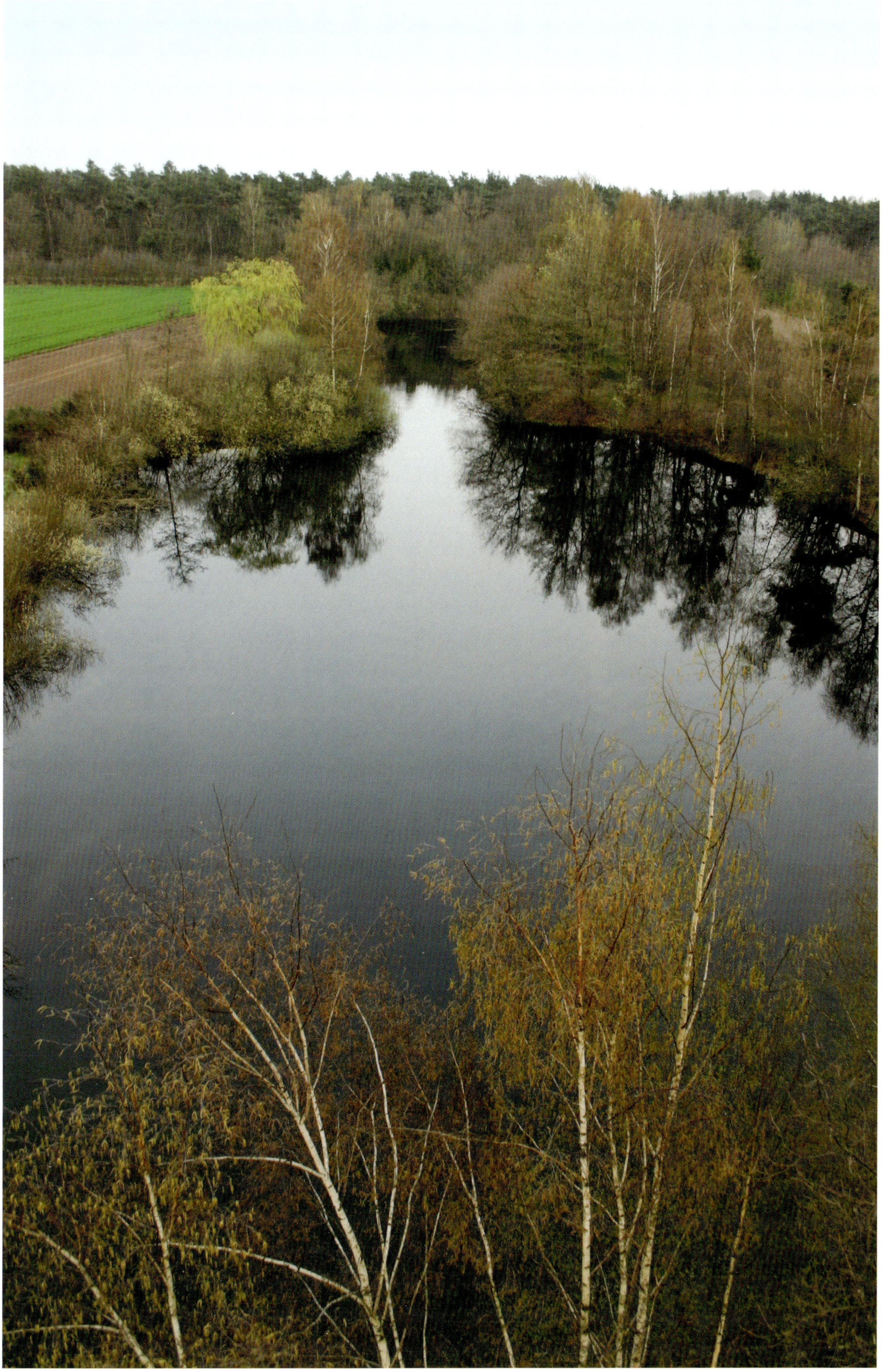

Restaurant Balthasar
Stern über Paderborn

Er beherrscht das Spiel mit den Aromen wie kaum ein Zweiter im Land. Seinen Kochstil nennt er »schlotzig«, was soviel heißt wie, die Gerichte so zu kochen, dass sie genussvoll im Munde zergehen. Die traditionelle westfälische Küche hat er in seinem Restaurant verfeinert und aufgewertet. Simon nennt das anständig und interessant kochen. Sein Stil zu kochen ist gradlinig. Seine mit viel Kreativität verfeinerten Rezepte sind eine Spielart der feinen Küche. Mehr als zehn Jahre schon kocht Elmar Simon nun in seiner Heimatstadt Paderborn auf Sterneniveau.

Das »Restaurant Balthasar« ist unter Feinschmeckern weithin bekannt und ein echter Lichtblick für die feine Küche in Westfalen.

Den Vollblutkoch begeisterte das Kochen schon als Kind. Folgerichtig begann er gleich nach seinem Abitur mit der Ausbildung zum Koch im »Kurhaus« Bad Driburg. Mit der »gehobenen Küche« wurde Elmar Simon erstmals 1986 im Hildesheimer Restaurant »Kupferschmiede« konfrontiert. Eine vollkommene Umstellung zu dem bisher Erlernten. Blanchiertes Gemüse und einreduzierte Jus anstatt Mehlsoßen. Die Station in der »Kupferschmiede« war wichtig für seine spätere Laufbahn, die er in Berlin bei Siegfried Rockendorf fortsetzte. Zehn Jahre kochte er für Rockendorf, davon sechs Jahre lang als Rockendorfs Küchenchef. Bei Rockendorf lernte er auch seine Frau Annekatrin kennen, die dort als Oberkellnerin arbeitete. Unter der Ägide von Elmar Simon wurde das Sterne-Restaurant mit dem zweiten Michelin-Stern ausgezeichnet.

Nach zehn Jahren reifte in Elmar und Annekatrin der Plan, sich in Simons Heimatstadt Paderborn selbstständig zu machen.

»Balthasar« das eigene Restaurant

Für Elmar Simon war von vornherein klar auch in seiner Heimatstadt auf hohem Niveau zu kochen. In sei-

Elmar Simon Annekatrin Simon

nem eigenen Lokal begann Simon nun »anständig und gut zu kochen«, wie er es nennt. Er verfeinerte die regionale Küche und setzte dazu erlesene Zutaten und Beilagen ein. Mit seiner Kreativität begeisterte er seine Gäste und beeindruckte die Tester vom Guide Michelin. Bereits 1997 war der erste Stern erkocht. Durch seine Popularität als Sternekoch gewann er schnell eine neue Klientel hinzu, die seine Spontaneität und Kombinationsgabe zu schätzen wusste, vor allem wie er die heimische Küche mit Elementen der Haute Cuisine kombiniert. Elmar Simon wurde mit seinem Restaurant »Balthasar« schnell so etwas wie ein kulinarischer Leuchtturm. Diesen Vergleich lässt der passionierte Segler ausgesprochen gerne gelten. Trotz allem bemängelten immer mehr Gäste das schlichte Ambiente des Balthasar. Für Elmar und Annekatrin Simon war die Zeit gekommen, das 1928 erbaute elterliche Wohnhaus ganz nach ihren Vorstellungen zu einem Restaurant der absoluten Spitzenklasse auszubauen. Im Jahr 2001 erhält Paderborn einen neuen Tempel für Feinschmecker. Im neuen Restaurant »Balthasar« bestimmen schlichte Eleganz und warme Töne das Erscheinungsbild. Zur Gestaltung des Innenraums wurden ausschließlich deutsche Hölzer buche und Birnbaum verwendet. Der zentral im Innenraum gelegene Tresen ist ein beliebter Treffpunkt für die Gäste. Die Restaurantchefin leitet von hier aus mit sicherer Hand den Service. Ein besonderer Hingucker ist das große Bullaugen-Fenster am Eingang zum Restaurant. Von hier aus erhascht der Gast einen kurzen Blick in die Küche, auf den Patron und sein Team. Für die Gäste, die bei Elmar und Annekatrin Simon einen langen genussvollen Abend erleben durften und sich keine lange Heimreise mehr zumuten möchten, hält dass Balthasar im Obergeschoss zwei wunderschöne Gästezimmer bereit. Die ganze Einrichtung des Restaurants hat etwas Maritimes und spiegelt die Liebe des Hausherrn zur Seefahrt wider.

Die Küche des Balthasar

Als gebürtiger Paderborner macht Elmar Simon keinen Hehl daraus, dass deftige westfälische Gerichte wie Pfefferpotthast zu seinen Leibspeisen gehören. Die Restaurantküche indessen hat sich im neuen Balthasar nicht grundlegend geändert, sondern ständig weiterentwickelt und verfeinert. Zu seinen »Balthasar Classics« gehören zum Beispiel: Reelser Lammrücken in Estragonjus mit jungem Spitzkohl und Gnocchi oder Maibockrücken mit Thymian, gebraten in altem Balsamico mit Kohlrabigemüse und gebackener Polenta. Ein Gedicht ist der geangelte Glattbutt in leichter Safranbutter mit Tomaten-Baslikumrisotto und gebackenem Parmesan.

Diese Beispiele sind exemplarisch dafür, mit welcher Selbstverständlichkeit Elmar Simon traditionelle Produkte mit mediterranen und internationalen Beilagen verbindet.

Die Gastgeber

Im Jahr 2008 erhält Annekatrin Simon vom Gault Millau die Auszeichnung »Oberkellner des Jahres«. Wir haben Annekatrin Simon als eine unkomplizierte, bezaubernde und kompetente Gastgeberin kennengelernt. Ihre Sachkenntnis von Weinen gibt sie gerne an ihre Gäste weiter. Sie überzeugt auch als fachkundige Sommelière.

Der Gault Millau schreibt dazu: »Sie begrüßt ihre Gäste herzlich, locker und unkompliziert wie gute Freunde des Hauses und prägt einen sehr persönlichen Service, der nie distanziert, devot oder anbiedernd ist.«

Nun sind Annekatrin und Elmar Simon keine Unbekannten auf der kulinarischen Landkarte. Er ist seit 1997 in ununterbrochener Reihenfolge mit einem Michelin-Stern ausgezeichnet worden und mit aktuell 17 Punkten im Gault Millau. Die Auszeichnung für seine Frau ist eine weitere Bestätigung für ein tolles und sympathisches Gastgeberpaar.

Liborifest in Paderborn – Elmar dreht am Riesenrad

Das neuntägige Liborifest mit seiner einmaligen Mischung aus Kirche, Kirmes und Kultur zieht jährlich mehr als eine Million Besucher nach Paderborn. Der traditionelle Fassanstich und drei Böllerschüsse zeigen an, dass in Paderborn die fünfte Jahreszeit begonnen hat. Die Kirmesmeile in der Innenstadt mit über 100 Schaustellern auf dem Liboriberg und über 150 auf dem »Pottmarkt« ist zwei Kilometer lang. Mitten im Geschehen, an zentraler Stelle, steckt Sternekoch Elmar Simon. Bereits am Freitag, einen Tag vor der offiziellen Eröffnung des Festes, verlegt Elmar Simon sein Restaurant Balthasar in das Riesenrad auf dem Liboriberg, das er für diesen Tag gemietet hat. Die Idee, eine Fahrt im Riesenrad mit einem exklusiven Vier-Gänge-Menü anzubieten, hatte Simon bereits 2005. Die erste Veranstaltung fand unter widrigen Witterungsverhältnissen statt. Die Gäste waren dennoch von der Idee begeistert und buchten schon während der Veranstaltung für das Jahr Folgejahr »ihre« Gondel.

Das Riesenrad-Restaurant besteht aus einem großen Zelt, dass vor dem Rad aufgebaut wird und in dem sich die Gäste an eingedeckten Stehtischen sammeln. Hier findet auch der Champagnerempfang statt. Im Zentrum steht das 48 m hohe Riesenrad mit seinen 36 Gondeln und einem Durchmesser von 45 m. An dem Freitag vor Libori ist das Riesenrad für einen Tag das drehende Restaurant Balthasar. Hinter dem Riesenrad sind die mobile Küche und der Zubereitungsraum angesiedelt.

Um 18.00 Uhr teilt Annekatrin Simon ihr 12-köpfiges Serviceteam ein. Wenn sich das Riesenrad im Stillstand befindet, können gleichzeitig die Gäste in vier Gondeln bedient werden. Für das leibliche Wohl an diesem Abend sorgt dann der stellvertretende Küchenchef des Balthasar. Das Eintreffen der Gäste ist ab 19.30 Uhr vorgesehen und beginnt alljährlich mit einem Champagnerempfang.

Das gastronomische Angebot

- Champagnerempfang, dazu wird Fingerfood aus westfälischen Spezialitäten, asiatischem Dim Sum, kleinen Frühlingsrollen und panierten Riesengarnelen gereicht.

Das Menü im Riesenrad besteht z. B. aus

- Variationen vom schottischen Wildlachs in Cognacvinaigrette
- Kartoffeltartelette mit Avocadocreme, Imperial Kaviar

- Ravioli von Tiefseegarnelen auf kleinem Kalbsragout
- Balthasars Schwarzwälder Kirsch

An Getränken werden Mineralwasser und Weißwein gereicht. Die Getränke werden je nach Wunsch ständig aufgefüllt. Der Preis für das gesamte Angebot beträgt pro Gondel (vier Personen) 550 Euro (Stand 2007).

Ab 19.00 Uhr treffen die Gäste ein, genießen den Champagner, Fingerfood und Small Talk. Gegen 20.00 Uhr, wenn alle Gäste eingetroffen sind, werden sie von Annekatrin Simon aus dem Kommandostand des Riesenrades über Lautsprecher begrüßt und den einzelnen Gondeln zugeteilt. Wenn alle Gäste in den Gondeln Platz genommen haben und die Gondeln mit Getränken bestückt sind, kann das 4-Gänge-Menü der etwas anderen Art beginnen.

Begleitet von dezenter Musikuntermahlung startet das Riesenrad um ca. 20.15 Uhr. Nach wenigen Umdrehungen der erste Stopp, um den ersten Gang zu servieren. Jeweils drei Servicekräfte bedienen eine Gondel mit Speisen und Getränken. Gleichzeitig werden die vier unten stehenden Gondeln versorgt, dann dreht sich das Rad etwas weiter und weitere vier Gondel-Besatzungen erhalten Speisen und Getränke. Wenn alle Gondeln versorgt sind, dreht das Riesenrad einige Runden mit wechselnden Geschwindigkeiten. Der ganze Vorgang dauert ca. 20 Minuten. Während unten die Gäste versorgt werden, genießen die Gäste in den oberen Gondeln die schöne Aussicht auf das abendliche Paderborn.

Diese Kombination von Lifestyle, Kirmes und gutem Essen hat schon etwas Besonderes. Nach vier hervorragenden Gängen und ca. 1,5 Stunden in der Gondel steigen die Gäste in aller Regel begeistert aus. Schon während der Fahrt kommt es vereinzelt zu La-Ola-Wellen. Gestresst und abgekämpft, aber zufrieden, können Elmar und Annekatrin Simon auf eine tolle Veranstaltung mit begeisterten Gästen zurückblicken, selbst wenn das Wetter einmal nicht so mitspielt.

Die Libori-Lounge

Wer meint, danach sei Feierabend, liegt komplett falsch, denn im Anschluss geht es geschlossen zur Libori-Lounge um schon einmal inoffiziell das Liborifest zu eröffnen.

Auf dem Jühenplatz, zwischen dem Liboriplatz mit seinen großen Fahrgeschäften und dem französischen Dorf »Petit France« an der theologischen Fakultät, befindet sich neun Tage lang »Elmar Simons Libori-Lounge«. Der gebürtige Paderborner, der bekanntlich lange in Rockendorfs Restaurant in Berlin gearbeitet hat, hat wohl auch von dort seine Vorliebe für eine gute Currywurst mitgebracht. Neben seinem Restaurant betreibt er seit gut 3 Jahren in der Innenstadt seine »Curry Company«, ein Edel-Bistro, in dem die Currywurst mit seiner hausgemachten Currywurstsoße und einem Glas Champagner das meist bestellte »Gedeck« ist. Das ist auch in der Libori-Lounge nicht anders. Ein Glas Champagner und eine Currywurst Spezial für 8 Euro, da stehen die Gäste Schlange. Für Abwechslung auf dem Speiseplan sorgt alljährlich sein Freund Orlando Rollo vom Restaurant Il Postino. Er bietet z. B. flambierte Garnelen mit Frühlingslauch, Parmesan mit Erdbeeren und Balsamico oder Parmaschinken an. Radeberger vom Fass in eigens angefertigten Libori-Lounge Gläsern und Champagner erfreuen sich in diesen Tagen großer Beliebtheit. Neben dem kulinarischen Angebot ist es wohl auch das etwas extravagante Ambiente, die Musik und die Aura eines Sternekochs, dass Simon hier jedes Jahr einige tausend Besucher begrüßen kann. Farbig, dezent beleuchtete Tresen und Tische sowie eine hintergrundbeleuchtete illuminierte Wand machen die Gäste neugierig. Sie kommen gerne, noch dazu, wenn ihnen im wahrsten Sinne des Wortes ein roter Teppich ausgerollt wird.

Hirschkalbsrücken unter der Pumpernickelkruste in Holunderbeerjus mit Kartoffelterrine

Zutaten für vier Personen

Für den Hirschkalbsrücken: 800 g Hirschkalbsrücken (komplett pariert und in vier Portionen geschnitten)   200 g Pumpernickel (im Ofen getrocknet)   4 Stck Eigelbe   60 ml Rotwein   100 g Butter   Salz, Pfeffer
Für den Holunderbeerjus: 250 ml Holundersaft (aus dem Reformhaus)   50 ml Rotwein   20 g kalte Butter   1 TL Tapiokamehl (gibt es im Asialaden)   Salz, Pfeffer, etwas Zucker
Für die Kartoffelterrine: 7 Stck mittelgroße Kartoffeln (z. B. Cilena)   125 g Sahne   125 g Crème fraîche   30 g Schalottenwürfel (in etwas Butter angeschwitzt)   1 EL Meaux Senf   3 Stck Eier   2 Stck Eigelbe   Salz, Muskat

Zubereitung

1. Den Rotwein in einem Topf einkochen lassen, bis er fast komplett verdunstet ist. In der Zwischenzeit das Pumpernickel sehr fein hacken und mit der Butter (Zimmertemperatur), den restlichen Zutaten und dem einreduzierten Rotwein verkneten. Die Hirschmedaillons anbraten. Die Masse nun auf die angebratenen Hirschmedaillons verteilen und bei 180 °C 8 – 10 Minuten im Ofen rosa garen.

2. Für die Sauce den Holundersaft und den Rotwein auf ca. $\frac{1}{3}$ einkochen lassen und mit dem in etwas Wasser angerührten Tapiokamehl abbinden lassen. Die kalte Butter einrühren und mit Salz, Pfeffer und Zucker zu einer leicht süßlichen Sauce abschmecken.

3. Die Kartoffeln schälen und in 3 mm dicke Scheiben schneiden. Diese kurz mit Salzwasser überbrühen. Die restlichen Zutaten in einer Schüssel miteinander verquirlen und mit Salz und Muskat abschmecken. Eine längliche Kuchenform mit Klarsichtfolie auslegen und die Kartoffelscheiben darin nach und nach einschichten und immer wieder mit der Sahnemischung angießen, bis das Ganze bedeckt ist. Mit Klarsichtfolie abdecken und im Wasserbad bei 120 °C im Ofen ca. 2 Stunden garen. Kurz auskühlen lassen und noch warm in Portionen schneiden.

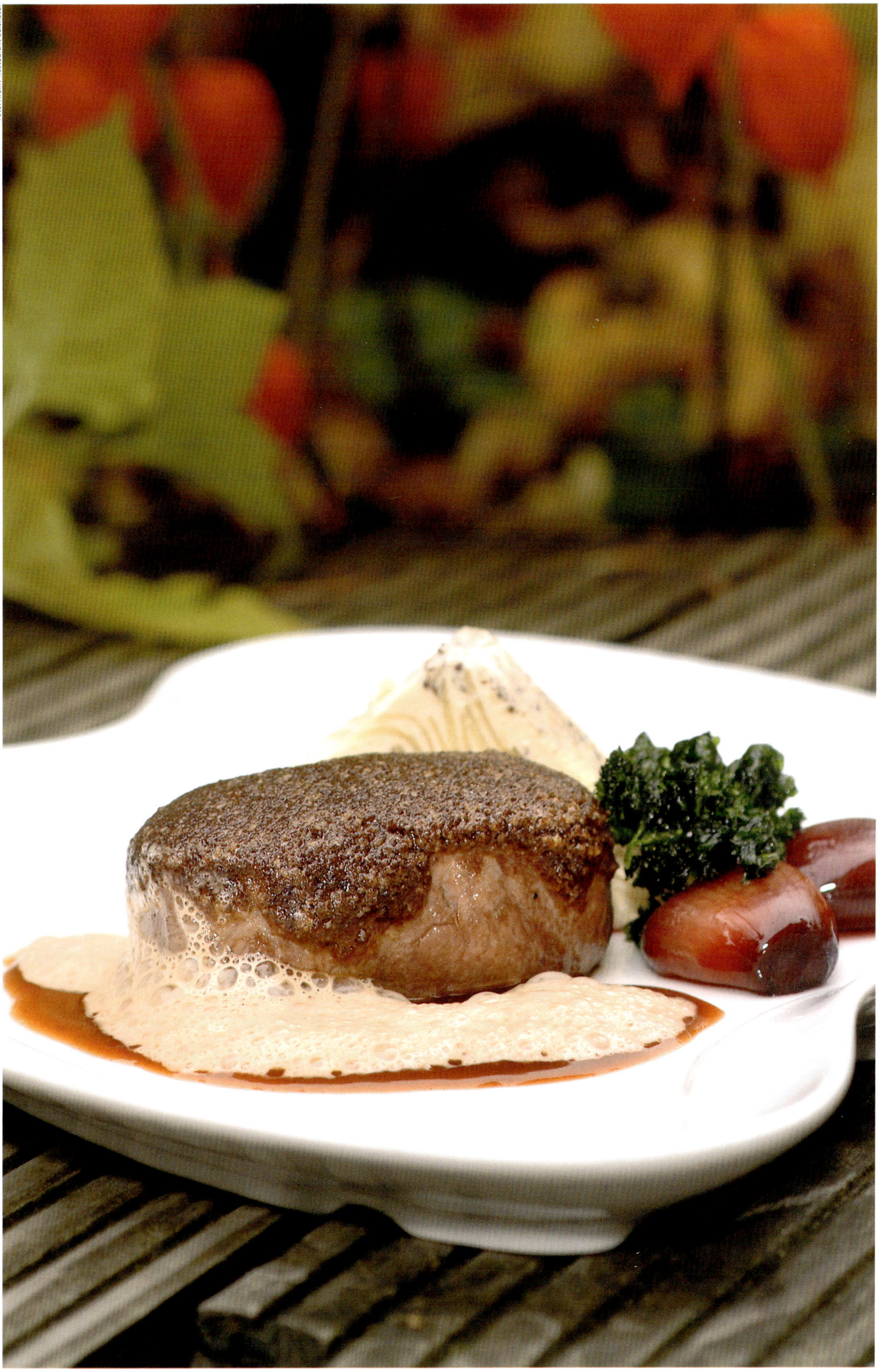
Foto: Archiv Restaurant Balthasar

Hotel und Restaurant Poppenborg

Die Familie Poppenborg zählt zu den ältesten Familien im östlichen Münsterland und ist bereits seit 1403 in Harsewinkel ansässig. Im Jahre 2007 wurde das 100 jährige Jubiläum als Gastronomenfamilie gefeiert. Die annähernd 25 000 Einwohner zählende Gemeinde liegt eingebettet in die weite, grüne Parklandschaft der münsterländischen Bucht. Das Hotel-Restaurant befindet sich im Ortskern dieser kleinen westfälischen Gemeinde. Hinter der unscheinbaren Fassade befindet sich eine wahre Perle der gehobenen Gastronomie.

Die jetzigen Inhaber Heinz und Anne Poppenborg übernahmen Anfang der 1970er Jahre das gutbürgerliche Gasthaus seiner Eltern und etablierten hier gemeinsam eines der besten Restaurants in der Region. Für seine exzellenten, von der klassisch französischen Küche inspirierten, Kreationen wurde Heinz Poppenborg 12 Jahre lang mit dem begehrten Michelin-Stern ausgezeichnet.

Der Restaurantführer Gault Millau bescheinigt Poppenborg eine verheißungsvolle Karte und würdigt seine Küchenleistung mit 16 von 20 möglichen Punkten, die sich teilweise sogar im 17 Punkte Bereich bewegt.

Elegante Sessel, mit Seidenchintz in warmen Apricot bespannte Wände, geschliffene Spiegel und der gläserne Art déco Pfau im Mittelpunkt, bestimmen das Ambiente für die außergewöhnliche Cuisine von Heinz Poppenborg im Gourmetrestaurant.

In der aus den 1950er Jahren stammenden Bier- und Weinstube – dem Stübchen – wird eine einfache, aber hervorragend, à la minute gekochte Regionalküche präsentiert. Zu den Favoriten zählt hier der Tafelspitz vom Jungbullen. Das Stübchen wird sehr gerne von den »Einheimischen« – sprich den Harsewinklern – aber auch von den Hotelgästen besucht.

Während Heinz Poppenborg die Regie in der Küche führt, leitet seine Frau Anne charmant und kompetent den vorbildlichen Service. Im Sommer lässt Sie bei schönem Wetter die Tische in dem romantischen Garten eindecken. Umgeben von der Blütenpracht von Oleander, Hibiskus, Trompetenbäumen, Margariten und Schatten spendenden Platanen, spüren die Gäste einen Hauch französischer Provence. Es ist schon ein besonderes Erlebnis in dem romantischen Biergarten die exquisite Küche von Heinz Poppenborg zu genießen.

Die vielen Radfahrer, die alljährlich ab dem Frühling auf dem hier vorbeiführenden Radwanderweg R1 unterwegs sind, legen im romantischen teilüberdachten Biergarten mit seiner zauberhaften Rosenkulisse gerne eine längere Rast ein. Sommerfrischler und die vielen Liebhaber deftiger Gerichte kehren gerne hier ein, um einen schönen Sommertag in entspannter Atmosphäre ausklingen zu lassen.

Für ein Genießerwochenende bietet das Hotel 18 komfortabel ausgestattete Zimmer.

DAS RUHRGEBIET

Das Gebiet, das heute gemeinhin als Ruhrgebiet bezeichnet wird, ist kein einheitlicher, gewachsener Naturraum, keine offizielle Verwaltungsbezeichnung, und auch die Grenzen sind nicht fest umrissen. Vom Ruhrgebiet spricht man seit dem Beginn der Industrialisierung im 19. Jahrhundert. Es ist weder historisch-politisch, noch geografisch eine Einheit. Der westliche Teil des Gebietes gehört zum Rheinland, der östliche Teil zu Westfalen. Die drei Regierungsbezirke Düsseldorf, Münster und Arnsberg bilden die heutige politische Zuordnung. Das Ruhrgebiet war über zwei Jahrhunderte ein im Wesentlichen auf Kohle und Stahl basierendes großes Industriegebiet. Vor der Industrialisierung war das Gebiet zwischen dem Niederrhein, der Soester Börde und dem Münsterland eher ländlich geprägt und dünn besiedelt. So hatte Dortmund Anfang des 19. Jahrhunderts etwas mehr als 5 000 Einwohner und Gelsenkirchen lediglich einige hundert Einwohner. Die rasche Industrialisierung machte das Gebiet zu einem Schmelztiegel der Nationalitäten. Der Menschenschlag, eine Ansammlung europäischer Völker, wurde vom Schmelztiegel der Industrie zu einem ganz eigenen Typus geformt. Es entwickelte sich eine eigenständige Kultur.

Bis 1850 entstanden fast 300 Zechen. Die gewonnene Kohle wurde zum größten Teil in den Kokereien zu Hüttenkoks für die in diesem Gebiet angesiedelten Eisen- und Stahlhütten verwendet. Aufgrund des explosionsartigen Bedarfs an Arbeitkräften wurden diese systematisch angeworben. Die alten Städte erwachten zu neuer Blüte, die kleinen Dörfer und Ortschaften entwickelten sich zu Großstädten. Die Bergwerke bildeten die Menschen zu Facharbeitern aus und siedelten sie in eigenen Arbeitersiedlungen an. Später wurden ganze Stadtteile – sprich Zechenkolonien- für die immer schneller wachsende Bevölkerung gebaut. In den traditionellen Kohlestädten des »Reviers« sind diese immer noch vorhanden. Das Ruhrgebiet wuchs zu einem der größten Ballungszentren Europas heran. Seit Beginn der Kohlekrise in den frühen 1960er Jahren befindet sich das Ruhrgebiet in einem permanenten Strukturwandel, der von großen wirtschaftlichen Anpassungsschwierigkeiten geprägt und bis heute nicht abgeschlossen ist. Die »unter Tage« verloren gegangenen Arbeitsplätze konnten auch mit großen Automobilwerken nicht komplett ersetzt werden. Mittlerweile gibt es nur noch eine handvoll fördernder Zechen in Westfalen. Die Die Bundesregierung hat bis zum Jahre 2018 den kompletten Ausstieg aus der Kohleförderung beschlossen. Das Land NRW steigt bereits einige Jahre früher aus. Die Großkonzerne der Montanindustrie, allen voran die RAG (Ruhrkohle AG) setzen neue Schwerpunkte.

Das »Colani-Ufo« (auch »Colani-Ei« genannt) im Technologiezentrum Lünen-Brambauer

Casino Hohensyburg bei Nacht

Schiffshebewerk Henrichenburg

Landläufig wird mit dem Ruhrgebiet immer noch die Vorstellung von rauchenden Schloten, großen Fördertürmen, Gasometern, Hochöfen und tristen Wohnsiedlungen verbunden. Diese alte Industrielandschaft wurde oft abfällig als »Ruhrpott« bezeichnet.

Der Pott hat sich im laufe des letzten Jahrhunderts zum größten Ballungsraum Deutschlands, mit etwa 5,3 Millionen Einwohnern entwickelt. Die Fläche wird vom RVR 8Regionalverband Ruhr) mit etwa 4 435 Quadratkilometern angegeben. Die Eckpunkte bilden im Nordwesten Wesel, im Südwesten Duisburg, im Südosten Hagen und im Nordosten Hamm. Die West-Ost-Ausdehnung von Sonsbeck bis Hamm beträgt 116 km, die Nord-Südausdehnung von Haltern am See bis Hagen-Breckerfeld 67 Kilometer. Die rauchenden Schlote sind verschwunden, die meist tristen Zechensiedlungen wurden zum großen Teil an die ehemalige Belegschaft verkauft. Nach Renovierung und Modernisierung entstanden daraus schmucke Eigenheime. Das Ruhrgebiet war und ist in weiten Teilen eine grüne Landschaft. Nach Angaben des RVR sind nur 37,6 Prozent der Fläche bebaut. Der Waldanteil beträgt 17,6 Prozent und 40,7 Prozent werden landwirtschaftlich genutzt. Der verbleibende Rest entfällt auf Wasserflächen und sonstige Flächen.

Die Übergänge zwischen den Städten sind oft durch eine lockere Vorortbebauung und mitunter landwirtschaftliche oder gar unbebaute Gebiete geprägt. Da die meisten Zechen geschlossen sind, hat sich das Ruhrtal zu einem beliebten Naherholungsgebiet des Ruhrgebietes entwickelt. Oft wird übersehen, dass es in der Region zahlreiche Schlösser, Parkanlagen (z. B. der Westfalenpark in Dortmund) ausgedehnte Wald- und Flusslandschaften gibt. Sehenswert sind aber auch die zahlreichen Museen. Das größte Bergbaumuseum Europas befindet sich in Bochum. In Dortmund wurde auf dem Gelände der DAB erst 2006 ein eindrucksvolles Brauereimuseum eröffnet. Neben diesen beiden Beispielen gibt es auch Kunstmuseen wie das Museum Folkwang in Essen oder das Museum Ostwall in Dortmund.

Sportlich spielt der Fußball eine große, ja überragende Rolle im Revier. Die beiden bekanntesten Vereine sind Borussia Dortmund und Schalke 04. Die Revierderbys zwischen diesen beiden gelten als Höhepunkt der Saison. Auch der VFL Bochum und der

Florianturm im Dortmunder Westfalenpark

Bergbau-Museum Bochum

MSV Duisburg zählen zu den Großen im Revier. Schalke 04, Borussia Dortmund und der MSV-Duisburg waren schon bei der Gründung der Fußball-Bundesliga dabei. Neben den hier genannten Vereinen gibt es eine weitere große Anzahl renommierter Clubs und unzählige Amateurvereine. Die Region ist auch für ihre Brauereien bekannt. In Dortmund (DAB, Brinkhoffs, Hövels usw.), in Bochum Moritz Fiege und in Duisburg die König-Brauerei sind die bekanntesten unter ihnen.

Wie bereits erwähnt, ist der Strukturwandel noch nicht abgeschlossen und auch voll bei den traditionellen Großkonzernen angekommen. Die neuen Schwerpunkte heißen Informations- und Kommunikationstechnik, Logistik und Dienstleistung. Der Dienstleistungs- und Energiesektor ist mit den Konzernzentralen von Energie- und Wasserversorgern wie dem RWE und der E.ON Ruhrgas und den Handelskonzernen wie der Aldi-Gruppe, KarstadtQuelle oder der Tengelmann-Unternehmensgruppe ebenfalls stark vertreten. Auf alten Industriestandorten wie der VAW (Aluminium-Hütte) in Lünen siedelte sich mit der Rethmann-Gruppe das größte Recyclingunternehmen Europas an. Die Bergbaustadt Lünen hat sich zu einem Standort der Kreislaufwirtschaft und Logistik entwickelt.

Ein wichtiger Schritt vom Produktions- zum Forschungsstandort waren die Gründungen der Universitäten in Bochum, Dortmund und Duisburg-Essen, sowie einige Gesamthochschulen und Technologiezentren. Nirgendwo liegen Hightech und Nostalgie enger beieinander als in Westfalen. Wer Westfalen richtig kennen lernen will, muss flexibel und mobil sein. Etwas Entdeckergeist wäre auch nicht schlecht.

So vielfältig wie die Kultur, die Landschaften und die Industriegeschichte ist auch das touristische Angebot. Kulinarisch reicht das Angebot von der bereits von dem Liedermacher Herbert Grönemeyer besungenen Currywurst bis zum Zwei-Sterne-Restaurant. Einige dieser urigen, traditionellen und/oder kulinarisch herausragenden Betriebe aus dem östlichen, dem westfälischen, Ruhrgebiet, möchten wir Ihnen auf den nachfolgenden Seiten vorstellen. Natürlich dürfen auch tolle Rezepte zum Nachkochen nicht fehlen.

Hövels – verführt die Sinne

Bier spielt schon seit Jahrhunderten neben Kohle und Stahl eine herausragende Rolle in Dortmund. Nicht nur dass hier das »Export-Bier« erfunden wurde, auch zahlreiche bekannte Biermarken, die weltweit exportiert werden, haben zu dem liebevollen Beinamen »Bierstadt Dortmund« geführt. Die Traditionsmarke Hövels hat ihren Ursprung ebenfalls in Dortmund.

Über Jahrhunderte hinweg stand und steht der Name »von Hövel« für erstklassige Braukunst. Das Dortmunder Patriziergeschlecht brachte viele Bürgermeister, Stadtrichter und auch Brauer hervor.

Bereits seit 1518 besaß die Familie das Braurecht auf dem Hövel-Hof am Hohen Wall in Dortmund. Dort unterzeichneten am 2. Juli 1854 die Herren Wilhelm Freiherr von Hövel, Gustav Thier und Heinrich Sonnenschein den Gesellschaftsvertrag zur Gründung der Bierbrauerei »von Hövel, Thier & Co.«, der heutigen Hövels Hausbrauerei. 1893 kam Hövels Bierspezialität erstmals auf den Markt. Nach langen Studien und Versuchen hatten die Braumeister ein neues, sehr mildes Maischverfahren entwickelt, das völlig anders war als die damals üblichen sehr intensiven Verfahren. Das Ergebnis war ein innovatives, einzigartiges Produkt. Hövels Bierspezialität wurde ein großer Markterfolg. Doch trotz des großen Erfolges wurde die Produktion wegen der Kriegswirren zu Anfang des vorigen Jahrhunderts eingestellt. Die Qualität der Rohstoffe und die Produktionsbedingungen reichten nicht mehr für ein derart aufwendig hergestelltes, hochwertiges Bier aus. Seit 1984 wird Hövels Original wieder nach der überlieferten Rezeptur und dem 1893 entwickelten Maischverfahren in der wiedereröffneten Hövels Hausbrauerei gebraut. Dort lässt sich der aufwendige Brauprozess heute auch bei einer Brauereiführung live erleben. Brauen nach alter Tradition ist bei Hövels nicht nur eine Verneigung vor der Geschichte, sondern Programm des Hauses.

Der ausgewogene Einsatz der vier Edelmalze Weizenmalz, Helles Gerstenmalz, Dunkles Gerstenmalz und Röstmalz führt zu einem angenehm weichen Trinkcharakter (bei einem Whisky würde man es »smooth« nennen). Rauchige und kratzige Geschmacksnoten

Die perfekte Komposition aus vier Edelmalzen und bestem Hopfen.

Gebraut nach dem Original-Maischverfahren von 1893 in der Hövels Hausbrauerei.

Hövels verführt die Sinne.

sind bei diesem Super-Premium jedoch nicht zu finden. Hövels ist vollmundig durch eine höhere Stammwürze. Wegen des ausgewogenen Vergärungsgrades ist das Bier dennoch »schlank« statt mastig und malzig. Eine gewisse Bitterkeit gehört ebenfalls zu Hövels – sie verleiht ihm die entsprechende Würze. Den Edelextrakten und dem besonders schonenden Herstellungsverfahren verdankt die Bierspezialität auch ihre kompakte weiße Schaumkrone, die das Bier zusammen mit der rotgoldenen Farbe im Glas optimal zur Geltung bringt.

Johannes Jung, Dipl.-Ing. für Getränketechnologie und Brauwesen bei der Hövels Hausbrauerei: »Die Kunst der Komposition von Hövels besteht darin, die entstehenden Aromastoffe zu einem unverwechselbaren Gesamtbouquet zu verbinden.«

Geschmack – das Bier, das alle Sinne verführt

Genuss wie bei einem Spitzenwein verspricht Johannes Lüdders, Dozent an der deutschen Wein- und Sommelierschule.

»Was bei Wein schon lange üblich ist, lohnt sich bei diesem Bier ganz besonders: Lässt man sich Hövels Original auf der Zunge zergehen, so kann man sich eine ganze Welt von Geschmackseindrücken erschließen. In Hövels finden sich mindestens so viele Aromen wie in einem guten Wein«, verrät Sommelier Johannes Lüdders. »Am Gaumen ein frischwürziger Auftakt. Im vollen runden Körper mit feinherber Hopfennote spiegeln sich vielfältige Malz-, Karamell und Röstaromen wider«.

In Deutschlands Spitzengastronomie

Wo man kulinarischen Hochgenuss mit stilvollem Ambiente verbindet, weiß man auch ein Bier von ganz besonderer Brauart und einzigartigem Charakter zu schätzen. Kein Wunder, dass man ihm in hervorragenden Restaurants und Bars immer wieder begegnet.

Hövels begeistert nicht nur die Gäste, es inspiriert auch immer öfter Spitzenköche und deren kreative Küche. So wird es nicht nur gerne zu Fleischgerichten serviert, mit denen es dank seiner rotgoldenen Farbe und den würzigen Röstaromen bestens harmoniert, es empfiehlt sich auch zu Vorspeisen und sogar zu Süßspeisen. Darüber hinaus findet sich Hövels auch in zahlreichen Genießerkreationen wieder – etwa in Hövels-Jus oder in Hövels-Sabayon.

Heute wird das Super-Premium-Bier als Spitzenprodukt der Radeberger Brauereigruppe immer noch im Traditionsstandort Dortmund in der Hövels-Hausbrauerei gebraut und erobert von hier aus die Spitzengastronomien in unserer Republik.

Wo Gäste zu Freunden werden – Ringhotel Drees

Das Hotel Drees in Dortmund ist das Stammhaus von sechs Hotelbetrieben der Familie Riepe. Im Ringhotel Drees, von Bernhard Drees 1930 gegründet, hat die Gastronomie einen hohen Stellenwert. Das Hotel Drees ist seit nunmehr fast 80 Jahren eine gute und beliebte Adresse in der alten Kohle- und Stahlmetropole Dortmund. Seit etwa 30 Jahren leiten die Enkelkinder des Firmengründers, Bernd und Hans-Georg Riepe, sowie deren Ehefrauen Rosemarie und Monika das Familienunternehmen. In diesen 30 Jahren haben die Enkel ein überregional bekanntes Hotelunternehmen mit sechs Häusern in Dortmund und einigen Nachbarstädten geschaffen. Das Gesamtangebot umfasst 470 komfortable Zimmer mit 750 Betten, 10 Restaurants mit internationalem Speisenangebot, Bistros und Bierstuben, 42 moderne Tagungsräume, Festsäle für bis zu 800 Personen, vier Hallenschwimmbäder, Fitness- und Wellness-Einrichtungen, neun Kegelbahnen und vieles mehr.

Wir wollen uns heute im Wesentlichen auf das Stammhaus in Dortmund beschränken, das wir Ihnen hier etwas ausführlicher vorstellen möchten, da es für Dortmundreisende eine ganz besondere Adresse ist. Dem Vier-Sterne-Hotel Drees ist das Drei-Sterne-Hotel Consul angeschlossen. Beide Häuser sind durch einen gemeinsamen innenliegenden Parkplatz verbunden. Die Hotels Drees und Consul stehen unter gleicher Leitung und verfügen zusammen über 150 Zimmer, davon 70 Nichtraucherzimmer. Die Hotels liegen in der südlichen Innenstadt von Dortmund, 200 m entfernt von der B1 und nur 500 m entfernt vom Messe- und Kongresszentrum »Westfalenhallen« und dem 83 000 Zuschauer fassenden »Westfalenstadion«.

Der Westfalenpark mit dem Florianturm, die Westfalenhallen und das Stadion sind fußläufig innerhalb weniger Minuten zu erreichen. Aber auch das größte Spielcasino Europas auf der Hohensyburg, das einzigartige DASA Museum (Deutsche Arbeitsschutzausstellung), das Konzerthaus in Dortmund oder das Bergbaumuseum Dortmund sind nur einen Steinwurf entfernt.

Viele Möglichkeiten in Punkto Sportereignisse, Kultur und Freizeit sind auf kurzen oder gar sehr kurzen Wegen zu erreichen. Des Weiteren wächst in Dortmund einer der größten Hightech-Parks der Republik heran, prägt eine moderne Universität ein neues Image und wandeln sich die alten Industriebrachen zu attraktiven Park- und Seelandschaften.

Sie sehen, dass die Hotels Drees und Consul sehr zentral liegen und schon deshalb aus vielerlei Gründen eine Reise wert sind. Dabei haben wir noch gar nicht über das Hotel, die modernen Tagungsräume und vor allem die Gastronomie gesprochen.

Tagen und Feiern über den Dächern von Dortmund

Zehn Tagungsräume unterschiedlicher Größe mit einem variablen Raumkonzept und ausgestattet mit modernem Tagungsequipment sind nur die Grundvoraussetzung für erfolgreiches Tagen. Alle Tagungsräume verfügen über Tageslicht. Auf Wunsch genießen Sie die einzigartige Atmosphäre im Tagungsforum der sechsten Etage, hoch über den Dächern der Dortmunder Innenstadt. Hier ist die Umgebung für kreatives Denken. Das Tagungsforum besteht aus vier einzelnen Räumen mit einer Größe von 32 bis 50 m², die sich dank der variablen Wände zu Räumen mit 70 oder 100 m² vergrößern lassen. In den Pausen können sich die Teilnehmer im lichtdurchfluteten Foyer erfrischen oder mit kleinen, vom Küchenchef speziell für diesen Zweck konzipierte Tagungsimbissen wie z. B. kleinen Snacks auf frischem Laugenbrot oder »Leichtigkeiten« aus dem Wok, stärken und dabei die schöne Aussicht genießen. Bei gutem Wetter auch von der Terrasse.

Ein besonderes Erlebnis ist es, hier oben in der sechsten Etage zu Feiern. Ein Geburtstagsempfang, ein exklusives Bankett oder eine große Party, es gibt in Dortmund nichts Vergleichbares. Das macht den besonderen Reiz dieser Räume in der sechsten Etage aus. Im Erdgeschoss befinden sich sechs weitere Räume, ein Foyer und die Bar. Die Räume sind zwischen 20 (Clubraum) und 80 m² groß. Drei von ihnen lassen sich durch die variablen Wände zu einem 130 m² großen Raum zusammenlegen, in dem bis zu 120 Tagungsteilnehmer Platz finden oder auch Bankette mit bis zu 100 Personen stattfinden.

Ihren ganz besonderen Wert legt die Hausherrin Monika Riepe auf die Gastronomie des Hauses. Bekanntermaßen wird in vielen Hotels das Restaurant fast ausschließlich mehr oder weniger intensiv von den Hotelgästen genutzt. Das Restaurant, die Pilsstube »Alte Gasse« mit ihren drei Kegelbahnen und die Gesellschaftsräume werden dank des guten gastronomischen Wohnumfeldes in der Nachbarschaft von den Bewohnern »rund um den Kamin« stark frequentiert, die hier schon seit vielen Jahren, oft gar Jahrzehnten mit der Familie Feste feiern, einfach nur ihr Bier bei einem »Pröhlken« am Tresen genießen oder hierher zum Kegeln kommen. Im Innenhof, abgeschirmt vom Straßenlärm der Großstadt liegt der kleine pfiffige Biergarten mit 30 Plätzen. Gleichermaßen beliebt bei Tagungsteilnehmern, Hotel- und Stammgästen.

Das stilvoll eingerichtete Restaurant verfügt über eine ausgezeichnete Küche, deren exzellenter Ruf auch Gäste aus den Nachbarstädten ins »Drees« lockt. Den Schwerpunkt der Karte bilden die Fischgerichte. Frische Forellen, Zander oder Lachs vom Fischhof Baumüller aus Wickede/Ruhr, Loup de mer oder gegrillte Dorade. Fisch aus heimischen Seen und Flüssen oder den europäischen Meeren, traditionell, mediterran leicht und lecker zubereitet, stehen bei den Restaurantgästen ganz oben auf der Beliebtheitsskala. Als Gruß aus der Küche wird gerne ein kleines Glas mit Erbsen-Ingwer-Püree gereicht. Wer da an eine pürierte Erbsensuppe denkt, kann sich hier auf ein ganz anderes, feines, Geschmackserlebnis freuen, das nicht mehr sehr viel mit einer traditionellen Erbsensuppe zu tun hat. Man verwendet ganz feine (TK, wegen der frischen grünen Farbe) Erbsen, die man nach dem Auftauen mit einem Zauberstab püriert. Nun gibt man eine geschälte Ingwerknolle und frischen, sehr klein gehackte Chili hinein und lässt Beides mitkochen. In bestimmten Abständen schmeckt man das Püree ab. Wenn es eine feine, schwache Ingwernote und etwas von der Chili typischen Schärfe angenommen hat, entfernt man die Ingwer-Knolle wieder aus dem Püree. Erst jetzt wird mit etwas Salz, einer Prise Zucker und schwarzem Pfeffer aus der Mühle abgeschmeckt. Kurz bevor das Püree gar ist, werden klein gehackte Garnelen-Stückchen hinein gegeben. Wer möchte, kann etwas Crème fraîche unterheben. Über das Glas wird ein kleiner Spieß mit einer in Knoblauchöl kurz gebratenen Garnele gelegt. Mit diesen Kleinigkeiten, die teilweise ganz neue Geschmackserlebnisse vermitteln, überrascht der Küchenchef gerne die Restaurantgäste. Natürlich stehen hier im Drees auch die klassischen Spezialitäten und im Spätherbst und Winter auch die am Tisch tranchierte Martinsgans hoch im Kurs. Mit kulinarischen Themenabenden, Candle-Light-Dinners und vielen anderen kulinarische saisonalen Angeboten werden im Restaurant Drees regelmäßig kulinarische Akzente gesetzt. Beim Wein hat man sich hauptsächlich auf französische und badische Gewächse spezialisiert. Der Weinkeller des Hauses umfasst ca. 250 Positionen. Das Restaurant und seine Küche sind sicherlich ein wesentlicher Grund, warum das Hotel Drees bei »einheimischen« und auswärtigen Gästen so beliebt ist.

Marinierte Perlhuhnbrust an heller Weintraubensauce

Zutaten für 4 Personen
4 Stck Perlhuhnbrust   ⅜ l Sahne   ½ l Geflügelfond   150 g gelbe Weintrauben   20 g Butter
2 EL geschlagene Sahne   6 cl Traubenschnaps

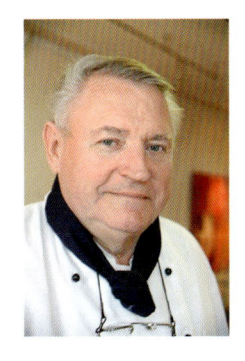

Herbert Heuwinkel ist seit vielen Jahren der verantwortliche Küchenchef im Hotel Drees. Geflügel und Wild zählen zu seinen Lieblingsgerichten. Die marinierte Perlhuhnbrust gehört zu den besonderen Leckerbissen im kulinarischen Angebot der Restaurantküche von Küchenchef Herbert Heuwinkel.

Zubereitung

1. Die Perlhuhnbrüste bis auf den kleinen Brustknochen von Haut und Knochen lösen. Die Knochen und die Haut für den Fond verwenden. Die Perlhuhnbrüste leicht salzen und in eine Marinade von Sahne und Traubenschnaps einlegen und zwei Tage im Kühlschrank ziehen lassen.

2. Den Geflügelfond kocht man auf ⅓ ein, füllt mit der Marinade auf und lässt die Sauce auf die gewünschte Konsistenz einkochen.

3. Die Weintrauben schälen, entkernen und 30 g davon in die Sauce geben. Diese wird mit den Weintrauben und den kalten Butterflocken kurz gemischt, passiert und mit der geschlagenen Sahne vollendet. Die Sauce abschmecken und die restlichen Weintrauben als Einlage untermischen.

4. Die Perlhuhnbüste von beiden Seiten 3 – 4 Minuten anbraten und dann für 2 – 3 Minuten ab in den auf 180 °C vorgeheizten Backofen. Sie dürfen nicht ganz durchgegart sein. Jetzt die Perlhuhnbrüste in gleichmäßige Scheiben schneiden und auf dem Teller platzieren. Dazu reicht man Tagliatelle mit Basilikum und gedünstete Gemüsestreifen.

Brauereierlebnis Dortmund

In der Bierstadt Dortmund finden Sie in der Steigerstraße eine der modernsten Brauereien Deutschlands. Die Dortmunder Actien-Brauerei vermittelt den Liebhabern erstklassiger Biere und technikinteressierten Besuchern während einer fachlich kompetenten Führung viel Wissenswertes über die Verfahren und Techniken des Brau- und Abfüllprozesses.

Der geführte Rundgang startet im historischen Hansa-Sudhaus. 1912 erbaut, ist es in Dortmund das einzige komplett erhaltene Zeugnis industrieller Braukultur nach dem Ersten Weltkrieg. Im neuen Sudhaus von 1974 werden auch heute noch alle Dortmunder Biere nach Original-Rezepturen und dem Reinheitsgebot von 1516 aus Wasser, Malz und Hopfen gebraut. In der Schaltzentrale des Gär- und Lagerkellers wird der im Sudhaus gewonnenen Bierwürze die Hefe aus eigener Reinzucht zugegeben und der Brauprozess laufend überwacht. Nach der Filtration geht es in den modernen Flaschenabfüllanlagen bei atemberaubendem Tempo so richtig rund. Zuletzt gewährt das Logistikzentrum seinen Besuchern einen Eindruck vom Versand der Dortmunder Marken zu den Kunden in Deutschland und in der ganzen Welt.

Sehen, riechen, schmecken wie die Profis

Die Bezeichnung »Dortmunder« steht als Synonym für den hellen Dortmunder Biertyp, der Dortmund als Bierstadt weltberühmt gemacht hat. Bei einer Verkostung werden vier verschiedene Dortmunder Biere vorgestellt. Mit den eigenen Sinnen – Sehen, Riechen, Schmecken – findet jeder Besucher seinen Favoriten unter den Dortmunder Marken.

Dortmunder Stößchen

Dieses Sonderglas – verziert mit der Fassade des denkmalgeschützten Hansa-Sudhauses – ist ein echtes Sammlerstück. Das schlanke 0,1-l-Glas gibt es nicht zu kaufen. Besucher, die wie ein Braumeister professionell Bier verkostet haben, können ihr Stößchen als Geschenk mit nach Hause nehmen.

Das Brauerei Museum Dortmund

Das Brauerei-Museum lädt auf einer 1100 m² großen Ausstellung zum Rundgang durch sieben Jahrhunderte Dortmunder Brautradition ein. In einem fast 100 Jahre alten historischen Maschinenhaus geben viele große und kleine, liebevoll ausgewählte Exponate auf zwei Ebenen Einblick in die Geschichte, in Produktion, Arbeitsbedingungen und natürlich den Herstellungsprozess mit viel Wissenswertem über die Rohstoffe Malz, Hopfen und Wasser. Vom Bierdeckel bis zur Dampfmaschine kann alles bestaunt werden. Die grün gekachelten Wände und die Spuren der Arbeit, die hier geleistet wurde, blieben erhalten. Ein kleines Kino zeugt hingegen von modernster Technik.

Historisches Sudhaus in Dortmund

Hohensyburg – Erlebnisgastronomie im Casino

Hohensyburg, ein Ort mit viel Tradition im Süden von Dortmund. Die Ruine der alten Fliehburg und das Kaiser-Wilhelm-Denkmal haben diesen Ort seit über einhundert Jahren zu einem beliebten Ziel für Wochenendausflüge mit der ganzen Familie gemacht. Bevor im Jahre 1985 das Casino eröffnet wurde und die Schauspielerin Uschi Glas die erste Kugel (aus 40 Gramm purem Gold) in den Roulettkessel warf, gab es hier die über Jahrzehnte populären und beliebten Ruhrterrassen mit 3000 Sitzplätzen. Rund um die Syburg (Sigiburg) hat sich eine facettenreiche Ausflugsgastronomie entwickelt. Von den Ruhrterrassen gelangte man in ca. 20 Minuten auf einem schmalen Fußweg hinunter zum Hengsteysee. Wassersport in vielen Variationen ist auf dem See groß angesagt, aber auch eine gemütliche Fahrt mit dem Ausflugsdampfer ist durchaus empfehlenswert. Den Fußweg hinunter zum See können die Besucher der Casino-Gastronomie auch heute noch benutzen, und das Restaurant Palmgarden ist wie die Ruhrterrassen ein beliebtes Ausflugsziel für die sonntägliche Kaffeetafel mit der Familie. Die »neue« Terrasse vor dem Restaurant Palmgarden bietet 150 Gästen Platz. Salat von Rucola mit Hobelparmesan, sautiertem Zanderfilet und knusprigem Serranoschinken – so schmeckt der Sommer. Küchenchef Rolf von der Linde verwöhnt seine Gäste gern mit leichten Genüssen der Saison auf der »Ruhrterrasse«. Als Gratiszugabe genießen Sie den herrlichen Blick auf das Ruhrtal.

Nach dem Kaffeetrinken bietet sich die Gelegenheit, auch die anderen Gastronomien des Hauses kennen zu lernen oder einen Spaziergang durch den Hohensyburgpark zu machen.

Die Hohensyburg hat sich durch die reizvolle landschaftliche Lage über dem Ruhrtal und die günstigen Verkehrsanbindungen als idealer Standort für Deutschlands größtes Casino erwiesen.

Die Kugel rollen lassen, ein gutes Blatt spielen oder im Automatencasino sein Glück versuchen, für all das ist die Spielbank Hohensyburg in ganz Deutschland bekannt. In Ausstattung, Komfort, Eleganz und Unterhaltungswert steht das größte Casino Deutschlands den mondänsten Spielstätten Europas in nichts nach. Mit der Casino-Gastronomie hat das Management ebenfalls Akzente gesetzt. Das moderne Konzept mit Business, Unterhaltung und »fine dining« unter einem Dach war 1985 sicherlich einmalig in Deutschland.

In den Jahren nach der Eröffnung wurde das Erscheinungsbild der gesamten Casino-Gastronomie durch Umbauten immer wieder dem aktuellen Zeitgeist angepasst, ohne jedoch auf jedem gerade aktuellen Designer-Trend nachzulaufen. So präsentieren sich das Casino und seine Gastronomie auch heute zeitlos, modern und leistungsfähig. Es hat sich längst herum gesprochen, dass auf der »Burg« nicht nur dem

Einsehbare »Showküche«

Palmgarden

Glücksspiel nachgegangen werden kann. Showveranstaltungen, Tagungen, Firmen-Incentives, musikalische Live-Acts, Banketts, Catering und eine anspruchsvolle Gastronomie – all das findet der Besucher und Gast auf der Hohensyburg unter einem Dach.

Mit ca. 500 Beschäftigten, davon 150 in der Gastronomie, ist das Casino Hohensyburg ein größeres mittelständisches Unternehmen der Dienstleistungs- und Unterhaltungsbranche. Ein wichtiger Arbeitgeber und Ausbildungsbetrieb in Dortmund.

Sunset Bistro

Freiraum für den Erfolg

Das Casino Hohensyburg ist nicht nur Deutschlands größtes Casino, sondern auch ein einzigartiger Veranstaltungsort. Die unterschiedlichen Räumlichkeiten verleihen Betriebs- und Familienfeierlichkeiten, Tagungen und Präsentationen ein ganz besonderes Flair. Von diesem Veranstaltungsort geht eine ganz besondere Faszination aus.

Feste und Bankette

Im Haus werden fünf buchbare Räumlichkeiten für jeden Anlass – von der privaten Feier im kleinen Kreis bis zur großen Gesellschaft – angeboten. Das Casino ist im wahrsten Sinne des Wortes »ein Haus für alle Fälle«. Der komplett neue Bankettraum »Berlin« ist für Veranstaltungen bis 150 Personen konzipiert. Er befindet sich direkt neben der Vegas Bar. Dieser Raum ist in sich abgeschlossen und verfügt über eine eigene Küche und Bar. Er ist bestens geeignet für Küchenpartys oder kulinarische Themenabende wie musikalische Modenschauen oder einem »Mafiadinner«. Geradezu prädestiniert ist der Bankettraum »Berlin« aber auch für die Feier einer Traumhochzeit. Zur kirchlichen Trauung lädt gleich nebenan St. Peter ein, die älteste Kirche in NRW. Ihre Wurzeln reichen wahrscheinlich zurück bis in das Jahr 799, als Karl der Große nach der Schlacht um die Sigiburg (Syburg) hier eine Kapelle errichten ließ.

Der große Bankettraum, mit eigener Bühne und Technik für Bälle, Konzerte und Shows ist je nach Bestuhlung für Veranstaltungen mit bis zu 700 Gästen geeignet. Große Bankette für 450 Personen, Showevents,

Vegas Bar

die alljährlichen Sylvesterbälle, pro Jahr 10 – 15 Abiturbälle, diverse Firmenveranstaltungen und Produktpräsentationen finden hier statt.

Catering und Casino mobil

In der modernen Gastronomie hat sich das Catering einen festen Platz erobert. Begünstigt durch die große und leistungsfähige Küche sowie das Know-how des Küchenpersonals wurden von der Gastronomie des Casinos schon Außer-Haus-Veranstaltungen für 5000 Personen durchgeführt. Full-Service-Catering heißt das Angebot der Gastronomie. Es geht nicht um die Lieferung eines kalten Buffets. Fingerfood, Flying-Buffets und mehrgängige Menüs mit dem Anspruch an höchste Qualität sind das Angebot der Küche. Vom Stuhl über das große Pagodenzelt, vom Geschirr bis zum Servicepersonal reicht der Rund-um-Service.

Lust auf Knalleffekte, Faszination und Begeisterung? Wenn Sie es wünschen, plant das WestSpiel Entertainment für Sie »Ihr« Fest der Extraklasse. Das Spektrum reicht dabei von klein und exklusiv bis zum XXL-Event. Dabei gilt das Motto: No Limits – technisch ist »fast« alles möglich. Was halten Sie zum Beispiel davon, Ihren Geburtstag auf einem Schloss zu feiern und als besonderes Highlight dort für einen Abend ihr ganz persönliches »Just-for-Fun-Casino« für Ihre Gäste zu eröffnen. Das Casino-Management macht auch diesen Wunsch möglich. Original Casino-Tische, Profi-Croupiers und »Just-for-Fun-Jetons« mit Ihrem Firmenlogo – alles ist möglich, inklusive einem exklusiven Catering für 10 – 1500 Personen.

Restaurants und die Vegas Bar

Die Vegas Bar und die Restaurants sind das Herzstück der Casino-Gastronomie. In der modernen und futuristisch anmutenden Vegas Bar mal kurz die Lage peilen, bevor es ins Casino geht, auf die Verabredung oder die Ankunft von Gästen warten oder einfach nur einen kühlen Drink nehmen und das Ambiente genießen.

Das Sunset Bistro ist das Restaurant für den kleinen Hunger zwischendurch. In elegant-gepflegter Atmosphäre genießen Sie hier feine Gerichte von der Bistro-Karte. Das helle Mobiliar vermittelt ein freundliches und beschwingtes Flair.

Fine Dining unter Palmen

Festliche Abendessen auf hohem Niveau bietet die grüne Oase des Palmgarden. Panoramafenster, üppige Palmen und edles Mobilar prägen den Charakter des Restaurants, das seine Gäste gern mit der leichten kalifornischen Küche und anspruchsvoll zubereiteten Fischen aus Fluss, See und Meer verwöhnt. Einen ganz besonderen Akzent setzt dabei die Showküche. Vom Sunset Bistro aus können Sie auf einer Länge von 25 Metern hinter der Innenfensterfront live verfolgen,

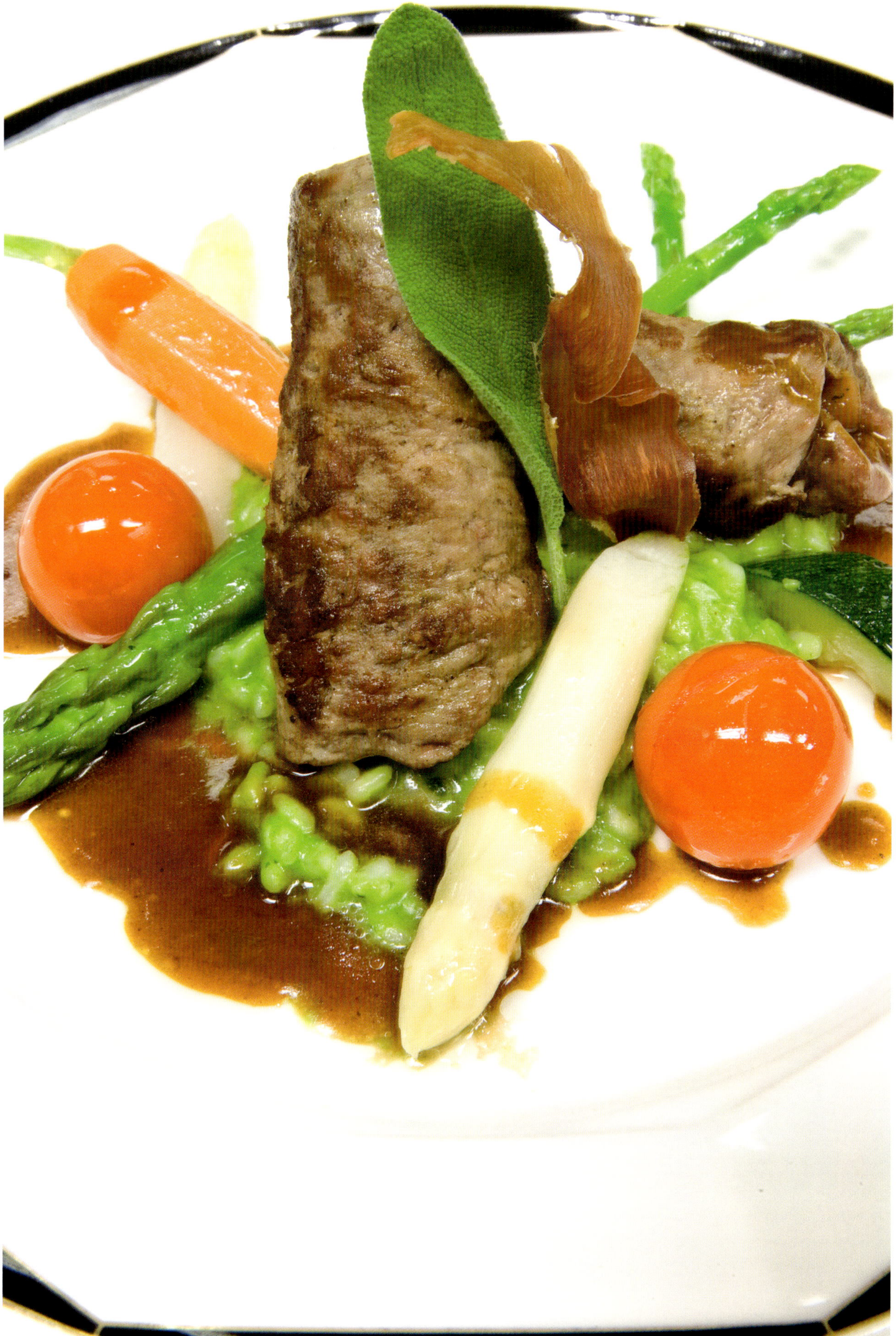

Overkamp –
Eine westfälische
Geschichte

Geht es um »westfälische Essgeschichten«, führt am Gasthaus Overkamp kein Weg vorbei. Seit mehr als 300 Jahren ist der Name Overkamp ein fester Begriff in der Dortmunder Gastronomie. Das Unternehmen Overkamp stellt sich heute als moderner Gastrodienstleister mit verschiedenen Geschäftsbereichen und Schwerpunkten dar.

Angefangen hat alles im Jahre 1672. Es war die Zeit als Deutschland noch in unzählige Kleinstaaten zersplittert war. Jede selbständige Stadt erhob zu dieser Zeit Wegezölle. Johan Overkamp betrieb »auf'm Höchsten« einen Kotten, eine Schmiede und eine Zollstation. Neben der bereits erwähnten Landwirtschaft und Schmiede wurden ein Lebensmittelhandel und eine kleine Gastwirtschaft betrieben. Im Jahre 1910 erbaute der Großvater des jetzigen Inhabers Heinrich Wilhelm Overkamp einen Saal für das Gasthaus. In den zurückliegenden Jahrzehnten wurde das Anwesen dann mehrfach um- und ausgebaut. Ein besonderes Augenmerk wurde dabei immer auf behagliche Governmenten gelegt. Das gilt bis in die Gegenwart. Für alle Overkamp-Generationen heißt das Motto: »Wir wollen unseren Gästen ein schönes und behagliches Umfeld schaffen«.

Auch in den vergangenen Jahren erfolgten weitere Um- und Ausbauten, zuletzt 1999 und 2006. Das Haus wurde komplett neu gestaltet. Es wurde ein Nichtraucherrestaurant geschaffen. Eine lichtdurchflutete Orangerie mit großer Glaskuppel und bis auf den Boden reichenden Fenster schafft ein ganz außergewöhnliches Ambiente. Der neue Anbau an der Westseite des Hauses verfügt über einen großzügigen Windfang mit Behindertenaufzug. Schon vom Windfang aus fällt der Blick auf den kleinen Feinkostladen. Mit diesem nostalgischen Schmuckstück lässt die Familie Overkamp eine alte Familientradition wieder neu aufleben. Wir erinnern uns an den Anfang der Geschichte. Im Jahre 2006 wurden die oberen Räume des Hauses zu einem kleinen, stilvollen Hotel ausgebaut. Eine behagliche Übernachtungsmöglichkeit nach einem opulenten Festmahl oder einer größeren Familienfeier.

Overkamp kulinarisch

Da heißt es »Westfälisch Genießen«. Westfälische Gerichte, zubereitet nach alten Rezepten oder in überarbeiteter Version bilden den Schwerpunkt des kulinarischen Angebotes. Aus Lachs und Forellen vom Fischhof Baumüller, Ziegenkäse vom Ziegenhof Sondermann, Kaninchen, Enten und Gänsen entstehen teils bodenständige, teils raffinierte Köstlichkeiten wie z. B. Kumpel Anton's Sonnatgsbraten (Kaninchen), Möhneseezander im Speckmantel auf Rahmsauerkraut oder Palatschinken von Baumüllers Räucherlachs mit Rotkäppchens Landrahm. Natürlich spielt auch die Martinsgans eine wichtige Rolle im jahreszeitlich-kulinarischen Kalender bei Overkamp.

Kenner der westfälischen Küche

Traditionen pflegen, aber auch einmal über den Tellerrand blicken, ist die Devise von Betriebsleiter und Spitzenkoch Günther Overkamp-Klein. Es gelingt ihm immer wieder, alte westfälische Gerichte und Rezepte auf elegante Art so zu verfeinern, dass manches Mal ein mediterraner Touch nicht zu verleugnen ist. So macht er die Gäste neugierig und vermeidet jegliche Langeweile auf der Speisekarte. Wer des öfteren bei Overkamp gespeist hat, wird es gerne bestätigen: Der Küche ist es auf elegante Art gelungen, den sensiblen Bogen von Jahrhunderte alter westfälischer Tradition zur modernen Gourmetküche zu schlagen. Günther Overkamp-Klein setzt die Messlatte bei der Zusammenstellung der Speisenkarte sehr hoch an. Abwechslungsreichtum und Kreativität sind ebenso gefragt wie die enge Verbundenheit zur kulinarischen Kultur der Heimat. Der Spitzenkoch verfeinert teilweise 300 Jahre alte Rezepte mit leichteren Zutaten so, dass diese Gerichte ihre typisch regionale Note nicht verlieren, schafft aber ganz besondere Geschmackserlebnisse.

Westfälische Freundschaften

Frische und Qualität der eingesetzten Waren spielen in der Küche eine besonders große Rolle. Kurze Wege, exzellente Qualität und Vertrauen zum Lieferanten sind auf die Dauer unabdingbar für ein beständig gutes Speisenangebot. »Unsere Küche ist eine Küche der kurzen Wege. Die Lebensmittel sollen so nah wie möglich zur Küche kommen – frischer geht es nicht«, so Günther Overkamp-Klein.

So bezieht man teilweise seit mehreren Generationen von den gleichen Lieferanten aus der Region. Aus dem Vertrauensverhältnis zu diesen Lieferanten sind die westfälischen Freundschaften entstanden.

Wenn Sie als Gast des Hauses nach einem exzellenten Menü etwas mit nach Hause nehmen möchten, statten Sie dem kleinen Lädchen am Ausgang doch einen Besuch ab. Dort finden Sie Käsespezialitäten der Hofkäserei Wellie aus Fröndenberg, frischen Senf aus der Schwerter Senfmühle, verschiedene Wurstspezialitäten am Stück oder im Glas und geräucherten Fisch vom Fischhof Baumüller aus Wickede. Hinzu einige saisonal wechselnde Delikatessen.

Auch geistige Spezialitäten kommen nicht zu kurz. Bereits vor 130 Jahren trieb »Fursel Franz«, ein Kutscher der Kornbrennerei Dinsing, seine Pferde den Ellberg hinauf, um das Holzfass in Overkamps Keller mit Korn zu füllen. Heute gibt es den im Holzfass gelagerten »Ellberger« exklusiv nur bei Overkamp.

Overkamp zu Hause genießen können Sie mit dem Catering-Service. Professionelles Catering für große und kleine betriebliche Veranstaltungen. Ob klassischer Partyservice (auch gerne mit original westfälischen Gerichten) auf hohem Niveau, Fingerfood oder Gabelmenüs, kulinarisch kommen Sie bei Ihren Planungen für eine festliche Veranstaltung kaum an dem ganzheitlichen gastronomischen Gesamtkonzept des Hauses vorbei.

Overkamp – der Tradition verhaftet, aber immer neugierig und auf der Suche nach neuen Herausforderungen. Nachlesen können Sie die ganze Geschichte des Hauses im Overkamp-Bildband und Kochbuch »Lecka Dortmund«.

Rinderbäckchen in Zwiebelsauce mit Möhren-Durcheinander im Brotring

Zutaten für 4 Personen

Rinderbäckchen: 1kg Rinderbäckchen pariert (beim Metzger Ihres Vertrauens vorbestellen)   Bratfett/Palmin   1 kg Zwiebeln gepellt   Rotwein   1l Rinderbrühe   Salz, Pfeffer   etwas Mehl
Möhren-Durcheinander: 800g Möhren   400g Kartoffeln   1 Stk. Große Zwiebel, oder mehrere kleine   50 g Butter   1 Stk. Kleine geräucherte Speckschwarte (beim Metzger fragen)   1l Wasser, besser Rinderbrühe   Salz, Zucker, Pfeffer   1 Bnd. krause Petersilie

Zubereitung

1. Rinderbäckchen würzen und in einem Bräter scharf anbraten und danach die in Streifen geschnittenen Zwiebeln zugeben und kurz mitbraten. Mit dem Rotwein ablöschen und nochmals den Bratensatz kurz anrösten. Dann mit der Rinderbrühe auffüllen und mit geschlossenem Deckel ca. 3 Stunden bei kleiner Hitze schmoren. Danach herausnehmen und den Bratenfond mit den Zwiebeln leicht abbinden (mit in kaltem Wasser angerührtem Mehl).

2. Brotring ein frisches Brot, gleich welcher Sorte in dünne Scheiben schneiden und mit dieser die Innenseite einer großen Tasse oder Ringes auskleiden. Dann trocknen lassen. Am besten im Ofen mit Restwärme.

3. Möhren waschen, schälen und in kleine Würfel (Spielwürfelgröße) schneiden. Kartoffeln schälen und ebenfalls in gleiche Größe würfeln. Zwiebel(n) schälen und ebenfalls in Würfel, in diesem Falle aber in möglichst kleine Stücke schneiden. Die Butter in einem ausreichendem Topf erhitzen und die Zwiebelwürfel anschwitzen. Bitte keinerlei Farbe nehmen lassen. Sie dürfen nur leicht »schwitzen«.

4. Wenn es Ihnen im Topfe zu heiß werden sollte, einfach mit etwas Wasser »ablöschen« und weiterschwitzen. Jetzt die Möhren zugeben mit Salz und Zucker würzen und etwas weiterschwitzen. Etwas Brühe zugeben und mit geschlossenem Deckel etwa 15 Minuten dünsten.

5. Jetzt die Kartoffeln zugeben, nochmals leicht würzen, jetzt auch mit Pfeffer und mit der restlichen Brühe auffüllen. Deckel nochmals aufsetzten und ca. 20 Minuten weiterdünsten. Deckel öffnen, Speckschwarte entfernen und Gargrad der Möhren testen. Evtl. Nachwürzen oder Brühe (Wasser) zugeben. Jetzt sollte er »schlönzig« sein, so, als wüsste der Eintopf selber nicht, ob er die Konsistenz der Würfel behalten, oder breiig werden soll. Sehr gut! Nochmals evtl. Nachwürzen (Zucker und Salz).

6. Die Bäckchen in dünne Scheiben schneiden und mit der Zwiebelsauce auf dem Teller anrichten. Das Möhren-Durcheinander in dem Brotring vorsichtig verteilen und genießen!

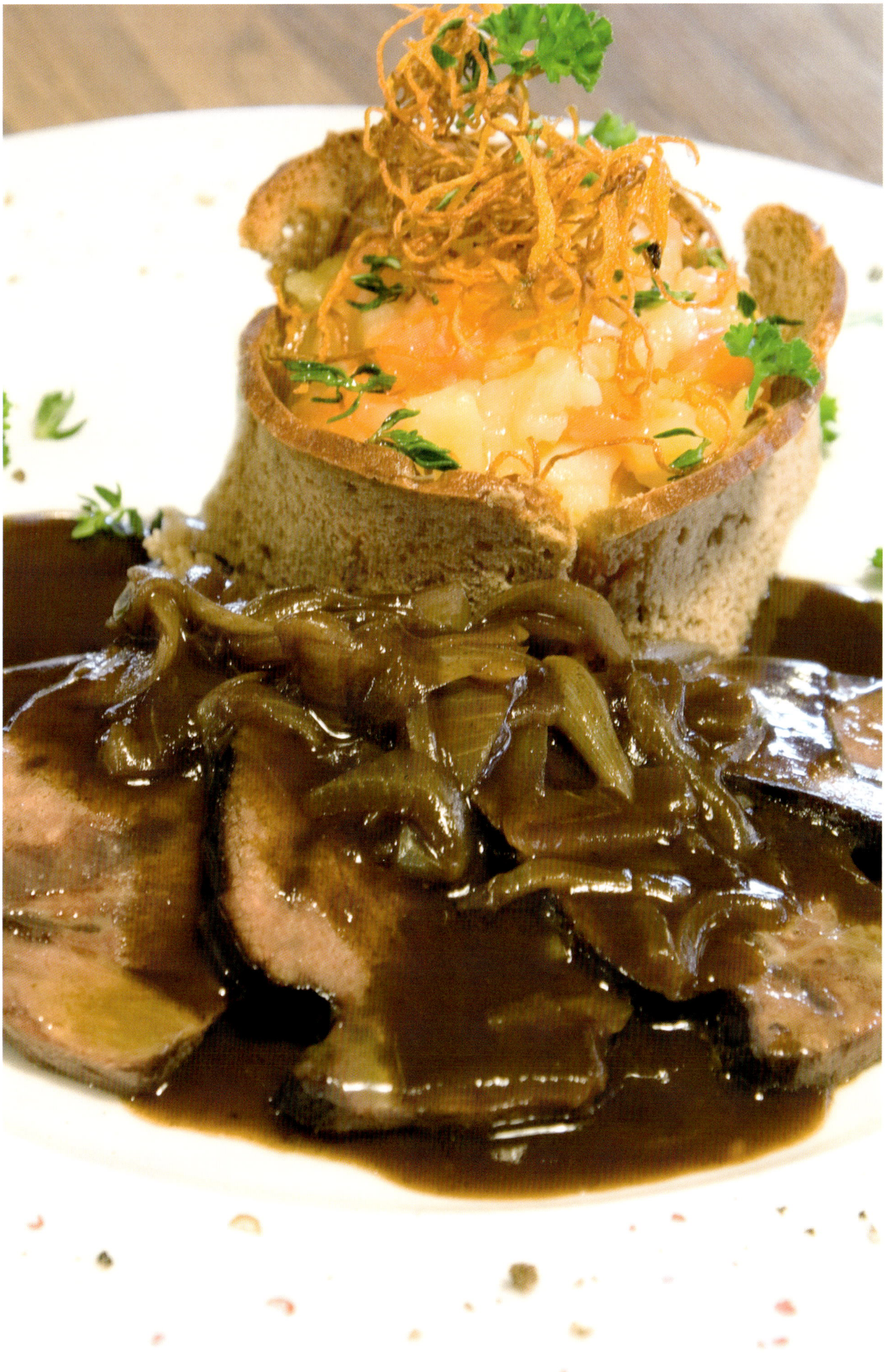

Trattoria Mille Miglia

In Dortmund gibt es neben all den bekannten Ausflugs- und Touristenzielen Orte der Begegnung, die wirklich einmalig sind und für die es sich lohnt, auch aus den benachbarten Städten anzureisen. Die Trattoria Mille Miglia ist ein solcher. Liebhaber der mediterranen Küche und alter Autos werden nach einem Besuch in der Brandisstraße 50, im Dortmunder Süden, besonders begeistert sein.

Verbringen Sie eine wunderbare Zeit auf der Piazza Vittoria. Erleben Sie das besondere Flair der Mille Miglia, dem legendären Straßenrennen, das zwischen 1927 und 1957 alljährlich durch Italien führte. Bestaunen Sie die historischen Gran Tourismo Sportwagen und genießen Sie die exzellente Küche der Trattoria.

Die Familie Edler von Graeve hat diese einzigartige Kombination von historischem Automobilmuseum, Veranstaltungszentrum und italienischem Restaurant nach Dortmund geholt. Die Sammlung historischer Fahrzeuge gilt als eine der komplettesten in Nordrhein-Westfalen. Ein Oldtimermuseum ist für sich alleine gesehen noch keine große Besonderheit, da gibt es sicherlich auch größere. Auch die Automobilhersteller wie Mercedes-Benz, BMW oder Volkswagen unterhalten solche Einrichtungen. Begeisternd und aus dem Rahmen fallend ist hier das Gesamtkonzept.

Die Familie von Graeve liebt den Motorsport und nimmt schon seit vielen Jahren an der 1977 wieder neu aufgelegten Mille Miglia teil. Die Teilnahme an dieser Veranstaltung und das damit verbundenen Einkehren in die besten Restaurants und Hotels an den einzelnen Etappenzielen ließen bei Adolf Edler von Graeve die Idee reifen, all dies nach Dortmund zu holen. Die Umsetzung dieser Idee ist in einmaliger Art und Weise gelungen. Das Restaurant mit seinen 60 Plätzen fügt sich harmonisch in die Originalkulisse der Piazza Vittoria ein. Auf diesem Platz in Brescia bei Mailand findet die technische Abnahme der Fahrzeuge statt, die an der Mille Miglia teilnehmen. Das Wandgemälde wurde eigens von einem italienischen Maler in Italien gefertigt und von diesem in Dortmund angepasst und montiert. Hier kann man träumen und bei einem guten Tropfen aus der Toskana italienische Köstlichkeiten auf hohem Niveau genießen, sei es ein lauschiges Candle-Light-Dinner, ein Gala Menü oder ein exklusives Buffet. Besonders zu empfehlen ist das Restaurant jedoch auch für den spontanen Besuch, um in einer nicht alltäglichen Umgebung auszuspannen, abzuschalten und bei köstlichen Kleinigkeiten einen guten Roten zu genießen.

Es ist doch ein offenes Geheimnis, das gerade Oldtimer und die italienische Küche eine große Faszination auf viele Menschen ausüben.

Feiern und Tagen

Für größere Feiern und Tagungen kann auf die Flächen im Ausstellungsraum des Museums und der Jaguar Bar zurückgegriffen werden. Hier haben bis zu 500 Gäste die Möglichkeit, an festlich eingedeckten Tischen, in Sichtweite oder gar zwischen den historischen Automobillegenden zu speisen. Gerne wird dieses Ambiente auch für Kundenveranstaltungen von Unternehmen als geschlossene Privatveranstaltung genutzt.

Wer hier seine Hochzeit feiert, der wird, als Service des Hauses, mit einem der wertvollen Oldtimer zur Kirche und/oder zum Standesamt, ins Restaurant und nach Hause oder ins Hotel chauffiert.

Trattoria Mille Miglia

Im Restaurant des Automobilmuseums begrüßen Sie Ute Ränkel und ihre Belegschaft.

Über 100 verschiedene Sorten Wein kann der Gast derzeitig aus einer der größten Weinkarten in ganz Dortmund wählen. In stimmungsvoller Atmosphäre und – wenn Sie mögen – sogar mit Blick auf die Ausstellung können Sie hier die Kreationen des Küchenchefs genießen. Besonders empfehlenswert sind die täglich wechselnden frischen Fischgerichte und natürlich die hausgemachten Nudeln.

Besondere Abende

Was an der Mille Miglia Strecke Brescia-Rom-Brescia kulinarisch geboten wird, können die Gäste der Trattoria auch an exklusiven Menüabenden erleben. Hierbei wird die gesamte Bandbreite der italienischen Küche, vom Traditionsgericht bis zur Haute Cuisine dargeboten. Die Mille-Miglia-Menüs werden in festlichem Rahmen in der Ausstellungsebene des Museums regelrecht inszeniert.

Ein Duett von Kalbsbries und Hummer

Zutaten für 4 Personen

2 Stck Hummer (je 400 – 500 g)   340 g Kalbsbries   300 g Babyspargel   (Thaispargel oder grüner Spargel)
200 g Blumenpilze (Unterart der Shiitake)   1 Stck Mangold   400 g Fettuccine   800 g Sahne, 20 %
150 g geriebener Parmesan   150 g Butter   Rote Beete Sprossen   Pankow Mehl (zum Panieren)
Fleur de Sel   Zitrone, Melone   Gemüsebrühe, Pfeffer   1 Stck Thymianzweig

Zubereitung

1. Gemüsebrühe nach eigenem Gusto herstellen (oder einen guten Fond benutzen). Kalbsbries in der Brühe einmal aufkochen und dann 20 Minuten ziehen lassen.

2. Die Hummer für 5 Minuten in die Gemüsebrühe geben (ca. 1 Minute pro 100 g). In Eiswasser abschrecken, Hummer ausbrechen, halbieren und Kalbsbries portionieren.

3. Sauce: 100 ml Gemüsebrühe und 200 ml Sahne erhitzen. Mangoldblätter (ohne die Stiele) mit 150 ml Sahne pürieren. Etwas Wasser unterrühren.

4. In das Spargelwasser etwas Zitrone und Salz geben. Den Spargel ca. 1,5 Minuten kochen. Die restliche Sahne in der Pfanne erhitzen. Den geriebenen Parmesan und den Thymianzweig hinzugeben. Mit Salz und Pfeffer abschmecken. Zum Schluss den Thymianzweig aus der Sauce entfernen.

5. Die Pilze in der Pfanne mit etwas Butter anbraten. Mit Melonenbällchen und Rote Beete Sprossen dekorieren.

6. Die Nudeln (Fettucine) al dente oder nach persönlichem Gusto kochen. Der Küchenchef empfiehlt dazu einen leichten Luganer.

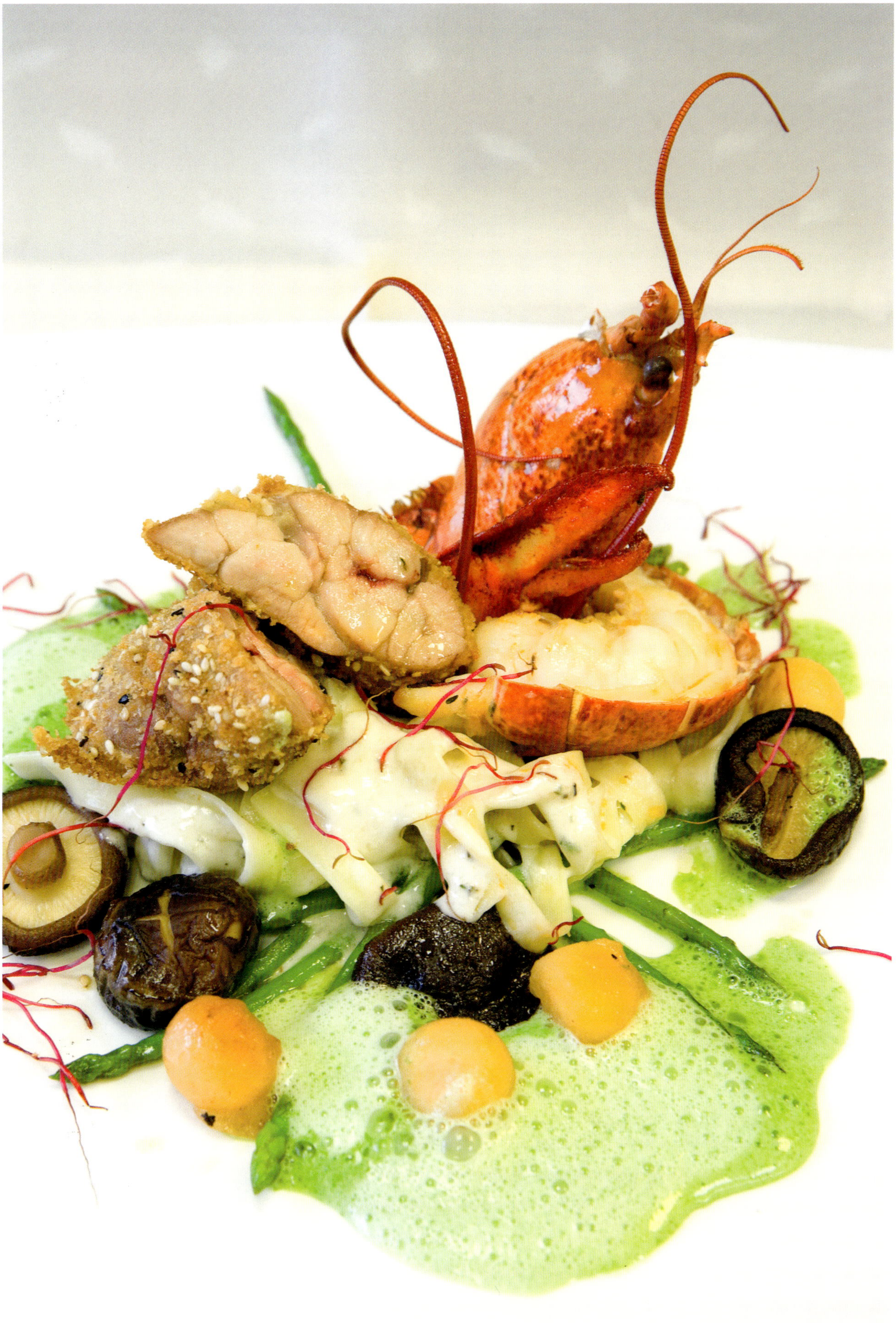

Haus Ledendecker
Landgasthof mit Tradition

Tatsächlich, es gibt sie noch, diese alten und schmucken Landgasthöfe, auch wenn man manches Mal etwas suchen muss. Sie verbreiten schon von außen eine behagliche Atmosphäre. Die Spezialitäten die in diesen Häusern angeboten werden, erfreuen sich einer immer größeren Beliebtheit. Regionalität und Frische sind angesagt.

Im südlichen Dortmunder Stadtteil Holzen liegt der traditionsreiche Landgasthof Ledendecker. »Unser Haus ist eine Botschaft für die westfälische Küche und gelebte Gastlichkeit«, so Inhaber Heinrich Ledendecker, der diese Familientradition bereits in dritter Generation pflegt. Heinrich III. heißt vielsagend auch das Blonde Hell mit der westfälischen Note oder das obergärige Dunkle, natürlich vom Fass. Bereits seit 1843 befindet sich zwischen alten und mächtigen Bäumen ein schmuckes Landgasthaus mit einem schönen, sonnigen Biergarten. Für den gelernten Koch Heinrich Ledendecker stand früh fest, dass er den Familienbetrieb weiterführen würde. Seinem erlernten Beruf ist es zu verdanken, dass der Gast hier eine vielseitige, traditionelle Küche mit den besten Zutaten aus der Region genießen kann. Der Gast hat hier die Wahl zwischen den meist deftigen westfälischen Klassikern wie Pfefferpotthast, Grünkohl, und dem westfälischen Schmorteller oder der feinen Landhausküche. Hier stehen zum Beispiel eine Salmtranche in Rieslingsauce oder eine Roulade von der Rinderhüfte gefüllt mit Bärlauch und Garnelen zur Wahl. Die Karte wird natürlich immer durch aktuelle, saisonale Angebote mit Produkten von Erzeugern aus der näheren Umgebung ergänzt.

Nach mehreren Umbauten verfügt das Haus heute über Räumlichkeiten, die sich für Feierlichkeiten mit bis zu 140 Gästen eignen. Heinrich Ledendecker stellt viel auf die Beine, wenn es darum geht, mit verschiedenen Veranstaltungen seinen vielen Stammgästen, aber

Fotos: Archiv Ledendecker Gastronomie

auch den auswärtigen Besuchern eine Freude zu bereiten. Alljährlich zu Christi Himmelfahrt (Vatertag) findet auf dem großen Parkplatz gleich neben dem Haus eine Open-Air Veranstaltung statt. Im November gibt es schon seit vielen Jahren eine Gänsegala im großen Festsaal. Diese Gala ist bereits so bekannt, dass sich hier regelmäßig auch Gäste aus den Nachbarstädten Dortmunds anreisen.

An Christi Himmelfahrt und zur Gänsegala spielen jeweils die »Muntermacher«, eine zünftige Band aus Österreich. An Christi Himmelfahrt wird draußen auf dem Parkplatz ein großer Bierstand aufgebaut und die Musik spielt »Open Air«. Zur Gänsegala im November findet die Veranstaltung im großen Saal statt. Da wird dann auch gerne getanzt.

Neben den Feiern und Events im großen Saal beliefert und betreut Heinrich Ledendecker mit seinem Party-, Catering-, und Messeservice Veranstaltungen von zwei bis 500 Personen. Hochzeiten werden nicht nur aufgrund von Ledendeckers individuellem Hochzeitsservice zu einem unvergesslichen Erlebnis, sondern auch, weil man in dem traditionsreichen Landgasthof mit bis zu 200 Personen so richtig gemütlich feiern kann. Natürlich mit Kapelle (neudeutsch auch Band genannt).

Wenn es große kulinarische Veranstaltungen wie z. B. das Dortmunder »Menü-Karussell« gibt, ist Heinrich Ledendecker gerne dabei: »Wenn etwas kulinarisch für diese Region getan wird, machen wir mit«, so Heinrich Ledendecker.

Jetzt ist wieder Biergartenzeit. Wenn Sie auf der Kreisstraße von Dortmund in Richt Schwerte unterwegs sind, lädt das Landgasthaus Ledendecker auf der linken Seite, Hausnummer 30, den Reisenden zu einer Rast auf der Sonnenterrasse ein. Genießen Sie eine Roulade von der Rinderhüfte mit Garnele und Bärlauchsauce. Dazu ein würziges Bier, vielleicht ein Heinrich III.

Roulade von der Rinderhüfte gefüllt mit Hummerkrabbe und Bärlauch

Zutaten für 4 Personen

8 Stck dünne Scheiben Rinderhüfte   8 Stck Hummerkrabbenschwänze   8 Stck Bärlauchblätter
Salz, Pfeffer   Butterschmalz   etwas Chilipulver   etwas Butterschmalz zum Braten
600 g frischen Spargel   Salz, Zucker   Zitrone und Butter für das Kochwasser   etwas Fruchtkaviar
Für den Bärlauchschaum: 8 Stck Bärlauchblätter   100 ml trockenen Weißwein   200 ml Sahne   Salz, Pfeffer
800 g Kartoffeln, festkochend   1 Stck Knoblauchzehe   250 ml Sahne   250 ml Vollmilch
1 Stck Karotte, geraspelt   1 EL Gemüsebrühe, instant   1 Prise Muskat, gerieben   Pfeffer frisch gemahlen
Kräutersalz   Butter für die Form nach Belieben   Butter in Flöckchen

Zubereitung

1. Die Hüftsteaks plattieren und würzen. Mit Bärlauch und Hummerkrabbe belegen. Stramm wickeln und von allen Seiten scharf anbraten. Anschließend bei niedriger Temperatur ca. 8 Minuten braten und warmstellen.

2. Spargel schälen und in Wasser mit etwas Salz, Zucker, Zitronensaft und Butter bissfest kochen.

3. Bratensaft der Rouladen mit Weißwein ablöschen. Bärlauchbutter in feine Streifen schneiden und zu dem Saucenansatz geben. Saucenansatz mit Sahne auffüllen und einkochen lassen. Mit den Gewürzen abschmecken. Zuletzt die Sauce mit dem Pürierstab gut aufschäumen und über den Spargel geben. Die Rouladen dazu anrichten. Je nach Gusto mit etwas Fruchtkaviar, Geschmacksrichtung Erdbeere, nappieren.

4. Eine flache Gratinform mit Butter einfetten. Den Knoblauch schälen. Entweder fein würfeln und in der Form verteilen oder direkt in die Form pressen. Die Kartoffeln schälen, in feine Scheiben schneiden und mit den Karottenraspeln mischen. Die Hälfte der Kartoffelscheiben in die Form schichten. Mit Kräutersalz und frisch geriebenem Muskat leicht würzen.

5. Anschließend die restlichen Kartoffeln darauf schichten. Die Sahne und die Milch mischen. Mit dem EL Gemüsebrühe, Kräutersalz, Muskat und Pfeffer kräftig würzen. Diese Mischung über die Kartoffeln geben. Butterflöckchen auf dem Gratin verteilen.
Im vorgeheizten Backofen bei 180 °C 1 Stunde backen. Heiß servieren.

Große Kirmesfeste gehören in ganz Westfalen zu den beliebtesten Volksfesten

HÜRSTER'S KOCHWERKSTATT

Der Dortmunder Stadtteil Bodelschwingh ist vor allem durch das im Jahre 1300 erbaute Schloss Bodelschwingh bekannt geworden. Nur wenige hundert Meter vom Schloss entfernt befindet sich in dem gastronomisch traditionsreichen Fachwerkhaus auf der Schlossstraße 44 seit dem Jahr 2006 Hürster's Kochwerkstatt. Das Fachwerkhaus wurde um 1850 als Restaurant und Gartenwirtschaft mit dem Namen »Zum Schlossgarten« erbaut. Im Jahr 2006 bekam der Küchenmeister Stefan Hürster das Angebot, diese Gaststätte als Pächter zu übernehmen. Das im Ortskern von Bodelschwingh gelegene Gasthaus war über viele Generationen Treffpunkt und Nachrichtenbörse der Bodelschwingher. Ein Gasthaus mit langer Tradition. Als man Stefan Hürster dies Objekt anbot, war er gerade als F & B-Manager für die Firma Stage Entertainment in den Theatern »Neue Flora« und »Operettenhaus« tätig.

Der heute 42-jährige arbeitete 17 Jahre lang für den Mövenpick-Konzern in leitenden Positionen in vielen Mövenpick-Restaurant in ganz Deutschland. Teilweise konzipierte er neu zu errichtende Mövenpick-Restaurants mit und begleitete die Objekte einige Zeit als Küchenchef oder Betriebsdirektor. Für seine eigene Selbstständigkeit in der alten Heimat war er nach ausgiebiger Beratung mit seiner Ehefrau Sylke bereit, eine lukrative Position in dem bekannten Entertainmentkonzern aufzugeben. Die Aufgabe, als selbständiger Gastronom aus dem alten Gasthaus wieder einen Dorfmittelpunkt zu machen, reizte ihn sehr. Zusammen mit seiner Ehefrau Sylke, Betriebswirtin für Gastronomie und Hotellerie, war es das Ziel aus diesem Restaurant einen Ort für Kommunikation, Lebensart, Genuss und Spaß zu machen. Dabei sollte das kreative, handwerkliche Kochen für Stefan Hürster eine besondere Rolle spielen. Nur hier konnte er seine »Vorstellungen vom Kochen« verwirklichen und war nicht an die Vorgaben einer großen System-Gastronomie gebunden. Der Entschluss war gefasst, und so zog die Familie (Stefan, Sylke und Tochter Luiza) nach Dortmund und nahm das Projekt »Hürsters Kochwerkstatt« in Angriff. Es folgten die unvermeidlichen und sehr umfangreichen Renovierungsarbeiten. Bei den Arbeiten wurde besonderer Wert darauf gelegt, möglichst viel von der alten Substanz zu erhalten.

Am 1. Dezember 2006 wurde Hürster's Kochwerkstatt eröffnet. »Die Kochwerkstatt geht auf unser Anliegen zurück, das handwerkliche Kochen als Kulturerbe zu pflegen und als künstlerisches Ausdrucksmittel zu fördern«, meint die Gastro-Fachfrau Sylke Hürster. Gemütlichkeit wird in der Werkstatt groß geschrieben. Die schöne Veranda im 1. Stock an der Rückseite des Hauses, der große Biergarten unter dem weiten Blätterdach der ältesten Kastanie Dortmunds und der gemütliche Einrichtungsstil im alten Fachwerkhaus lässt die Gäste hier anregende oder entspannende Momente erleben. Vor allem aber steht der Genuss in vielen verschiedenen Varianten im Vordergrund. Die gute bürgerliche Küche mit all ihren saisonalen Höhepunkten erlebt hier eine beeindruckende Wiederbelebung. Kulinarische Mottowochen und Kochevents, aber auch Speisen mit internationalem Flair bereichern das Angebot. In der Werkstatt werden die Speisen nach handwerklicher Tradition zubereitet. Gute Produkte und handwerkliches Können ergeben erstklassige Gerichte. Viel Firlefanz ist nicht eine Angelegenheit des Stefan Hürster. In Anlehnung an die Bezeichnung Kochwerkstatt heißt die Speisenkarte dann auch folgerichtig »Warenschein«. Seine Kochevents nennt er »Kulturküche«. Die Veranstaltungsreihe »Kulturküche« ist ein Gemeinschaftsprojekt von Stefan Hürster, dem Fernsehjournalisten Peter Großmann und Christoph Stroth. Sie dient der Förderung lokaler Dortmunder Kultur.

Dem Nachwuchs eine Chance, das gute Kochen von der Pike auf zu lernen, bietet Hürster in seinen regelmäßig stattfindenden Kochkursen für Kinder. Besondere Frauen-, Partner- und Männerkochkurse befinden sich ebenfalls im Angebot. Neben allen Aktivitäten und Events gibt es natürlich auch noch das ganz normale »à la carte Restaurant«, in dem sich die Liebhaber einer guten gradlinigen bürgerlichen Küche verwöhnen lassen können. Ein regelmäßig angebotener Mittagstisch wird von den Mitarbeitern der anliegenden Unternehmen sehr geschätzt.

Nicht zu vergessen sind die anderen Räumlichkeiten, die hier noch kurz erwähnt werden sollen: Die gemütliche Kneipe bietet 40 Personen Platz. Zwei große Stammtische für jeweils 12 Gäste, zwei Steh-/Sitztische und der Tresen sind der Treffpunkt für die Bodelschwingher. Im 80 Personen fassenden Saal finden jetzt wieder die großen Familienfeiern, aber auch betriebliche Veranstaltungen der Unternehmen aus den nahe gelegenen Gewerbegebieten statt. Der Saal verfügt auch über eine Tanzfläche und einen separaten Buffetraum.

Die Lounge ist ein modern eingerichteter Gastraum für 16 Personen. Hier befindet sich auch eine Spielecke für Kinder und eine große Auswahl an Kochbüchern zum Schmökern. In Omas Raum lässt sich die Sitzverteilung wunderbar individuell auf die Bedürfnisse der Gäste abstimmen. Sie können an Einzeltischen Platz nehmen oder an einer großen Tafel für bis zu 20 Personen. Von der eingangs bereits erwähnten Veranda blickt man auf den großen Biergarten. Auf der Veranda finden 20 Personen Platz.

Die nette, freundliche Art der Hürsters und die bodenständigen, erstklassig zubereiteten Speisen in der Kochwerkstatt haben das traditionsreiche Gasthaus schnell wieder zu einem Ort der Begegnung und Kommunikation werden lassen. Das hat sich übrigens auch schon bis in die Nachbarstädte herumgesprochen.

Hürster's KulturKüche

Stefan und Sylke Hürster präsentieren den Gästen ihrer Kochwerkstatt eine Erlebnisgastronomie, wie man sie sich wünscht – gutes Essen und kurzweilige Unterhaltung.

In der Veranstaltungsreihe »Kulturküche« präsentieren sie unter anderem gemeinsam mit dem ARD-Moderator Peter Großmann und Christoph Stroth im

Saal ihres Restaurants ein kleines Kulturprogramm zur Förderung lokaler Dortmunder Kultur.
• Der Dortmunder Kabarettist Fritz Eckenga (parodiert gerne Rudi Assauer auf WDR2) stellte hier sein Programm »Du bist Deutschland? – Ich bin Einkaufen« vor.
• Der Bestsellerautor und Kabarettist Frank Goosen (u. a. Liegen lernen) beschäftigt sich mit dem, was Leib und Seele zusammenhält. Er brachte den Gästen die feuchtfröhliche Völlerei diesseits der Enthaltsamkeit nahe. Ein Abend voller Wein, Weib und Gesang, zwischen Junkfood und Haute Cuisine.
• An einem Freitag im Frühsommer besuchten wir den Kulturabend mit dem Thema »Fußballtalk und Comedy«. Trainerlegende Jörg Berger, Comedian Ludger K. und Fritz Eckenga dribbelten nach dem Ende der Bundesliga mit großen Worten und kleinen Gemeinheiten, moderiert von Peter Großmann, rund um den Lederball.

Ohne Halbzeit wurde über Fußball gefachsimpelt und gelacht. Bei den Imitationen und Anekdoten über Moderatoren-Legenden wie Harry Valerien oder Alt-Internationale wie Paul Breitner und Franz Beckenbauer brodelte der Saal. Kulinarisch eröffnet wurde der Abend mit hausgemachter Penne Arrabiata, gefolgt von einer ganzen Dorade mit Blattsalaten und Rosmarin-Kartoffeln. Ein frischer Obstsalat mit Honig und Minze beendete den kulinarischen Teil des Talks.

Hürsters Veranstaltungen mit kulinarischem Rahmenprogramm sind bereits nach einem Jahr so beliebt, dass sie immer sehr gut besucht oder gar ausverkauft sind. So auch eine unterhaltsame und lehrreiche Weinprobe mit dem Weinhaus La Vinum, das ausschließlich moldawische Weine vorstellte. Sauvignon Blanc, Pinot Gris, Merlot Rosé, Cabernet Sauvignon und Kahor kamen zur Verkostung. Amouse Bouche, eingelegte bunte Sommergemüse mit luftgetrocknetem Schinken, feine Spaghetti mit Kirschtomaten, im Ofen geschmorte Lammkeule auf Artischocken und Steinchampignons. Den Abschluss bildete eine Zwetschgenwähe Cahor. Der bekannte Sommelier Benno Wurster beurteilte den 2005er Kahor vom Weingut Acorex kurz und knapp: »Das Highlight der angebotenen Weine. Pures Cassis in der Nase (Duft nach Cassislikör). Sensationell. Im Abgang deutliche Süße, satte Frucht. Der Ladykiller!« Eine deftige und klare Ansage.

Die Geschäftsleitung von La Vinum persönlich präsentierte sehr fachkundig und leicht verständlich die angebotenen Weine. Nachfragen wurden gerne und ausführlich beantwortet. So war auch dieser unterhaltsame Abend bei den Hürsters etwas zum Genießen, und das gleich in mehrfacher Hinsicht.

Sauerbraten von der Lammhüfte auf grünen Spargelnudeln und Rosmarinkartoffeln

Zutaten

*Lammsteakhüfte   Grüner Spargel   Drillinge   Röstgemüse (Suppengrün)   Sahne   Rotwein
Rotweinessig   Balsamico-Essig   Zuckerrübensirup   Rosmarin   Lorbeerblatt
Wachholderbeere   Olivenöl   Knoblauch   Wenig Tomatenmark   Butter, Zucker, Salz, Pfeffer, Knoblauch*

Zubereitung

1. Röstgemüse (würfelig), Lorbeerblatt, Wacholderbeeren, Knoblauch, Rosmarin, Rotweinessig und Rotwein zu einer Marinade verarbeiten. Die Lammsteakhüfte darin mind. 24 Std. marinieren.

2. Das Gemüse abschöpfen und daraus eine Sauce ansetzen, ergänzen mit Tomatenmark, Zuckerrübensirup und Balsamico-Essig mit der Marinadenflüssigkeit auffüllen.

3. Die Lammhüfte mit Salz und Pfeffer würzen und anbraten, danach ca. 10 Min. bei 160 °C im Umluftofen braten.

4. Vorher schon vorbereiten – die Kartoffeln (Drillinge mit Schale) waschen und mit Knoblauch, grobem Salz, Rosmarinzweigen und Olivenöl in einem Bräter abgedeckt für ca. 50 Min. bei 160 °C Umluft in den Ofen schieben.
Danach die Kartoffeln halbieren und noch mal in Butter/Olivenölgemisch langsam bei kleiner Flamme in der Pfanne bräunen.

5. Den grünen Spargel am Ende großzügig abschneiden und mit einem Sparschäler schälen, ohne dabei die Spargelstange zu drehen; so entstehen die so genannten Spargelnudeln.

6. Wenn die Lammhüfte zum Ruhen aus dem Ofen genommen wurde, werden die Spargelnudeln mit Butter, Zucker und etwas Salz/Pfeffer in einer Pfanne angedünstet, mit etwas Sahne angegossen und für ca. 1 Min. gegart.

7. Die Nudeln nun mittig auf einem Teller anrichten, die Lammhüfte tranchieren und auf den Nudeln anrichten.

8. Mit der kräftigen Sauerbratensauce umgießen und die Rosmarinkartoffeln verteilen.

Ein Tempel des guten Geschmacks an der B 54 zwischen Lünen und Werne

Da Kunst bekanntlich besonders auffällig wird, wenn sie abwesend ist, und uns nur reicher macht, wenn sie uns umgibt, oder wie Victor Hugo es formulierte: »Nichts ist mächtiger als eine Idee, deren Zeit gekommen ist«, war es 1984 so weit und die Galerie Anders öffnete ihre Pforten in dem historischen Ambiente einer ehemals dampfgetriebenen Kornmühle des südlichen Münsterlandes.

Auf ca. 6 000 m² Ausstellungsfläche erwartet nun den interessierten Besucher international anerkannte Kunst, Designer-Schmuck und ein liebevoll gepflegtes, umfangreiches Wein-Sortiment. Die künstlerische Ausrichtung der Galerie bewegt sich heute zwischen aktueller Gegenwartskunst und klassischer Moderne, auf einer äußerst interessanten Gratwanderung zwischen Noch-Gegenständlichkeit und Schon-Abstraktion. »Ein Kunstwerk ist fertig in dem Augenblick, in dem kein Handlungsbedarf des Künstlers mehr besteht.«

Die Prämisse der Galerie liegt eindeutig auf Qualität und Originalität, denn »Kunst kommt von Können und nicht von Wollen«. Demzufolge sucht man hier vergebens Poster, Kunstgewerbe und Dekoration – hier gibt es nur limitierte Grafiken und Original-Gemälde, Skulpturen und Objekte, eben *Kunst*.

Bedeutende Künstler waren hier schon zu Gast, darunter César Manrique aus Lanzarote, James Coignard, aber auch James Rizzi und Charles Fazzino aus New York und viele, viele andere. Die Galerie verfügt unter anderem über eine der umfangreichsten Grafik-Sammlungen von James Coignard und auch über einige Originale.

Aber was ist Kunst?

Dafür gibt es allerdings unterschiedliche Definitionen. Die Inhaber halten es ganz einfach mit Picasso und sagen: »Es gibt den Maler, der aus der Sonne einen gelben Fleck macht, aber es gibt auch den, der mit Überlegung und Handwerk aus einem gelben Fleck eine Sonne macht.«

Kunst gibt es in Museen und guten Galerien

Galerien betreuen, beraten und vertreten Künstler am Standort. Sie sind das Schaufenster und Vertriebssystem der Künstler – Kunsthandlungen hingegen treiben nur Handel mit Kunst, sie kaufen und verkaufen. Die Galeristen Lisa und Wolfgang Anders betreuen und beraten persönlich. Kein Wischiwaschi, kein Schickimicki – nur Kompetenz und ehrliche Beratung. Auf Wunsch findet ein Beratungsgespräch auch vor Ort beim Kunstinteressenten statt.

Lisa Anders, Inhaberin Galerie Anders

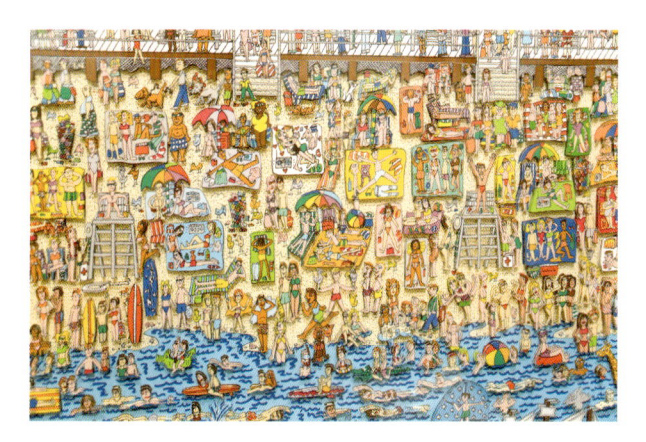

Die Galerie organisiert Ausstellungen in eigenen und fremden Räumen und gibt gelegentlich auch jungen Künstlern ein Forum. In der Galerie Anders kann man gute Kunst kaufen oder auch mieten. Die Beschäftigung mit der Kunst, das Sammeln von Kunstwerken bringt uns einen Teil jener Ruhe und Besinnlichkeit zurück, die wir in der Hektik des Alltags oft verlieren.

In eigener Werkstatt wird gerahmt. Eigene und angelieferte Bilder erhalten ein angemessenes neues Umfeld – neues Glas, neues Passepartout. Auch hier stehen die Galeristen kompetent mit Rat und Tat zur Seite.

Die ausgefallenen, individuellen Schmuck-Kreationen stammen von anerkannten Designern und entstehen in kleinen Manufakturen und Ateliers, wo kreative Designer und perfekte Handwerker zusammen wirken. Sie sind fast ausschließlich aus antiallergischem Sterling-Silber und echten Steinen hergestellt. Und das Schöne ist, dass diese interessanten und bezaubernden Kreationen absolut bezahlbar sind. Seit kurzem gibt es auch Schmuck aus der Langani-Kollektion in den Vitrinen der Galerie.

In vino veritas

In den Regalen der Galerie befinden sich gut und gerne 230 Positionen köstlicher Weine, dazu Champagner, Sekt und Crémant*, Grappa und Obstbrände regionaler Spitzenerzeuger. Zu den überwiegend trockenen Weinen gesellen sich auch halbtrockene und edelsüße Gewächse.

Gut sortiert ist die Galerie mit Weinen aus der Pfalz, Italien, Spanien, Südafrika und mit hervorragenden und bezahlbaren Weinen aus dem Hause Rothschild. Die Weine sind unkompliziert, trinkreif und schmecken hervorragend. Gemacht zum Jetzt-Genuss und nicht für die Erben dereinst. Ein ausgezeichnetes Preis-/Leistungsverhältnis ist unübersehbar. Präsente und Weinproben (in Gruppen ab 6 Personen) werden nach individuellen Wünschen arrangiert.

Aber all das Vorgenannte sollte die knackige Wahrheit nicht verwässern. Den Galeristen geht es um die Kunst und das Leben. Sie halten es mit Schiller, der sagte: »Ernst ist das Leben, heiter die Kunst.«

---

* **Crémant:** Als Crémant bezeichnet man Schaumweine mit der kontrollierten Herkunftsbezeichnung außerhalb der Champagne, jedoch nach dem Champagnerverfahren hergestellt.

Ausschnitt des Bildes »Schichtwechsel«
(Gemälde im Bergbau-Museum Bochum)
von H. D. Tylle, 1983

Feiern im Park – Parkrestaurant Herne

Seit Jahrzehnten ist das Parkrestaurant in der Schaeferstrasse 109 in Herne für viele Gäste die erste Adresse, wenn es um kulinarische Sinnesfreuden und besondere Feiern und Veranstaltungen geht. Das Restaurant befindet sich inmitten des schönen und ruhigen Stadtgartens von Herne.

In dem gemütlich eleganten Ambiente ließ es sich über 30 Jahre immer gut speisen und feiern, denn die 14 Köche beherrschen ihr Handwerk perfekt. Im Sommer war die große Terrasse mit Blick auf den Park eine Oase der Ruhe und Entspannung und wurde gerne genutzt, um zu genießen und dabei vom hektischen Alltagstrubel abzuschalten. Bei bedecktem Wetter bot der beliebte Wintergarten einen unverstellten Blick auf die Terrasse und den Park. Nach 31 Jahren fasste Geschäftsführer Hans-Ulrich van Dillen den Entschluss, die etwas in die Jahre gekommene gute Stube von Herne in neuem Glanz erstrahlen zu lassen. Alles hat seine Zeit. Nach den Jahren im gediegenen Ambiente wurde es jetzt Zeit für eine Veränderung. Durch den Umbau des Restaurants sollte nach dem Willen den Gastronomieexperten van Dillen die Einrichtung aber keineswegs ihre Seele verlieren. Im Sommer dieses Jahres gingen die Handwerker sechs Wochen lang ein und aus. Am Dienstag dem 4. September stellte sich das »neue« Parkrestaurant den kritischen Augen seiner Besucher. Mit der Auswahl des neuen Interieurs hat Hans Ullrich van Dillen den gewagten Spagat geschafft, den Geschmack fast aller Altersgruppen gleichermaßen zu bedienen. Das Restaurant präsentiert sich seinen Besuchern nun modern, stilvoll und elegant. Edler Holzfußboden und viel Leder prägen das Bild. Dekorations- und Kunstgegenstände stehen in beleuchteten Wandvertiefungen, und ein modernes Bild im Großformat wechselt fließend Farbe und Aussehen, ähnlich wie bei der beruhigend wirkenden Lichttherapie in einer Wellnesseinrichtung. Die kleine Lobby ist geprägt von einem Großgemälde mit gastronomischen Motiven, das eine ganze Wand bedeckt und von einer dezenten Hintergrundbeleuchtung eingefasst ist. Von den modernen Chrom/Leder Sesseln kann man dieses Gemälde in aller Ruhe betrachten, etwas in den Zeitschriften schmökern oder eine Zigarette genießen.

Bei der Umsetzung seiner Ideen verzichtete der Geschäftsführer komplett auf einen Innenarchitekten. Vom Fußboden bis zur Decke wurde alles erneuert. Herausgekommen ist ein beeindruckendes neues Restaurant. Für die vielen Feinschmecker aus Herne und dem gesamten Revier wurde an alter Stätte eine neue elegante Adresse geschaffen. »An unserem Konzept, jeder Gast ist uns willkommen, hat sich natürlich nichts geändert«, sagt uns Geschäftsführer van Dillen. Egal, ob ein hochwertiges Mehrgänge-Menü mit hervorragenden begleitenden Weinen oder einfach nur ein leckerer frischer Kaffee der Anlass zum Besuch des Restaurants ist, die 60 Gastronomie-Fachkräfte sind auf alle Gäste vorbereitet. Mit einem so großen und kompetenten Team im Rücken fällt es van Dillen leicht, seinen Gästen auch für große Feierlichkeiten den gewünschten Erfolg zu versprechen. In den neu gestalteten Räumlichkeiten finden Gesellschaften oder Veranstaltungen für bis zu 250 Personen statt. Die Räumlichkeiten werden den jeweiligen Bedürfnissen angepasst.

Das Küchenteam

Die Küchenmannschaft um Johannes Große und Sous Chef Frank Klatt ist für die kleinen ausgefallenen Wünsche der Gäste genauso gut gerüstet wie für große festliche Veranstaltungen. Der Profi sieht es mit Gelassenheit. Alles nur eine Angelegenheit der Vorbereitung. Seine jahrzehntelange Erfahrung hilft ihm da natürlich sehr.

Ein Gala-Dinner, kann an großen runden Tischen, ohne dass eine räumliche Beengtheit entsteht, für 160 Gäste eingedeckt werden. Wenn zu einem solchen Dinner zusätzlich noch »à la carte Gäste« kommen, das Bistro »Park's« gut besucht und der Biergarten voll ist, wird von Johannes Großes Team für alle Gäste gleich gut gekocht – Profis eben. Johannes Große ist in jeder Situation Herr der Lage, kann er doch im Bedarfsfall noch auf die Unterstützung der anderen Küchenchefs der Unternehmensgruppe zählen.

Aus dem Mondpalast in Wanne-Eickel unterstützt ihn in solchen Fällen einer der beiden Küchenchefs. Zum einen ist da Andrew Kidd, der seine Auslandserfahrungen in Hong Kong und Neuseeland gesammelt hat. Er ist seit 2001 bei der TGG, zum anderen Sebastian Wendrock, gleichfalls ein erfahrener Küchenchef.

Aus der reichhaltigen Speisenkarte wählen die Veranstalter individuell die Spezialitäten aus, die dem entsprechenden Anlass den gewünschten feierlichen Rahmen verleihen. Die Speisenkarte lässt das Herz von Feinschmeckern höher schlagen. Bei Fleisch- oder Fischmenüs zeigt Küchenchef Große, dass Kochen eine Kunstform sein kann. Neben den festen Menüfolgen werden natürlich auch kalte oder warme Buffets für den großen oder etwas kleineren Geldbeutel angeboten. Eigene Wünsche der Gäste/Veranstalter werden individuell realisiert.

Neben dem à la carte Geschäft und den Veranstaltungen im Parkrestaurant, betreibt die TGG auch ein umfangreiches Catering-Geschäft. Auf der größten Außerhaus-Veranstaltung wurden 10 000 Gäste beköcht.

Das Parkrestaurant ist ein Betrieb der TGG (Tagungsstätten- und Gastronomiegesellschaft Herne), die noch weitere Gastronomieangebote bereithält. Rundum sorglos können sich die Gäste in der Schaeferstraße nicht nur im Parkrestaurant, sondern auch im Parkhotel und Park's fühlen. Als Novum in dieser Region bezeichnet Geschäftsführer van Dillen die Kegelbahn des Hauses. In der Kegelstube befinden sich vier Bahnen. Die Stube ist so groß, dass zeitgleich 60 Personen kegeln und auch feiern können.

Parkhotel und Parkrestaurant liegen, wie bereits erwähnt, im Stadtgarten von Herne. Wenn Wetter und Jahreszeit es zulassen, sind das Parkrestaurant, das Bistro und der Biergarten Ausflugsziele für Fahrradfahrer, die hier sehr willkommen sind. 2007 wurde das Parkhotel von NRW-Minister Oliver Wilke als fahrradfreundliches Hotel ausgezeichnet. Seitdem weist eine Plakette schon von außen darauf hin, dass Radfahrer hier gern gesehene Gäste sind.

Das Park's steht mit seinem modernen Ambiente eines Bistro-Pubs nicht nur für coole Drinks zum Feierabend, sondern auch für gemütliche Gespräche mit Freunden.

Direkt im Kulturzentrum von Herne zählt das Restaurant Zille mit seinem Berliner Flair zu den gemütlichsten Kneipen der Stadt. Im Städtischen Saalbau, einem Jugendstilbau von 1911, befindet sich die Mondschänke, herrlich gelegen im Wanner Stadtgarten. Sie

Das Park's – Bistro, Pub und Lounge

gehört ebenfalls zum gastronomischen Angebot der TGG und ist bis heute die gute Stube der Wanne-Eickeler Bürger.

Gründe, einen Besuch im Ruhrgebiet zu machen, gibt es viele. Ebenso viele sprechen dafür, eine Pause im Parkhotel zu machen. Neben privaten Gästen bietet das moderne Hotel auch Raum für Tagungen mit bis zu 70 Teilnehmern. Für Tagungsteilnehmer ist die persönliche Atmosphäre ein wichtiger Aspekt für einen für einen entspannten Aufenthalt. Ergänzt durch einen professionellen Service, garantiert das Parkhotel einen effizienten Aufenthalt.

Die Schaeferstraße 109 – 111 in Herne, gehört mit Sicherheit zu den Adressen die in jeder Hinsicht einen Besuch wert ist.

Gegrilltes Steinbuttfilet
mit violetten Kartoffelschuppen und konfierten Miniparika

Zutaten für 4 Personen

4 Stck mittelgroße Steinbuttfilets   4 Stck violette Kartoffeln (Trüffel-Kartoffeln)
8 Stck Mini-Paprika (4 Rote, vier Gelbe)   1 Stck kl. Zucchini   1 Stck kl. Aubergine   1 Stck Tomate
Salz, Pfeffer   frischer Thymian   frischer Rosmarin
Für den Rahmspinat: 50g Spinatblätter   1 Stck Schalotte   100 ml Sahne   Salz, Muskat
Für die Fisch-Farce: 100 g weißes Steinbuttfilet   60 ml flüssige Sahne   1 EL Noilly Prat (Vermouth)
Salz, Pfeffer

Johannes Große heißt seit 2001 der Küchenchef im Parkrestaurant Herne. Der 1961 im Hochsauerland geborene Küchenchef absolvierte seine Ausbildung im Heidehotel Hildfeld, arbeitete danach in renommierten Häusern wie dem Gasthof Schwarzer Adler (Oberbergen), dem Almhof Rupp Riezlern (Kleinwalsertal), Gasthof Zur Traube (Grevenbroich) und Hotel Goldschmieding (Castrop-Rauxel). Auch als Küchenchef sammelte er reichlich Erfahrung, zuletzt im Hotel Feldmann in Münster, bevor er 1993 zur TGG Herne wechselte.

Für seine Gäste kocht er gern bodenständig, aber auch feine Gerichte mit französischem Akzent. Wild, Fisch und Krustentiere sind seine Lieblingsprodukte in der Küche. Die Jakobsmuschel hat es ihm besonders angetan.

Zubereitung

1. Konfierte Minipaprika: Die Deckel der Mini-Paprika abschneiden, entkernen und auswaschen.
Die Paprika auf der Schnittfläche in eine Kasserolle legen, mit Meersalz und Pfeffer würzen. Einen Zweig Rosmarin dazugeben und etwas Olivenöl angießen.
Die Paprika mit Alufolie abdecken und bei 150 °C 30 Minuten garen.

2. Die Mini-Paprika werden gefüllt mit klein gewürfelter Zucchini, Tomate und Aubergine, die mit Olivenöl ebenfalls kurz angebraten und mit Salz, Pfeffer und Thymian abgeschmeckt werden.

3. Violette Kartoffeln: Die violetten Kartoffeln schälen und mit einer Mandoline in Waffel-Kartoffelscheiben schneiden.

4. Den Spinatsalat mit Butter und klein gewürfelter Schalotte glasig andünsten und die 100 ml Sahne angießen. Ein wenig einkochen lassen. Mit dem Stabmixer pürieren. Mit Salz und Muskat abschmecken.

5. In einer Mulinette mixen. Wenn der Fisch fein gemixt ist, die Sahne hinzugeben und mit Salz, Pfeffer und etwas Noilly Prat abschmecken.

6. Der Steinbutt: Die Steinbuttfilets leicht mit Mehl bestäuben und von einer Seite kurz in Pflanzenfett anbraten. Mit einer Fischfarce dünn bestreichen und die in feine Scheiben geschnittenen Kartoffeln schuppenartig auf den Fisch legen. Die Fischfilets im vorgeheizten Backofen ca. 5 Minuten backen.

7. Alles schön wie auf dem Foto drapieren und servieren.

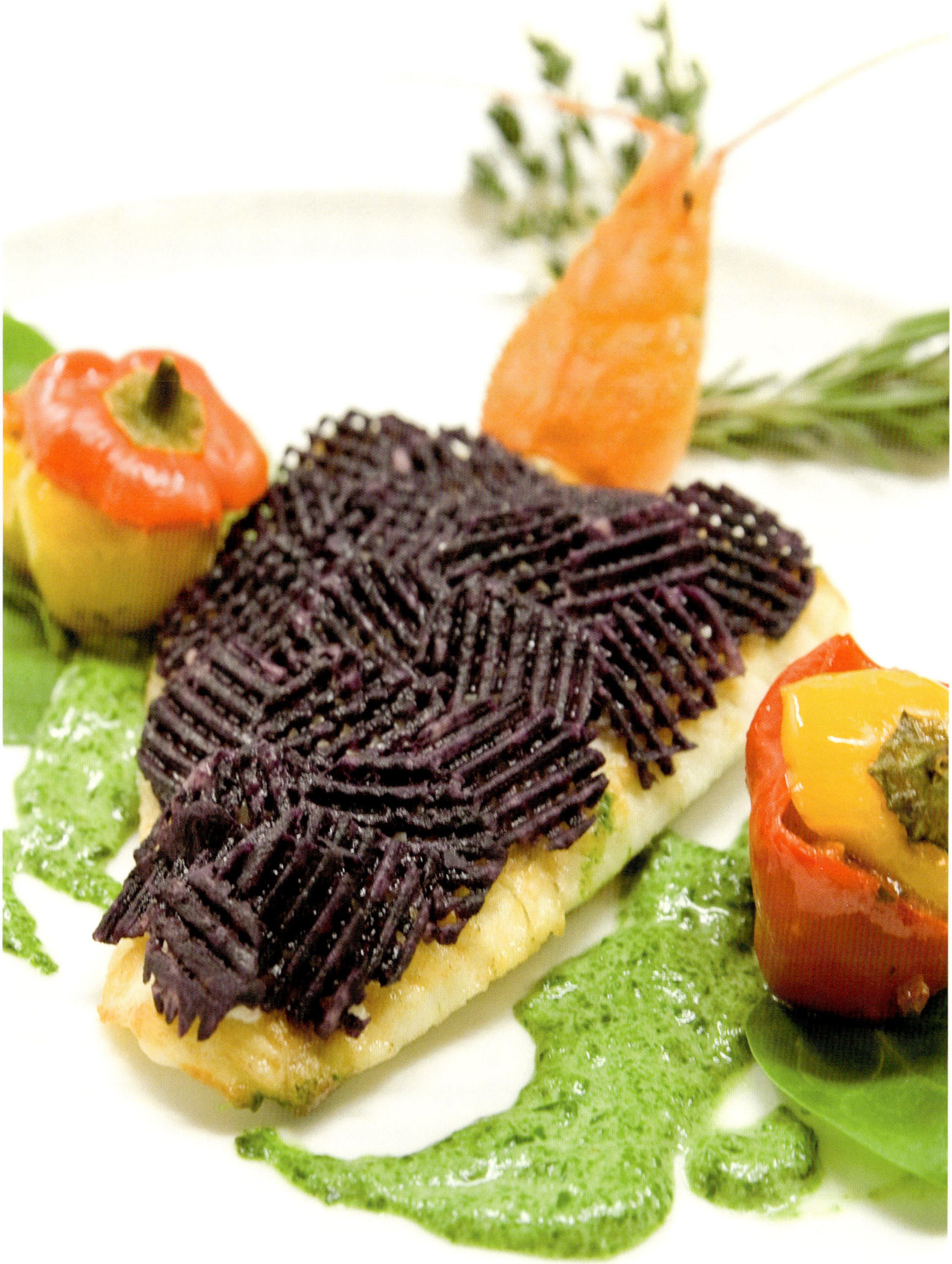

Feinkost Riechmann

In der Fußgängerzone von Waltrop, genauer der Dortmunderstraße 10, befindet sich das traditionsreiche Feinkostgeschäft Riechmann, mit seinem hauptsächlichen Sortiment, das Weine aus aller Welt, Obst und Gemüse, Wurst und Käse, aber auch Tee und Kaffee, sowie Süßwaren anbietet.

Geführt werden um die 30 Sorten Frischpralinen, feinster Kaffee der Privatrösterei Niehoff und eine Vielzahl an ausgewähltem Tee aus dem Hause Ronnefeld.

Außerdem ergänzen besonders die köstlichen Schinkenspezialitäten das vielfältige Angebot der Schinken und Aufschnitttheke.

Angrenzend befindet sich die Käsetheke, in der vielerlei Leckereien von Bergkäse bis Parmesan vorhanden sind. Selbstverständlich wird bei Feinkost Riechmann jede Scheibe nach Kundenwunsch frisch aufgeschnitten. Egal ob dick oder dünn, kurz oder lang.

Auch beim Obst und Gemüse wird ein hoher Wert auf Auswahl und Frische gelegt. Deswegen führt es den Chef, F. W. Schwarz, jeden Morgen erneut Richtung Dortmunder Großmarkt. Während der heimischen Saison pflegen »Riechmanns« Kontakt zu ortsansässigen Bauern in den Rieselfeldern und der näheren Umgebung, woher hiesige Obst und Gemüsesorten bezogen werden.

Besonderes Augenmerk legt das Ehepaar, Gaby und Friedrich Wilhelm Schwarz, auf die Weinabteilung, die im Sommer 2008 großzügig ausgebaut und erweitert wurde.

Angefangen von einer großen Vielfalt Deutscher Weine bis hin zu Frankreich, Spanien und Portugal, Italien, Südafrika, Chile, Kalifornien und Argentinien.

Selbstverständlich bietet Feinkost Riechmann ihren Weinkunden eine kompetente Beratung und darüber hinaus werden nach Terminvereinbarung individuelle Verkostungen, Themenabende oder Länderabende, Weingutsvorstellungen und Rebsortenproben veranstaltet.

Großgeschrieben im Hause Riechmann wird auch der Präsent- und Versandservice. Dieser bietet Firmen, wie auch Privatkunden, die Möglichkeit, ihre Geschenkideen schnell und unkompliziert zu verwirklichen, wobei liebevoll ausgesuchte Zusammenstellungen jedes Mal wieder für Freude sorgen.

Die großzügige Weinabteilung und der Präsentservice gehörten aber nicht immer zu Feinkost Riechmann.

Denn früher, bei der Gründung im Jahre 1895, war Riechmann noch ein Händler mit Obst und Gemüse, Südfrüchten, Fisch und Sämereien, stationär und fahrend in Dortmund-Mengede, welcher von Wilhelm Riechmann, dem eigentlichen Namensgeber und seiner Familie, geleitet wurde.

Nach Inbetriebnahme der Zeche Waltrop siedelte die Firma 1905 ganz nach Waltrop in ein kleines Ladenlokal um.

Seit 1984 wird das Geschäft bereits in 4. Generation von Friedrich-Wilhelm und Gaby Schwarz geführt, die sich zusammen mit ihren Mitarbeitern sehr über Ihren Besuch freuen würden.

Stefan Manier – Gasthaus Stromberg und B1

Stefan Manier (Jahrgang 1970) versteht seine Art zu kochen als kreatives Handwerk mit hohem Niveau. Seine Ausbildung absolvierte Stefan Manier im Hotel Bergkurpark in Bad Pyrmont. Als einer der Meisterschüler des 3 Sterne-Kochs Heinz Winkler erkochte er im Jahre 2001 im Hotel Jagdhof Glashütte den begehrten Michelin-Stern. Seit dieser Zeit ist die Vita Maniers um viele Facetten reicher geworden. Seit 2005 führt er als geschäftsführender Gesellschafter gemeinsam mit Brigitta Stromberg das Traditions-Gasthaus Stromberg in Waltrop. Mit Holger, dem Sohn von Brigitta und Bernhard Stromberg, verbindet ihn eine alte Freundschaft. Der Wechsel von der Glashütte in dieses renommierte Gasthaus fand aufgrund dieser freundschaftlichen Verbindung statt, da sich der private und berufliche Lebensmittelpunkt von Holger Stromberg in München befindet.

Seit Stefan Manier in Waltrop als Gastronom und Unternehmer tätig ist, hat sein berufliches Leben erheblich Fahrt aufgenommen. Hier hat er neben seiner Leidenschaft zum Kochen eine weitere entdeckt – die des Unternehmers. Manier nennt es »Business machen«. Daran findet er viel Spaß. »Ich definiere mich nicht mehr nur über Restaurantkritiken«, Zitat Stefan Manier.

Parallel zum Gasthaus Stromberg betreibt Manier einen Catering-Service und über den Dächern von Dortmund das einzigartige B1*. Ganz nebenher ist er seit einigen Jahren ständiger Kolumnist eines Gastro- und Lifestyle Magazins.

Gasthaus Stromberg

Das Gasthaus Stromberg, im Herzen der Fußgängerzone von Waltrop, existiert dort seit ca. 100 Jahren. Mitte der 1970er Jahre übernehmen Bernhard und Brigitta Stromberg dieses Gasthaus. Sie machen aus dem Gasthaus eines der angesehensten Restaurants im Ruhrgebiet. In den 1980er Jahren übernimmt Bernhard Stromberg parallel für ca. 10 Jahre das Haus Goldschmieding in Castrop-Rauxel. Hier inszeniert er seine berühmten Bejoulais-Partys.

Das Gasthaus Stromberg ist mehr als ein gewöhnliches Restaurant. Hier treffen sich Menschen mit hohen Ansprüchen an die Gastronomie, die sich in einem Restaurant zu Hause fühlen und gut aufgehoben sein möchten. Mit einer gekonnten Mischung aus Tradition und Innovation sowie dem Anspruch an höchste Qualität spricht Stefan Manier gleichermaßen Gaumen und Herz seiner Gäste an. »Wir fühlen uns der traditionellen Küche Westfalens eng verbunden, wollen dabei jedoch unsere Kreativität weiterentwickeln. So werden Sie immer wieder vollkommen neue Kreationen von uns und mit uns gemeinsam entdecken.«

Gasthaus Feinkost

In diesem altehrwürdigen Gasthaus betreibt Manier einen Feinkost-Gasthaus-Shop, in dem für den Gast ein ausgesuchtes Sortiment bester Feinkostartikel bereitgehalten wird.

Entstanden ist die Idee, als er 2005 zuviel Gänsestopfleberterrine übrig hatte und diese im Gasthaus anbot. Innerhalb kürzester Zeit war die Terrine verkauft. Für Weihnachten 2005 produzierte er dann gezielt Gänsestopfleber zum »Außer-Haus-Verkauf«. Ehe er richtig schalten konnte, war auch diese verkauft. 2006 waren es dann 100 kg Gänsestopfleberterrine und 400 Gläser Gänsesauce.

Heute finden Sie neben Rouladen, Kalbsbäckchen oder perfekter Kalbsjus aus eigener Produktion feinste Gewürze und fertige Gewürzmischungen. Dazu erlesene Essige und diverse Öle, die jedes Feinschmeckerherz höher schlagen lassen, und weitere Geheimnisse für Genießer, insbesondere das patentierte schwarze Grubensalz. In dem neu eingerichteten Weinkeller stehen mehr als 90 Positionen hervorragender Tropfen zur Auswahl.

Gasthaus Catering

Vom Gasthaus Stromberg aus wird auch der überregional tätige Catering-Service betrieben. Hier kommt Stefan Manier natürlich sein großes Know-how als Koch sehr zu gute. So ist er mit dem Catering-Service unter anderem auch auf so großen Events wie Premierenfeiern im Colosseum Theater in Essen vertreten. Faszi-

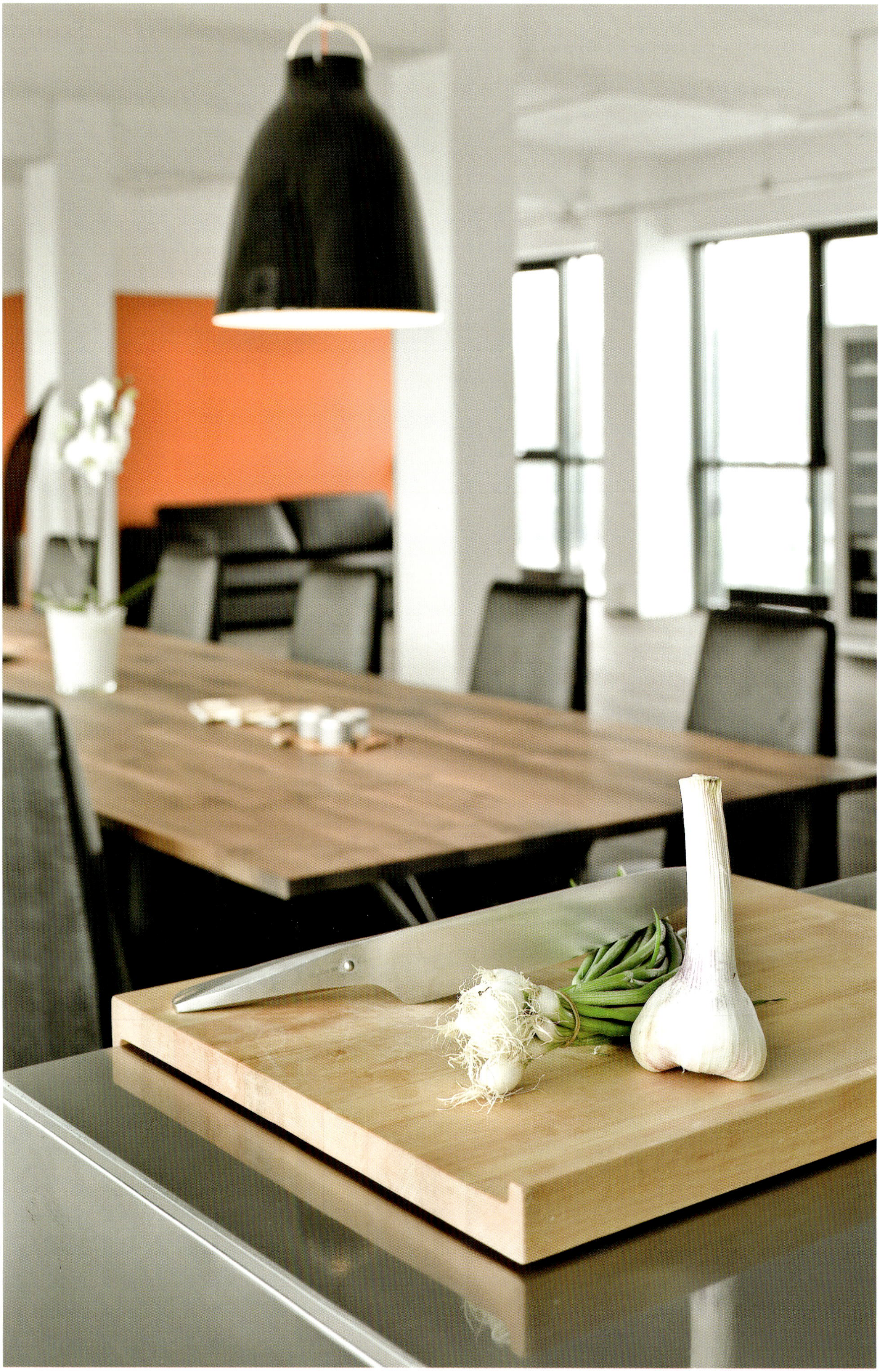

nieren möchte er seine Kunden auch beim Catering durch innovative und kreative Kochkunst. Er versteht sich als Partner seiner Kunden und begleitet sie von der Planung bis zur Durchführung des Events. Das Gasthaus Catering leistet mehr, als nur das Kunden-Event zu begleiten. Es fühlt sich als Teil der Kundenstrategie und nimmt Anteil an dem, was der Kunde seinen Gästen vermitteln will. Individualität wird dabei groß geschrieben.

B1* by Stefan Manier

Das im Juni 2008 eröffnete B1* in Dortmund ist das neueste Projekt von Stefan Manier. Unter dem Motto »Sehen und nicht gesehen werden« genießen Sie über den Dächern von Dortmund eine einzigartige Atmosphäre. Einmal in der fünften Etage des »Inhouse« angekommen, werden Sie von moderner Architektur mit einem Herz für Glas empfangen. Dazu ein Look and Feel für das ganz private Big-City-Life. Das B1* haben Sie mit Ihren Freunden oder Geschäftspartnern ganz für sich allein. Das 245 m²-Loft wird ausschließlich exklusiv vergeben. Hier können Sie ungestört präsentieren, diskutieren und feiern, in einem Ambiente, losgelöst von angestrengten und anstrengenden Normen. Hier bietet sich den Gästen ein Privileg, das sie so in keinem Restaurant der Welt erleben.

Gesetzte Essen für bis zu 34 Personen und Flying Buffets für bis zu 80 Personen, eine Bulthaupt Showküche für Kochevents, eine Bar und eine Lounge, allein für Sie und Ihre Gäste.

Im B1* zergeht vieles auf der Zunge. Kochen als sinnliches und sinnvolles Erlebnis, das mehr ist als bloßes Entertainment für die Gäste. Zusammen mit Stefan Manier wird Zwiebelschneiden und Fischfiletieren zur natürlichsten Sache der Welt. Hier im B1* spricht man viel entspannter über Quartalsergebnisse, den neuen Investmentplan oder die nächste Produktinnovation.

Hier werden Ihnen exzellente Genüsse geboten, die keine Show benötigen – Sie brauchen nur die Menschen, mit denen Sie (sich) abheben wollen. Wollen Sie?

Gebratene Sauerländer Taubenbrust auf jungem Lauch mit Blutwurst-Ravioli, Pfifferlingen und Essig-Zwetschen

Zutaten für 4 Personen
*8 Stck ausgelöste Taubenbrüste   200 g Blutwurst   200 g Pfifferlinge   2 Bund jungen Lauch
8 Stck Zwetschgen   ¼ l Kalbsjus*   **Nudelteig:** *250 g griffiges Mehl   4 Stck Eigelb   3 EL Olivenöl   2 EL Wasser*
Weitere Zutaten: *Meersalz, Pfeffer aus der Mühle   Vollrohrzucker   Muskatnuss   Madeira   alter Balsamico
Erdnussöl zum Braten   Butter   Thymian   Zimtblüten   Piment*

Zubereitung

1. Für den Nudelteig alle Zutaten zu einem geschmeidigen Teig verarbeiten und in Folie einschlagen. Mindestens eine Stunde ruhen lassen.

2. Die Blutwurst in 8 finderdicke Scheiben schneiden und mit Pfeffer und einigen Thymianblättern würzen. Den Nudelteig mit der Maschine sehr dünn ausrollen und mit Eigelb bestreichen. Die Blutwurstscheiben auf die Teigplatte verteilen und zu Ravioli einschlagen. Mit einem Ausstecher nun Ravioli ausstechen. Auf Pergamentpapier mit etwas Mehl im Kühlschrank verwahren.

3. Die Taubenbrüste in einer beschichteten Pfanne in Erdnussöl ringsum anbraten. Aus Pfefferkörnern, Zimtblüten und Piment im Mörser eine Gewürzmischung herstellen und die Taubenbrüste damit würzen. Im Ofen bei 80 °C ca. 20 Minuten garen.

4. Die Zwetschgen vierteln und entkernen. In einer beschichteten Pfanne etwas Butter mit Vollrohrzucker karamellisieren und die Zwetschgen zugeben. Mit 2 – 3 Esslöffeln altem Balsamico ablöschen. So lang kochen lassen, bis die Flüssigkeit sämig ist.

5. Den jungen Lauch schräg in Stücke schneiden und mit den Pfifferlingen in einer Kasserolle in etwas Butter kurz sautieren. Mit Meersalz und Pfeffer würzen. Das Gemüse sollte noch Biss haben. So behält es seinen Geschmack und auch die Farbe.

6. Für die Sauce eine Tasse Madeira in einer Kasserolle reduzieren und mit Jus auffüllen. Bis auf die gewünschte Konsistenz einkochen lassen. Vom Herd nehmen und einige Zweige Thymian darin ziehen lassen.

7. Nun die Ravioli in reichlich wallendem Salzwasser 2 Minuten kochen und zusammen mit den Beilagen anrichten. Die Taubenbrüste tranchieren und kurz vor dem Anrichten mit etwas Meersalz nachwürzen.

Tipp: Aus dem Grün des jungen Lauchs lässt sich mit Olivenöl im Mixer leicht ein grünes Öl herstellen. Dieses gibt dem Gericht als Garnitur eine besondere Note.

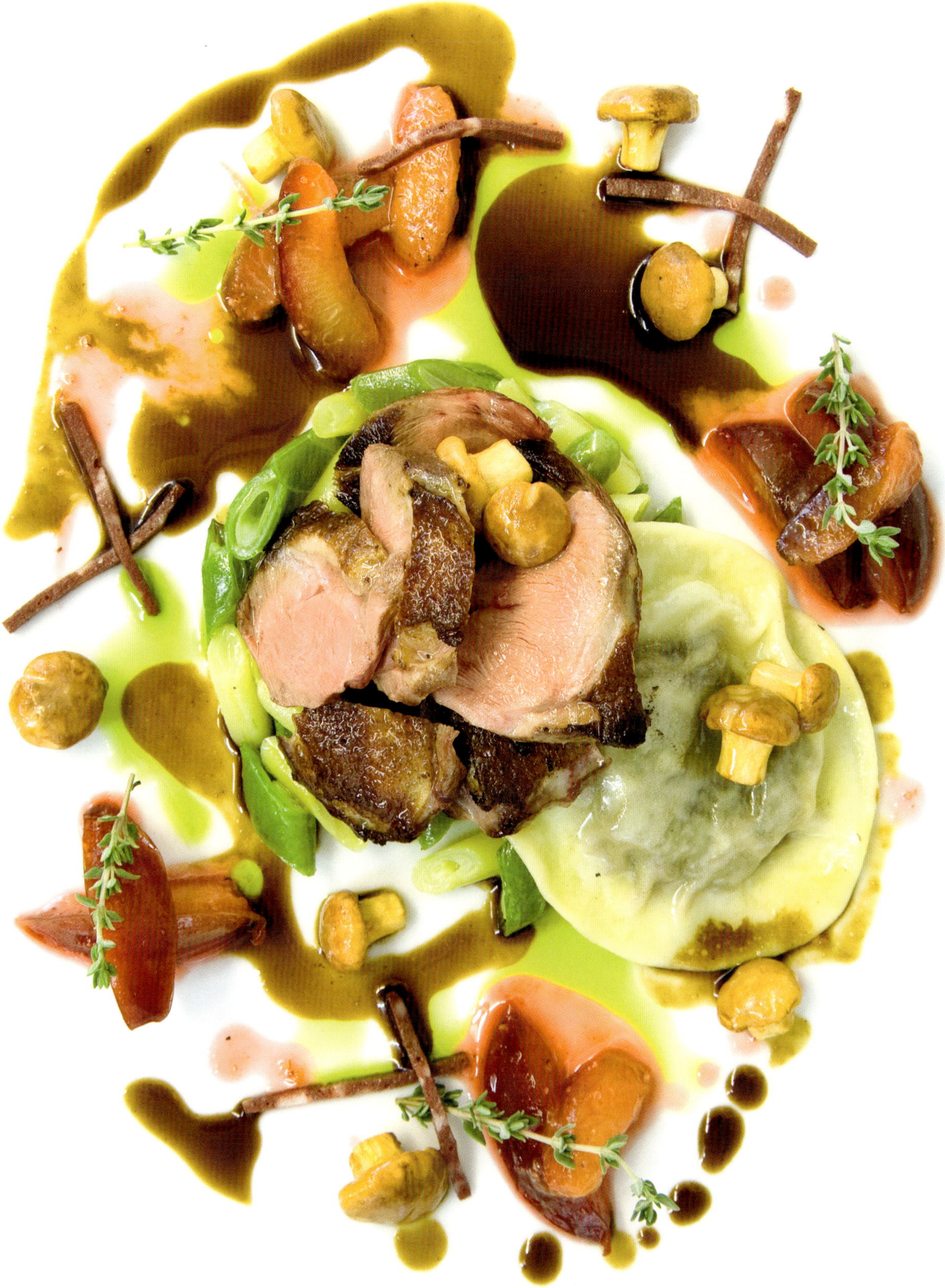

Abgehoben – Westfalen von oben

Das Wetter am 27. Juni 2007 war nicht gerade ideal, um den lange geplanten Rundflug in der kleinen Cessna 172 entspannt genießen zu können. Wir (Gerhard Besler und Kollege Christopher Badde) waren für 11.00 Uhr auf dem Flughafen Loemühle mit dem Fluglehrer Mark Grulich verabredet. Da es seit dem Sommeranfang am 21. Juni täglich gestürmt und geregnet hatte, drohte unser Flug, im wahrsten Sinne des Wortes, ins Wasser zu fallen, denn auch am 27. Juni regnete es um 10.00 Uhr noch in Strömen. Als wenn Petrus ein Einsehen gehabt hätte, riss danach der Himmel auf. Nach einem kurzen Anruf bei Mark Grulich, dem Leiter der Flugschule Marl, entschlossen wir uns gemeinsam, den geplanten Rundflug durchzuführen. Bei unserem Eintreffen war der Himmel nur noch teilweise bedeckt, und ab und zu ließ sich sogar die Sonne sehen. Nach einer kurzen Einweisung und der Äußerung unserer gewünschten Flugroute wurden wir dem Fluglehrer Elmar Bomholt zugeteilt, der an diesem Vormittag mit uns den Rundflug durchführen würde. Wir hatten die Route so gewählt, dass der Pilot sie in einer halben Stunde abfliegen konnte. Eine halbe Stunde Rundflug wird sehr gerne per Gutschein zu besonderen Anlässen verschenkt. In der Gastronomie ist das Verschenken von Gutscheinen seit vielen Jahren sehr populär. Der Gutschein für eine halbe Stunde Rundflug kostet in etwa soviel wie ein Viergänge-Menü und bietet den Fluggästen die Möglichkeit, ihre Heimat einmal aus einer anderen Perspektive zu sehen. Hobbyfotografen kommen dabei voll auf ihre Kosten. Unvergessliche Motive erwarten sie. Für diese halbe Stunde hatten wir uns folgende Strecke ausgesucht: Zielpunkt 1 ist der 11 km entfernte Halterner Stausee, von hieraus sollte es zum 23 km entfernten Wasserschloss Nordkirchen gehen, das wir einmal komplett umrunden würden. Auf dem Weg dorthin würden wir die Kanalschleuse in Haltern-Flaesheim überfliegen. Als letztes Teilziel wählten wir das Wasserschloss Nordkirchen ca. 30 km entfernte Schiffshebewerk in Henrichenburg.

Als wir vom Büro der Flugschule Marl (FSM) zur Maschine gingen, hatte sich das Wetter, bis auf den teils böigen Wind, so gebessert, dass wir eine gute Sicht erwarten konnten. Einsteigen, anschnallen und ab auf's Rollfeld. Kollege Badde nahm auf dem Rücksitz Platz, um die Streckennotizen für den Bericht aufzuzeichnen, während ich mit der Kamera bewaffnet auf dem Backbord-Sitz Platz nahm. Um 11.44 Uhr hob die Cessna 172 (172 PS, 4 Sitze, Baujahr 1972) von der Startbahn ab. Schnell hatten wir unsere Reiseflughöhe von 700 m erreicht. Die Außentemperatur betrug 8 °C und die Windgeschwindigkeit 20 kn (ca. 37 km/h). Auf dem Flug zum Stausee hatten wir Rückenwind und erreichten so eine Geschwindigkeit von 210 km/h.

Bereits kurz nach dem Start sahen wir auf der linken (Backbord) Seite die große Industrieanlage der Chemischen Werke Hüls. Bereits um 11.50 Uhr erreichten wir den Halterner Stausee. Am Anlegesteg zur Hullerner Straße hatte das Ausflugsschiff Möwe festgemacht. Das Tagungshotel Seehof bot aus der Vogelperspektive einen imposanten Anblick. Besonders gut waren aus der Luft der alte Trakt und der große neue Tagungstrakt zu erkennen.

Das Fotografieren bei diesem böigen Wetter war nicht gerade einfach. Das Fenster ließ sich leicht nach oben aufklappen und blieb auch durch den Flugwind bedingt in dieser Position.

Aufgrund von Erfahrungen aus der Vergangenheit wickelte ich den Gurt der Kamera um meinen linken Unterarm, damit sie mir bei einer eventuellen Windböe nicht aus der Hand gerissen werden konnte. Wie ich es vermutet hatte, drückte ein so starker Wind auf die Kamera, dass ich sie nur mit großer Mühe in Schussposition bringen konnte. Besonders schwierig war es, das Teleobjektiv in der richtigen Position zu arretieren. Die Kamera vibrierte sehr stark, ich musste sie mit beiden Händen festhalten und das Objektiv fest umgreifen, damit es sich durch den starken Winddruck nicht permanent verstellte. Es war während des gesamten Fluges sehr schwierig, bei jedem Objekt den geeigneten kurzen Augenblick zu erwischen um ein halbwegs gutes Foto machen zu können. Nachdem die Fotos von dem jeweiligen Zielpunkt im »Kasten« waren, musste das Fenster geschlossen werden. Da diese Tätigkeit 10 – 15 Mal wiederholt wurde, hatte ich als Schreibtischtäter nach dem Flug einen Muskelkater im linken Unterarm.

Auf dem Weg zum Wasserschloss überflogen wir auch die Flaesheimer Schleuse und den Ternscher See. Um 11.59 Uhr erreichten wir das westfälische Versailles – Wasserschloss Nordkirchen. Eine großartige Schlossanlage, in der heute die Landesfinanzschule und das Gourmetrestaurant von Franz L. Lauter zu Hause sind. Einmal umrunden und ab zum Schiffshebewerk. Von nun an hatten wir Gegenwind und kamen nur noch auf eine Fluggeschwindigkeit von 150 km/h. Die Maschine lag sehr unruhig in der Luft, wurde gerüttelt und geschüttelt und sackte auch schon einmal etwas nach unten durch. Als dann noch einige enge Kurven geflogen wurden um die Fotomotive möglichst gut zu erwischen, machte sich Übelkeit bei mir bemerkbar.

Um 12.06 Uhr überflogen wir Waltrop und um 12.09 Uhr erreichten wir die Schiffshebewerke in Henrichenburg und sahen einer Schiffsschleusung aus der Luft zu. Nachdem wir auch das Hebewerk einmal umrundet hatten, ging es zurück zum Flugplatz Loemühle, auf dem wir um 12.18 Uhr zur Landung ansetzten. Die gewählte Flugroute stellte sich im nachhinein als ungemein interessant heraus. Wir sahen große Industrieanlagen, schöne Landschaften, Schlösser und Industriedenkmäler – und das alles in etwas mehr als einer halben Stunde. Erleben Sie Ihre Heimat einmal von oben oder zeigen Sie die schönsten Objekte unserer Region einmal Ihren Kindern oder Enkeln. Ein tolles Erlebnis – vor allem bei schönem Wetter. Für ganz Mutige bietet die Flugschule Marl auch Kunstflüge an.

Schleuse Flaesheim

**Dr. Peter Luthaus
Geschäftsführer der
Flugschule Marl**

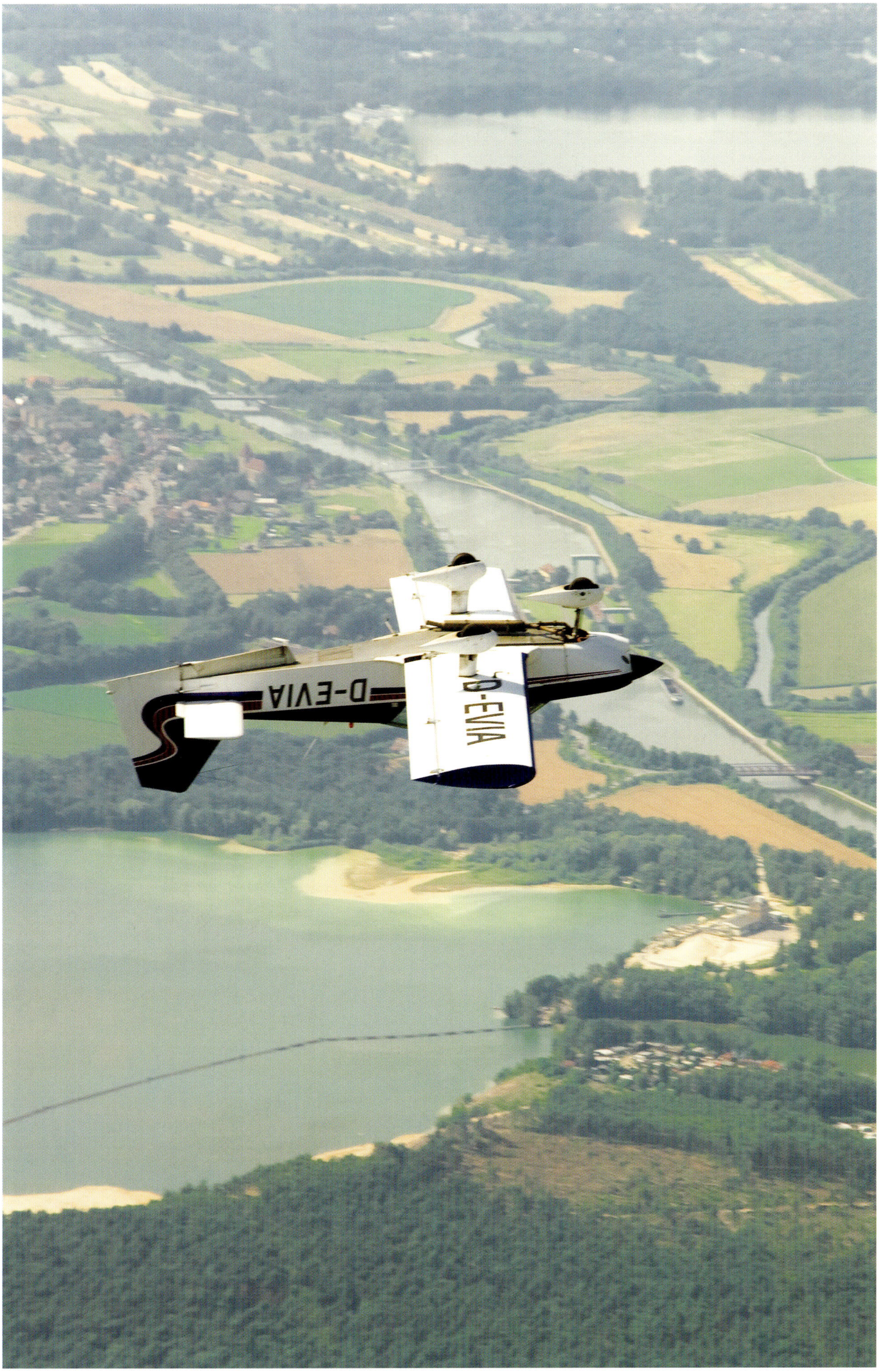
D-EVIA

Herrenabend bei Björn Freitag

In dem kleinen Dorstener Restaurant Goldener Anker treffen sich Feinschmecker gerne zu exklusiven Kochkursen und Kochseminaren. Patron Björn Freitag gehört seit einigen Jahren zu den gesetzten Spitzenköchen in Westfalen. Seine Küche gilt als ausdrucksstark, klar und luxuriös. Vom Image des jungen Wilden hat er sich endgültig gelöst. Dass er auch überregional anerkannt ist, unterstreichen seine diversen Fernsehshows im WDR und Kabel 1. Sein kulinarisches Wissen gibt Freitag gerne in anschaulicher, unterhaltender aber immer auch informativer Weise bei kleinen exklusiven Kochabenden zum Besten. Feinschmecker geben sich in seinem kleinen gemütlichen Restaurant gerne ein Stelldichein.

Kochseminare bei Sterneköchen sind in den letzten Jahren vor allem bei Männern en vogue. Als wir einen Kochkurs bei Björn Freitag besuchten, war der »Fress-Kochklub« zu Gast. Fünf Herren, die beruflich ihre Einkommen aus der Tätigkeit als Ärzte und Unternehmer beziehen.

Der Kochkurs bei Björn

Als die Herren Kursteilnehmer gegen 19.30 Uhr im Restaurant »Goldener Anker« eintrafen, versammelte man sich erst einmal zu einem kühlen Jever vom Fass an dem kleinen Tresen. Nach ein wenig Smalltalk gab Björn Freitag die Menüfolge für den Abend bekannt:
- Wolfsbarsch auf Feldsalat und Kartoffeldressing
- Flusskrebse im Sud
- Als Hauptgang Taubenbrust mit Gänseleber soufliert und Steinpilzen
- Flambierte Feigen (aus dem Garten von Kursteilnehmer Klaus Hüttemann) mit Tonkabohneneis

Bevor es gemeinsam in die Küche ging, wurde das kleine Meeting mit einem Glas Champagner abgeschlossen. In der Küche erklärte Björn Freitag den Kursteilnehmern bei einem Glas kühlem Küchenwein (Menetou Salon 2004 aus dem Weingut von Henri Bourgeois) die einzelnen Produkte und deren Zubereitung. Der Wolfsbarsch musste gesäubert, geschuppt, filetiert und von den kleinen Gräten im Filet befreit werden. Der Feldsalat gesäubert und das Kartoffeldressing frisch zubereitet werden. Die lebenden Flusskrebse wurden in sprudelnd kochendem Wasser gegart (dabei wechselte die Farbe von dem natürlichen Grau-Grün in ein leuchtendes Rot).

Nach etwas kühlem Küchenwein wurde die ganze Veranstaltung zunehmend lockerer und die Unterhaltung kam zusehends in Gang. Autos waren natürlich ein bevorzugtes Thema. Da war man unter sich. Der neue Jaguar XKR und der Carrera 4 waren die Themen. Schließlich war man soweit, dass der Wolfsbarsch serviert werden konnte. Während man den frisch zubereiteten Wolfsbarsch auf Feldsalat genoss, wurde angeregt weiter über Autos und Geschäfte diskutiert. Als Tischwein wurde der Menetou Salon getrunken. Die Unterhaltung in einer solchen Runde spielt eine wesentliche Rolle.

Da der nächste Gang auf seine Fertigstellung wartete, wurde wieder in die Küche gewechselt. Die Flusskrebse waren schon gesäubert, und aus den Scheren und dem Rückenpanzer als Grundsubstanz wurde ein köstlicher Sud zubereitet. Auf kleinem Nudelbett wurde dann auf angerichtet. Ein echter Hingucker.

Ortswechsel ins Restaurant. Zu den Flusskrebsen wurde ein Sizilianischer Valcanzeria 2001 serviert.

Nach dem Gang mit den Flusskrebsen unterbrach man die angeregten Gespräche nur ungern, um den Hauptgang zu vollenden. Die zarten Taubenbrüste kamen aus Frankreich, wo sie als reine Fleischtauben gezüchtet werden. Die aus ungarischer Gänseleber zubereitete Mousse wurde ca. fingerdick mit einem Spatel auf die Taubenbrüste gestrichen – und ab in den Ofen.

Zu den mit Gänseleber soufflierten Taubenbrüsten und Steinpilzen wurde ein Granato 2000 aus der Magnumflasche kredenzt. Einer der Teilnehmer war ein ausgezeichneter Weinkenner und kommentierte die servierten Weine für die anderen Kursteilnehmer. Ein Glas Bordeaux (Grand Cru) bildete den offiziellen Abschluss des Kurses, bei dem nicht nur das Kochen eine wichtige Rolle spielte.

Restaurant Freischütz
Treffpunkt im Grünen

Die Freischütz Gastronomie zählt zu den traditionsreichsten Gastronomien in Schwerte und geht in seinen Ursprüngen bis in das Jahr 1861 zurück.

Als Forsthaus erbaut, sollte es den Wilddieben im Schwerter Wald Einhalt gebieten. Ausgerechnet fußfaule Förster, Wilderer und Holzfrevler waren es, die den »Freischütz« auf seinen Weg zur gepflegten Gastronomie brachten. Auf Drängen des damaligen Försters erteilte der Schwerter Magistrat eine Schankerlaubnis. Durchfahrende Fuhrwerke fanden bald Gefallen an dem Forsthaus mit Rast- und Ruheplatz. Auch die Arbeiter der benachbarten Zeche »Josephine« kamen immer häufiger am Forsthaus vorbei. Der erste Schritt vom Forst- zum Gasthaus war gemacht und das Forsthaus bekam den Namen »Freischütz«. Es dauerte gar nicht lange und die Waldspaziergänger aus näherer und fernerer Umgebung kehrten gern im Freischütz ein. So viel zur Geschichte in Kurzform.

Im Jahre 2005 wurde das historische Gebäude mit sehr großem Aufwand renoviert und modernisiert. Geschäftsführer Jörg Prüser und Eigentümer Peter Cremer wollten Platz schaffen für neue Veranstaltungs- und Tagungsräume. Der gesamte Innenbereich wurde optimiert, ohne dabei die Tradition des Hauses aus den Augen zu verlieren, obwohl in einigen Bereichen eine regelrechte Kernsanierung stattfand.

Heute erstrahlen alle Räumlichkeiten in einer modernen zeitlosen Eleganz. Als einziger Raum wurde die Bauernstube mit ihrem großen Tresen und der rustikalen Möblierung kaum angetastet. Durch den Umbau präsentiert sich der Freischütz nun wie aus einem Guss.

Die neu gestalteten Räume werden durch große Schiebetüren aus Glas, auf denen dezent das neue Logo angebracht ist, getrennt oder erweitert. Die komplett verglaste Außenterrasse verfügt über einen Sensor gesteuerten Sonnenschutz. Im Sommer können die großen Schiebetüren geöffnet werden. Der Gast hat dann einen direkten Zugang zu dem großen Biergarten und allen Freizeitangeboten.

Familienfreundlich war der Freischütz mit seinem Streichelzoo, dem Sessellift, Quadbahn, der Goldwaschanlage und den vielen Outdoor-Spielmöglichkeiten schon immer. Das Angebot wurde zusätzlich durch eine Kinderspielecke im Restaurant erweitert. So können die Eltern ihre Kinder im Auge behalten und trotzdem in Ruhe speisen. Sonn- und feiertags wird zwischen 12.00 und 16.00 Uhr sogar eine Kinderbetreuung angeboten.

Der Freischütz ist aber auch ein idealer Ort für den schönsten Tag in Ihrem Leben. Hier können Sie eine romantische Hochzeit mit einem perfekten Fest krönen. Für die Hochzeitsfeier stehen 10 variable und klimatisierte Räume mit einem Platzangebot von 10 bis 800 Personen zur Auswahl. Ein besonderes Extra für Brautpaare ist der legendäre Jaguar MK 1 von Heinz Rühmann. Für sie steht dieses seltene Exemplar des Baujahres 1951 inklusive Chauffeur bereit, um damit standesgemäß zum Standesamt und Kirche gefahren zu werden. Gerne wird der Freischütz auch für Familienfeiern jeder Art genutzt. Dank des Angebots an Räumlichkeiten unterschiedlicher Größe kann in jedem Rahmen stilvoll gefeiert werden. Das gilt natürlich auch für Betriebsfeiern in kleinem und großem Rahmen. Für die erfolgreiche Tagung oder Meetings stehen Räumlichkeiten für 10 – 700 Personen zur Verfügung.

Hauseigene kulinarische Knigge-Kurse, Business-Knigge Kurse und Seminare über Tischsitten und Umgangsformen für Kinder erfreuen sich großer Beliebtheit.

Die einmalige Lage, mitten im Wald und doch nur 800 m von der Autobahn entfernt sowie ausreichend vorhandene kostenlose Parkplätze schonen das Budget der Gäste. So ist der Freischütz auf Grund seines umfangreichen gastronomischen Angebotes, seiner traditionellen Kinderfreundlichkeit und der vielen Outdoor-Angebote mehr denn je auch ein beliebtes Ausflugsziel.

Lammrücken an Tomaten-Pesto-Sauce auf mediterranem Gemüse

Zutaten für 4 Personen

2 Stck Lammrückenlachse   Salz, Pfeffer schwarz, gemahlen   Olivenöl   Rosmarin, Thymian, Knoblauch   **Tomatensauce:** 100 g Mirepoix (Röstgemüse von Zwiebeln, Möhren, Lauch und Staudensellerie, alles sehr klein geschnitten)   1 Stck Knoblauchzehe   3 EL Olivenöl   500 g Pelati (ital. Tomaten aus der Dose)   1 EL Tomatenmark   3 EL Olivenöl   1 Stck Thymianzweig   1 Stck Rosmarinzweig   Salz, Pfeffer aus der Mühle   **Pesto:** 125 g Basilikum   50 g Petersilie   40 g geröstete Pinienkerne   25 g Parmesan   Knoblauch, Salz, Pfeffer, Olivenöl   **Gemüse:** ½ Stck rote und gelbe Paprika   1 Stck kleine Zucchini   1 Stck Tomate   4 Stck Oliven   Olivenöl, geröstete Pinienkerne   Thymianblättchen, Olivenöl   weißer Balsamico   Salz, Pfeffer aus der Mühle   **Gnocchi:** 250 g festkochende Kartoffeln   1 EL Hartweizengrieß   2 Stck Eigelb   Olivenöl, Salz, Mehl, Pfeffer aus der Mühle   Alternativ: gute Gnocchi aus dem Laden

Zubereitung

1. Lammrücken mit Salz und Pfeffer würzen. Olivenöl in der Pfanne erhitzen und das Lamm von beiden Seiten mit Rosmarin, Thymian und Knoblauch anbraten. Aus der Pfanne nehmen und im Backofen bei 140 °C auf einem Rost ca. 8 Minuten nachgaren lassen.

2. Für die Tomatensauce das Mirepoix mit dem Knoblauch in heißem Olivenöl etwa 3 Minuten schwenken. Tomaten, Tomatenmark und alle Kräuter zugeben. Das Ganze bei geringer Hitze etwa 10 Minuten einköcheln lassen. Die Sauce durch ein grobes Sieb geben und mit Salz und Pfeffer abschmecken.

3. Für die Pesto Basilikum und Petersilie zupfen und mit den weiteren Zutaten im Küchenmixer zu einer homogenen Masse verarbeiten.

4. Für das Gemüse die Paprikaschoten entkernen und wie die Zucchini in kleine Würfel schneiden und diese nacheinander in heißem Olivenöl bißfest anschwitzen. Das Gemüse in eine Schüssel geben. Die Tomaten sowie die Oliven klein würfeln und unter das Gemüse geben. Mit Olivenöl, Aceto Balsamico, Thymian, Salz und Pfeffer abschmecken.

5. Die Kartoffeln schälen, in Salzwasser kochen und gut ausdampfen lassen. Durch eine Presse in eine Schüssel drücken. Nacheinander 2 EL Mehl, Hartweizengrieß sowie etwas Salz und Pfeffer über die Masse streuen. Das Ganze mit den Eigelben gut vermischen.

6. Den Teig zu fingerdicken Rollen ausrollen und davon 5 cm lange Stücke abtrennen. Jedes Stück einzeln über die Handfläche mit einer Gabel leicht drückend und rollend in Form bringen. Die Gnocchi erst auf ein mit Mehl bestreutes Backpapier legen, dann in kochendes Salzwasser geben und drei Minuten köcheln lassen. In Eiswasser abschrecken und auf einem Sieb abtropfen lassen. Etwas Olivenöl darübergeben.

7. Den Lammrücken in Tranchen schneiden und auf dem Gemüse anrichten. Mit Tomatensauce und Pesto nappieren. Die Gnocchi in einer Pfanne mit Pflanzenöl und Rosmarin braten, salzen und servieren.

Schrämmaschine im Bergbau-Museum Bochum

Heinrichs Restaurant

Fröndenberg ist ein kleiner Ort südlich von Unna, eingebettet in eine leicht hügelige, bäuerlich geprägte Landschaft. Das Sauerland ist nicht mehr weit. Die kleinen ländlich geprägten Gemeinden rund um Fröndenberg besitzen oft noch das Gerätehaus der örtlichen freiwilligen Feuerwehr, manchmal existiert auch noch der ortsübliche Feuerlöschteich.

In einem solchen früherem Feuerwehrhaus, das durch einen großen Wintergarten erweitert wurde, eröffnete der Dortmunder Heinrich Grothe in dem Fröndenberger Ortsteil Frömern im Jahre 2005 sein eigenes Restaurant. Nach nunmehr drei Jahren erfreut sich das Restaurant bei Gästen, die eine gehobene Regionalküche schätzen, bereits großer Beliebtheit. Seine Gäste kommen überwiegend aus dem nahe gelegenen Sauerland, Dortmund und Soest. Im Raum um Fröndenberg und der Soester Börde sind auch oft Pferdeaufkäufer aus England unterwegs, die hier gerne Ihren Abschluss feiern, bevor es wieder auf die Insel geht. Heinrich Grothe kann auch immer öfter Gastronomen aus der Region begrüßen, wenn diese einmal abseits der Großstadt in aller Ruhe genießen möchten. Bevor es Grothe in diese dörfliche Umgebung verschlug, war er mehr als 20 Jahre Küchenchef in einem Dortmunder Hotel. Irgendwann war das Bedürfnis, nach seinen eignen Vorstellungen zu kochen, größer als sich den oft gleichförmigen Abläufen einer Hotelküche anzupassen.

Im Jahre 2003 kaufte Heinrich Grothe einen Resthof in Fröndenberg-Frömern und verlegte seinen Wohnsitz von Dortmund hierher. Hier hatte der passionierte Reiter nach der Renovierung des Hofes auch die Möglichkeit, seine Pferde unterzubringen. Bei seinen Spaziergängen kehrte er des öfteren in ein Café ein, das sich in dem ehemaligen Feuerwehrhaus befand. Die Besitzerin wollte sich vergrößern und so bot sich für Heinrich Grothe die Gelegenheit, hier ein eigenes kleines Restaurant gleich in der Nähe seines neuen Wohnortes zu eröffnen. Der Rest ist Geschichte.

Heinrichs Restaurant verfügt insgesamt über ca. 44 Plätze. Im Feuerwehrhaus befinden sich einige Stehtische und die Küche. Die Küche ist als offener Block angelegt, der durch eine große Scheibe von ca. zwei Meter Höhe vom Gastraum getrennt ist. Die Gäste können hier sehen und miterleben wie der Chef »ihre« Gerichte zubereitet. Da die Scheibe nicht bis zur Decke reicht, ist sogar eine Kommunikation mit dem Chef möglich.

Über zwei breite Stufen gelangt man in den großen Wintergarten. Die Möblierung besteht ausschließlich aus antiken Unikaten verschiedener Epochen, bis hin zum Art Deco, die Grothe aus Belgien, England und Deutschland zusammengetragen hat. Dekoration und Geschirr hat er der Einrichtung angepasst. Im Wintergarten finden 36 Gäste Platz. Durch eine große Glastür gelangt man auf die Terrasse. Bei gutem Wetter ist es ein besonderer Genuss, hier zu speisen. Platz dafür haben 20 Gäste. Eine umfangreiche Karte mit den Spezialitäten des Küchenchefs sucht der Gast allerdings vergeblich. Auf einer Tafel vor dem Restaurant kann er lesen, welche zwei bis drei Gerichte täglich neu angeboten werden. Der Küchenchef lässt es sich auch nicht nehmen, jeden Gast am Tisch persönlich zu begrüßen und ihm das kulinarische Angebot des Tages vorzustellen. Heinrich Grothe ist gern gesehener Kunde bei den Bauern und Direkterzeugern der näheren Umgebung. Er kennt die meisten Direktvermarkter der Umgebung, deren Angebot und die Qualität der Produkte persönlich. Seine Küche bezeichnet er als gehobene, frische, und junge Regionalküche. Wild, Geflügel, Obst und Gemüse werden fast ausschließlich in der Region gekauft. Naturgemäß ist das Angebot sehr stark saisonal ausgerichtet. Die traditionelle Küche, die er auf seine spezielle Art verfeinert und »erleichtert«, wird ergänzt von Fischen und Krustentieren aus dem Mittelmeerraum. Die leichte Küche findet immer mehr Anhänger. Neben Kalbsbries auf Rahmwirsing, Tafelspitz vom Kalb mit grüner Meerrettichsauce, befinden sich auch Varianten von Hummer, Jakobsmuscheln, roten Meerbarben, Loup de mer und geangeltem Steinbutt im Angebot. Zu seinen persönlichen Favoriten zählen Jakobsmuscheln auf Thunfischcarpaccio, dazu Mangold und ein Salat von schwarzen Nudeln.

Jakobsmuscheln auf Thunfischcarpaccio
dazu Mangold und Salat von schwarzen Nudeln

Zutaten für 4 Personen

*8 Stck Jacobsmuscheln   12 Scheiben Thunfisch   400 g roter Mangold   400 g schwarze Nudeln
4 Zweige Rosmarin   1 Stck Schalotte   4 cl. Weißwein   1 EL grüner Senf   etwas Zucker in Würfeln,
eine Prise weißer Pfeffer, eine Prise Meersalz, Lauch
Für die Vinaigrette: Olivenöl, Zucker, Salz, Pfeffer, grüner Senf, Kräuteressig
Abschmecken nach persönlichem Geschmack*

Zubereitung

1. Die ausgelösten und gesäuberten Muscheln (das erledigt auf Wunsch auch Ihr Fischhändler) in Olivenöl, fein gehackter Schalotte und Lauch anschmoren.

2. Mit Weißwein (am liebsten Riesling) ablöschen und würzen. Die Nudeln kochen (noch etwas Biss).

3. Die Thunfischscheiben zu einem Carpaccio ausstreichen und auf den Tellern anrichten.

4. Die lauwarmen Nudeln vermischt mit dem Mangoldsalat auf die Tellermitte geben. Die heißen Jakobsmuscheln darauf drapieren und mit etwas Vinaigrette angießen. Dazu etwas Pfeffer aus der Mühle.

Dazu passt ein gut gekühlter Riesling aus dem Rheingau.

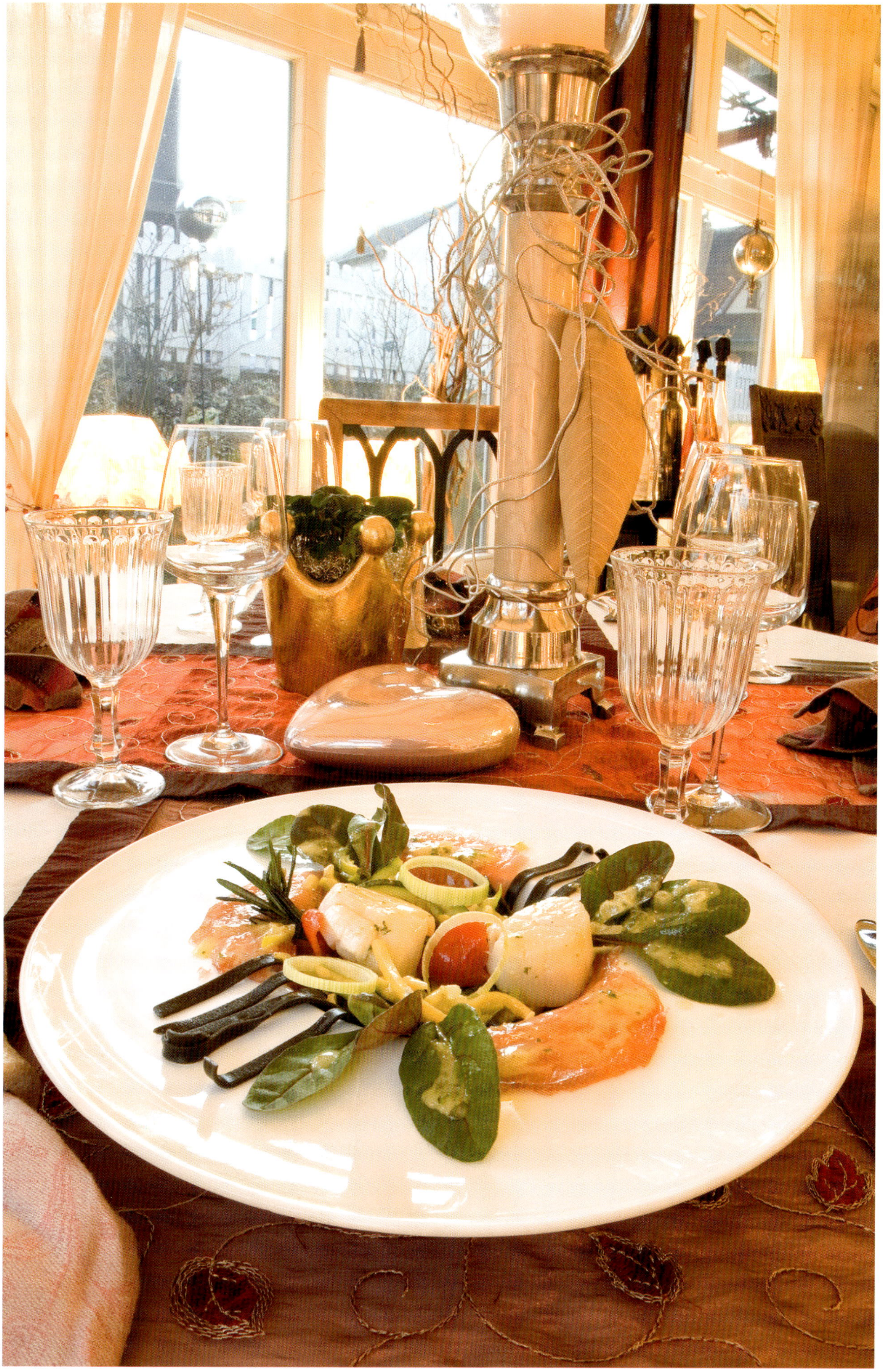

Wielandstuben – Edles Silber auf blanken Holztischen

Das Restaurant Wielandstuben ist wahrlich keine Eintagsfliege unter den ersten Adressen Westfalens. Jürgen Faßbender führt im Südwesten der Stadt Hamm im Ortsteil Wiescherhöfen seit mehr als 40 Jahren ein Restaurant für Genießer: mit Leidenschaft, Konzept und Konstante, ein gastronomisches Kleinod mit elegantem Interieur und sympathischer Atmosphäre.

Die originelle Optik des Hauses ist eine gelungene Mischung aus alt und neu, moderner Kunst und dekorativer Gestaltung. Jürgen Faßbender beherrscht das gekonnte Spiel mit Kontrasten: so findet man in einem Raum transparente Philippe-Starck-Stühle zu handgemalter Streifentapete, in einem anderen edles Silberbesteck auf blanken Holztischen.

Auch die Küche spiegelt den kreativen Anspruch des Hauses wider. Der junge Küchenchef Daniel Voss kocht für eine überregionale Fangemeinde sein Crossover aus klassisch-bürgerlicher und moderner Küche ohne dabei die regionale Bodenhaftung zu verlieren. Der Service unter der Leitung von Hermann Oberle ist sehr gastorientiert und im wahrsten Sinne des Wortes ausgezeichnet: In diesem Jahr erhielt das Serviceteam der Wielandstuben einen Silberpreis »Service-Oase Deutschland«, ein Preis gestiftet von American Express.

Aber die Wielandstuben wären nicht die Wielandstuben, würden sie sich auf ihren Lorbeeren ausruhen.

Die Kochkurse in den Wielandstuben

Gekocht wird jeweils ein Vier-Gänge-Menü. Schwierigkeitsgrad und Art der Speisen sind den Gästen und der Saison angepasst. Während des Kochens steht natürlich immer ausreichend Mineralwasser aber auch Küchenwein zur Verfügung.

Ist einer der vier Gänge fertig zubereitet, wird dieser gemeinsam im Restaurant eingenommen, kollegial kritisiert oder gelobt. Zu den einzelnen Gängen des Menüs werden selbstverständlich die passenden Weine serviert. Ein wichtiges Gesprächsthema während des gemeinsamen Essens ist die Warenkunde. Gegen Mitternacht endet dann in den meisten Fällen ein Kochkurs bei Jürgen Faßbender.

Catering und Eventservice à la Wielandstuben

Was als Partyservice für Stammgäste begann, ist heute ein Cateringservice für gehobene Ansprüche – und das in jeder Hinsicht. Ob es dabei um die Zubereitung der Speisen, die Herrichtung und Ausstattung der Veranstaltungsstätten oder um die die künstlerische Gestaltung des Abends geht, beim Catering- und Eventservice der Wielandstuben erhält der Kunde alles aus einer Hand. Veranstaltungen von 20 bis 300 Personen werden ohne zusätzliche Dienstleistungsunternehmen durchgeführt, dafür garantieren Jürgen Faßbender und sein Partner Gerd Dickhöfer, der für den Eventbereich verantwortlich zeichnet.

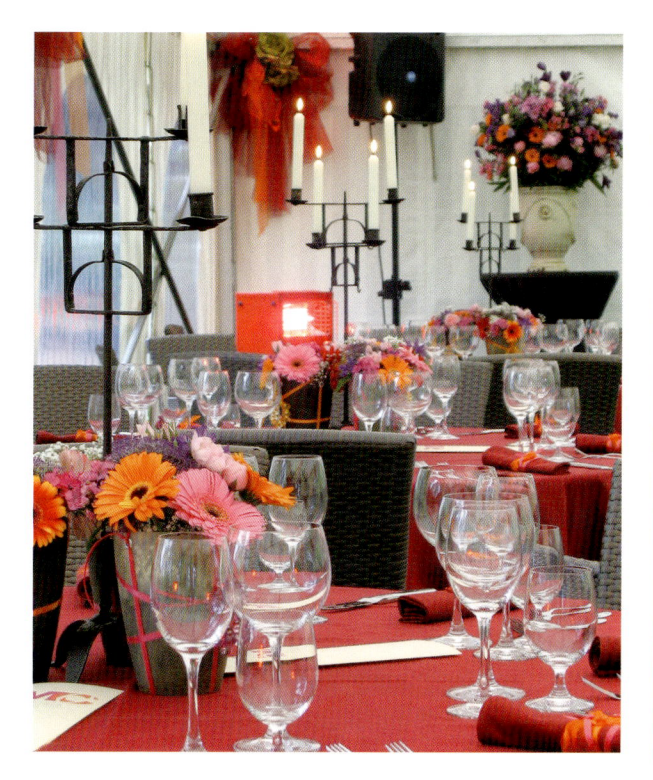

Gekocht wird frisch und auf Wunsch vor Ort in einem großen Küchenzelt, dass mit allem technischen Equipment ausgestattet ist. Für eine große Hochzeit wird auch schon einmal eine Reithalle komplett umgebaut. Die Vorbereitungen für ein solches Fest, das drei Tage dauert, nehmen bis zu drei Wochen in Anspruch. Da wird ein komplett neuer Fußboden in der Halle verlegt, eine Tanzfläche installiert, Vorhänge genäht und Dekorationen angefertigt. Große Veranstaltungen werden künstlerisch inszeniert, klassisch oder modern. Illuminierte Tische, Feuerwerke, passende Dekorationen, Kostüme und Künstler, alles wird von Gerd Dickhöfer und seinem Team perfekt geplant, organisiert, hergestellt oder arrangiert. Für einen perfekten Ablauf des Festes ist ein gut eingespieltes Team mit Kompetenz und viel Erfahrung erforderlich – und das haben die Macher der Wielandstuben.

Geeistes Champagnertörtchen mit Waldbeeren im Karamellkörbchen

Zutaten für 8 Personen

Champagnertörtchen: ½ l Champagner   8 Eigelb   250 g Butter, in Würfel geschnitten
125 g Zucker   50 g gehackte Pistazien
Biskuit: 1 Ei   1 EL Wasser   40 g Zucker   ½ TL Backpulver   20 g Mehl   20 g Stärke
Karamellkörbchen: 100 g Zucker   50 g Glukose

Zubereitung

1. Für die Champagnertörtchen Eigelb, Zucker, Champagner über dem Wasserbad cremig schlagen. Die Butter nach und nach hinzugeben und auf Eiswasser kalt schlagen. Anschließend in der Eismaschine gefrieren.

2. Biskuitteig mit einem Ring (Durchmesser ca. 8 cm) ausstechen. Als Boden in den Ring legen und mit der Eismasse füllen und für eine Stunde ins Gefrierfach stellen.

3. Für die Karamelltörtchen Zucker karamellisieren lassen und glattrühren anschließend Glukose hinzugeben. Über einer geeisten und geölten Suppenkelle mit einem Löffel Fäden ziehen. Kurz abkühlen lassen und vorsichtig von der Kelle lösen.

4. Das Törtchen auslösen, den Rand in den gehackten Pistazien wälzen, mit Sahne und Beeren dekorieren. Das Zuckerkörbchen mit Beeren füllen und anrichten

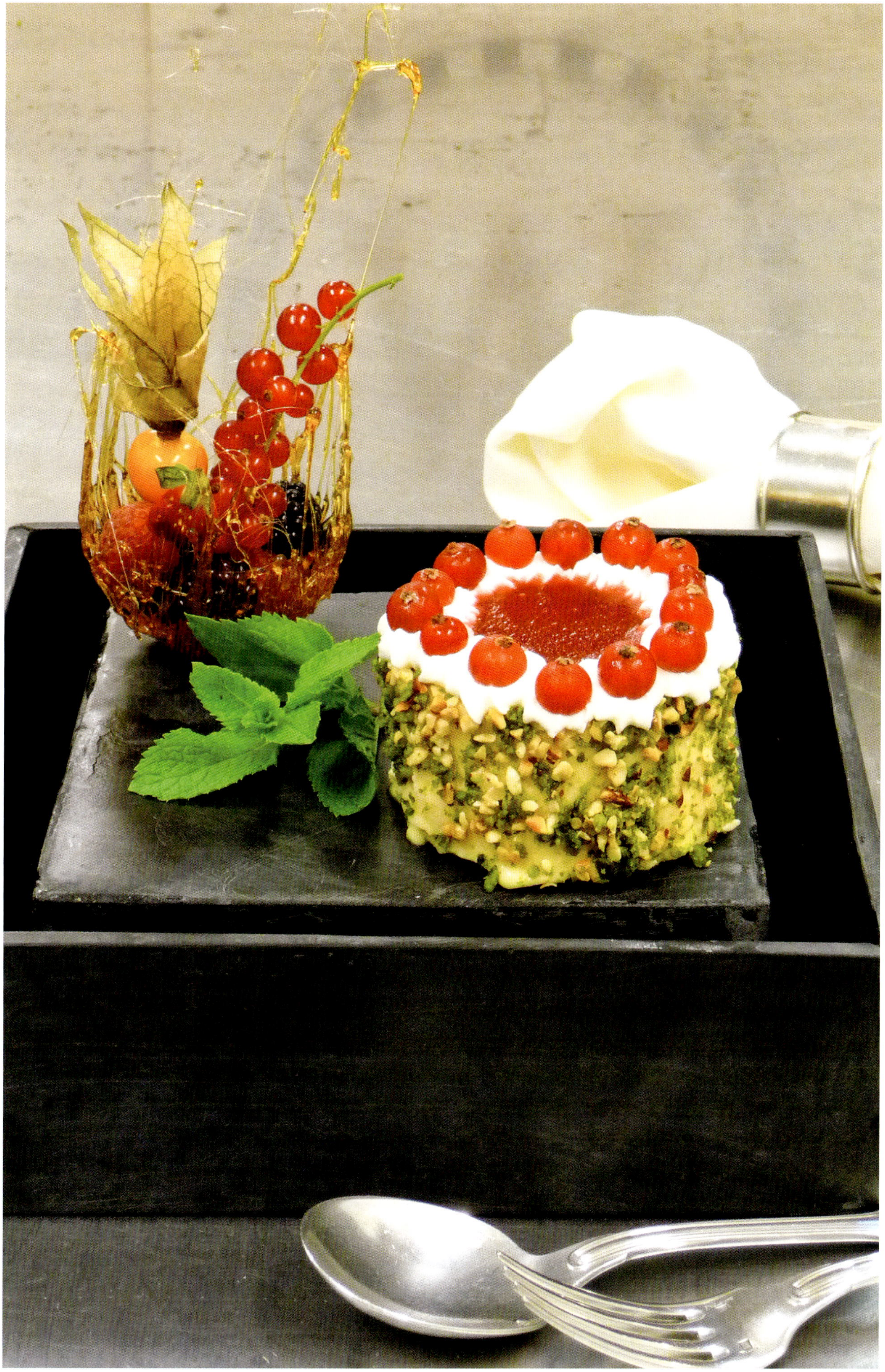

HOTEL AM KLOSTER

Werne an der Lippe – gelegen zwischen Dortmund und Münster an der Grenze des östlichen Ruhrgebiets – öffnet seine Tore weit in die Parklandschaft des Münsterlandes. Attraktiv und liebenswert sind die Eigenschaften, die der Stadt ihr besonderes Flair verleihen. Lage, Vielfalt und Tradition machen aus Werne einen typischen Ort des Münsterlandes, das für seine stilvolle Landschaft und Wohnlichkeit bekannt ist.

Rund 32 500 Einwohner leben in der Stadt, die etwas abseits der Großstädte ein beliebtes Naherholungsgebiet ist. Das Wasser beeinflusst heute das Gesicht der Stadt, in der bis 1975 rund 4 000 Menschen im Bergbau Arbeit fanden. Der See im Stadtpark und die Lippe sind wie geschaffen, um an den Ufern spazieren zu gehen oder ausgedehnte Radtouren zu unternehmen. Beliebter Treffpunkt ist das Natur-Solebad mit seinem großzügigem Freigelände und Hallenbad.

Wernes bekanntestes Volksfest ist der Simon-Juda-Markt, der seinen Ursprung in der Verleihung des Marktrechtes 1362 hat und heute mit bis zu 400 000 Besuchern das größte Volksfest an der Lippe ist. Vielschichtig ist auch das Angebot rund um Kunst und Kultur. Die Aufführrungen der Freilichtbühne begeistern das Publikum ebenso wie die wechselnden Ausstellungen im Stadtmuseum. Lohnenswerte Ausflüge bietet auch die Nachbarschaft mit den Schlössern Cappenberg, Westerwinkel und Nordkirchen, der Marina in Bergkamen und der westfälischen Metropole Münster.

Fromme Nachbarschaft

1659 zogen drei Kapuziner-Mönche in Werne ein und gründeten an der Südmauer das Kapuzinerkloster mit Kirche. Noch heute leben sieben Mönche in Werne. Jugendarbeit ist ihnen besonders wichtig. Sie arbeiten in der Seelsorge, feiern die Gottesdienste in der eigenen oder als Aushilfe auch in anderen Kirchen, leiten Messdienergruppen und kümmern sich um die Jugendseelsorge. Regelmäßig werden Angebote im Bibelgespräch, Meditation und Kirchen- und Klosterführungen durchgeführt. Auf der Rückseite des Klosters – getrennt von der Kurt-Schumacher-Straße – liegt das Hotel am Kloster.

Seit dem 1. Mai 2006 leiten die Brüder Hendrik und Steffen Kroes die Geschicke im Hotel am Kloster. Ihre Laufbahnen zeigen klassische Hotelausbildungen, welche bei dem älteren Bruder Hendrik bereits 1996 mit der Ausbildung zum Hotelfachmann im Ringhotel am Stadtpark in Lünen begann. Eine anschließende Lehre zum Koch im Schmiedegasthaus Gehrke mit dem vielfach preisgekrönten Gourmetrestaurant La Forge in Riepen/Bad Nenndorf gaben ihm weitere Einblicke und Erfahrungen in der Gastronomie. Mit dem Studium zum Hotelbetriebswirt an der Wihoga in Dortmund rundete Hendrik Kroes seine berufliche Ausbildung erfolgreich ab. Während des Studiums kochte er weiterhin im familiären Betrieb des Onkels und der Tante, Franz und Anne Kroes, im Hotel Ickhorn am Werneraner Marktplatz.

Der drei Jahre jüngere Steffen Kroes absolvierte seine Ausbildung – ebenfalls zum Hotelfachmann – auf dem Relais & Châteaux Hotel Schloss Wilkinghege in Münster. Im Anschluss daran sammelte er weitere Erfahrungen am Empfang des Hamburger Leading Small Hotels of the World Hotel Louis C. Jacob sowie im Bankettbereich des Steigenberger Hotel Remarque in Osnabrück. Im Oktober 2005 entschloss er sich, den mittlerweile selbständigen Bruder im Gasthof & Hotel Scho in Münster zu unterstützen. Dieser Betrieb wurde seit dem 1. November 2002 von ihm und seiner Frau Anke Kroes zu einem besonderen Refugium gemacht.

Die unterschiedlichen beruflichen Erfahrungen der beiden Brüder ergänzen sich in idealer Weise: Während Hendrik Kroes seine Schwerpunkte in der Gastronomie, dem Einkauf und dem Personal sieht, fühlt sich Steffen Kroes für den Logis-, Service- und Marketingbereich verantwortlich.

Tagen und Feiern am Kloster

Für geschäftliche Veranstaltungen, die Intimität in einem außergewöhnlichen und besonderen Ambiente erfordern, bietet das Hotel am Kloster den perfekten Rahmen. Für den Erfolg von Meetings und Konferenzen sorgt vor allem die entspannte Tagungsatmosphäre. Modernste Kommunikationstechnik und fürsorglicher Service dienen der Entfaltung konzentrierter Effektivität. Wichtige Entscheidungen werden in einer großen Gruppe getroffen. Im Hotel am Kloster finden Sie die idealen Räumlichkeiten, um große Tagungen und Veranstaltungen zu realisieren.

Ob Tagung, Ausstellung, Seminar oder Betriebsfeier: Das Hotel am Kloster verfügt über 5 klimatisierte Multifunktionsräume, die zum einen mit modernster Technik ausgestattet sind, aber auch ein festliches Ambiente für Empfänge und Feiern bieten. Die Säle können Ihren individuellen Wünschen entsprechend mit einer großen Auswahl an Tagungstechnik ausgestattet werden.

Der große Festsaal ist der ideale Rahmen für private Bankettveranstaltungen bis zu 150 Personen. Dieser prächtige Saal besticht durch die breite Fensterfront und sein besonderes Interieur. Außerdem verfügt der Festsaal, über eine lang gezogene Terrasse, mit wundervollem Blick auf das Kapuzinerkloster Werne.

Im Erdgeschoss befindet sich das Bistro, in dem Speisen angeboten werden, die weit über das Angebot eines typischen Bistros hinausgehen. Die leichte und kreative Küche, mit starken saisonalen und regionalen Akzenten bildet das kulinarische Angebot von Küchenchef Hendrik Kroes.

Im Bistro Abtei treffen Sie allabendlich Gäste, die relaxte Stimmung und herrliche Köstlichkeiten lieben. Ein entspannter, doch kompetenter Service und die abwechslungsreiche Weinkarte mit ihren vielen offenen Angeboten haben die »Abtei« zu einem höchst beliebten geselligen Treffpunkt werden lassen. Auch am späteren Abend, nach Kino, Theater oder späterer Anreise, ist das Bistro noch belebt und ein idealer Platz, um den Tag bei einer kulinarischen Stärkung und einem guten Tropfen noch einmal Revue passieren zu lassen.

Sommertags verbringen die Gäste viel Zeit auf der windgeschützten Gartenterrasse im Hotelinnenhof. Elegante Teakholzmöbel und Schatten spendende Bäume und Sonnenschirme laden zum Entspannen und Genießen ein.

LAMMRÜCKEN ORIENTALISCH

ZUTATEN FÜR 4 PERSONEN

Für den Lammrücken: 1,3 kg Lammrücken (mit Knochen, vom Metzger auslösen und klein hacken lassen) 250 ml Buttermilch   1 TL Kurkuma (Gelbwurz)   1 TL Kreuzkümmel (Cumin)   ½ Bund gehackter Koriander   ½ Bund gehackte Minze   2 Stck gehackte Knoblauchzehen   2 EL Öl zum Braten   abgeriebene Schale von einer Bio-Zitrone

Für den Oliven-Jus: 1 Bund Suppengemüse   10 Stck Schalotten   2 Stck Knoblauchzehen   4 EL Olivenöl   2 EL Tomatenmark   4 Zweige Rosmarin   ½ Bund Thymian   1 EL weiße Pfefferkörner   1 EL Koriandersamen   150 ml Noilly Prat   250 ml Weißwein   500 ml dunkler Lamm-Fond (aus dem Glas)   evtl. etwas Speisestärke   50 g schwarze Oliven, entsteint und längs geviertelt   Salz, Pfeffer

Für den Couscous: 250 g Couscous   2 EL Butter   Salz   Safran

Für das knackige Gemüse: 1 Stck mittelgroße Zucchini   2 – 3 Stck Möhren   2 Stck kleine Lauchzwiebeln   20 g Morcheln   10 – 12 Stck Kirschtomaten

ZUBEREITUNG

1. Lammrücken abbrausen, trocken tupfen, Buttermilch mit Gewürzen, Kräutern, Zitronenschale und Knoblauch verrühren. Lammrücken darin über Nacht marinieren.

2. Für den Oliven-Jus die Gemüse putzen, evtl. schälen und klein schneiden. Schalotten und Knoblauch abziehen und würfeln. Knochen und Abschnitte vom Lammrücken in einer Pfanne in heißem Öl kräftig anbraten und anschließend in einen Topf umfüllen.
In der Pfanne Gemüse, Schalotten und Knoblauch anrösten. Tomatenmark, Kräuter, Pfeffer und Koriander hinzufügen und kurz mitrösten.
Mit Wermut (Noilly Prat) und Wein ablöschen. Um die Hälfte reduzieren und mit dem Lammfond zu den Knochen in den Topf gießen. 45 Minuten einköcheln, evtl leicht mit angerührter Stärke binden. Kurz vor dem Servieren Oliven zur Sauce geben, mit Salz und Pfeffer abschmecken.

3. In einer großen Pfanne ¼ Liter Wasser mit einem Esslöffel und einem Öl und einem Teelöffel Salz zum Kochen bringen. Pfanne vom Herd nehmen und 250 g Couscous einrühren und zwei Minuten quellen lassen. 2 – 3 Stück Butterflocken zugeben und bei geringer Hitze drei Minuten köcheln lassen. Mit einer Gabel die Grießkörner voneinander trennen und Safran unterrühren.

4. Zucchini in kleine Viertel schneiden, Möhren und Lauch in kleine Streifen schneiden.
Zuerst die Möhren in etwas Olivenöl anbraten, danach die Zucchini und kurz vor dem Ende der Bratzeit die Kirschtomaten, die Morcheln und die Lauchzwiebeln hinzufügen. Mit Salz und Pfeffer abschmecken.

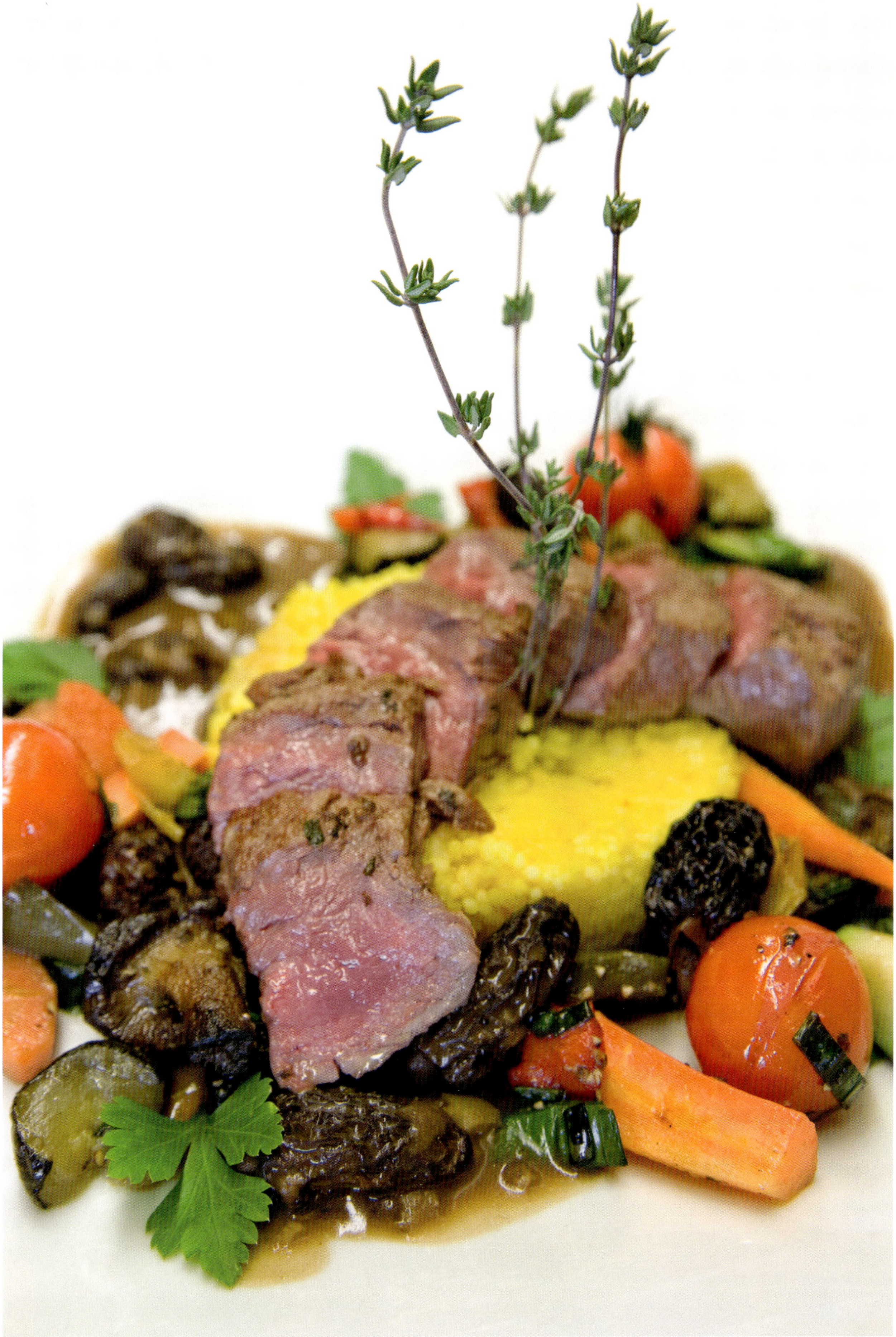

Haus Stemberg – Gastgeber aus Leidenschaft

Seit fünf Generationen und mehr als 140 Jahren wird in Velbert leidenschaftlich gekocht. 1864 richtete Schmiedemeister Heinrich Stemberg eine Fuhrmannskneipe ein, die parallel zu seiner Schmiede betrieben wurde. Just zu dieser Zeit wurde die Kohle aus dem Ruhrgebiet per Pferd und Wagen ins Bergische Land gebracht. Die Fuhrmannskneipe von Heinrich Stemberg war eine beliebte Raststation. Die Einrichtung einer eigenen Eisenbahnhaltestelle direkt gegenüber der Gastwirtschaft erhöhte den Bekanntheitsgrad und die Anzahl der Gäste. Im Laufe der Jahrzehnte wurde das Haus von vier Generationen um- und ausgebaut. Zeitweilig waren eine Schmiede, eine Bäckerei und eine Tankstelle Bestandteil des Hauses. Über den gesamten Zeitraum aber war das Haus eine Gaststätte. Das heute bestehende Gebäude wurde 1864 errichtet. Heute befindet sich das Kaminzimmer in der ehemaligen Schmiede. Als Gastwirtschaft diente nur der Raum, in dem bis zur Gegenwart der Tresen steht. In diesem Raum fühlen sich die Stammgäste aus der Umgebung besonders wohl.

Die jüngere Geschichte des Hauses beginnt im Jahre 1975, als Walter Stemberg junior und seine Frau Petra das Gasthaus übernehmen. Ab jetzt wird die Gastwirtschaft als »Haus Stemberg« geführt. In den Folgejahren haben Walter und Petra Stemberg das Haus zu einem bekannten und über die Region hinaus geschätzten Gourmet-Restaurant entwickelt. Ab 1990 begann für Walter Stemberg eine parallele Karriere als Fernsehkoch und Kochbuchautor. Bis heute hat er 29 Kochbücher verfasst und schreibt in verschiedenen Publikationen regelmäßig 10 Kolumnen. Sohn Sascha betritt 2003 die Bühne im Haus Stemberg, als er nach seinen Lehr- und Wanderjahren in der Top-Gastronomie in den elterlichen Betrieb zurückkehrt. Er sammelte seine Erfahrungen unter anderem bei Günther Scherer (»Victorian«), Peter Nöthel (»Hummerstübchen«) und im Paradis Hotel auf Mauritius.

Sascha Stemberg steht für eine anspruchsvolle, feine Regionalküche. Er wird das Haus einmal in fünfter Generation weiterführen. Walter Stemberg hat das Motto der »zwei Küchen von einem Herd« kreiert. Soll heißen: Im Haus Stemberg werden Gerichte der heimatlichen Landschaft und der neuen Kochkunst mit gleicher Leidenschaft und Liebe zum Kochen zubereitet. Das bodenständige und heimatverbundene Kochen mit besten regionalen Produkten hat er von Vater Walter in die Wiege gelegt bekommen. Die Einflüsse der edlen internationalen Küche hat er von seinen Lehr- und Wanderjahren mit nach Velbert gebracht.

Für die exzellenten Rohstoffe in der Küche setzen die Stembergs auf eine gute Nachbarschaft. Soweit irgend möglich, werden die Produkte von den Erzeugern und teilweise aus der nächsten Nachbarschaft bezogen. Oft entwickeln sich hieraus gute Ideen für neue Produkte.

In direkter Umgebung des Restaurants liegen sechs Bio-Bauernhöfe, und der Metzger produziert nach alten Hausrezepten der Familie Stemberg.

In der Gastronomie des Hauses begegnen dem Gast Tradition und Behaglichkeit. Das Serviceteam des Hauses wird seit vielen Jahren souverän von Petra Stemberg und Ingo Matz geleitet. Einige Mitarbeiter sind schon seit über 20 Jahren im Haus Stemberg, aber auch jungen engagierten Mitarbeitern wird hier eine Chance gegeben. In der »historischen« Gaststube, dem neu gestalteten Kaminzimmer und dem Wintergarten finden insgesamt 65 Gäste Platz. Auf der Terrasse können an schönen Sommertagen bis zu 22 Gäste die Genüsse aus Küche und Keller kennenlernen.

Familie Stemberg und das gesamte Team schaffen im Restaurant eine behagliche Atmosphäre für anspruchsvolle Gäste.

Delice von Rhabarber und »Sao-Thome-Schokolade«

Zutaten für 4 Personen

Schokomouse: 300 g Sao Thome-Schokolade (es geht auch eine andere Schokolade mit 70 % Kakaoanteil) 300 g geschlagene Sahne   5 Stck Eigelb   5 Eiklar   60 g Puderzucker
Rhabarberparfait: 200 ml Rhabarbersaft   15 g Glukose   Mark einer Vanilleschote   3 Stck Eigelb 25 g Zucker   2 Blatt Gelatine, kalt eingeweicht   3 Eiklar   20 g Puderzucker   250 g geschlagene Sahne 1 Spritzer Aperol   *Rhabarber:* 300 g geschälter Rhabarber (in kleine Stücke geschnitten) Mark einer Vanilleschote   70–100 g Zucker (je nach Säuregehalt des Rhabarbers)   200 ml Apfelwein 1 Spritzer Weißwein   1 Spritzer Grenadine   *Erdbeereis:* 7 Stck Eigelb   150 g Zucker 150 g frisches Erdbeerpüree   350 ml Sahne

Raffinierte Desserts, frisch zubereitet auf der Basis regionaler Produkte, gehören zu den Favoriten von Küchenchef Sascha Stemberg. Er führt die Tradition des elterlichen Betriebes bereits in fünfter Generation fort. Genießen Sie sein Rhabarber-Erdbeer-Dessert.

Zubereitung

1. Eiklar mit Zucker zu Eischnee aufschlagen. Schokolade in feuerfester Schüssel schmelzen und die Eigelbe auf warmen Wasserbad cremig schlagen. Schokolade mit Eigelb gut verrühren und im Wechsel Sahne und Eischnee unterheben. Das Ganze für zwei Stunden gut warm stellen.

2. 200 ml Rhabarbersaft, 15 g Glukose und das Mark einer Vanilleschote zusammen aufkochen. Eigelb und Zucker in feuerfester Rührschüssel glatt rühren und mit dem leicht abgekühlten Rhabarbersaft im warmen Wasserbad schaumig aufschlagen. Gelatine einrühren und dann die Masse auf Eiswasser kalt rühren.

3. Eiklar mit Zucker zu Eischnee schlagen und mit Sahne und Aperol unter die Parfaitmasse heben. Das Ganze in eine rechteckige Form (ca. 2–3 cm befüllt) geben und vier Stunden gefrieren. Später das gefrorene Parfait in rechteckig, längliche Stücke schneiden und mit den anderen Zutaten auf großen Tellern dekorativ anrichten.

4. Zucker im Topf karamellisieren und mit Apfelsaft ablöschen. Weißwein, Grenadine und Vanille zugeben. Den geschnittenen Rhabarber zuckern und für 10 Minuten bei 130 °C im Backofen garen. Die Schalen zum Sud geben. Das Ganze ein wenig reduzieren lassen, mit Mondamin abbinden und passieren. Den noch warmen Sud zum Rhabarber geben und 24 Stunden ziehen lassen.

5. Erdbeerpüree und Sahne aufkochen. Eigelb und Zucker verrühren und die kochende Flüssigkeit unterziehen. Die Masse auf einem warmen Wasserbad unter ständigem Rühren auf ca. 75 °C erhitzen (bis zur Rose abziehen). Auf Eiswasser kaltrühren und dann in der Eismaschine gefrieren.

Nun auf den bereits vorbereiteten Tellern wie auf dem Foto anrichten.

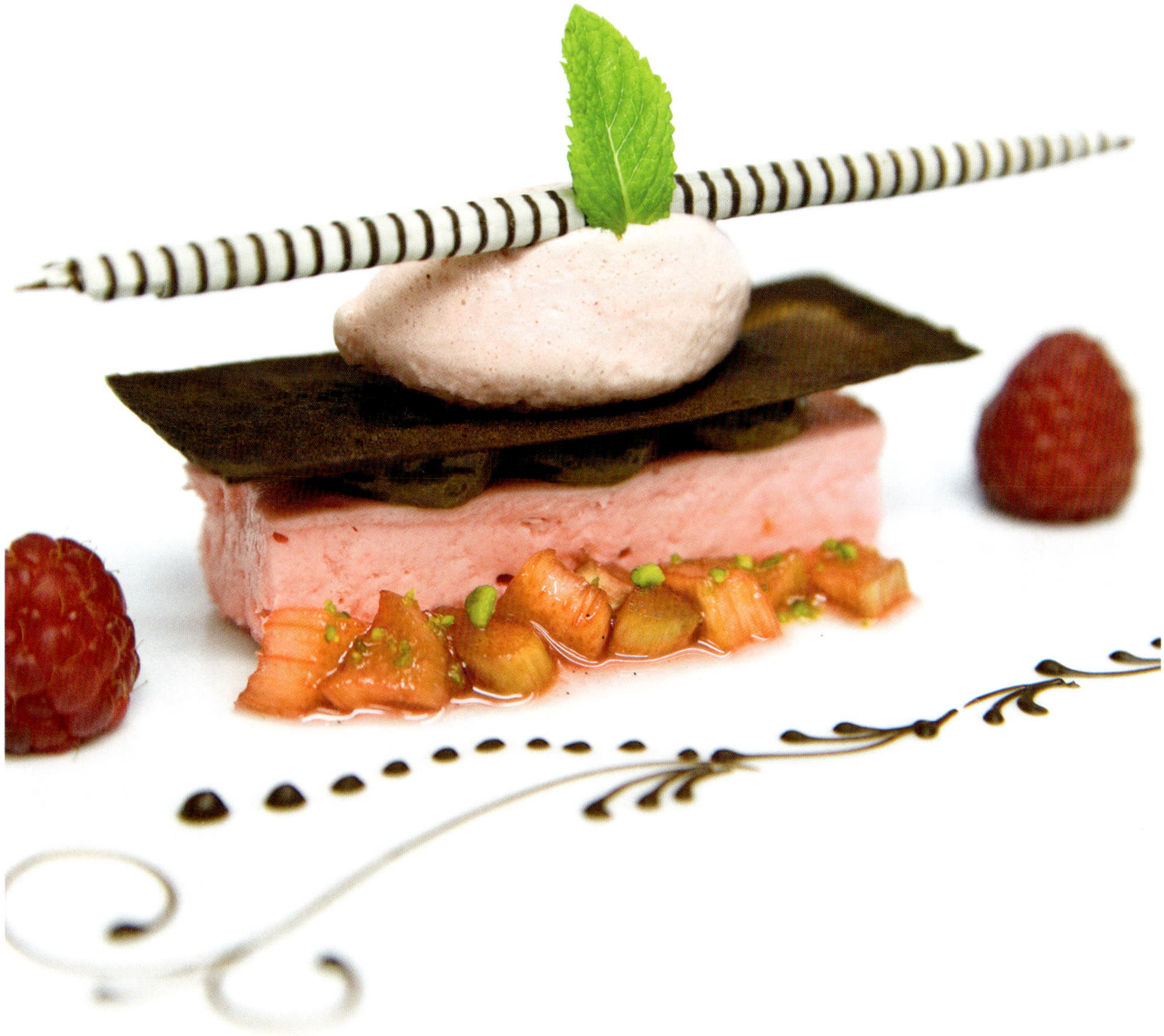

Blick vom Gipfel der Bruchhauser Steine

Das Land der 1000 Berge

Das Sauerland ist die größte Ferienregion in Nordrhein-Westfalen und dehnt sich bis nach Hessen aus. Das Sauerland wurde schon früh von Touristen entdeckt. Mit dem Siegeszug des Automobils Ende der 1950er Jahre wurde es schnell zum Ausflugsziel für Menschen, die am Wochenende, will sagen: in kürzester Zeit der Enge ihrer Wohnungen und Städte entfliehen wollten.

Die Menschen fahren der Natur wegen in das »Land der 1000 Berge«. Sie ist hier viel abwechslungsreicher als in den meisten Regionen Deutschlands. Lange Bergzüge, große zusammenhängende Waldgebiete, viele kleine und große Seen und natürlich die großen Stauseen sowie die einzigartigen Tropfsteinhöhlen – die größte und schönste ist die Attahöhle nahe Attendorn am Biggesee – locken zu jeder Jahreszeit unzählige Besucher ins Land.

In Ramsbeck befindet sich das Erzbergbaumuseum und Besucherbergwerk. Auch das Bergwerk bietet sich als Allwetter-Ausflugsziel für einen spannenden Besuch der Welt »unter Tage« an. Mächtige Burganlagen und Schlösser laden ein in ihre Museen und Restaurants. In einer der schönsten erhaltenen Höhenburgen Deutschlands, Burg Altena, befindet sich neben dem Museum und dem Burgrestaurant die älteste Jugendherberge Deutschlands. Die mächtigste Burganlage des Sauerlandes ist Burg Schnellenberg hoch über Attendorn, heute Restaurant und Hotel.

Ins Sauerland kommt man meist klassisch mit dem Auto, aber immer mehr Besucher kommen auch als Radwanderer. Das Hochsauerland umfasst den höchsten Teil des Rothaargebirges mit dem bekannten Rothaarsteig, einen Teil des Arnsberger Waldes und die Briloner Höhen mit den Bruchhauser Steinen. Es hat eine Fläche von ca. 1950 km² und rund 280 000 Einwohner.

Im Übrigen ist das Sauerland eine waldreiche, flach gewellte Mittelgebirgslandschaft, mit der Ruhr, ihren Zuflüssen und vielen Talsperren. Sie dienen den Menschen als Erholungsgebiet und sind Wasserlieferant für das gesamte Ruhrgebiet. Die hier lebenden Menschen führten seit frühester Zeit ein bescheidenes Leben und mussten den kargen Böden jeden Bissen Nahrung abtrotzen. Sie verstanden und verstehen es aber auch zu feiern. In Brilon z. B. wird noch heute der »Schnadegang« zelebriert, der eingeleitet wird mit dem Hörnerklang einer Bläsergruppe von Jägern. Schützenfeste, Schlacht- und Erntefeste gibt es hier mehr als andernorts. Wenn Sie sich etwas eingehender mit dieser Region befassen, werden Sie immer neue Dinge entdecken, die auf Ihren Besuch warten.

Eines der bekanntesten Ziele für den Sonntagsausflug, für den kleinen Skiurlaub oder »nur« zum Relaxen in einem Wellnesshotel, ist die Region rund um den Kahlen Asten.

Der Kahle Asten

Mit einer geografischen Höhe von 841 m gilt der Kahle Asten als der »Vater der sauerländischen Berge«. Er ist der bekannteste und wohl auch meist besuchte Berg, wenn auch nicht der höchste im Sauerland (der Langenberg ist 843,2 m hoch), so doch dessen zentraler Mittelpunkt. Wenn Sie von Winterberg kommend in Richtung Alt-Astenberg fahren, zeigt Ihnen der Wegweiser nach wenigen Kilometern den Weg direkt auf den Gipfel. Großzügig angelegte Parkplätze für Busse und PKW lassen erahnen, dass man hier zu Saisonzeiten auf eine große Anzahl von Besuchern trifft. Hier auf dem Gipfel befindet sich eine Wetterstation mit Aussichtsplattform (862 m). Wenn Sie die Aussicht von der Plattform des Turms der Wetterstation genießen möchten, führt Sie der Weg durch den Eingangsbereich des Berggasthofes Kahler Asten. Der Gasthof und das Hotel sind gewissermaßen um den Aussichtsturm der Wetterstation herum gebaut. Im Januar 2006 wurde das neue Hotel mit 17 komfortablen Doppelzimmern eröffnet. Das neue Selbstbedienungsrestaurant im Erdgeschoss wird vor allem von Wanderern und Motorradfahrern gerne genutzt. Im ersten Stock befindet sich die Lobby des Hotels sowie das schlicht und elegant ausgestattete Restaurant.

An der Rückseite des Gasthofs befindet sich ein Biergarten – der Treffpunkt der Besucher des Berges schlechthin. Hier wird sich auf die Wanderung vorbereitet oder nach der Wanderung gerastet.

Auf dem Kahlen Asten liegt die größte Hochheide Deutschlands. In den letzten Jahrzehnten bedauerlicherweise durch Baumbewuchs etwas aus der Form geraten, wird sic zurzeit in den ursprünglichen Zustand zurück kultiviert. Renaturiert kann man an dieser Stelle nicht sagen, weil die Heide eine Kulturlandschaft ist, die bei mangelnder Pflege verwildert und zuwuchert. Schafherden halten den Bewuchs auf natürliche Weise kurz.

Ein Rundwanderweg um den Gipfel und ein ausgeschildertes Wegenetz für Fernwanderungen (z. B. in das benachbarte Schmallenberg) über den Rothaarsteig geben Spaziergängern und Wanderern Orientierungshilfen. In Schmallenberg, in der Nähe vom 647 m hohen Wilzenberg befindet sich das 4-Sterne-Superior-Hotel der Familie Deimann. Das Haus ist eine Hochburg für Wanderer von nah und fern, die das Hotel gerne für geführte Wandertouren buchen. Eigene ausgeschilderte Wanderwege, die gleich hinter dem Hotel beginnen, eine eigene Berghütte und ein technisch ausgeklügeltes Versorgungsmobil für die geführten Wandergruppen. Von diesem Versorgungsmobil werden die

Bruchhauser Steine

Wanderer an den schönsten Stellen des Rothaarsteiges von der Küche des Hotels versorgt.

Der zentrale und gleichzeitig bekannteste Ort am Kahlen Asten ist Winterberg. Im Ortskern befinden sich zahlreiche Hotels und Restaurants mit ihren Biergärten direkt in der Fußgängerzone oder am Rand des Marktplatzes gelegen. Winterberg ist Anziehungspunkt für unzählige Touristen – im Sommer und im Winter.

Winterberg ist durch seine vielen Loipen und Pisten natürlich auch ein Ziel für Wintersportler. Bekannte Wintersportstätten wie die Sprungschanze »St. Georg« oder die internationale Bob- und Rodelbahn haben Winterberg in der ganzen Welt bekannt gemacht.

Von Winterberg aus in Richtung Medebach kommen Sie an der Ruhrquelle (Ruhrkopf) vorbei. Vom Parkplatz aus gelangen Sie über eine Holzbrücke, die sich über ein kleines Rinnsal spannt (die junge Ruhr) nach nur wenigen Metern zur Ruhrquelle. Hier beginnt die Ruhr ihre 128 km lange Reise bis nach Duisburg Ruhrort, wo sie in den Rhein mündet. Die Ruhr ist auch Namensgeber für eines der bekanntesten Industriegebiete der Welt.

Die Bruchhauser Steine

Nur etwa 500 m entfernt vom Örtchen Bruchausen (bei Olsberg), am Nordwesthang des 721 m hohen Istenberges, befinden sich vier große Felsen aus Porphyr. Über dem Tal des Gierkoppbaches ragen sie bis zu 90 m hoch auf. Der Gipfel des Bornstein (92 m) liegt in 756 m Höhe und überragt damit den Gipfel des Istenberges um 35 m. Die vier Hauptfelsen Bornstein (92 m), Ravenstein (72 m), Goldstein (60 m) und Feldstein (45 m) umfassen eine Fläche von 21 Hektar. Der Wanderfalke hat an den Steinen sein einziges Brutvorkommen an einem Naturfelsen in NRW:

Die erdgeschichtliche Entstehungszeit dieser Porphyrfelsen* liegt ca. 400 Millionen Jahre zurück. Um 500 v. Chr. wurde hier eine gigantische frühgeschichtliche Wallburganlage als Fluchtburg erbaut. Die einzelnen Felsen waren zu dieser Zeit durch einen Ringwall verbunden. Die Fluchtburg diente auch als Kult und Ritualstätte und ist die älteste ihrer Art in Westfalen.

---

* **Porphyrfelsen:** Porphyr (griechisch = purpur) ist der Sammelbegriff für verschiedene vulkanische Gesteine, die große ausgebildete Kristalle in einer feinkörnigen Grundmasse besitzen. Der Grundfarbton ist rötlich bis purpur.

Vor dem schmalen Weg, der zu den Steinen führt, befindet sich ein Informationszentrum und eine kleine Gaststätte (Imbiss) mit Terrasse.

Das gesamte Sauerland mit seinen über 1700 Bergspitzen, gilt als Land der Berge, Höhlen und Burgen. In den letzten 150 Jahren sind auch noch Talsperren in erheblicher Anzahl hinzugekommen. Durch die landschaftlich besonders schöne Region führt die Autobahn 45, die »Sauerlandlinie«. Dadurch sind alle Landstriche zu jeder Jahreszeit gut zu erreichen. Das gilt besonders im Winter, denn das Hochsauerland ist ein Dorado für Skiläufer, Rodler und Skilangläufer.

Stürmische Zeiten

Am 18. Januar 2007 zog der Orkan »Kyrill« über Europa hinweg gezogen. Es war der wohl verheerendste Orkan seit Jahrzehnten. Allein in Nordrhein-Westfalen wurden 50 000 Hektar Wald vernichtet. Am stärksten traf es die Regionen Sauer- und Siegerland. Der Sturm richtete den bis dahin größten jemals festgestellten Schaden an. Es bot sich den Menschen ein bis dahin nicht bekanntes Bild der Verwüstung. Allein in Schmallenberg sind rund 500 Häuser von dem Orkan beschädigt worden. Ganze Landstriche haben sich verändert. Das hatte selbstverständlich auch Auswirkungen auf die Tourismusbranche. Negativschlagzeilen über die Region beherrschten wochenlang die Medien. Massive Buchungsrückgänge und Stornierungen waren die Folge. Die Aufräumarbeiten begannen bereits einige Tage nach dem Sturm. Der starke Frosteinbruch am 23. Januar 2007 begünstigte die Arbeiten und machte den Einsatz von schwerem Räumgerät oft erst möglich. Die Regionalkonferenz der Landesregierung in Siegen beschloss neben den Landesmitteln für die Wiederaufforstung ein Sonderkreditprogramm für die Waldbesitzer.

Wer im Juni 2007 durch das Sauerland fuhr oder auch abseits der Hauptverkehrsstraßen auf eine Wandertour ging, konnte feststellen, dass die Waldwege geräumt und wieder frei zugänglich waren. Der aufmerksame Besucher des Hochsauerlandes wird feststellen, dass sich durch den Sturm auch das Gesicht der Landschaft teilweise verändert hat – nicht nur zum Negativen. Von den vielen Gipfeln genießt man jetzt Ausblicke, die einem vor dem Sturm verwehrt waren. Liebhaber dieser Region können die Landschaft jetzt teilweise neu erleben. Seien Sie neugierig, einem ungetrübten Freizeit- und Urlaubsvergnügen im Sauerland steht nichts im Wege.

Vom Rinnsal zum Fluss – die Ruhrquelle

Idyllische Stadtkulisse – der Briloner Marktplatz

Burg Altena – eine der schönsten Höhenburgen Deutschlands

Kleins Wiese

Eine herrliche Alleinlage am Fuße der Hunau und eine fantastische Aussicht haben das Hotel-Restaurant Kleins Wiese in Bad Fredeburg, im Hochsauerland, zu einem beliebten Ausflugs-und Feriendomizil gemacht. Durch die einzigartige Lage inmitten von Wäldern eröffnet sich den Gästen ein Urlaubs- und Wanderziel, das an Ruhe und Erholsamkeit seines gleichen sucht. Hier kann man der Natur ganz nahe sein. Eine Grund-Wanderhöhe von 660 m direkt vor der Haustür, saubere feste Wanderwege, eine optimale Beschilderung der Rundtouren in einem Radius von ca. 7 km um das Hotel, mit den dazugehörigen Wanderbänken, sind zusammen mit den ausgezeichneten Hotelleistungen sowie der ausgezeichneten Küche all jene Attribute, die das Hotel in 40 Jahren so beliebt gemacht haben.

Die Geschichte des Hauses beginnt im Jahr 1968 als Johanna Klein zusammen mit Ihrem Sohn Horst und dessen Ehefrau Anneliese eine Hotel-Pension mit zunächst acht Gästezimmern eröffnet. Acht Jahre später wurde das Hotel renoviert und auf 14 Zimmer mit bis zu 30 Betten ausgebaut. Seit dem Jahr 2000 wird das beliebte Hotel und Restaurant von Wolfgang und Heike Klein – beide Hotelbetriebswirte – sowie Horst und Anneliese Klein als Familienteam geführt.

Anneliese Klein und Sohn Wolfgang kümmern sich gemeinsam um das Herz des Hauses, die Küche. Im Februar 2008 konnten Familie, Gäste und Freunde ein großes Jubiläum feiern: 40 Jahre Kleins Wiese.

Das Hotel ist Mitglied in dem Verein »Sauerländer Wandergasthöfe« und so spielt auch hier, wie in so vielen Sauerländer Hotels und Gasthöfen die Liebe zur Natur eine ganz besondere Rolle. Radfahren und Wandern ist natürlich die angesagte Freizeitbeschäftigung vieler Gäste in Kleins Wiese. Natur erleben, oder zum Schweigen in den Wald gehen. Hier verbringen viele Stammgäste noch in 14 Tagen oder drei Wochen Ihren Haupturlaub und genießen die Sommerfrische oder den verschneiten Winter. Große stilvoll eingerichtete Zimmer und Appartements laden vom ersten Augenblick an zum Verweilen ein. Die einladende, anspruchsvolle Wohnlichkeit macht die Zimmer zu einem Refugium der Ruhe und des Wohlbefindens. Der Gast soll sich wie zuhause fühlen. Damit es den Feriengästen nach ein paar Tagen Ruhe nicht zu eng wird, verfügt das Haus über einen eigenen Skilift (falls es wieder einmal einen ordentlichen und schneereichen Winter gibt), eine eigene Hütte, einen Naturteich mit Kneippanlage und einem Freisitz direkt am Teich. Der Teich wird von einer hauseigenen Quelle gespeist, die ein hölzernes Wasserrad antreibt. Etwas für Romantiker und Naturliebhaber. Weiter verfügt das Haus über einen kleinen Fitness- und Wellnessbereich mit Sauna, Infrarotkabine und auf Wunsch auch Massagen und Anwendungen wie z. B. die Magnetfeldtherapie.

Die Küche des Hauses lebt nach dem Motto – aus der Natur frisch auf den Tisch! In unmittelbarer Nähe des Hotels befinden sich weitere hauseigene Teiche, welche die Restaurantküche mit fangfrischem Fisch versorgen. Wolfgang Klein bietet seinen Gästen eine in jeder Hinsicht verbundene Küche. Die Zutaten zu seinen leichten oder deftigen, modern kreativen oder traditionellen Spezialitäten kommen oft aus der unmittelbaren Umgebung: von den Weiden und Feldern der Bauern des Schmallenberger Sauerlandes oder wie schon erwähnt aus den eignen Teichen oder manchmal sogar aus Gottes freier Natur. Sie werden sich wundern, welche Köstlichkeiten diem regionale Küche birgt und wie lustvoll gesunde Ernährung sein kann.

Weithin bekannt, manche Gäste sagen sogar berühmt, ist das Restaurant-Café des Hauses für seine Kuchen und Torten – allesamt aus eigener Herstellung. Das schmeckt man mit jedem Bissen. Deshalb kriegen Sie, wie man so landläufig sagt, bei schönem Wetter auf der großen Sonnenterrasse »keinen Fuß mehr auf die Erde«, so voll von Ausflugs – und Hotelgästen ist dann dieser begehrte Platz.

Familie wird bei den Kleins ganz groß geschrieben. Nicht nur, das hier zwei Generationen harmonisch im Team zusammenarbeiten, an seinen freien Tagen kommt auch des öfteren Günther Overkamp-Klein vom bekannten Traditionsgasthaus Overkamp aus Dortmund mit seiner Frau und den Kindern zu Besuch. Dann ist großer Familientag auf Kleins Wiese. Genauso soll es sein.

HOTEL DEIMANN
125 JAHRE HOTEL ZUM WILZENBERG

Bereits zu Kaisers Zeiten, als Urlaub noch Sommerfrische hieß, war das Hotel zum Wilzenberg eine erste Adresse für gesunde Erholung im Sauerland. Mehr als 500 Jahre alt ist die Geschichte des ehemaligen Gutshofes.

1883 eröffnete Albert Hilsmann, ein Pionier des Sauerländer Fremdenverkehrs, das noble Hotel zum Wilzenberg am Fuße des gleichnamigen Berges. Schon damals kamen die Gäste wegen der beeindruckend schönen Landschaft, des förderlichen Reizklimas und der niveauvollen Gastlichkeit im Herrenhaus des Gutshofes nach Winkhausen.

In diesem Jahr feiert das Hotel zum Wilzenberg (heute Deimann) seinen 125 jährigen Geburtstag. Zu diesem Jubiläum hält das Haus im Jubiläumsjahr einige attraktive Angebote für seine Gäste bereit.

Im Jahr 1917 erwarb Theodor Deimann das Anwesen von der Erbengemeinschaft Hilsmann. Nach der Übernahme durch die Familie Deimann wurde das Gutshaus bis 1933 nur als Sommerfrische geführt, bevor es wieder ein öffentlicher Gastronomiebetrieb wurde. Vor 30 Jahren wurde das zum Gutshof gehörende Sägewerk ausgesiedelt. Damit wurde der Grundstein für die Entwicklung des Hotel Deimann zum führenden Urlaubshotel im Sauerland gelegt. Seitdem wurde ständig modernisiert und erweitert. Pünktlich zum 125 jährigen Jubiläum wurden die Zimmer im Gutshofbereich grundlegend renoviert und um einige Zimmer aufgestockt. Helle, gemütliche und große Zimmer sind hinzugekommen. Ob klassisch elegant, schnörkellos modern oder sinnlich mediterran, die Zimmer und Suiten zeigen Stil.

Die stetig zunehmende Frequentierung durch Gäste, die besonders durch die neue Badelandschaft mit Hallenbad, Solefreibecken und Gartenbistro noch verstärkt wurde, hat diese Erweiterung notwendig gemacht. Der dezentral gelegene Behandlungsbereich wurde dem neuen SPA angegliedert. Neben den jetzt schon bestehenden Bereichen für Sport, Kosmetik und eine medizinische Bade- und Massageabteilung wird die Wellnesslandschaft zum Ende des Jahres 2008 durch die Fertigstellung einer neuen Saunalandschaft mit großzügigen Liege- und Erholungsbereichen erweitert. Lebensart à la Deimann können die Gäste dann zu jeder Jahreszeit noch besser großzügig genießen.

Ganz gleich, ob Sie lieber aktiv oder passiv neue Kräfte sammeln, das gesamte Angebot ist darauf ausgelegt, Körper und Geist zu erfrischen und eine nachhaltige Erholung zu gewährleisten. Wenn Sie Bewegung und Aktivität lieben, wird Ihnen bei Deimann eine Menge Abwechslung geboten, auch außerhalb des Hotels, in der wunderschönen Umgebung in unmittelbarer Nähe des Hotels oder auf den Wanderstrecken des Rothaarsteiges. Hotel Deimann ist ein zertifizierter »Qualitätsbetrieb Rothaarsteig« und Mitglied der Sauerländer Wandergasthöfe, da spielt Wandern und seit einigen Jahren auch Nordic-Walking naturgemäß eine große Rolle. Geführte Touren, eigene markierte Wanderwege, eine eigene Wanderhütte und ein Wandermobil, das die Wanderer auf längeren Strecken mit leckerem Essen aus der Hotelküche versorgt, unterstreichen den hohen Stellenwert, den Familie Deimann dem Wandern und der Erholung in freier Natur beimisst. Deimanns Wanderwochen sind bei Naturfreunden weithin bekannt.

Wer es etwas geruhsamer mag und trotzdem einige »bewegte« Stunden in der freien Natur verbringen möchte, begibt sich zum nur 500 m entfernten 18 Loch Meisterschafts-Golfplatz. Der Golfplatz mit hoteleigenem Golf-Café-Restaurant liegt auf einem sonnigen Bergplateau. Der 6-Loch-Übungsplatz ist auch ohne Platzerlaubnis bespielbar. Im Übrigen erhalten die Gäste des Hauses eine 25-prozentige Greenfee-Ermäßigung.

Die Küche im Hotel Deimann

In der Küche wird unter Verwendung bester und frischester Produkte auf sehr hohem Niveau gekocht Das Team um Küchenchef Christoph Schulte-Vieting versteht es, sowohl die Hotelgäste, die üblicherweise mit 4 bis 6-Gang-Menüs im Rahmen der Halbpension verwöhnt werden, als auch à la carte zu begeistern. Auch mehrtägige Kochkurse unter Anleitung des Küchenchefs sind eine willkommene Herausforderung während eines Hotelaufenthaltes. Von der Hausmannskost bis zum festlichen Menü sind verschiedene Kurse buchbar.

Die positiven Auswirkungen von Kyrill

Zum Schluss möchte ich aus gegebenem Anlass noch einmal auf den Orkan zu sprechen kommen, der im Januar 2007 weite Landstriche des Sauerlandes getroffen hat. Heute sind die meisten Touristiker im Sauerland der Ansicht, dass der Sturm auch seine guten Seiten hatte. Nachdem der gesamte Holzbruch beseitigt, die Wege geräumt und wieder hergerichtet wurden, stehen die Wälder dank der hervorragenden und zügigen Aufräumarbeiten wieder für alle Freizeitaktivitäten offen. Waren die Berge vor Kyrill noch mit dichten Tannen und Fichtenwäldern bewachsen, die oft den Blick auf den nächsten Berg bzw. das benachbarte Tal verwehrten, ermöglichen Freiflächen nun vielerorts komplett neue Aussichten, auf die man Jahrzehnte lang verzichten musste. Durch die Hilfe der EU wurden die Wälder und Wege wieder in einen sehr guten Zustand versetzt. Die Hauswanderwochen finden seitdem wieder in vollem Umfang statt.

Rückenfilet vom Schwarzkopf-Biolamm in Bärlauch-Kartoffelkruste

Zutaten für 4 Personen

Lammrücken: 720 g Lammrückenfilet   1 Stck Schweinenetz (beim Metzger vorbestellen)   2 Stck große Kartoffeln   Salz, Pfeffer, Fett zum Braten   **Für die Farce:** 120 g Lammfleisch schier   140 g Sahne   15 g frische Bärlauchblätter   Salz, Pfeffer   **Gemüse:** 2 Stck frischen Knoblauch (á ca. 80 g)   30 g Butter   0,05 l Riesling   weißer Pfeffer   12 Stck kleine, abgezogene Strauchtomaten   1 Stck Zucchini, tournieren und in Salzwasser gar kochen   150 g Sellerie, mit dem Kugelausstecher ausstechen und in Salzwasser gar kochen   2 Stck kleine Schalotten in Würfel schneiden   Butter zum Abschmecken   **Limetten-Schalottenconfit:** 150 g Zucker   20 g Noilly Prat   15 ml weißer Portwein   55 g Knoblauch, blättrig gehobelt   240 g Schalotten in feine Streifen geschnitten   0,11 l Weißwein   70 ml Limettensaft   10 g Limettenzeste   1 Prise Salz, Pfeffer

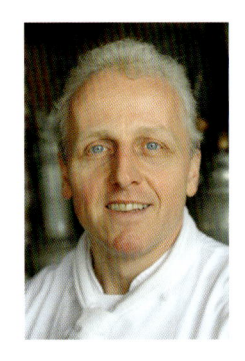

Zubereitung

1. Limettenconfit: Den Zucker leicht karamellisieren. Knoblauch und Schalotten dazugeben und mit Weißwein ablöschen. Mit Port und Noilly Prat auffüllen. Limettensaft dazugeben und 1,5 Stunden köcheln lassen. Die letzten 15 Minuten die Zeste mitkochen. Mit Salz und Pfeffer würzen.

2. Lammrücken und Gemüse: Das Lammrückenfilet in Portionsstücke von ca. 180 g schneiden, mit Salz und Pfeffer würzen und kurz scharf anbraten. Für die Kartoffelkruste die 2 großen Kartoffeln in ca. 2mm dünne Scheiben schneiden und direkt (nicht erst in Wasser legen – es geht Stärke verloren) auf ein leicht geöltes Pergamentpapier wie Schuppen auf eine Größe zusammenlegen, sodass man einmal gut um das Lammfilet herumkommt. Die Kartoffeln in eine heiße, beschichtete Pfanne stürzen und goldgelb anbraten. Pergamentpapier abziehen und in der Pfanne wenden und auch die andere Seite goldgelb anbraten. Die Kartoffelplatten aus der Pfanne direkt zurück auf das Pergamentpapier zurücklegen, abtupfen und an die Seite stellen.

3. Um die Farce herzustellen, das sehnenfreie Fleisch (direkt aus dem Kühlschrank) in die Moulinette geben und mit der möglichst eiskalten Sahne (leicht angefroren) zu einer gleichmäßigen Farce mixen. Mit Salz und Pfeffer würzen und die Bärlauchblätter dazugeben. Erneut glatt mixen (nicht zu lange, da die Farce sonst gerinnt), abschmecken. Fertig.

4. Die abgekühlten Kartoffelplatten erneut gut abtupfen. Schweinenetzstücke (gut gewässert) auf Geschirrhandtücher legen. Die Kartoffeln auf etwa gleich große Schweinenetze legen. Die angebratenen Lammrücken nochmals abtupfen, nachwürzen und auf einer Seite mit Farce bestreichen. Die bestrichene Seite auf die untere Kante der Kartoffelplatte setzen. Das ganze Filet rundherum mit Farce bestreichen und mit Hilfe des Geschirrhandtuches die Kartoffeln um das Filet wickeln.

5. Das Schweinenetz nochmals nachziehen, dabei nicht zu weit überlappen. Die verpackten Lammrückenfilets im vorgeheizten Umluftofen bei 180 °C ca. 9 Minuten braten und danach 2 Minuten ruhen lassen. Direkt servieren.
Zwischendurch das Gemüse mit den in Butter glasig geschmorten Schalotten anziehen lassen und abschmecken.

6. Den jungen Knoblauch putzen, längs in Viertel schneiden und mit den Schalotten leicht anziehen, mit Weißwein ablöschen. Mit Salz und Pfeffer würzen, unter dm Deckel ca. 6–8 Minuten gar schmoren. Die Lammjus in der gewünschten Konsistenz fertig stellen und abschmecken. Dass Lamm quer aufschneiden und direkt auf dem Teller mit dem Gemüse und natürlich einem Klecks Limetten-Knoblauchconfit servieren.

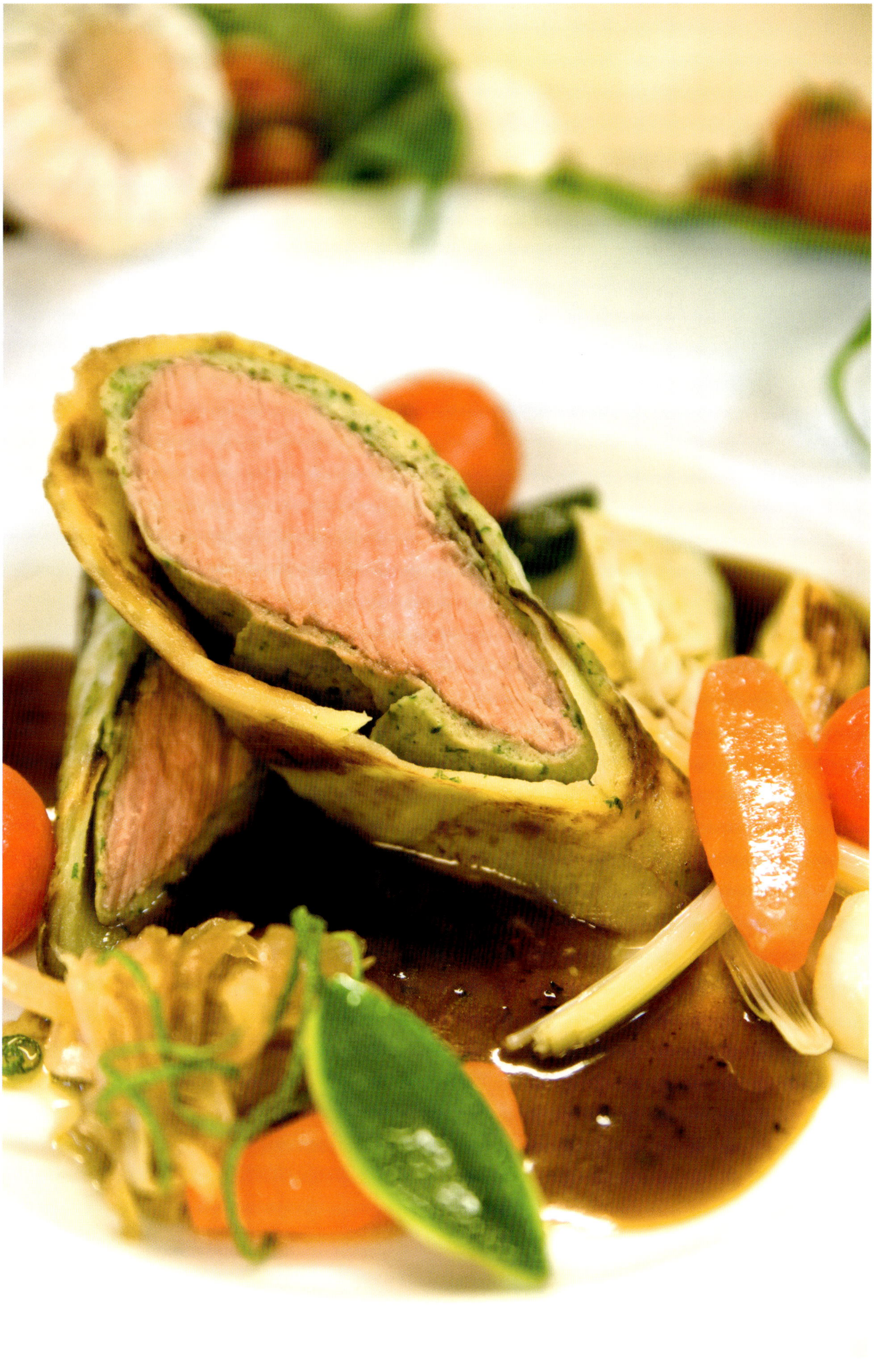

Waldhaus Ohlenbach
Das versteckte Wohlfühlparadies

In dem eher kleinen Waldhaus wird Wellness ganz groß geschrieben. Legt man den Relax-Guide Deutschland zugrunde, in dem alle Wellnesshotels Deutschlands gelistet sind, belegt das Waldhaus Ohlenbach den 10ten Rang von ca. 1200 getesteten Hotels. Es wurde mit drei Lilien und 18 von 20 möglichen Punkten als »hervorragend« bewertet.

»Hoher Erholungsfaktor, ganz ohne Mainstream-Geruch: nicht unbedingt die ultimativ-trendige Spa-Oase, aber wunderbar ungeschniegelt, locker und kitschfrei ... ein Seelenöffner und das genaue Gegenteil von kleinbürgerlicher Enge und Statutstreben«, so zu lesen im Wellnessführer »Relax 2008«.

Mit dieser Bewertung liegt das kleine Wohlfühlhotel vor so bekannten Namen wie der Traube Tonbach oder dem Schloss Lerbach. Im Übrigen scheint sich das gesamte Sauerland zu einer großen Wellness-Oase zu entwickeln, denn in diesem nach eigenen Aussagen einzigen unabhängigen Guide ist eine Vielzahl guter Wellness-Hotels aus dem Hochsauerland vertreten.

Nicht alltäglich ist auch, dass im Waldhaus eine hervorragende Gourmetküche (2 ½ F im Feinschmecker-Guide) mit Produkten aus der Region geboten wird. Gerichte von dem im Sauerland noch wild lebenden Mufflon sind dafür nur ein Beispiel.

Das Hotel liegt an einem sonnigen Südhang des Kahlen Asten, inmitten von Wiesen und Wäldern. Hier finden Sie alles, was Ihren Urlaub schön macht. Großzügige Wohnatmosphäre in komfortablen Appartements und Suiten, die bereits erwähnte exzellente Küche und einen Blick, der Sie glauben lässt, allein auf dieser Welt zu sein.

Die Familie Schneider kaufte 1960 das an diesem Südhang des Kahlen Asten gelegene Blockhaus und machte daraus eine Einkehrstätte für Wanderer. Das freundliche Familienhotel verfügt heute über 100 geräumige Zimmer und Suiten, 2 Restaurants und eine kleine exklusive Wellness- und Beautyabteilung. Nachdem alle im Januar 2007 durch den Orkan Kyrill entstandenen Waldschäden beseitigt wurden, stehen auch ausgedehnten Wanderungen und Mountainbiketouren nichts mehr im Wege.

Gleich nachdem Sie das Waldhaus betreten, spüren Sie die Großzügigkeit der Gastgeber-Familie Schneider. Jetzt im Sommer knistert zwar der große Kamin nicht mehr, aber Sie können sich nach Ihrer Ankunft in einen der schweren Ohrensessel fallen lassen und bei einem Willkommenstrunk von der vielleicht langen und strapaziösen Anfahrt erholen. Die Koffer werden Ihnen aufs Zimmer gebracht, und der freundliche Service nimmt Ihnen den Check-in ab und reicht Ihnen die täglich von der Seniorchefin erstellte Waldhauspost mit den Tagesaktualitäten. Wenn Sie eines der individuell und großzügig gestalteten Zimmer oder eine der Suiten betreten, gilt der erste Blick dem Fenster. Alle Räume sind nach Süden oder Westen ausgerichtet. Grenzgenialer Ausblick auf das Land der tausend Berge. Vielleicht sehen Sie die Gänse des Nachbarn, des Bauern Voss, über die Wiesen watscheln oder Sie streicheln die Kälber von Kerwes Willy, falls Sie, nachdem Sie sich von der Anreise erholt haben, über die weitläufigen Weiden spazieren möchten.

Die Zimmer sind ausgestattet mit großzügigen Sitzgruppen, begehbaren Kleiderschränken, separatem WC mit Doppelwaschbecken. Hier ist während Ihres Aufenthaltes Ihr Zuhause.

Den Tag beginnen

Der Tag kann bereits vor dem Frühstück mit ein paar Bahnen im großen, ebenfalls nach Süden ausgerichteten Schwimmbad beginnen. Hier steht dann schon der Morgenkaffee oder Tee für Sie bereit. Damit Sie keine Gänsehaut bekommen, ist das Wasser angenehme 30 °C warm. Nach diesem kurzen Fitnessprogramm erwartet Sie ein nicht ganz alltägliches Frühstück.

Es gibt gebratene Blutwurst mit Apfelscheiben (Himmel und Erde), frische Würstchen vom Metzger Wied (ausgezeichnet vom Magazin Feinschmecker), Brotsalat, frisches Müsli, Rohmilchkäse, Fisch, Eier in verschiedenen Variationen, westfälischen Knochenschinken und selbst gebackenes Brot. Einige Gerichte werden Ihnen am nostalgischen sechsflammigen Ofen frisch zubereitet.

Fast so schön (oder besser?) wie an einem Sonntagmorgen bei Ihnen zu Hause. Am Nachmittag gibt es eine große Auswahl an selbst gebackenen Kuchen.

Wellness im Waldhaus

Wie bereits eingangs erwähnt, zählt das Waldhaus mit zu den besten Wellnesshotels in Deutschland. Hier wird aus Wellness und Fitness Lebensfreude pur. Für ein paar Tage kann das hier für Sie ein »Hideaway«, ein Versteck zum ganz persönlichen Auftanken werden.

Im neu gestalteten Wellnessbereich »Waldzauber & Spa« nehmen Sie sich Zeit, um Ihre Gedanken auf die Reise zu schicken. Mit wunderbaren Anwendungen wie der hawaiianischen Tempelmassage (Lomi Lomi Nui) Hotstone oder Ayurveda werden hier von einem kompetenten Team Körper und Geist wieder in Einklang gebracht. Tauchen Sie ein in ein Sprudelbad mit Unterwassermassage und genießen Sie unter Sternenhimmel ein Badeerlebnis der besonderen Art. Das Angebot an Körper-, Kosmetikbehandlungen und Massagen ist recht umfangreich. Das Hotel hält hierfür einen eigenen Katalog bereit. Selbst der kleine Katalog ist etwas Besonderes. Er besteht aus einer losen Blattsammlung in einem festen cremefarbenen Umschlag. Das Ganze wird durch ein grünes Gummiband mit Waldhauslogo zusammengehalten.

Die Waldhausküche

Regionales aus dem Sauerland für den hungrigen Wanderer im Waldhausrestaurant und die feine Gourmetküche am Abend in der Schneiderstube. Zwei Küchen von einem Herd werden hier in Vollendung zubereitet. Mal Bauernente mit Spitzkohl oder Zicklein mit Bärlauch oder vielleicht auch etwas Exklusiveres wie Seeteufel mit Stockfischpüree. Aus der Jagd eines Freundes gibt es während der Saison einen Rehbock mit Tannenzipfeljus. Der Wanderer wird während seiner Rast sicherlich einen deftigen Pillekuchen, aus der gusseisernen Pfanne bevorzugen.

Der Weinkeller mit seinen 500 Positionen, darunter einige sehr alte Bordeauxs, ist die Passion von Stefan und Josef Schneider. Die Waldhaus-Wohlfühlküche genießen Sie im Gourmetrestaurant Schneiderstube und im Panorama-Restaurant Waldhaus. Soweit es geht, werden einheimische Erzeugnisse verwandt. Frisches aus der Region hat immer Vorrang. Selbstverständlich arbeitet das Küchenteam ohne Geschmacksverstärker und Industriegewürze. Das Gourmetrestaurant Schneiderstube ist Ihr Platz für Geschmackserlebnisse aus Küche und Keller. Hier wird ländlich und elegant eingedeckt. Der Champagner wird selbstverständlich in mundgeblasenen Gläsern serviert, aber deshalb gleich eine Krawatte zu tragen, ist im Waldhaus nicht angesagt. Bleiben Sie einfach so, wie Sie sind, und genießen Küche, Keller und das Ambiente des Hauses.

Alles in allem, das Waldhaus Ohlenbach bietet eine köstliche Küche, sehr gute Massagen und einen hohen Erholungswert zu jeder Jahreszeit.

Mufflonrücken an gefülltem Römersalat mit Kürbis und Gnocchi

Zutaten für 4 Personen

Mufflonrücken (ca. 800 g)   Wildjus   Apfelsaft   Johannisbeeressig   Salz, Pfeffer Nelken, Muskat
4 Stk Römersalat   Nelkenpfeffer   Preiselbeerkonfitüre   Wildfarce   500 g Kartoffeln   200 g Mehl   1 Ei
Speisekürbis   Apfelessig   Ingwer, Honig, Zucker

Im Waldhaus Ohlenbach kocht seit 14 Jahren Thomas Hartz. Der gebürtige Münsteraner hat sein Handwerk auf Schloss Wilkinghege gelernt. Der stellvertretende Küchenchef kocht gerne ohne viel Schnörkel, am liebsten mit guten regionalen Produkten. Der Mufflon für das nachfolgende Gericht lebt wild in der Region von Ohlenbach/Schmallenberg, wird dort bejagt und vom dortigen Jäger an das Waldhaus geliefert.

Zubereitung

1. Einen ausgelösten Mufflonrücken, ca. 800 g, im Ganzen in Butterschmalz beidseitig anbraten und bei 180 °C 8 Minuten im Ofen garen und warm stellen.

2. Für die Sauce: Einen halben Liter Wildjus mit Apfelsaft einreduzieren lassen und mit Johannisbeeressig, Salz, Pfeffer und Nelken abschmecken.

3. 4 Stück Römersalat halbieren und den Strunk entfernen. Etwa 160 g Wildfarce mit Salz, Nelkenpfeffer und einem Teelöffel Preiselbeerkonfitüre abschmecken. Die Hälfte der halbierten Römersalat-Köpfe auf der Schnittfläche mit der Wildfarce etwa einen halben Zentimeter dick einstreichen und mit den anderen Hälften zusammenklappen. Alufolie mit Olivenöl bestreichen und den Salat mit Salz und Pfeffer würzen. Den Salat in die bestrichene Alufolie einwickeln und 15 Minuten bei 180 °C im Ofen garen.

4. Gnocchi: 500 g gekochte Kartoffeln pressen. Mit 200 g gesiebten Mehl, einem Ei, Salz und etwas Muskat zu einem Teig verrühren. Die Teigmasse zu einem dünnen Zylinder ausrollen. Das Ganze in 4 cm lange Stücke schneiden und mit einer Gabel die typische Riffelung eindrücken und ins kochende Wasser rollen und blanchieren. Aus dem Wasser nehmen und zum Schluss in Butter schwenken.

5. Aus einem Speisekürbis Ihrer Wahl (z. B. heimische Sorten aus dem eigenen Garten, Hokaido oder Muskatkürbis) kleine Kugeln ausstechen und in einem Fond aus Apfelsaft, Apfelessig, Ingwer, Honig, Salz und Zucker blanchieren.

Hotel Gnacke ★★★★

Nordenau zählt nicht nur zu den schönsten Dörfern des Schmallenberger Sauerlandes, sondern bietet mit seiner Höhenlage von 620 Metern auch ein angenehmes Heilklima. Umrahmt von den weitläufigen Höhenzügen des Hochsauerlandes prägen dichte Laub- und immergrüne Nadelwälder die Nordenauer Umgebung, die von dem Turm der am höchsten Punkt des Dorfes gelegenen Burgruine auf beeindruckende Weise überblickt werden kann.

In dieser herrlichen Natur gelegen, lädt das Hotel Gnacke zu erholsamem Ausspannen oder zu aktiver Freizeitgestaltung und stets zu kulinarischem Vergnügen ein.

Neben wohltuender Ruhe und Besinnlichkeit bietet das Hotel Gnacke seinen Gästen geführte Wanderungen und weitere saisonale Aktivitäten, an denen die Gäste des Hauses im Rahmen mannigfaltiger Arrangements teilnehmen können. Dass sich in diesem Umfeld für jeden Anlass auch vortrefflich Festlichkeiten abhalten lassen, versteht sich von selbst.

Filet vom Sauerländer Jungbullen im Kräuter-Sesammantel mit tourniertem Gemüse und Champignongnocchi

Die Gäste erreichen den repräsentativen Fachwerkbau, der seit mehr als 170 Jahren regionstypisch behagliche Gastronomie beherbergt, über eine malerische Straße, die den im Tal gelegenen Ort Oberkirchen mit dem Bergdorf Altastenberg verbindet.

Die traditionelle Architektur und die herzliche Gastlichkeit des Hauses verbinden sich zu einer einzigartigen Atmosphäre. Es ist daher nicht verwunderlich, dass das Vier-Sterne-Hotel weit über regionale Grenzen hinaus bekannt ist.

Zur Bekanntheit des Hotels Gnacke trägt nicht zuletzt die hervorragende Küche des Hauses bei, der Küchenchef Andy Stenzel vorsteht. Mit seinem Spitzenteam bietet Andy Stenzel den Gästen des Hauses variationsreiche Speisen von Nouvelle Cuisine bis zu deftigen Sauerländer Spezialitäten. Zeitgemäß werden in dieser Verpflichtung auch Diätwünsche der Gäste in schmackhafter Weise erfüllt.

Das Hotel Gnacke verfügt aber nicht nur über eine exzellente Küche, sondern auch über all die anderen Annehmlichkeiten und Attribute, die einen Aufenthalt im Hause unvergesslich machen.

Mit großzügigen Appartements, geräumigen und behaglichen Hotelzimmern, die überwiegend auch mit Balkonen ausgestattet sind, und einer vollausgestatteten Ferienwohnung bietet das Hotel Gnacke Logismöglichkeiten, die den individuellen Wünschen seiner Gäste mehr als gerecht werden.

Für das körperliche Wohlbefinden der Gäste ist im Hotel Gnacke schließlich auch insofern bestens gesorgt, als dass die Gäste des Hauses neben einem umfangreichen Beauty- und Fitnessangebot ein herrliches beheiztes Soleschwimmbad (30 °C), einen Hotwhirlpool, eine Finnische Sauna, ein Türkisches Dampfbad sowie ein Solarium nutzen können.

Darüber hinaus bietet die Wellnessabteilung des Hauses Entspannung und Erholung mit Ayurveda, Hot-Stone-Massagen, speziellen Aroma-Bädern und sonstigen Behandlungen und Anwendungen, die auf die individuellen Wünsche der Gäste abgestimmt sind.

Wandern, Rad fahren oder Golfen im Sommer, Skisport und Schlitten fahren im Winter oder einfach nur in geeigneter Umgebung durch Ruhe neue Kraft zu schöpfen, machen das Schmallenberger Sauerland und das Hotel Gnacke mit seinem reichhaltigen Angebot, seiner Behaglichkeit und herzlichen Gastlichkeit ganzjährig zu einem verlockenden Ausflugs- und Urlaubsziel.

Die Atta-Höhle
Faszination Unterwelt

Große Höhlen hatten schon immer etwas Geheimnisvolles. Als Wohnort und Kultstätte übten sie schon seit der Frühgeschichte eine besondere Anziehungskraft auf die Menschen aus. Große Tropfsteinhöhlen mit ihren kilometerlangen Labyrinthen nehmen unter den Höhlen eine Sonderstellung ein. Das Sauerland verfügt gleich über mehrere dieser Naturwunder. Die Attahöhle in Attendorn wird von ihren Eigentümern, der Familie Böhmer, als schönste Tropfsteinhöhle Deutschlands bezeichnet. Ihre Entdeckung verdankt die Höhle einem puren Zufall. Im Biggetal wurde zu dieser Zeit Kalkstein abgebaut. Die Steinbrucharbeiter der Biggetaler Kalkwerke trauten am 19. Juli 1907 bei Sprengungen ihren Augen nicht: Als sich die Staubwolke der Explosion gelegt hatte, blickten die Arbeiter in einen freigelegten – und von Tageslicht und Sonne durchfluteten – Felsspalt. Was sie sahen, verschlug ihnen die Sprache. Dieser Anblick war über Jahrtausende hinweg der Menschheit verborgen geblieben. Die Bergarbeiter blickten in ein Labyrinth aus schönsten Tropfsteingebilden – Stalagmiten und Stalaktiten – steinerne Gardinen, die von der Felsdecke kunstvoll herabhingen. Sie brauchten bis zu 450 Millionen Jahre um Ihre heutige Form und Größe zu erreichen, denn sie wachsen gerade einmal 1 Millimeter innerhalb von 10 Jahren. Benannt ist die Höhle nach der Fürstin Atta, die der Hansestadt Attendorn ihren Namen gab. Die Geburtsstunde der Tropfsteinhöhlen liegt Millionen von Jahren zurück, als noch ein tropisch warmes Meer das Sauerland bedeckte. In dieser Phase des Erdaltertums (Devon-Zeit), dehnte sich vom Münsterland bis zum Taunus eine große Meeresbucht aus. Riesige Flüsse brachten vom nördlich liegenden Kontinent »Alt-Rot-Land« Gesteins- und Geröllmassen mit, die sich auf dem Meeresboden ablagerten. Aus diesen Ablagerungen entstanden Kalk und Dolumut, die wichtigsten wasserlöslichen Gesteine.

Heerscharen von Kindern wagten seit der Entdeckung der Atta-Höhle den Abstieg in die verzauberte Unterwelt. In den 1950er und 60er Jahren waren die Tropfsteinhöhlen ein großes Thema im Heimatkunde-Unterricht und Ziel unzähliger Klassenfahrten.

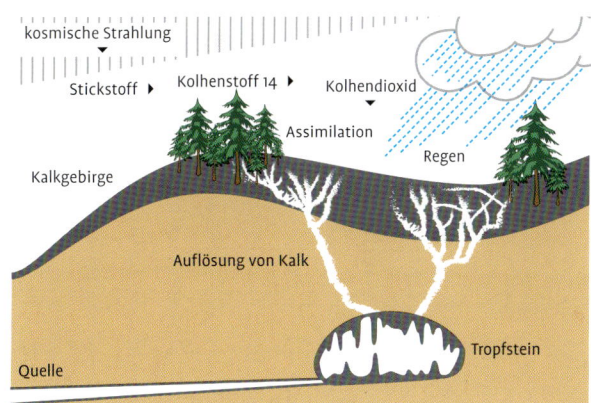

Von ihrer Entdeckung bis heute verzeichnete die Höhle 50 Millionen Besucher. Die weiteste Anreise hatten Besucher aus Neuseeland. Höhlenforscher entdeckten im Jahre 1986 einen weiteren Teil der Atta-Höhle. Ein 5000 Meter langes Labyrinth aus bizarrsten Tropfsteingebilden tat sich ihnen nach jahrelangen Forschungen plötzlich auf. Leuchtende Farben in Weiß, Rot, Blau bis Gold-braun an Jahrmillionen gewachsenen Kunstwerken aus Kalkstein. Dazwischen kleine Seen kristallklaren Wassers. Das alles schlummert tief im Schoß von Mutter Erde in unserem schönen Sauerland. Die Tagesschau berichtete damals exklusiv über die sensationelle Neuentdeckung. Spätestens seit dieser Neuentdeckung durch den Letmather Höhlenforscher Elmar Hammerschmidt gilt die über 450 Millionen Jahre alte Tropfsteinhöhle von Attendorn als »Königin der Tropfsteinhöhlen« – weltweit. Viele Besucher waren schon als Kinder hier und kommen gerne wieder – oft mit ihren Kindern.

Untertage Klima-Therapie – tief durchatmen

Als Ausflugsziel genießen die Menschen seit fast 100 Jahren die pure Natur der fantastischen Untertagewelt. Doch neben den optischen Reizen bietet die Attahöhle speziell für Menschen mit chronischer Bronchitis, Heuschnupfen oder Atemwegserkrankungen die Chance auf Linderung und Heilung ihrer Beschwerden. Selbst eine Raucherentwöhnung ist in das Programm der Liegetherapien aufgenommen. Bei einer konstanten Temperatur von neun Grad Celsius und einer Luftfeuchtigkeit von 95 Prozent herrscht im Innern der Höhle ein keim- und staubfreies Klima. Mit äußerster Rücksichtnahme auf die in Jahrmillionen entstandenen Schätze wurden eine kleine separate Höhle gestaltet und zwölf Therapieplätze geschaffen. Ein wärmender Schlafsack sorgt dafür, dass der jeweils rund zweistündige Aufenthalt für die Besucher nicht zu kühl wird. Natürlich wird die Therapie medizinisch individuell begleitet. Selbst Akupunktur-Behandlungen sind im Umfeld möglich.

Wer in der Therapiehöhle keine konkreten Leiden behandeln möchte, der kann den Aufenthalt in absoluter Ruhe – lediglich unterbrochen von dem schier ewig währenden Herabfallen der Wassertropfen – genießen.

Ein Wochenendausflug zur Attahöhle kann auch sehr gut dazu genutzt werden, die nähere Umgebung zu erkunden. Nach der 40-minütigen Führung durch die Höhle bietet sich ein Besuch im Höhlenrestaurant Café »Himmelreich« an. Eine kleine Erfrischung oder ein gutes Essen bietet sich an, um einen kleinen Erkundungsausflug zu planen. Gleich mehrere Talsperren liegen in einem Umkreis von nur wenigen Kilometern. Da ist natürlich zunächst der Biggesee, Westfalens größte Talsperre. Hier verkehren zwischen Attendorn und Olpe planmäßig die Fahrgastschiffe MS Westfalen und MS Bigge. Wer es kleiner und beschaulicher mag, stattet der ebenfalls im Jahre 1907 (wie die Attahöhle) eingeweihten Oestertalsperre, der Versetalsperre oder der Fürwiggetalsperre einen kurzen Besuch ab. Ein Tag im Sauerland bietet neben der schönen Landschaft viel Sehenswertes, Bestaunenswertes und manchmal auch Lehrreiches. Die Autobahn A45 sorgt zudem noch für einen schnellen und bequemen Anreiseweg.

Hof Hueck – Behagliches Refugium

Bad Sassendorf liegt am Rande der Soester Börde, einer durch Bodenbeschaffenheit und Klima begünstigten Ebene im Südosten der Westfälischen Bucht. Warme Sommer und milde Winter bieten beste Möglichkeiten für den Anbau von Weizen, Gerste, Hafer, Zuckerrüben und Kohl. Der Kurbetrieb gedeiht unter diesen klimatischen Voraussetzungen, fern von den Extremen des Windes und des Wetters auf höchst angenehme Weise. Seit 1906 ist das offizielle »Bad« Sassendorf als Solebad anerkannt. Inmitten des Kurparks von Bad Sassendorf liegt der historische Hof Hueck.

Die wechselvolle Geschichte dieses Hofes und heutigen Hotels und Restaurants ist geprägt von Höhen und Tiefen, die sich fast lesen wie ein Erlebnisroman der westfälischen Geschichte. Das denkmalgeschützte Vierständer-Fachwerkhaus stand bis 1971 in Unna-Niedermassen, bevor es 1972 komplett abgebaut und vollkommen restauriert im Kurpark Bad Sassendorfs wieder aufgebaut wurde. Die Wurzeln dieses Hofes und des ehrbaren Westfalengeschlechts Hueck (gesprochen »Huck«) führen zurück bis in das Jahr 1316. Dazwischen liegt eine wechselvolle Geschichte. Es muss ein Trotzbau gewesen sein – Trotz gegen die vielen Schicksalsschläge, die in der Familienchronik wie folgt vermerkt sind: »ganz abgebrannt«, »von Böhmen ausgeplündert«, »von Pest geängstigt«, »mit Hagel bestraft« und »durch Franzosen überzogen«. Ursprünglich hatte das Hueck'sche Bauerngut aus sechs Wohn- und Wirtschaftsgebäuden bestanden. Das siebte aber, das 1775 hinzu errichtete Haupthaus, gedieh in einer wahren Fachwerkpracht. Es gab bis Dortmund kein niederdeutsches Haus mit reicherer Fleetdeele und mächtigeren Eichenständern.

Heute ist das Hotel-Restaurant ein Schmuckstück westfälischer Fachwerk-Baukunst im Kurpark Bad Sassendorf. Mit Liebe zum Detail restauriert und ausgestattet, wurde der Hof Hueck sehr schnell zum Geheimtipp für alle, die genussvolle Stunden in anregender, unverwechselbarer Atmosphäre erleben wollen. Stilgerecht wurde die alte Deele in ein außergewöhnliches Restaurant verwandelt. In den behaglichen Nischen nimmt man gerne an den liebevoll eingedeckten Tischen Platz und genießt was Küche und Keller zu bieten haben. Ganz im Stil westfälischer Gastlichkeit wird hier à la carte aufgetischt, was für die Region und die Jahreszeit typisch ist. Jederzeit frisch und abwechslungsreich. Westfälische Küche in Reinkultur. Hier ist der Sauerbraten noch wirklich sauer, natürlich hausgemacht und mit Kartoffeln und Apfelmus. Auch die Bauernente aus dem Ofen muss man unbedingt probiert haben. Alte Rezepte werden mit Produkten der Region von Küchenchef Markus Vockrodt und seinem Team raffiniert verfeinert. Im fein eingedeckten Restaurantgarten, der an der vorderen Längsseite des Hauses liegt, genießen Sie bei schönem Wetter unter großen Sonnenschirmen an der frischen Luft, was die Küche von Markus Vockrodt zu bieten hat. An der zur Kurpromenade gelegenen Stirnseite des mächtigen Fachwerkhauses wurde in 2008 ein großer rustikaler Biergarten eingerichtet. Hier gibt es eine kleine Karte für den eiligen Gast und den Spaziergänger mit dem kleinen Hunger. Wegen der schönen Aussicht und des bayerischen Ambientes ist der Biergarten bei schönem Wetter mit 125 Plätzen immer gut besucht.

Der Kurpark ist eine Oase der Entspannung mit seinem beruhigenden See, den üppigen Rosengärten, prachtvollen Rhododendren und dem historischen Gradierwerk. Als Gast des komfortablen Hotels residieren Sie in der 1. Etage des Hauses und haben einen wundervollen Blick über den herrlich angelegten Park. Eine angenehm ungestörte Nachtruhe ist garantiert. Viele Gäste nutzen den Rundum-Verwöhnservice des Hauses für einen kleinen Urlaub. Es müssen ja nicht immer der Sandstrand und die Palmen sein.

Ein kleiner Spaziergang durch den Kurpark führt Sie zum Gästehaus des Hof Hueck. Hier finden Sie großzügig ausgestattete Komfortzimmer, zum Teil mit Balkon und Blick ins Grüne. Das Gästehaus ist ein licht- und luftdurchflutetes Refugium für unbeschwerte Urlaubstage.

Das Tagungs- und Kongresszentrum und der Hof Hueck bieten aber auch ein gastronomisches und kulturelles Angebot, wie man es in dieser Vielfalt kaum woanders findet. Es beginnt ganz klein an jedem Montag im Restaurant mit stimmungsvoller Live-Musik am Flügel. Große musikalische Freiluftveranstaltungen wie die Aufführung der Oper Nabucco, der historische Handwerkermarkt oder die Oldtimerveranstaltung Bad Sassendorf Classic sind nur einige der sehens- und erlebenswerten Veranstaltungen, die man mindestens einmal besucht haben sollte. Natürlich wird zu all diesen Ereignissen ein hervorragendes »kulinarisches Rahmenprogramm« angeboten. Da das Tagungs- und Kongresszentrum sowie das Hotel-Restaurant Hof Hueck unter gleicher Leitung stehen, werden viele Veranstaltungen auch gemeinsam durchgeführt. Zu Theaterveranstaltungen, Kongressen und Tagungen liefert die Restaurantküche auch das gesamte Catering.

Ein Stück westfälische Geschichte, ein bisschen Romantik und ein Hauch feiner Lebensart – all das ist Hof Hueck.

BAUERNENTE AUS DEM OFEN MIT ORANGENSAUCE

ZUTATEN FÜR 4 PERSONEN

Für die Ente: 1 Stck Ente, ca 2,4 kg (probieren Sie einmal eine Bauernente vom Hofladen)
2 Stck Äpfel   2 Stck Zwiebeln   Majoran, Thymian, Salz, Pfeffer
Für die Orangensauce: 0,1 kg Sellerie   0,1 kg Möhren   0,1 kg Zwiebeln   0,1 l Rotwein   0,1 l Orangensaft
0,1 l Geflügelbrühe   1 EL Tomatenmark   die Entenknochen
Salz, Pfefferkörner   Thymian   Lorbeerblatt   Wachholderbeeren   Nelken

Der 1972 in Erwitte geborene Michael Wrobel absolvierte seine erste Lehre als Konditor in Erwitte und seine Lehre zum Koch im westfälischen Eickelborn. Heute ist er Sous Chef im Hof Hueck und kocht hier bereits seit 14 Jahren. Als Westfale liebt er ein ordentliches Stück Fleisch auf dem Teller. Einer seiner Favoriten ist der westfälische Sauerbraten.

ZUBEREITUNG

1. Vorbereitung: Die Flügel und den Hals von der Ente abschneiden (benötigen wir für die Sauce)
Äpfel und Zwiebel würfeln und mit Salz, Pfeffer und Majoran würzen.

2. Zubereitung: Die Ente mit der Apfel-Zwiebelmischung füllen. Mit Salz und Pfeffer würzen, anschließend mit dem Rücken auf das Backofenblech legen und mit Thymian bestreuen. Bei 165 °C ca. 90 Minuten im Ofen garen.

3. Die Entenknochen klein hacken und in einer Kasserolle scharf anbraten. Das grob gewürfelte Gemüse hinzufügen und ebenfalls anbraten. Anschließend das Tomatenmark zufügen und mit anrösten.

4. Mit Rotwein und der Hälfte des Orangensaftes ablöschen, Gewürze hinzufügen, mit der Brühe auffüllen und gut köcheln lassen. Die Sauce durch ein Sieb passieren, in einen Kochtopf geben und einreduzieren. Die Sauce mit Salz, Pfeffer und Orangensaft abschmecken.

5. Als Beilage empfehlen wir Rotkohl und Klöße von rohen Kartoffeln. Zur Dekoration eigenen sich karamellierte Kumquats.

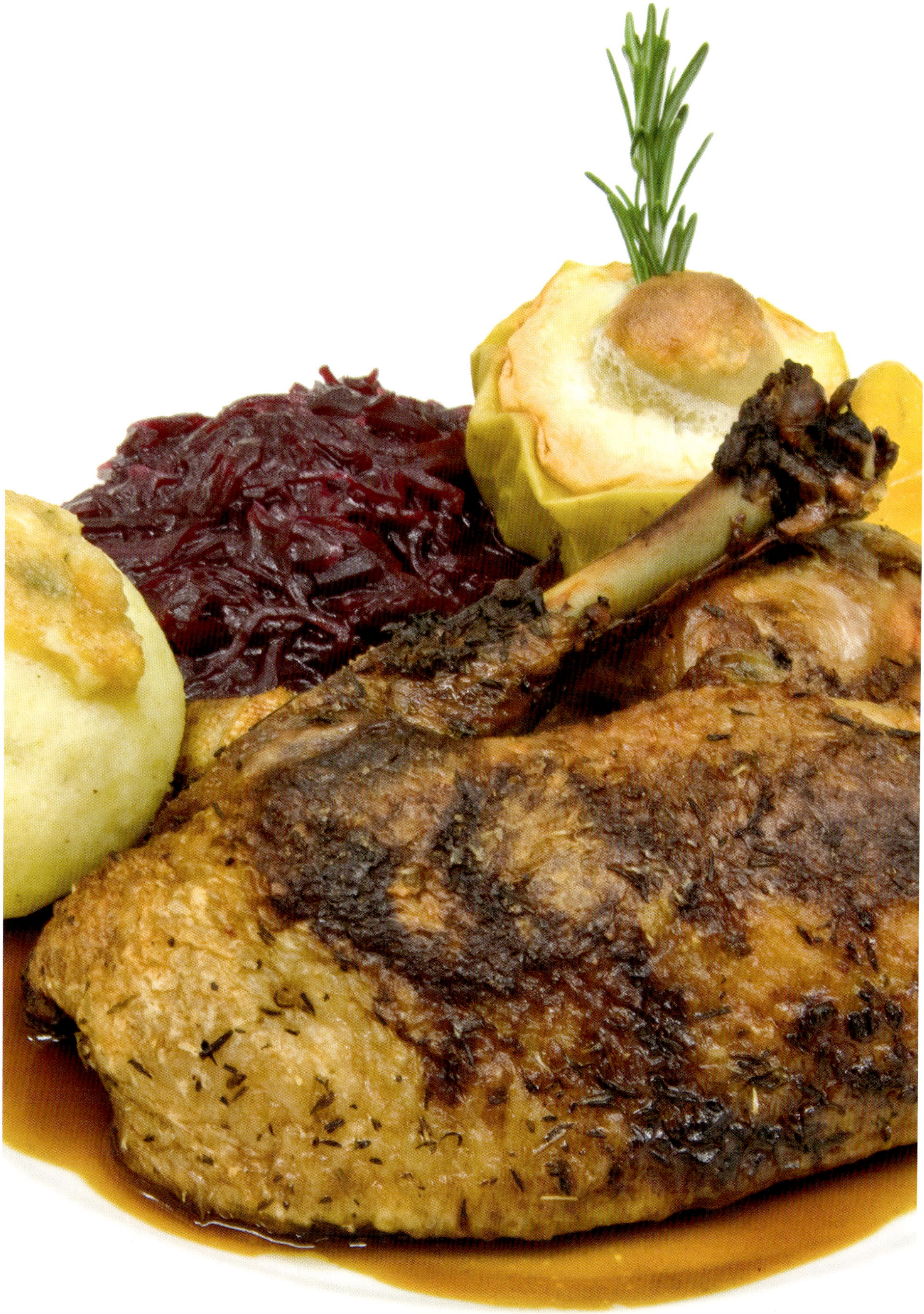

Bad Sassendorf Oldtimer Classic

Im Kurort Bad Sassendorf verstehen es die Verantwortlichen des Tagungs- und Kongresszentrums immer wieder während eines gesamten Jahres touristische und kulturelle Höhepunkte in den Ablauf des normalen Kurbetriebes einzubauen. Die Organisatoren arbeiten mit der Gastronomie seit vielen Jahren Hand in Hand. Auf den großen Handwerkermarkt vom 01.–04. Mai mit ca. 10 000 Besuchern, folgte bereits am 24. und 25. Mai die 10. Bad Sassendorf Classic.

Die Jubiläumsveranstaltung mit rund 80 Teilnehmern fand an zwei aufeinander folgenden Tagen statt. Sie begann am Samstag mit einer kleinen Schnuppertour von 60 km Länge und wurde am Sonntag mit einer Ausfahrt von 150 km Länge fortgesetzt. Sehen die Teilnehmer an dieser Veranstaltung die Aus- und Wertungsfahrten vorwiegend unter dem sportlichen Aspekt, ist es für die Kurgäste, Tagestouristen und die vielen Oldtimerfreunde, die aus ganz Nordrhein-Westfalen zu dieser Veranstaltung angereist waren, ein automobiles Erlebnis par excellence mit Geschichte und hohem Unterhaltungswert. Das Tagungs- und Kongresszentrum Bad Sassendorf hatte für dieses Wochenende ein attraktives Rahmenprogramm zusammengestellt. Obwohl die Wetterprognosen für das Wochenende nicht positiv lauteten, blieb man zumindest am Samstag von Regen verschont, und am Sonntag regnete es nur vereinzelt. Dennoch waren mehrere Tausend Besucher in den Kurpark gekommen, in dem eine Bühne und ein Festzelt aufgebaut waren. Am Samstag sollte um 13.00 Uhr der Start zur kleinen Schnuppertour erfolgen. Bereits am Vormittag trafen nach und nach die gemeldeten Teilnehmer mit ihren kostbaren Oldtimern ein und platzierten sich im Kurpark vor dem Gradierwerk.

Die Besucher flanierten durch den Park und bestaunten Austin Healeys, einen Rolls-Royce, mehrere Jaguar XK 120 und Aston Martins. Uns hatte es besonders ein BMW 319, Jahrgang 1935, angetan. Das Fahrzeug befand sich natürlich in einem exzellenten Zustand und war in freundlich-frischem Cremeweiß und Rotorange lackiert. Die Besitzer, Trude und Balthasar Müller, waren stilecht mit Lederjacken, Lederkappen und den damals obligatorischen Brillen gekleidet. Auto und Besitzer – ein echter Hingucker. Zwischenzeitlich füllten sich auch die Sitzplätze im Kurpark und Hof Hueck mit Besuchern. Zur Unterhaltung der Gäste spielten die »Original Salz-Sieders, eine Jazz-Dixiland Formation, die in historischer Bekleidung der 20er Jahre auftrat. Diese Band sollte später dem Rallye-Tross auch zur Kaffeerast im Haus Welschenbeck folgen und dort den Teilnehmern und Mitgereisten ebenfalls wieder aufspielen.

Die Start- und Zielrampe für beide Ausfahrten befand sich auf der Kurpromenade, in Höhe des Hof Hueck. Aus dem Biergarten des historischen Gasthauses heraus konnten die Gäste bei einem kühlen Bier oder dampfenden Kaffee die Aktivitäten der Teilnehmer aus nächster Nähe verfolgen. Mit einer selten erlebten Souveränität und Sachkenntnis stellte Hans-Hartmut Krombach beim Start die einzelnen Teilnehmer und ihre Fahrzeuge vor. Er kannte die Geschichte jedes Oldtimers so im Detail, dass man meinte, er sei bei der Produktion des jeweiligen Fahrzeuges persönlich dabei gewesen.

Dann ging es los, von Bad Sassendorf in das nahe gelegene Sauerland und rund um den Möhnesee. Wir folgten dem bereits beschriebenen BMW 319 von Trude und Balthasar Müller über Berg und Tal, durch Wald und Feld. Am »Haus Welschenbeck« wurde zusammen mit den Teilnehmern eine Rast eingelegt, und wir lauschten im schönen Burggarten wieder den Salzsieders, anschließend »verfolgten« wir dann den BMW 319 zurück in den Kurpark.

Bei der Ausfahrt am Sonntag gab es einen weiteren Höhepunkt für die Besucher. Sie hatten die Möglichkeit, mit einem Oldtimer-Bus an der Ausfahrt teilzunehmen. Für 25 Euro gehörten ein Mittagsbuffet während der Mittagsrast im Gasthaus Schütte (Schmallenberg) sowie Kaffee und Kuchen nach der Rückkehr zum Angebotspaket. Nach der Ausfahrt am Sonntag gab es im Kurpark Dixiland-Jazz vom Feinsten.

Ist man an solchen oder ähnlichen Veranstaltungen interessiert, lohnt es sich immer die Internetseiten des Tagungs- und Kongresszentrums zu besuchen. Der Kurpark bietet vielen verschiedenen Veranstaltungen wie dem Handwerkermarkt, der Oldtimerrallye oder einer grandiosen Opernaufführung wie Nabucco eine ideale Plattform.

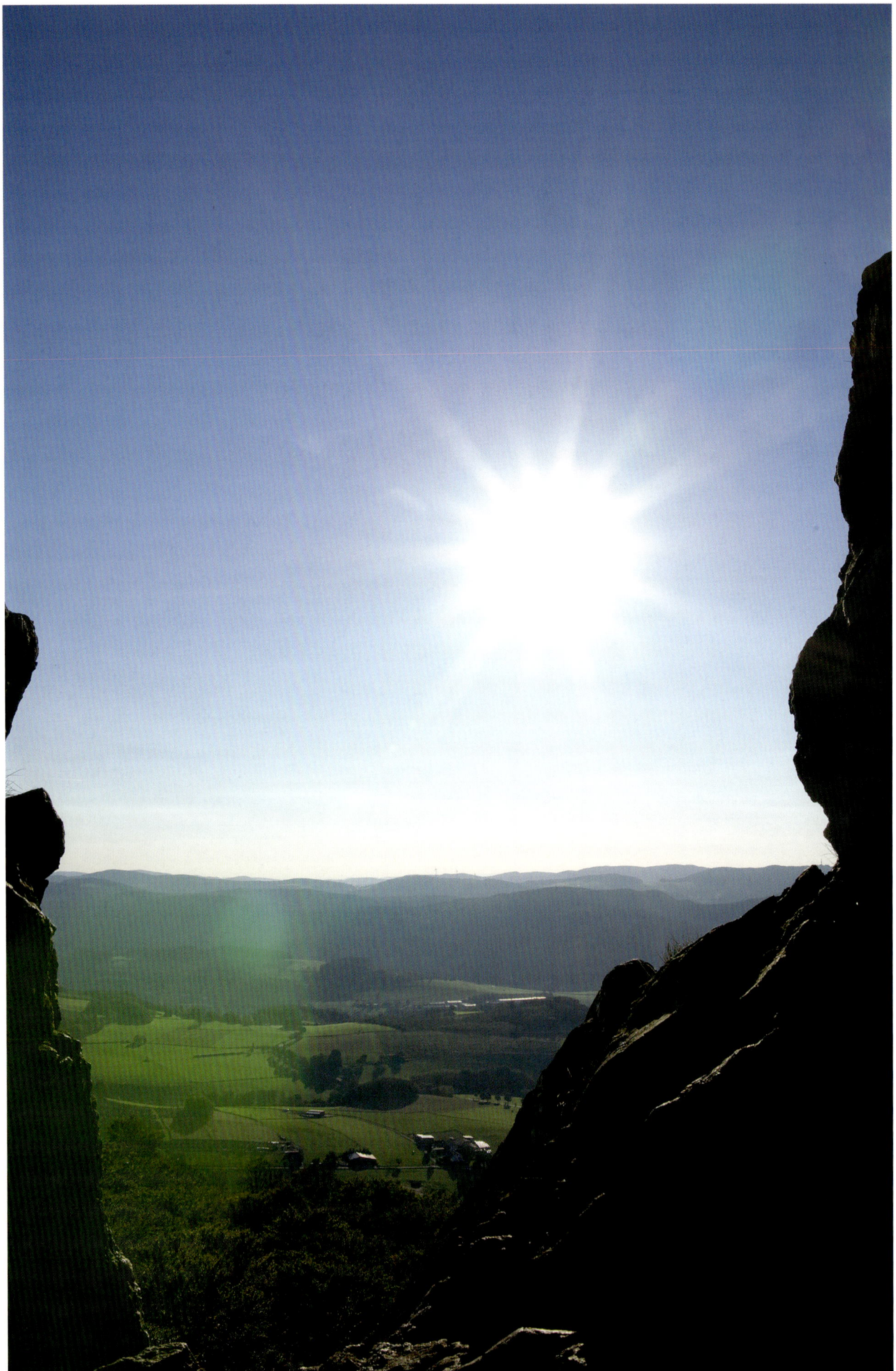

LANDHOTEL DONNER ***
TRADITION IM STIL DER GEGENWART

Remblinghausen im Jahr 1860 – hier beginnt die Geschichte des Haus Donner mit der Errichtung eines Handelshauses. Remblinghausen ist ein kleines idyllisches Dorf in unmittelbarer Nähe des Hennesees. 1911 folgt die Eröffnung des Gasthof Donner. Jetzt setzt eine Entwicklung ein, die zielgerecht zu dem führte, was heute das Landhotel Donner darstellt, ein Landhotel der harmonischen Art mit empfehlenswerter, sehr guter Küche.

Am 1. April 1998 übernimmt Küchenmeister Georg Donner die Leitung des traditionsreichen elterlichen Betriebes. Bevor Georg Donner hierher zurückkehrte, führten seine Stationen unter anderem über Averbecks Restaurant, Hotel Bomke in Wadersloh und das historische Gasthaus Schwanen in Haigerloch.

Das im gleichen Jahr umgebaute bzw. neuerbaute Haus verfügt über 14 Zimmer. Die gemütlichen Räume bieten eine großzügige Sitzecke und alle Ausstattungsmerkmale eines guten Komforthotels. Das Restaurant bietet 100 Plätze in verschiedenen, Räumlichkeiten. Hier fühlen sich die Gäste in einer herzlichen Atmosphäre von Anfang an zu Hause. In der Freizeit lädt die stimmungsvolle Landschaft rund um den Hennesee zu allerhand Aktivitäten ein. Sei es Reiten, Mountain-Biking, Wandern, Ski-Langlauf oder Tennis spielen, hier ist für jeden etwas dabei. Alternativ kann auch ein Arrangement gebucht werden welches dann z. B. den Besuch des Bergbaumuseums in Ramsbeck oder eine Schifffahrt auf dem Hennesee beinhaltet.

Georg Donners Küche ist sinnenfreudig und kreativ. Mit unterschiedlichen frischen Kräutern gibt er ihr eine unverwechselbare Note. Ob frühlingsfrisch oder herbstlich deftig, ob verführerisch süß oder anregend pikant, er weiß womit man die Raffinesse eines Gerichts stimmig betont. Das unterstreichen auch die bekannten Guides in ihren Bewertungen.

Die Küche des Landhotel Donner ist weit über die Region für ihre Qualität und Kreativität bekannt, festlegen auf eine bestimmte Richtung lässt sich Georg Donner aber nicht. Keine »westfälische Küche mit mediterranem Einschlag«, keine klassische französische Küche und auch nicht nur eine gute bürgerliche Küche. »Ich koche alles gerne, was gut ist«, so Georg Donner. Und weiter: »Respekt zolle ich allen Kollegen, die eine gute, ehrliche und marktfrische Küche auf gehobenem Niveau bei einem angenehmen Preis-/Leistungsverhältnis betreiben – und dabei wirtschaftlich sind.« Das heißt, sie müssen für jeden Geldbeutel und jeden Geschmack etwas im Angebot haben. Wobei die saisonalen Produkte im Vordergrund stehen. Das Ergebnis kann dann eine gute regionale, eine klassische und die neue leichte Küche mit eigenen Kreationen sein. Wichtig ist, die Küche muss schmackhaft, abwechslungsreich und den Jahreszeiten angepasst sein. Wegen der Frische werden Kräuter aus dem eigenen Garten und vorwiegend Produkte regionaler Erzeuger bevorzugt.

Sauerländer Wildschweinfilet
Zart rosa im Crêpemantel – auf Rosenkohlblättern mit Kartoffel-Gemüseroulade

Zutaten für 4 Personen

Crêpe: 100 g Mehl   200 ml Milch   1 Stck Ei   Salz, Butter, Alufolie
Wildschweinfilet: 600 g komplett pariertes Wildschweinfilet (in vier Portionen geschnitten)
60 g sauber pariertes Putenfleisch   60 g sauber pariertes Wildschweinfleisch   20 g flüssiges Eiweiß
60 g flüssige Sahne   20 g braune Butter   1 Zweig frischer Thymian   1 Spritzer Cognac
Je 20 g mit Biss gegarte Gemüsebrunoise (feine Würfel) von Knollensellerie, Möhre, und Lauch   Salz, Pfeffer
Rosenkohlblätter: 400 g Rosenkohl   30 g feine Zwiebelbrunoise   30 g feine Speckbrunoise
50 ml kräftiger Geflügelfond   50 ml flüssige Sahne   2 EL geschlagene Sahne   12 Stck schöne Pfifferlinge
12 Stck mittelgroße Champignons   Salz, Muskat
Kartoffel-Gemüseroulade: 400 g mehlig kochende Kartoffeln   40 g Grieß   40 g Mehl   20 g Kartoffelstärke
1 Stck Ei   150 g mit Biss gegarte Gemüsebrunoise (Möhre, Sellerie, Lauch)   Salz, Muskat

Zubereitung

1. Wildschweinfilet mit Salz und Pfeffer würzen. Ganz kurz und heiß in der Pfanne anbraten und kühl stellen. In der Zwischenzeit das ein Mal durch den Fleischwolf gedrehte Puten- und Wildschweinfleisch im Kutter mit dem Eiweiß und der kalten flüssigen Sahne, welche nach und nach während des Kuttern zugegeben wird, eine Farce erstellen.

2. Zum Schluss die kalte, aber noch flüssige braune Butter zugeben. Mit Salz, Pfeffer, frisch gehacktem Thymian und einem Spritzer Cognac die Fleischmasse abschmecken. Kühl stellen.

3. Die Crêpes mittig mit etwas Farce bestreichen und die Wildscheinfilets darauf platzieren und komplett mit Faece bestreichen. In den Crêpes einrollen, dann auf eine gebutterte Alufolie legen und einrollen. Garen im Ofen bei 160 °C, je nach Größe ca. 11 – 13 Minuten. Fünf Minuten ruhen lassen. Quer aufschneiden.

4. Rosenkohl in Blätter zerlegen, knackig blanchieren, in Eiswasser abschrecken. In einem Topf Zwiebel und Speck in Butter anschwitzen. Den abgetropften Rosenkohl zugeben. Würzen mit Muskat, ablöschen mit Fond. Einkochen.
Auffüllen mit flüssiger Sahne, kurz einkochen und mit geschlagener Sahne vollenden. Eventuell etwas nachsalzen. Pilze anbraten und würzen.

5. Vom Vortag gekochte Kartoffeln durchpressen. Mit Grieß, Mehl, Stärke und Ei zu einem Teig verarbeiten. Abschmecken mit Salz und Muskat. Den Teig gleichmäßig ausrollen, mit den Gemüsebrunoise belegen und diese ein wenig eindrücken. Das Ganze schneckenförmig einrollen. Danach in Klarsichtfolie einrollen und anschließend dann in Alufolie einrollen. Im Wasserbad bei 90 °C ca. 35 Minuten ziehen lassen. Wenn die Roulade kalt ist, in Scheiben schneiden und in Butter nachbraten.

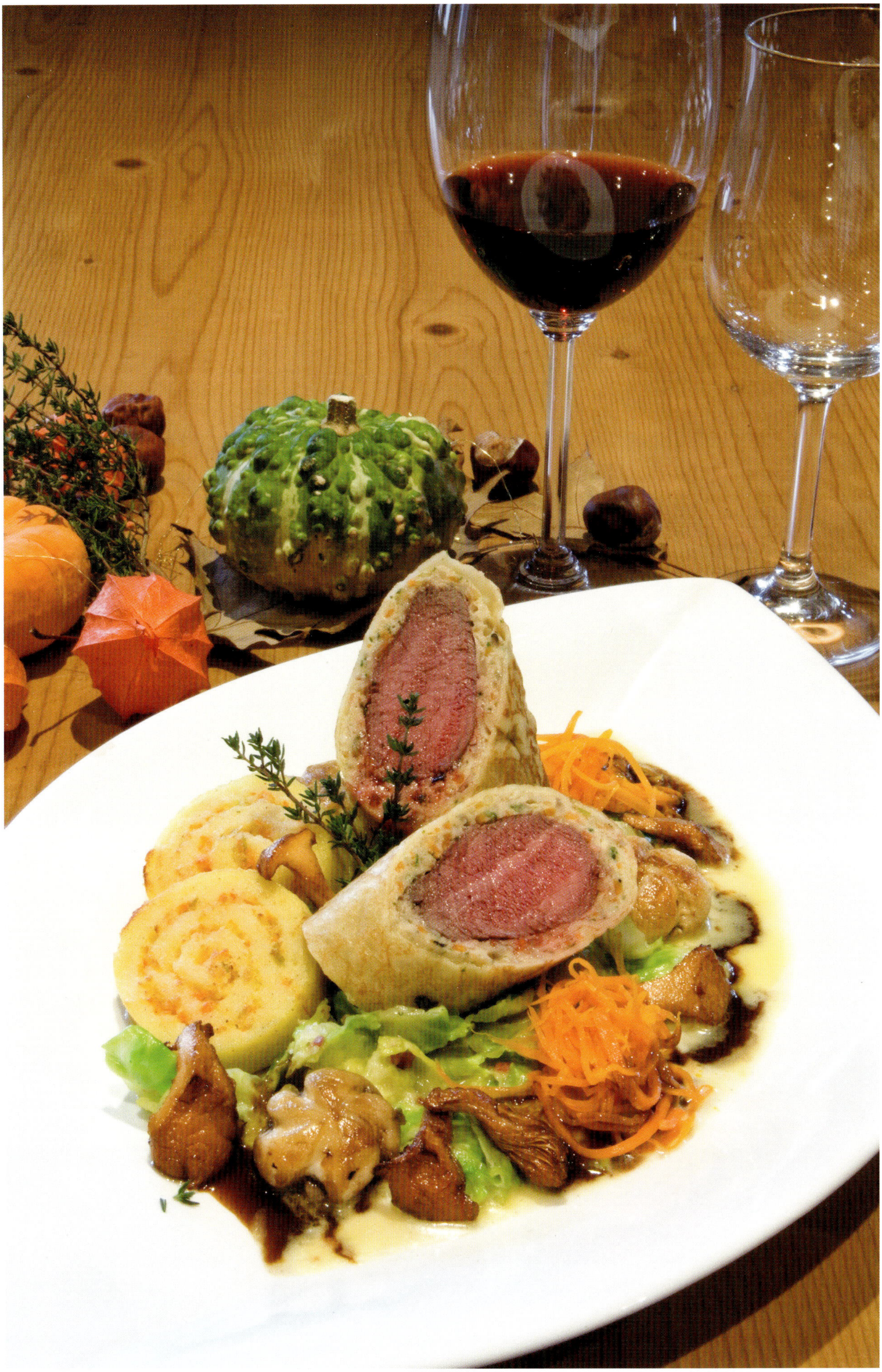

**** Hotel Astenblick mit feiner Küche und Paschas Restaurant

Als das Hotel 1924 von Elisabeth Engemann, der Großmutter des heutigen Inhabers, eröffnet wurde, hatte der Gast noch einen freien Blick auf den Kahlen Asten. Die Umgebung war noch nicht so dicht bebaut bzw. besiedelt wie heute. Seit 1997 führt Dirk Engemann das Familienhotel. Sein Kochhandwerk erlernte er im nur wenige Kilometer entfernten Waldhaus Ohlenbach. Nach einigen Stationen, unter anderen in Saas Fee und Hongkong, absolvierte er die Hotelfachschule und kehrte dann in das elterliche Hotel zurück.

Unter seiner Leitung wurde das Hotel systematisch modernisiert und erweitert. Das kleine exklusive Hotel verfügt 23 Zimmer und Suiten. Die Designer und Handwerker verarbeiteten nur natürliche Materialien, heimische Edelhölzer und Stoffe aus besten Webereien. Kunststofffurniere, Kunstmarmor und Synthetikmaterialien sind bei Dirk Engemann verpönt.

Die Zimmer sind groß, einige Suiten (fragen Sie nach einer der Panoramasuiten) könnte man gar als riesig bezeichnen. Die Ausstattung ist edel und die Zimmer sind geschmückt mit Originalbildern teils namhafter Künstler. Hier findet der Gast ein komfortables und freundliches Urlaubsdomizil. Auch die Wellnessabteilung hebt sich wohltuend von den sogenannten Standards mit den typischen Kosmetikkabinen ab. Freundliche Beratung im Kosmetikfachinstitut, anstelle anstrengender Verkaufsgespräche. Stimmungsvolle Räume ohne störende Gespräche vom »Nachbarn«. Madeleine Richter und Susanne Oesterling nehmen sich Zeit und verwöhnen Sie in der Beautyoase SuMa Dreams.

Das alles finden Sie in der zentralen Lage, aber in einem dennoch grünen Winkel von Winterberg. Das Haus verfügt über einen kleinen Park und zum Wald sind es nur drei Minuten. Im Astenblick haben Sie die Möglichkeit die Freizeit zu gestalten, wie es nur an wenigen Orten möglich ist. Shopping und Schlendern in der Innenstadt, Entspannung, Ruhe und Genießen im Park, spazieren gehen in den Wäldern, wandern auf dem Rothaarsteig und die Inanspruchnahme der vielen örtlichen Freizeitangebote, im Sommer wie im Winter.

Besonders großen Wert legt Dirk (Pascha) Engemann auf das Restaurant und seine Küche. Beste Produkte, vielfach von Erzeugern und Bauern die er persönlich kennt, kommen leicht und fein oder herzhaft und deftig in schönster Harmonie auf die Speisekarte. Die Gesundheit und das Wohlbefinden haben bei ihm höchste Priorität. Die neuesten Erkenntnisse der Ernährungstechnik bestimmen seine Arbeitstechnik und Produktauswahl. Vorwiegend kauft er ganze Tiere von Bauern oder Jägern. Hieraus gewinnt er hervorragende Schmorteile und Fonds.

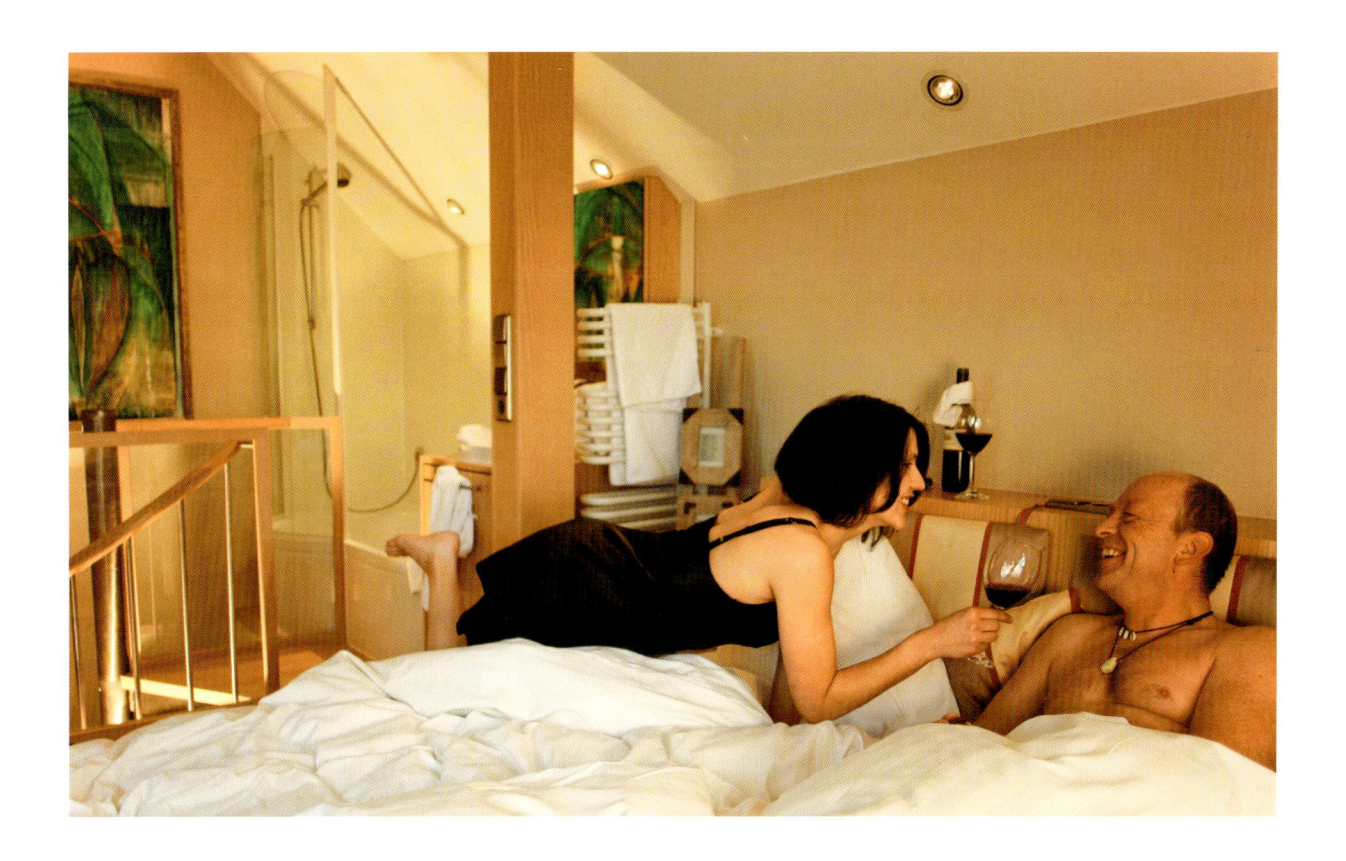

Die Qualität eines Produktes wird bei Dirk Engemann erst vom Geschmack und dann vom Aussehen bestimmt. Bio- und wild wachsende Produkte werden bevorzugt. Auf kurze Transportwege wird geachtet. Keine unnötigen Verarbeitungsschritte in der Küche, kein Ikebana auf dem Teller und keine Desserts in einer Stickstoffwolke à la Molekularküche.

Wenn Sie neugierig geworden sind auf Dirk Engemann, sein Hotel und seine Küche, lohnt sich ein Ausflug allemal – zu jeder Jahreszeit.

Navarin vom Waldschaflamm

Zutaten für 4 Personen

*50 g Schweineschmalz   1,2 kg Schulter, Nacken oder Hachsen vom Waldschaflamm (in 50 g Würfel schneiden)
300 g grobe Zwiebelwürfel   100 g Petersilienwurzel, gewürfelt   1 TL Tomatenmark   1,5 l Braune Brühe
0,2 l trockener Weißwein   900 g Schlosskartoffeln   900 g Wurzelgemüse geputzt und pfannenfertig geschnitten,
bzw. tourniert (Navetten, Möhren, Schalotten, Petersilienwurzeln)   Pfeffer   1 Stck Lorbeerblatt
1 Stck Rosmarinzweig   2 Stck Knoblauchzehen*

Das europäische Waldschaflamm oder Zaupelschaf war bis vor wenigen Jahren eine fast ausgestorbene Spezies. Es gab nur noch wenige kleine Populationen in Österreich und im bayrischen Wald. Heute gibt es wieder ca. 2 000 Tiere in Europa, davon mehrere Hundert in Westfalen. Tiere die nicht zur Zucht benötigt werden, bereiten unter anderem qualitätsbewusste Gastgeber wie Dirk Engemann für ihre Gäste zu. Ein Navarin ist vom Charakter ein dunkles Ragout, welches als Eintopf, also mit Gemüse und Kartoffeln gegessen wird. Navarin leitet sich von der Navette, einer Rübenart ab. Dirk Engemann kocht die Navette nicht mit, weil sie leicht zerfällt und die senfölhaltigen Inhaltsstoffe dem Gericht einen leicht muffigen, kohligen Geschmack verleihen können.

Zubereitung

1. Fleisch salzen und in heißem Schmalz anbraten. Zwiebel- und Petersilienwurzelgemüse hinzugeben und ebenfalls gleichmäßig bräunen. **Tipp:** Beides separat braten um ein optimales Ergebnis zu erzielen.

2. Tomatenmark mit etwas Brühe anrühren und zugeben. Mehrfach einreduzieren lassen und immer wieder ablöschen. Ziel ist es, eine möglichst dunkle Sauce zu erhalten – dunkel, aber nicht verbrannt und bitter. Größte Sorgfalt ist geboten. Mit brauner Brühe aufgießen (alternativ tut es auch eine helle Fleisch- oder Gemüsebrühe). Durchrühren und alles abpassieren. Fett absetzen lassen und entfetten.

3. Brühe zurückgießen, Gewürze und Kräuter hinzugeben und alles gar köcheln lassen (Ideal ist ein Schnellkochtopf: alle ätherischen Öle bleiben erhalten, die Garzeit reduziert sich auf 20 Minuten. Achtung: langsam abkühlen lassen, da sonst die Zellen platzen und alles faserig wird).

4. Fleischstücke herausnehmen und die Sauce fertig stellen. Dazu die Sauce mixen um eine schöne Sämigkeit zu erreichen. Auf die gewünschte Menge einreduzieren lassen, ggf. mit kalter Butter binden, indem man sie mit einem Löffel einrührt, dann aber nicht mehr kochen lassen.

5. Schlosskartoffeln: Kartoffeln (ovale, 6 cm Größe) ungeschält vierteln und dann zu halbmondförmigen gleichmäßigen Stückchen tournieren (wörtlich übersetzt heißt das rundformen).
Alternativ können es auch kleine geschälte »normale« Kartoffeln verwendet sein, die in Butter geschwenkt wurden.

7. Gemüse: Schneiden Sie die Gemüse so, dass man sie gut braten kann und sie schnell gar werden, also eine große Oberfläche haben. Die Gemüse werden angebraten, mit Salz und Pfeffer gewürzt und fertig geschmort.

8. Anrichten: Fleisch anrichten, Sauce hinzugeben, mit Schlosskartoffeln und Gemüsen umlegen.

Möhnetalsperre

Berghotel Astenkrone
Showhotel für Anspruchsvolle

Das Sauerland – Land der 1000 Berge? Wer die Berge im Hochsauerland zählt, kommt schnell auf über 1700 Bergspitzen. Wenn also die Einheimischen vom »Land der 1000 Berge« sprechen, ist das bei weitem keine Übertreibung. Kein Landstrich in Deutschland hat mehr Naturparks und Wildbestand zu bieten als das Land zwischen Lenne, Rothaargebirge und dem Ruhrtal.

In einem der schönsten Winkel des Hochsauerlandes liegt das Berghotel Astenkrone. Bereits seit 1873 wird in Altastenberg im Berghotel Astenkrone (vormals Müller-Braun) die Sauerländer Gastfreundschaft groß geschrieben. Wie kommt dieses Vier-Sterne-Superior-Hotel mit seiner langen Tradition zu dem Beinamen »Showhotel«? Im Allgemeinen denkt man bei dem Begriff Show an eine mehr oder weniger anspruchsvolle künstlerische Darbietung. Geschäftsleute denken dabei auch schon einmal an Showroom. Da kommen wir der Sache schon näher. Show – gleich »zeigen«, »präsentieren« und Ähnliches. Die Eigentümerfamilie Anstoetz hat aus jedem der 40 Zimmer ein Musterzimmer bzw. Vorzeigeobjekt für Hotelausstattung und Wohnkultur gemacht. Jedes der 40 Zimmer und jede der Suiten wurde komplett anders eingerichtet und dekoriert. Auf den Internetseiten des Hauses kann der interessierte Gast sich jedes Zimmer anschauen und ganz gezielt sein Lieblingszimmer buchen. Kunden der Firma JAB Anstoetz können hier aber auch am praktischen Beispiel und unter Alltagsbedingungen Bezugsstoffe, Vorhänge und Teppichböden am tatsächlichen Einrichtungsgegenstand und nicht als kleines Stoffmuster begutachten.

Die exklusive Ausstattung findet sich nicht nur auf den Gästezimmern und Suiten wieder, sondern auch in den Restaurants und Tagungsräumen. Hier sind es insbesondere die Teppichböden, deren Qualität unter Alltagsbedingungen getestet wird.

Dieses teure und aufwendige Verfahren, seine Produkte in einem übergroßen »Showroom« zu präsentieren, ist nicht nur einzigartig in dieser Branche, sondern hat auch für alle Beteiligten nur Vorteile. Der Hotelgast wohnt und lebt immer in einer Umgebung mit relativ neuen und sich im Topzustand befindlichen Rahmenbedingungen, denn der Renovierungsintervall ist wesentlich kürzer als üblich. Den Kunden werden die Produkte im strapaziösen Alltagsbetrieb gezeigt.

Vorhänge, Möbel und Bettbezüge wirken am »lebenden Objekt« wesentlich besser und anschaulicher, als wenn man dem Kunden nur Stoffmuster aus der Mustermappe zeigt. Stammgäste fragen regelmäßig danach: Welche Zimmer habt ihr denn wieder neu gestaltet?

Diese Vorteile für Gäste und Kunden einmal beiseite gelassen, ist die Astenkrone aber in erster Linie ein Hotel der Luxusklasse, das sich im Alltagsbetrieb unter betriebswirtschaftlichen Bedingungen zu behaupten hat. So will die Astenkrone vor allem ein Haus zum Wohnen und Wohlfühlen sein. Das Hotel befindet sich auf 813 m Höhe. Von diesem Hochplateau haben die Gäste einmalige Ausblicke auf eine farbenprächtige Landschaft und das Panorama der sanft geschwungenen Bergketten. Das allergenarme Reizklima regt an und tut der Gesundheit gut. In dieser Umgebung kann man den Alltag gut hinter sich lassen. Für ein Wochenende einmal ausspannen, einen Urlaub hier verbringen oder in dieser entspannenden und anregenden Atmosphäre tagen und sich für neue berufliche Herausforderungen fit machen – die Astenkrone ist immer die richtige Adresse. Das Umfeld dieses Hauses ist geprägt von Qualität, Eleganz und herzlicher Gastlichkeit. Die Küche der Astenkrone kann man im eleganten Kronenrestaurant oder in der fein-rustikalen Atmosphäre der Kronenstube genießen. Eine leichte internationale, aber vor allem bodenständige Küche mit regionalen Spezialitäten des Sauerlandes, wird vom Küchenchef unter Einbeziehung der saisonalen Angebote heimischer Produkte stets frisch zubereitet. Genießen und sich verwöhnen lassen ist auch hier in den Restaurants das Motto des Hauses.

Nach anstrengenden Wanderungen, Tagungen oder auch nur zum Entspannen empfiehlt sich der Besuch der exklusiv ausgestatteten Erlebnis-Badelandschaft. Ein zusätzliches umfangreiches »Wohlfühlangebot« reicht von Aquagymnastik über Qi Gong, Thalasso bis Ayurveda. Mit individuell abgestimmten Programmen gelangt der Gast zu unbekannten Höhen des persönlichen Wohlbefindens.

Ob strahlender Hochsommer oder verregneter Novembertag – Umgebung und Hotel bieten dem anspruchsvollen Genießer und gestressten Stadtmenschen zu jeder Jahreszeit rundum Entspannung und Erholung.

Die Küche der Astenkrone

In den beiden Restaurants der Astenkrone wird eine ehrliche, bodenständige Regionalküche geboten, die stark auf Wild aus den heimischen Wäldern ausgerichtet ist. Das kommt nicht von ungefähr oder weil regionale Produkte gerade angesagt sind. Seit 1990 ist Peter Thon als Küchenchef hier tätig. Thon ist passionierter Jäger und Jagdpächter im hessischen Bad Wildungen, da liegt es in der Natur der Sache, dass die erlegte Jagdstrecke auch in der Küche verarbeitet und im Restaurant angeboten wird. Bejagt wird Rotwild, Schwarzwild und das Mufflon. Kann die eigene Jagdausbeute einmal nicht den Bedarf decken, wird aus ihm persönlich bekannten Einzeljagden dazugekauft.

Neben den allgemein bekannten Wildgerichten stehen selbstgemachter Wildschweinschinken, Köhlerschinken oder Minihaxen mit Jägerkohl auf der Karte. Für den Eigenbedarf stellt der Küchenchef auch eigenen Himbeeressig, Holunderlikör und diverse Schnäpse her. Aus Passion und Überzeugung werden saisonal Wildkräuter (z. B. Bärlauch) für die Speisezubereitung gesammelt. Seine persönlichen Lieblingsgerichte haben viel mit Fisch und Meeresfrüchten zu tun.

Tranchen vom Frischlingsrücken auf Holunder-Balsamicosauce dazu Muskatkürbis-Trauben-gemüse und gefüllte Kartoffelroulade

Zutaten für 4 Personen

Für das Fleisch: 800 g Wildschweinrücken vom Frischling   1 Zweig Thymian   1 Zweig Rosmarin   Sesamöl
Für die Sauce: 2 cl Balsamico-Essig   4 cl Holundersaft   ¼ l Wildfond   1 EL Zucker   Salz, Pfeffer
Für das Gemüse: 1 Stck kleiner Muskatkürbis, ca 800 g   120 g blaue Trauben
2 cl heller Balsamico-Essig   Zucker, Salz und Pfeffer   Butter
Für die Kartoffelroulade: 500 g   mehlig kochende Kartoffeln   20 g Zwiebeln   20 g Möhren   20 g Sellerie
20 g Lauch   20 g Zucchini   40 g gekochter Schinken

Zubereitung

1. Den Wildschweinrücken vom Knochen auslösen, Sehnen entfernen und in gleich große Portionen schneiden. Von beiden Seiten mit Salz und Pfeffer würzen. In einer Pfanne Sesamöl und das Fleisch von beiden Seiten anbraten und dann den Tymian- und Rosmarinzweig hinzugeben. Drei Minuten bei 200 °C im Backofen weiter garen. Danach in dünne Tranchen schneiden.

2. Die Sauce: In einen stark erhitzten Topf Zucker hineingeben und karamellisieren lassen. Mit Balsamessig und Holundersaft ablöschen. Dann den Wildfond dazugeben. Mit Salz und Pfeffer würzen und drei Minuten köcheln lassen.

3. Das Gemüse: Den Kürbis vierteln, Kerne entfernen, schälen und in feine Streifen schneiden. Blaue Trauben halbieren und die Kerne entfernen. Die Butter in einem Topf erhitzen, die Kürbisstreifen darin anschmoren und ca. zwei Minuten bei kleiner Flamme garen lassen. Die Trauben hinzugeben, mit Zucker bestäuben und kurz karamellisieren lassen. Jetzt mit hellem Balsamico-Essig ablöschen und mit Salz und Pfeffer abschmecken.

4. Die Beilage: Kartoffeln waschen, mit Schale in Salzwasser weich kochen, dann im Ofen zehn Minuten bei 160 °C backen. Kartoffeln pellen, durch eine Kartoffelpresse drücken und etwas abkühlen lassen. Stärke, gesiebtes Mehl und Grieß beimengen, würzen und das Eigelb unterheben.

5. Die Gemüse in Würfel schneiden und garen lassen. Danach die Zwiebelwürfel in der Pfanne anschwitzen, würzen und mit etwas Oregano abschmecken. Den Schinken in dünnen Streifen dazugeben.
Die Kartoffelmasse ausrollen und den Schinken darauf verteilen. Die Gemüse darauf geben. Die Kartoffelränder mit Eigelb bestreichen und langsam einrollen. Alufolie mit Butter bestreichen und die Roulade in der Folie fest einwickeln. Im heißen Wasserbad ungefähr eine Stunde gar ziehen.
Danach etwas auskühlen lassen und in 1 cm dicke Scheiben schneiden.

Peter Thon empfiehlt dazu ein Feuerbacher Steingässle Spätburgunder aus Baden.

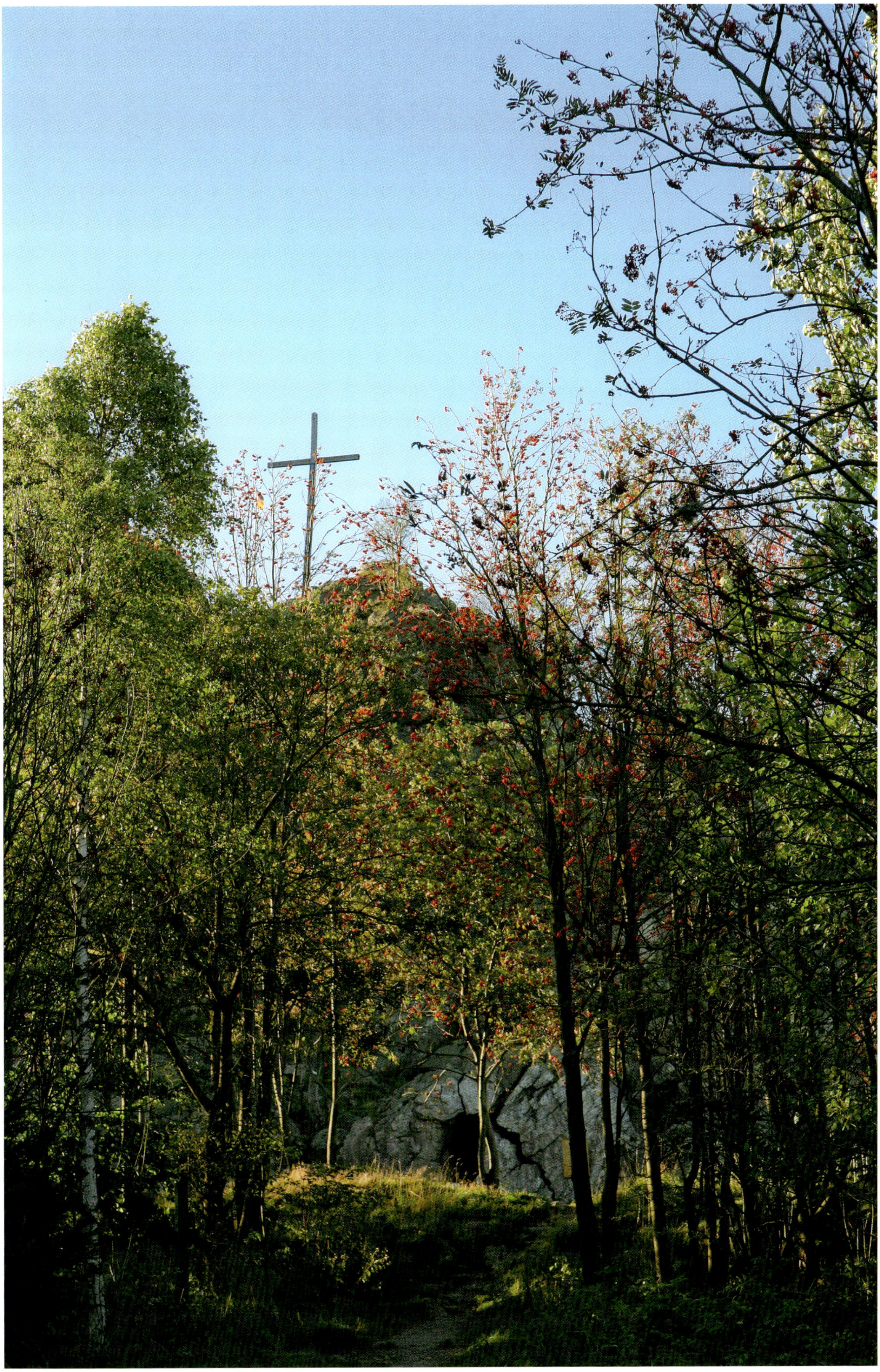

Die Kanalfahrt – Mit der Isis von Flaesheim nach Senden

Es gibt kaum eine intensivere Art, eine Region kennenzulernen, als das Wandern oder eine Fahrt mit dem Boot auf unseren Flüssen und Kanälen. Der Sonntagsausflug mit dem Auto führt meist auf dem möglichst kurzen Weg von dem eigenen Wohnort zum gewählten Ausflugsziel. Der verbreitete Wunsch, Land und Leute kennen zu lernen, verleiht dem Wandern einen immer größeren Stellenwert. Eine Erkundungsfahrt mit dem Boot ist auch heute noch etwas ganz Besonderes und eignet sich nicht für den Massentourismus. Erstens kann man nicht direkt vor seiner Haustür starten und hat man sich einmal für einen Kanal und eine Richtung entschieden, kann man keine Abkürzungen nehmen und das Ziel auch nicht abrupt ändern. Außerdem ist ein eigenes Boot eine kostspielige Angelegenheit. Die meisten Menschen nutzen daher den Pkw und sind es gewohnt, ihr Reiseziel in möglichst kurzer Zeit zu erreichen. Da bleibt wenig Muße, die Umgebung zu betrachten. Auf einem Bootsausflug ist alles anders. Die Reisegeschwindigkeit auf unseren Kanälen beträgt 12 km/h. Da gilt es umzudenken. Entschleunigen heißt das Zauberwort. Für kurze Distanzen benötigt man wesentlich mehr Zeit als gewohnt. Erst wenn das gelungen ist, beginnt das entspannte Reisen. Nun machen wir unseren kleinen Entdeckungsausflug nicht mit einem der auf allen Kanälen bei Kegelclubs und Vereinen so beliebten Ausflugsschiffe, sondern mit der ISIS, einer 9,50 m langen Super van Craft, Baujahr 1964. Damit wird der ganze Ausflug zu einer abenteuerlichen Entdeckungsreise. Eine Erkundungsreise durchs südliche Münsterland, wobei wir nicht wissen, was wir zu sehen bekommen werden. Und dann sind da ja auch noch die Schleusen, die das Ganze zu einem kleinen Abenteuer machen, wenn man als Besatzungsmitglied auf Zeit nicht täglich damit zu tun hat.

Wie kommt man zu einem Boot oder einer Mitfahrgelegenheit? Idealerweise ist man selbst im Besitz eines Motorbootführerscheins (mit dem Motorbootführerschein »Binnen A« dürfen Sie Boote bis 15 m Länge und 15 t Gewicht steuern) und verfügt über ein eigenes Boot. In einigen Yachthäfen (z. B. Marina Rünthe) kann man auch ein Boot chartern. Vereinzelt sind auch Boote mit Skippern zu mieten. Wenn man, wie in unserem Fall, Freunde mit einem eigenen Boot hat, ist das eine herrliche Sache. Die Super van Craft von Dieter und Susanne Küppers liegt in der neuen Marina von Haltern-Flaesheim. In einem Seitenarm des Wesel-Datteln-Kanals wurde 2006 in einem ehemaligen Baggersee, der über eine Öffnung zum Kanal verfügt, eine komplett neue, moderne Marina eingeweiht. Wir haben uns für einem Sonntagmorgen Anfang September, um 8.00 Uhr am Liegeplatz der ISIS mit den Küppers zum Bootsausflug verabredet. Die Besatzung für diese Fahrt bestand aus dem Skipper Dieter und seiner Crew Susanne und Margret. Proviant nehmen, kleine Lagebesprechung und Aufgabenverteilung. Um 8.30 Uhr wurde mit dem Ziel Senden abgelegt. Laut Karte gab es unterwegs einige kleine Marinas und auch Restaurants bzw. Ausflugslokale mit Anlegemöglichkeiten. Selbstredend wollten wir in einem dieser Lokale einkehren. Ein leichter Nebel lag über der Marina. Der Wetterbericht sagte aber einen sonnigen Tag voraus. Als wir an Kanalkilometer 51,165 die Westlevener Bücke passierten, war der Nebel allerdings so dicht geworden, dass von entspannter Fahrt nicht mehr die Rede sein konnte. Die mehr oder weniger angespannte Diskussion drehte sich natürlich darum, ob der Nebel dichter würde oder ob wir die Fahrt sogar würden abbrechen müssen. Als wir um 9.00 Uhr die Schleuse Ahsen erreichten, war Schluss mit lustig. Der Nebel war so dicht geworden, dass sich der Schleusenwärter weigerte, uns zu schleusen. Zugegeben, aus 50 m Entfernung konnten wir das Schleusentor nicht erkennen. Eine Stunde Wartezeit brachte unseren Zeitplan etwas durcheinander – aber wir wollten ja entspannen und genießen, was macht da schon eine Stunde Wartezeit. Zwischenzeitlich machte auch noch ein dänischer Segler hinter uns fest. Die Sonne gab ihr Bestes, der Nebel lichtete sich, und um 10.00 Uhr öffnete sich das Schleusentor. Der Däne fuhr als Erster in die Schleuse ein und machte an der rechten Schleusenmauer fest. Dieter hatte sich die linke ausgesucht. Das Festmachen klappte aber nicht auf Anhieb. Susanne, die zum ersten Mal schleuste, war etwas nervös. So machten wir schließlich an der Backbordseite (für Landratten: die linke Seite) fest. Um 10.15 Uhr war die Schleusung beendet.

Es konnte nur besser werden, denn zum Üben folgte gleich im Anschluss die Schleuse Datteln. Hier klappte schon alles wesentlich besser, da auch Margret jetzt mit eingeteilt war. Sie hatte als ehemalige Miteignerin eines 11-m-Bootes schon einige zig Schleusungen hinter sich gebracht, auch wenn das schon 20 Jahre zurücklag. Nachdem alle Manöver geklappt hatten, wir das Schleusentor passierten, die Fender wieder eingeholt waren und auch die Sonne ihre Arbeit einigermaßen gut gemacht hatte (es war immer noch etwas diesig), begann der entspannte Teil der Fahrt.

Datteln ist ein Wasserstraßenkreuz. Hier beginnt auch der Datteln-Hamm-Kanal. In Richtung Hamm passieren Sie den Yachthafen Waltrop (Ribbrock) und die überregional bekannte Marina-Rünthe. Hier wurde aus einem alten Industriehafen eine der größten Marinas der Region (ca. 250 Boote) mit allen Serviceeinrichtungen und einer anspruchsvollen und vielfältigen Gastronomie errichtet.

Wir wechselten an diesem Tag jedoch vom Wesel-Datteln-Kanal in den Dortmund-Ems-Kanal. Nun gab es auch etwas auf die Gabel: Kartoffelsalat, Würstchen und ein Glas Primarillo. Skipper Dieter übte sich komplett in Enthaltsamkeit, während wir bei langsamer Fahrt die Landschaft, den Kartoffelsalat und den Primarillo genossen. Um 12.05 Uhr erreichten wir die Alte Fahrt Olfen. Schön romantisch, fast wie eine Flusslandschaft. Büsche und Bäume haben das steinige Kanalufer im Laufe der Jahre überwachsen. Kleiner Yachthafen, aber kein Restaurant. Also weiter in Richtung Senden. An den Ufern waren auf mehreren Kilometern Länge, als Folge des Dammbruchs im Jahre 2006, noch Wasserbau-Reparaturtrupps im Einsatz. Von Idylle keine Spur. Nach diesem Abschnitt konnten wir endlich die schöne Landschaft des Münsterlandes genießen. Fahrradfahrer auf den Uferwegen und Reiter auf den Feldwegen dahinter. Wiesen, Felder und Wälder. Links und rechts (Backbord und Steuerbord) die ausgedehnte Parklandschaft des Münsterlandes. Als wir die Alte Fahrt Lüdinghausen II erreichten, war es bereits 13.50 Uhr. Die Sonne bekam die Sache mit dem Nebel immer noch nicht endgültig in den Griff – es blieb etwas die-

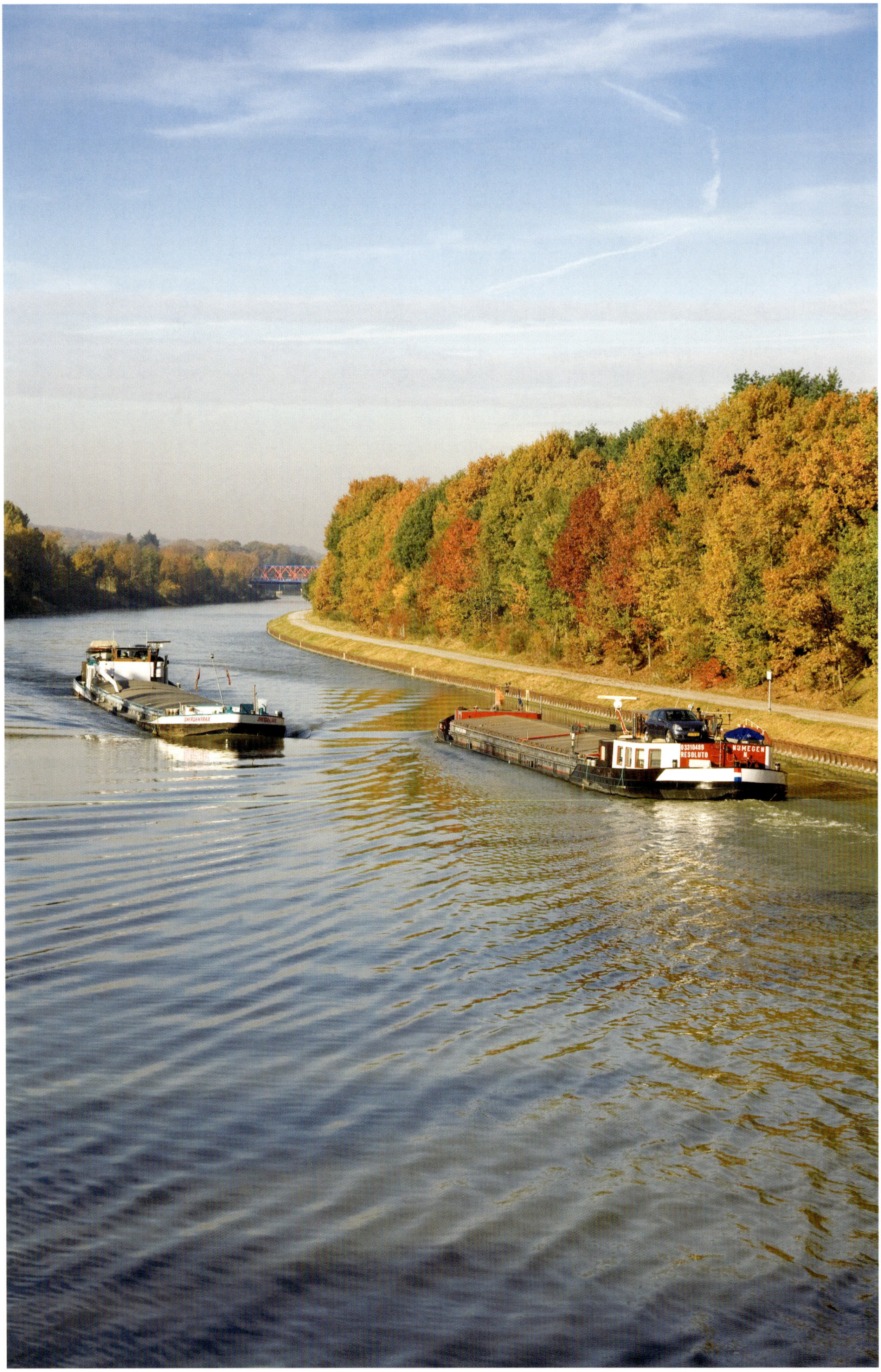

sig. Um 14.10 Uhr erreichten wir den Yachthafen Tomberge in Senden. Hier entschlossen wir uns umzukehren, denn wir hatten beim Passieren der Alten Fahrt Seppenrade von weitem einen direkt am Wasser gelegenen Gasthof gesehen. Da wollten wir jetzt hin, denn alle hatten Kaffeedurst.

Als wir wieder auf dem Wesel-Datteln-Kanal unterwegs waren, kam es an einer Engstelle bei Kanalkilometer 40,8 zwischen zwei Berufsschiffern zu einer Begegnung der besonderen Art. Zwei Holländer, ein Schubverband aus Haaren (ca. 200 m lang) und ein kleines 80 m langes Motorschiff, konnten sich nicht einigen, wer als Erster die Engstelle passieren durfte. An den Ufern stehen einige hundert Meter vor den Baustellen jeweils Gebotsschilder, dass die Kapitäne sich mit Sprechfunk zu verständigen haben, wer als Erster die Engstelle zu passieren hat (im Zweifelsfall haben die Bergfahrer immer Vorfahrt). Das war in diesem Fall das kleinere Boot. Der Schubverband fuhr aber als Erster in die Baustelle und der Kapitän des kleinen Bootes machte den Weg nicht frei. Eine Viertelstunde wurde diskutiert, bis der Schubverband, der sich schon in der Engstelle befand, den Rückwärtsgang einlegte und mit einem mehrere Minuten dauernden Manöver den

Weg für den »Kleinen« frei machte. Wieder verloren wir viel Zeit, denn wir wollten ja noch zu Kaffee und Kuchen. So richtig entschleunigt waren wir wohl noch nicht. Um 17.00 Uhr erreichten wir den Gasthof Peters in der Alten Fahrt Sepppenrade. Direkt am Wasser gelegen, mit großem Biergarten – ein Paradies für Wasserwanderer und Radfahrer. Kaffee und Kuchen, Salat mit Putenbruststreifen, ein Bierchen und Sonnenschein – was will man mehr. Gut gestärkt und gut gelaunt traten wir um 18.30 Uhr die Rückfahrt nach Flaesheim an. Vor der Schleuse Datteln hatten wir noch einmal eine lange Wartezeit zu überbrücken, weil der Schleusenwärter auf einen Berufsschiffer wartete. Die Schleusen Datteln und Ahsen wurden dann ganz souverän gemeistert. Als wir um 20.40 Uhr die ISIS wieder an ihrem Steg vertäuten, ging es noch zu einem Absacker und einer Currywurst in das Bistro der Marina Flaesheim. Wer das Münsterland einmal auf eine etwas andere Art erkunden will, dem kann man eine solche Bootsfahrt nur empfehlen. Die Anschaffung eines eigenen Bootes ist nicht unbedingt erforderlich. Schon gar nicht, wenn man gute Freunde hat.

Berggasthof Hotel Kahler Asten

Für Generationen von Schulklassen war ein Klassenausflug zum Kahlen Asten schon fast ein Pflichtprogramm. Diese »Schulpolitik« hat sicherlich dazu beigetragen, dass der zweithöchste Berg (840,7 m) des Sauerlandes im Laufe der Jahrzehnte zu seinem bekanntesten Berg wurde.

Seit 1884 steht auf dessen Gipfel der »Astenturm« (ehemals ein schlossartiges Gebäude), und seit 1918 befindet sich auf dem so genannten »Wetterberg« Westdeutschlands eine Wetterstation. Einen Berggasthof gibt es hier seit 1924. Die einzigartige Landschaft des Kahlen Asten mit seinem seit 1965 unter Naturschutz stehenden Hochmoor trug mit dazu bei, dass dieser Berg zu einem der beliebtesten Ausflugsziele im Sauerland wurde. Der rustikale Berggasthof war der beliebte Anlaufpunkt für Tagestouristen, Bergwanderer und Schulklassen.

Seit dem 18. März 2006 ist der Berg um eine Attraktion reicher. Auf dem Kahlen Asten steht das höchst gelegene Hotel Nordrhein-Westfalens. Die offizielle Eröffnung fand in Anwesenheit von viel Politik und Prominenz statt. Unter den offiziellen Gästen auch Wetterfrau Inge Niedek vom ZDF.

Mit Horst und Cornelia Mienert konnten die Eigentümer der Immobilie, die Westfälisch-Lippische Vermögensverwaltungsgesellschaft, ein erfahrenes Hotelier-Ehepaar als neue »Türmer« gewinnen. Der gebürtige Winterberger Horst Mienert und seine Frau waren beide zur der Zeit, als die WLV das Hotel auf dem Kahlen Asten plante, geschäftsführende Gesellschafter eines 90 Betten Wellness-Hotels im Bayerischen Wald. Für die Eheleute Mienert war es eine besondere Herausforderung, in der Heimat noch einmal mit einem ganz neuen Projekt zu beginnen. Sie begleiteten die Entstehung von der Grundsteinlegung bis zur Einweihung und waren in die Planung der Innenausstattung voll mit einbezogen. Die Umbauarbeiten zum Hotel und Berggasthof begannen im Juli 2005. Am 29. Dezember 2005 erfolgte der »Testlauf«, die inoffizielle Eröffnung. Die gesamte Inneneinrichtung und Ausstattung, von der Kaffeetasse bis zum letzen Möbel musste in sehr kurzer Zeit geplant, bestellt und aufgebaut werden. Horst Mienert hatte Pickel im Gesicht, vor lauter Stress, wie er sagt. Zwischen den Blumenbuketts für den abendlichen Festakt wurde tagsüber noch gehämmert, geschraubt und eingeräumt. Am Abend konnte dann mit zahlreichen Gästen gefeiert werden. Der Kahle Asten präsentierte sich den geladenen Gästen als prachtvolle Winterlandschaft. Die neuen Pächter starteten in eine tolle, schneereiche Wintersaison.

Nach den aufwendigen Um- und Neubauarbeiten kann sich der »neue« Bergasthof nun mehr als sehen lassen. Im neuen Anbau gibt es jetzt ein SB-Bistro-Cafe mit 80 Plätzen. Hier gehen Wanderer und Biker gerne ein und aus. Da wird auch nicht die Nase gerümpft, wenn eine Wandergruppe bei schlechtem Wetter mit derben Bergschuhen (an denen noch Erdreste in den Rillen haften) das Bistro »überfällt«, um Schutz vor dem schlechten Wetter zu suchen und sich mit einer herzhaften Erbsensuppe zu stärken.

Im ersten Stock befindet sich das Restaurant mit 90 Plätzen und einem Tagungsraum mit 30 Plätzen. Das Restaurant ist modern und zweckmäßig einrichtet. Holzfußböden und der offene Kamin sorgen für eine wohltuende Behaglichkeit, vor allem wenn vor der Tür 1m hoch der Schnee liegt wie im Winter 2005 – 2006. Im zweiten Stock und im Dachgeschoss wurden 17 komfortable, moderne Doppelzimmer eingerichtet. Fußbodenheizungen in den Badezimmern und LCD-Fernseher im Zimmer gehören zur Grundausstattung. Die Hotelzimmer sind nach den Aussichten benannt, die man hier oben genießt und heißen zum Beispiel »Lennequelle« oder »Rothaarsteig«. Ob Tagung, Urlaub oder nur ein tolles Wochenende, im höchstgelegenen Hotel Nordrhein-Westfalens, kann man es sich gut gehen lassen.

Die Bewirtschaftung erfolgt seit dem ersten Tag mit einem Team von 12 Mitarbeitern, die auch alle 2008 noch gerne hier arbeiten. Darauf sind die Eheleute Mienert besonders stolz, denn das gesamte Team steht für den Erfolg des »neuen« Berggasthofes.

Nach der Modernisierung und dem Hotelneubau im Jahr 2005, ist der Kahle Asten mit seiner einzigartigen Heidelandschaft nun mehr denn je eine Reise wert. Wie bereits vor 100 Jahren kommen heute immer noch viele Wandergruppen auf den Berg. In den letzten Jahrzehnten kamen dann im Sommer noch die Motorradfahrer und die Mountainbiker hinzu. Seit es das neue Restaurant und das Hotel gibt, kommen neben den Hotel- und Restaurantgästen auch noch die Tagungen hinzu. Selbst Hochzeiten werden jetzt hier oben gefeiert. Um es möglichst allen Gästen recht zu machen, müssen die Eheleute Mienert eine große Angebotspalette bereithalten. Kulinarisch lässt sich Horst Mienert deshalb in keine bestimmte Schublade pressen. Von der Erbsensuppe über das Geschäftsessen bis zum Sechs-Gänge-Menü reicht das Angebot hier im Berggasthof. Gastfreundlichkeit steht bei den Mienerts ganz oben auf der Liste. Moderate Preise und das breite Angebot haben sich schnell herumgesprochen. Bei gutem Wetter, im Sommer wie im Winter, ist der Berggasthof sehr oft ausgebucht. Von Frühling bis Herbst kommt dann noch die Außengastronomie auf der großen Südterrasse hinzu. Urlaub und Erholung, Deftiges und Feines, all das finden die Gäste hier auf dem Kahlen Asten.

LANDHOTEL GRIMMEBLICK
LUST AUF URLAUB

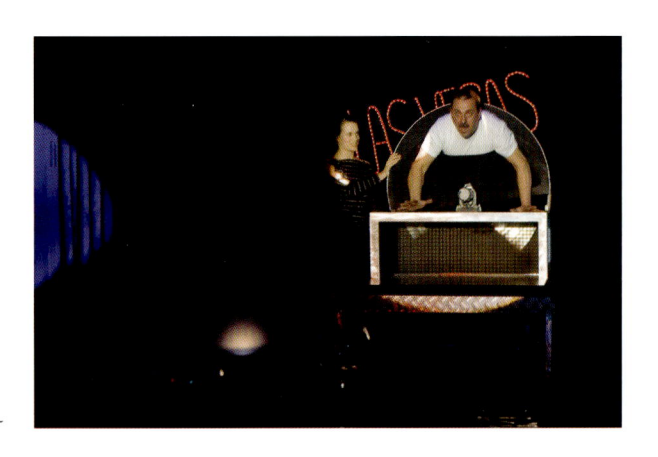

Der aus dem niederländischen Den Haag stammende Edouard Dick José Leenaert bezeichnet sein Hotel als das »etwas andere Erlebnis-Hotel«. Ruhe und Erholung findet man in dem kleinen Vier-Sterne-Hotel allemal. Einen schönen Ausblick in das Hochsauerland im Raum Winterberg gibt es gratis dazu.

Das Hotel liegt etwas abseits der Hauptstraße über dem Örtchen Elkeringhausen. Die Familie Leenaert betreibt das Landhotel Grimmeblick seit 1989. Der gelernte Koch Ed Leenaert hat in Dortmund Betriebswirtschaft studiert und so ganz nebenbei das Sauerland schätzen und lieben gelernt. Seine Familie ist seit den Großeltern bereits in der Gastronomie tätig – dafür bürgt das Familienwappen. Für Leenaert waren der Kauf und die eigene Bewirtschaftung des renovierungsbedürftigen Hotels eine große Herausforderung. Sein Vorhaben, hier in allen Bereichen etwas Besonderes zu bieten, machte die Sache nicht gerade einfacher. Landgasthöfe und Landhotels gibt es in der Ferienregion Hochsauerland in großer Zahl, darunter auch viele sehr gute Häuser.

Tagsüber erkunden und genießen die Hausgäste die Umgebung rund um Winterberg, wandern, unternehmen Radtouren oder erkunden mit dem PKW gelegentlich auch die weitere Umgebung. Des Abends kehrt oft die große Langeweile ein, besonders in den Monaten mit schlechten Wetterlagen. Trübe November, Winter ohne Schnee und kurze Tage drücken aufs Gemüt. Die manchmal bedrückte, manchmal gelangweilte Stimmung stellte Ed Leenaert des öfteren auch bei seinen Gästen fest. Gut essen kann man des Abends fast überall, war seine Meinung. Die Gäste genossen zwar meist die hervorragenden Abendessen, aber schwiegen sich ansonsten an. Sie hatten sich nichts zu erzählen, weil sie nichts erlebt hatten. Hier wollte Leenaert ansetzen und sein Hotel zu einem Erlebnishotel machen.

Die Grundidee waren seine abendlichen Dinnershows (kein Krimidinner, kein Kreuzfahrtdinner). Eine Passion von Ed Leenaert ist die Zauberei. Er bevorzugt die Bezeichnung Illusionist. Sein großes Vorbild ist der weltberühmte Niederländer Hans Klok.

Von David Copperfield hat er den Trick mit dem Todesventilator erworben, den Copperfield selbst viele Jahre in Las Vegas zeigte.

Während so einer Dinnershow mit Live-Musik begeistert er sein Publikum mit seinem »illusionistischen« Programm. Der Themenabend »Back to the Seventies in Las Vegas« beginnt z. B. so: Begleitet von einem exzellenten Menü, werden die Gäste mit Livesongs von Frank Sinatra, Tom Jones und Dean Martin unterhalten. Danach beginnt die große Illusionsshow mit dem Todesventilator als Höhepunkt. Den Abschluss des Abends bildet eine live gesungene Elvis-Presley-Show.

Neben dieser Themenshow werden aber auch Kabarett und andere Themenabende wie Klassik angeboten.

Bei gutem Wetter, sogar an kalten Tagen, kann man auch »draußen« genießen. Seit einigen Monaten gibt es hier die »Jolle-Tolle«. Ein überdimensionaler Holzkübel mit 2 m³ Inhalt.

Dieser Kübel wird mit Wasser befüllt. Das Wasser wird mit einem Ofen mit Holz nach dem Schnorchelofenprinzip beheizt. Bei angenehmen 37 °C bietet dieses oben offene Holzfass acht Personen Platz. Im Winter ein besonders tolles Erlebnis, wenn die ganze Umgebung verschneit ist und man von warmen Dampfschwaden umwabert wird. Aber auch der Außen-Meerwasserpool und ein beheizter Bergquell-Whirlpool mit Gegenstromanlage laden zum winterlichen Baden ein.

Jetzt im Sommer ist natürlich der 800 m² große Sandstrand mit 210 großen (echten) Palmen ein besonderer Anziehungspunkt für die Gäste. An einem lauen Sommerabend können Sie hier die untergehende Sonne im Land der tausend Berge genießen. An kälteren Tagen lädt der stimmungsvolle, 260 m² große Innenbereich zum Verweilen ein.

Auch an die Kinder hat Ed Leenaert gedacht. Sie können hier einen fantastischen Abenteuerurlaub erleben. Kegeln und Schwimmen auch Kartoffelbraten und Kochen in einer echten Hotelküche. Der Hotelchef bastelt mit den Kindern meterhohe Heißluftballons, die dann um die Wette fahren. Vielleicht haben auch einige Kinder Lust, das Tauchen zu lernen, mit echter Taucherausrüstung im hauseigenen Meerwasserschwimmbecken. Und dann ist da noch die wetterunabhängige Piraten-Erlebniswelt von Peter Pan, Käpt'n Hook und den verlorenen Kindern. In der Zwischenzeit können die Eltern die Wellness-Landschaft genießen oder am hoteleigenen Palmenstrand relaxen.

»Das etwas andere« im Grimmeblick steht für viele Dinge, die anders sind als in vielen anderen Hotels. Es gibt viel zu erleben: Freizeitparks und Museen aller Art. Sportliche Betreuung durch das Hotel bei geführten Tauchgängen in den Bergseen oder Gleitschirmfliegen. Möchten Sie nicht vor die Tür, gibt es im Haus ein Erlebnis-Kino und eine Kegelbahn, die der Untertage-Strecke einer alten Zeche nachgebildet ist. Gäste, die auf ihr gesundheitliches Wohl bedacht sind, können ihrem Körper etwas Gutes tun und entspannen im Geiste. Russische Sauna, finnische Sauna, Kneipp-Abteilung und Ruheraum im orientalischen Stil, neu ist der Marokko-Raum. Ein Erlebnis aus 1001 Nacht bietet Hamam (orientalisches Wellness-Programm). Die klassische schwedische Knetkur, die tibetische Kräuterstempelmassage, Qigong, Shiatsu, Hot-Stone oder Ayurveda. Ihren Wünschen nach Wellness und Entspannung wird im Grimmeblick in (fast) jeder Hinsicht Rechnung getragen.

Selbst die Zimmer des Hotels kommen vielen Wünschen nach an Komfort (alle im Vier-Sterne-Standard) und Ausstattung entgegen, denn jedes Zimmer ist individuell mit viel Liebe zum Detail, in vielen Ländervarianten eingerichtet wie z. B. die gerade neu gebauten Thai-Zimmer. Lust auf Urlaub und Entdeckung? Grimmeblick zu jeder Zeit.

Welsfilet mit Flusskrebsschuppen an einer Joghurt-Rieslingsauce

Zutaten für 4 Personen

*4 Stck große Welsfilets à ca. 300 g   400 g Flusskrebsfleisch   4 Stck ganze Flusskrebse
12 Stck mittelgroße Kartoffeln   2 Stck Karotten   600 g grüne dünne Bohnen   2 Stck Eier
1 Stck Limette   1 Stck Zitrone   ½ l Riesling   Salz, Pfeffer, Muskat   Worcester Sauce
Sahne, Weinbrand   Dekomaterial*

Zubereitung

1. Pro Person 3 rohe Kartoffeln turnieren, ovalförmig zuschneiden. Mit Salz abkochen.

2. Joghurtsud zum Pochieren vorbereiten: Etwas Wasser mit Joghurt verrühren. Würzen mit Salz, Pfeffer, Limetten-/Zitronenschale und Worcester Sauce.

3. Die Welsfilets würzen mit Worcester Sauce, Zitronensaft, Salz und Pfeffer. Einlegen, zum Saft ziehen. Welsfilet einen Tag vor der Zubereitung ovalförmig zuschneiden und die restlichen kleinen Stücke in einem Pacojet-Behälter* einfrieren.

4. Entweder frische Flusskrebse abkochen um auf die erforderliche Menge Krebsfleisch zu kommen oder bei Ihrem Fischhändler frisches Flusskrebsfleisch kaufen. Das Flusskrebsfleisch ebenfalls für 24 Stunden in einem Pacojet-Behälter einfrieren.

5. Die Pacojet-Behälter auffüllen mit 2 Eiklar, Worcester Sauce, Salz, Pfeffer, Zitronensaft, Sahne, eine Scheibe rindenloses Toastbrot und einen Schuss Weinbrand.

6. Die Behälter gleich voll füllen. Mixen und jede Farce in einen extra Spritzbeutel füllen. Dachrinnenförmige Terrine bereitstellen und innen mit Klarsichtfolie auslegen. Farce vom Flusskrebsfleisch flach am Boden einspritzen und gut glatt ziehen. Mit etwas Flusskrebsfleisch spicken und die Form mit der Farce vom Wels ausfüllen. Terrine bei 80 °C abdämpfen.
Die Farce lässt sich auch mit jedem handelsüblichen Mixer ohne Einfriervorgang herstellen.

7. Dünne Bohnen von ihren Enden befreien und auf gleiche Länge schneiden. Abblanchieren und kurz vor dem Servieren nochmals 2 Minuten dämpfen. Karotten Julienne zuschneiden. Mit Salz, Pfeffer und Zucker würzen und Blanchieren.

8. Die Flusskrebse abkochen. Die vier Welsfilets 8 Minuten im Sud pochieren. Pro Person 2 Scheiben von der Terrine gerade herunter schneiden. Erwärmen (z. B. in einem Sieb, zeitgleich über dem zu pochierenden Wels).

9. Bohnen nach dem Dämpfen noch etwas anschwitzen. Würzen mit Salz, Pfeffer, Muskat, etwas Karotten Julienne für die Optik und den Geschmack hinzugeben. Etwas Riesling mit Sahne in einer Sauteuse reduzieren lassen.

10. Fisch aus dem Sud nehmen und vor dem Anrichten auf einem Tuch abtropfen lassen. Die Terrinenscheibe versetzt darauf legen.

11. Etwas Sud in den Saucenansatz geben und aufkochen. Bei schwacher Hitze mit einem Eigelb aufschlagen. Eventuell nachwürzen. Salzkartoffeln und Bohnen dazu geben. Die Sauce nappieren. Ausgarnieren und die Flusskrebse anlegen.

---

* Ein Pacojet ist ein leistungsfähiger Mixer

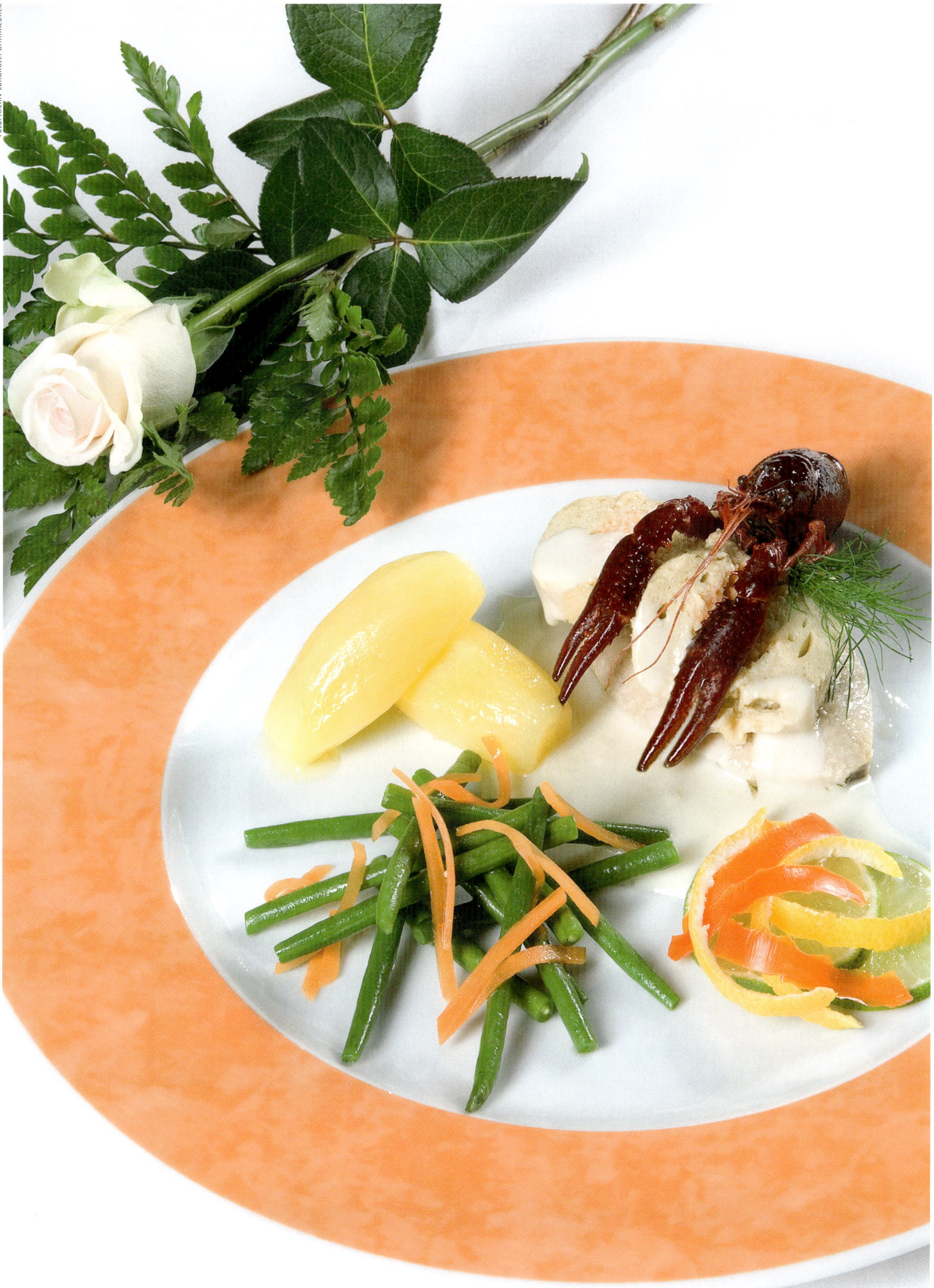

Foto: Archiv Landhotel Grimmeblick

Gasthaus Klein – kulinarischer Leuchtturm im Siegerland

Tradition und Inspiration vereinen die Vergangenheit und die Gegenwart dieses Gasthauses in dem kleinen Örtchen Netphen-Deuz, nahe der Siegquelle. Das Siegerland gehört zu den waldreichsten Regionen in Westfalen und ist in weiten Bereichen von sanften Hügeln geprägt. Der Eisenerzbergbau gab hier 2 000 Jahre vielen Menschen Arbeit und Lohn. Im frühen 16. Jahrhundert waren hier zeitweilig mehr als 40 Eisenhütten in Betrieb.

Das Adelsgeschlecht der Wittgensteiner ist hier zu Hause und verfügt bis heute über große Waldbestände. Bereits seit 300 Jahren gab es hier ein Gasthaus der Familie Klein, und Graf Johann Ludwig zu Sayn-Wittgenstein-Hohenstein war vor ca. 240 Jahren hier ein gern gesehener Gast. Die Zimmerei hatte es ihm angetan und so überzeugte er den damaligen Inhaber Johann Franz Klein zum Neubau eines größeren, schöneren Gasthauses. »Die in der Stadt« sollen sich wundern, meinte der Graf. Er stellte das damals sehr knappe Bauholz und den Bauplan unentgeltlich zur Verfügung. Ihm zu Ehren wurde das schönste Zimmer im Obergeschoss »Graf-Johann-Zimmer« genannt. Es ist heute ein Gesellschaftszimmer für ca. 50 Gäste. Das Gasthaus entwickelte sich im Laufe der Jahrhunderte zu einem der beliebtesten in der Region. Die Legende sagt, dass bereits Napoleon I. während seiner Kriegszüge durch Europa hier logiert haben soll – wie erwähnt, eine Legende. Die Kleins gelten als eine traditionsbewusste Familie, sie haben sich aber nie dem Fortschritt verschlossen. So war es Heinrich-Theodor Klein, der zusammen mit weiteren zahlungskräftigen Deuzer Bürgern im Jahre 1895 das erste kommerzielle Linienbus-Unternehmen der Welt gründete. Der erste Omnibus wurde von der Firma Benz geliefert und verkehrte zwischen Deuz und Weidenau.

Familie Klein ist die älteste Gastwirtsfamilie im Siegerland, so begrüßen Christian und Corinna Klein-Wagner die Gäste des Hauses bereits in achter Generation. Sie haben den elterlichen Betrieb vor 10 Jahren mit der Einstellung übernommen, die alten Traditionen zu bewahren und sich von neuen Dingen inspirieren zu lassen. Bei allen Neuerungen soll das Gasthaus Klein aber immer ein Stück Siegerland bleiben. Diese Region hat bis zum heutigen Tag nicht sehr viele erstklassige Gastronomien hervorgebracht. Unter der Leitung von Christian Klein-Wagner wurde das Gasthaus Klein zu einem der wenigen kulinarischen Leuchttürme im Siegerland. Der

Varta-Führer bescheinigt dem Haus eine sehr gute Küche. Diese Küche und die gediegene Gastlichkeit sind es wohl auch, die dafür sorgen, dass viele Familien, Nachbarn und Bekannte das Restaurant regelmäßig besuchen. Auch Unternehmer aus der Region treffen sich hier mit ihren Kunden zum Essen. Darüber hinaus kommen sie auch gerne privat ins Gasthaus um bei einem guten Essen zu entspannen und zu genießen und dabei für ein paar Stunden die Zeit zu vergessen.

Bei schlechtem Wetter stehen dafür gemütliche Räumlichkeiten zur Verfügung. Die Gaststube mit ihren blank gescheuerten Tischen, das Kaminzimmer oder das Jagdzimmer, das für manchen Gast fast wie die gute Stube zu Hause ist. Im Sommer aber ist der große Garten der beliebteste Ort der Gäste, die alte Buchenlaube spendet einen wohltuenden Schatten. Der große rechteckige Tisch ist im eleganten Landhausstil eingedeckt. Von hier aus fällt der Blick auf den großen Kräutergarten. Selbst hartgesottene und gestresste Unternehmer die auf ihren Geschäftsreisen viele erstklassige Restaurants besucht haben, sitzen gerne hier bei einem guten Glas Wein und lassen sich von der guten Küche des Chefs verwöhnen. Sie schätzen vor allem die Großzügigkeit des Gartens in dem jede Hektik von ihnen abfällt.

Die Produkte die Christian Klein-Wagner für seine Küche bezieht, stammen vorwiegend aus der Region. Region heißt aber in diesem Fall nicht nur Siegerland, sondern schließt das ganze Westfalen mit ein. Das Siegerland hat nicht genug gute landwirtschaftliche Flächen, um die Gastronomie in ausreichendem Maße zu beliefern. Seinen Spargel bezieht er vom Spargelhof Milsmann aus Mastholte, seine leckeren Zicklein vom Ziegenhof Kalteiche, das Gemüse aus der Soester Börde und die Rosen für seine kulinarischen Rosenkreationen vom Bioland Rosenhof Ruf in Steinfurth. Das Wild kommt natürlich vorwiegend aus den heimischen Wäldern. Um seinen Gästen die Erzeugerbetriebe auch einmal persönlich zu zeigen, veranstaltet er mit seinem »Genussbus« eine Fahrt zu nahen und fernen Zielen in Westfalen. Natürlich werden auf dieser Fahrt nicht nur Bauernhöfe angesehen. Unter den Zielen befinden sich z. B. auch Porzellan- und Zigarrenhersteller, Brennereien und andere mit der Gastronomie »verwandte« Betriebe.

Seine Küche bezeichnet Klein-Wagner gerne als eine von Tradition und Inspiration geprägte gehobene Regionalküche. Da wird das hier im Land weitverbreitete Siegerländer Krüstchen genau so gerne zubereitetet wie das zarte Zicklein im Mangold Blatt. Eine seiner Spezialitäten im Frühling ist Zander auf Wildkräuterspinat. Der Wildkräuterspinat besteht unter anderem aus jungem Löwenzahn, Brennnesseln, Giersch und Sauerampfer.

Hagebutten- und Rosensauce gehören ebenfalls zum Repertoire des Küchenchefs. Auch die heimischen Kräuter haben es ihm angetan. Die Süßdolde z. B. (leichter Anisgeschmack) verwendet er in Desserts und zu Fisch. Lassen Sie sich von der kreativen Regionalküche im Gasthaus Klein überraschen und verwöhnen.

Zickleinrücken im Mangoldblatt mit Wildkräuterspinat und Potthucke

Zutaten für 4 Personen

Für den Zickleinrücken: 1 kg Zickleinrücken ohne Knochen (Knochen kleinhacken lassen für die Sauce)   300 g Zickleinkeule   300 ml süße Sahne   8 Stck Mangoldblätter   Salz, Pfeffer, Knoblauch   etwas Butter zum Bestreichen   *Für die Potthucke:* 500 g rohe Kartoffeln   125 g gekochte Kartoffeln   50 g Speckwürfel   1 Stck kleine Zwiebel, fein gewürfelt   40 ml Schmand   125 ml Sahne   2 Stck Eier   Salz, Pfeffer   frisch geriebene Muskatnuss   *Für den Wildkräuterspinat:* 1 kg frisches junges Wildgemüse z. B. Giersch, Brennnessel, Sauerampfer   2 Stck Zwiebeln   Knoblauch, etwas Butter   200 g geriebenen Käse   Salz, Pfeffer, Muskatnuss

Zubereitung

1. Den Zickleinrücken von Sehnen befreien, mit Salz und Pfeffer leicht würzen und in einer Pfanne von allen Seiten leicht anbraten, dann aus der Pfanne nehmen und zur Seite legen.

2. Die Zickleinkeule von Sehnen befreien, das Fleisch in kleine Stücke schneiden und in einem Kutter zusammen mit der süßen Sahne zu einer Farce verarbeiten. Die Farce mit Salz, Pfeffer und etwas Knoblauch abschmecken.
Die Mangoldblätter waschen und die weißen Stiele herausschneiden. Die Blätter in gesalzenem Wasser kurz blanchieren und mit kaltem Wasser abschrecken. Mit Küchenkrepp die Blätter trocken tupfen. Auf einer Arbeitsfläche Aluminiumfolie ausbreiten, mit etwas Butter bestreichen und die Mangoldblätter darauf legen.

3. Die Farce gleichmäßig auf die Blätter streichen und den angebratenen Zickleinrücken darauf legen, das Ganze zu einer Rolle formen und an den Enden zusammen drehen. Die Zickleinrolle im Backofen bei 170 °C ca. 30 – 35 Minuten backen. Den Rücken zum Servieren aufschneiden.

4. Für die Potthucke die rohen Kartoffeln schälen und fein reiben. In einem Sieb oder Tuch gut ausdrücken. Die gekochten Kartoffeln durch die Presse drücken und mit den rohen Kartoffeln vermengen.

5. Die Speckwürfel anbraten und mit den Zwiebelwürfeln glasig dünsten. Die Sahne, den Schmand sowie die Eier, Speckwürfel und Zwiebeln in die Kartoffelmasse geben und verkneten. Mit Salz, Pfeffer und Muskatnuss würzen.

6. Den Kartoffelteig in einer gefetteten Kastenform bei 200 °C etwa 30 Minuten goldbraun backen. Anschließend stürzen und in Scheiben schneiden.

7. Das Wildgemüse waschen und abtropfen lassen und in leicht gesalzenem Wasser blanchieren. In einem Topf etwas Butter erhitzen. Die in Würfel geschnittene Zwiebel darin glasig dünsten.
Die blanchierten Wildgemüse hinzugeben. Mit Salz, Pfeffer und etwas Knoblauch abschmecken – etwas abkühlen lassen.

8. Den geriebenen Käse unterheben und den Wildkräuterspinat gleichmäßig auf dem Pfannekuchen verteilen, zusammenrollen und im Backofen nochmals garen. Zum Servieren in kleine Scheiben schneiden.

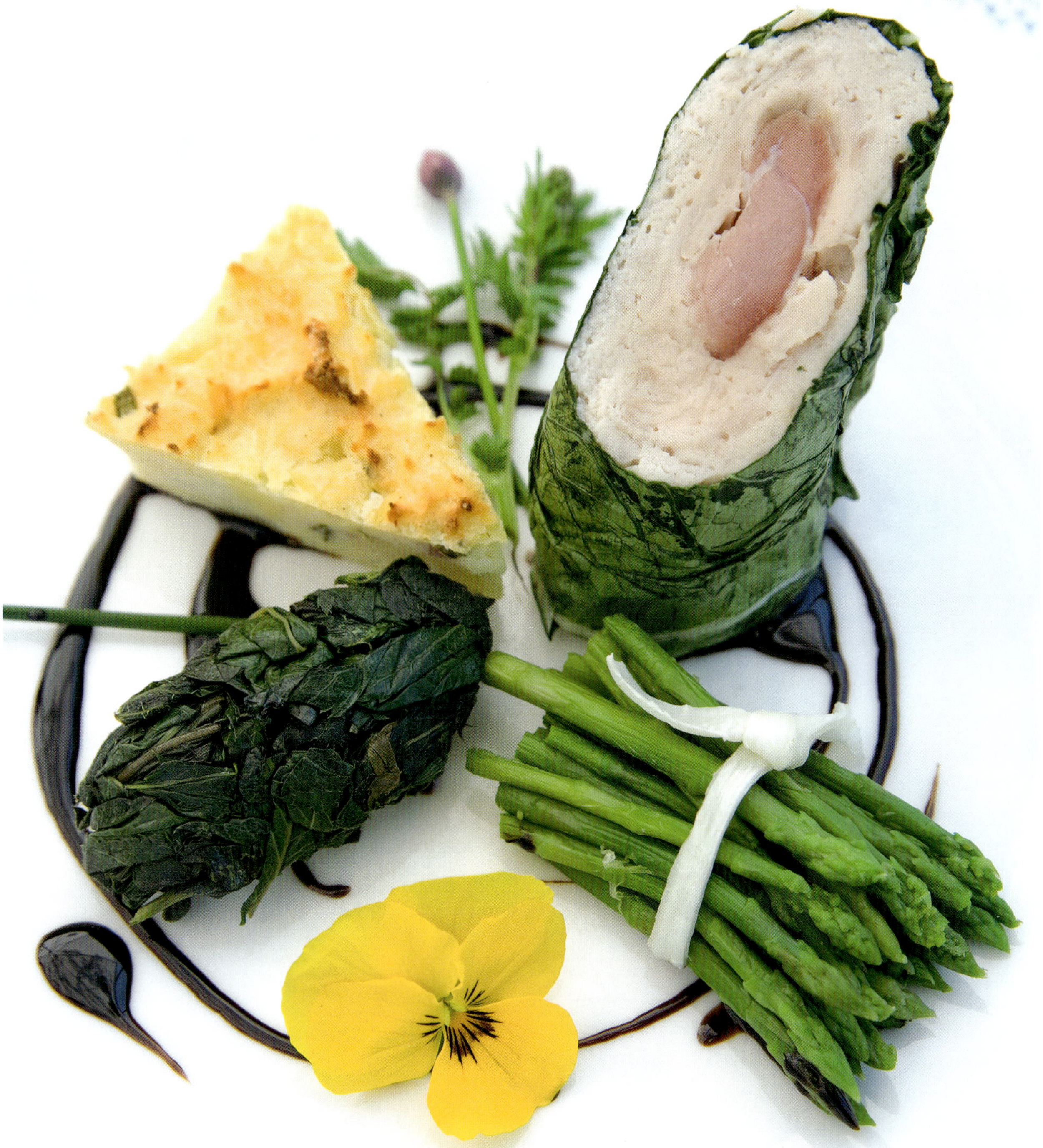

MÜNSTERLAND

Jägerhof zum »Stift-Flaesheim«
Flaesheimer Straße 360
45721 Haltern am See
Telefon (02364) 2327
www.jaegerhof-flaesheim.de

Hotel Seehof
Hullerner Straße 102
45721 Haltern am See
Telefon (02364) 928-0
www.hotel-seehof.de

Ballonteam Achim Schneider
Otto Hahn Straße 33
46325 Borken
Telefon (02861) 63630
www.ballonteam.de

Bilkenroth – Tabak, Wein & Whisky
Merschstraße 2
45721 Haltern
Telefon (02364) 4593
www.bilkenroth.de

Speisepilze Schmöning
Dorstener Straße 672
45721 Haltern am See
Telefon (02360) 90250
www.speisepilze-schmoening.de

Kleiner Kiepenkerl
Spiekerhof 47
48143 Münster
Telefon (0251) 43416
www.kleiner-kiepenkerl.de

Gasthaus Stuhlmacher
Prinzipalmarkt 6/7
48143 Münster
Telefon (0251) 44877
www.gasthaus-stuhlmacher.de

Hotel Krautkrämer
Zum Hiltruper See 173
48165 Münster-Hiltrup
Telefon (02501) 8050
www.krautkraemer.de

Hotel Restaurant »Im Engel«
Brünebrede 33 – 37
48231 Warendorf
Telefon (02581) 9302-0
www.hotel-im-engel.de

ekb – Erich Kleine Büning
Telgenkamp 13
48249 Dülmen
Telefon (02594) 5099990
www.ekb-glas-porzellan.de

Wildpark Dülmen
Hinderkingsweg
48249 Dülmen

Kornbrennerei Theo Sasse
Düsseldorfer Straße 20
48624 Schöppingen
Telefon (02555) 9974-0
www.sassekorn.de

Hof Grothues-Potthoff
Hof Grothues-Potthoff 4 – 6
48308 Senden
Telefon Hofcafé (02597) 6964-10
Telefon Hofladen (02597) 6964-20
www.hof-grothues-potthoff.de

Friesenstube
Münsterstraße 20
48308 Senden
Telefon (02597) 7706
www.friesenstube.de

Chalet – Das Gästehaus
Gronauer Straße 113
48607 Ochtrup
Telefon (02553) 72470
www.chalet-das-gaestehaus.de

Hotel Bomke
Kirchplatz 7
59329 Wadersloh
Telefon (02523) 1301
www.hotel-bomke.de

Hugo im Dahl
Nordick-Dahlweg 7
59387 Ascheberg-Herbern
Telefon (02599) 98903
www.hugo-im-dahl.de

Schlossrestaurant Nordkirchen
Schloss 1
59394 Nordkirchen
Telefon (02596) 972472
www.lauter-nordkirchen.de

Restaurant la vie (Osnabrücker Land)
Krahnstraße 1–2
49074 Osnabrück
Telefon (0541) 331150
www.restaurant-lavie.de

Teutoburger Wald

Waldhotel Silbermühle
Neuer Teich 57
32805 Horn Bad Meinberg
Telefon (05234) 2222
www.waldhotel.silbermuehle.de

Staatlich Bad Meinberger Mineralbrunnen
Am Waldstadion 1
32805 Horn-Bad Meinberg
Telefon (05234) 9009-0
www.bad-meinberger.de

Burghotel Blomberg
Burg 1
32825 Blomberg
Telefon (05235) 5001-0
www.burghotel-blomberg.de

Restaurant Balthasar
Warburger Straße 28
33098 Paderborn
Telefon (05251) 24448
www.restaurant-balthasar.de

Hotel Restaurant Poppenborg
Brockhäger Straße 9
33428 Harsewinkel
Telefon (05247) 2241
www.hotel-poppenborg.de

Ruhrgebiet

Hövels Hausbrauerei
Hoher Wall 5–7
44137 Dortmund
Telefon 0231 9145470
www.hoevels-hausbrauerei.de

Hotel Drees
Hohe Straße 107
44139 Dortmund
Telefon (0231) 1299-0
www.hotel-drees.de

Dortmunder Actien-Brauerei
Brauerei-Museum Dortmund
Steigerstraße 16
44145 Dortmund
Telefon (0231) 8400200
www.brauereimuseum.dortmund.de

Vreriksen Foodservice
Wendenweg 13–15
44149 Dortmund
Telefon (0231) 9699600
www.vreriksen.de

Casino Hohensyburg
Hohensyburgstraße 200
44265 Dortmund
Telefon (0231) 7740-0
www.casino-hohensyburg.de

Overkamp
Wittbräuckerstraße 633
44265 Dortmund-Höchsten
Telefon (0231) 462736
www.overkamp-gastro.de

Trattoria Mille Miglia
Brandisstraße 50
44265 Dortmund
Telefon (0231) 4756979
www.oldiemuseum.de

Gasthaus Ledendecker
Kreisstraße 30
44267 Dortmund
Telefon (02304) 80050
www.haus-ledendecker.de

Hürster's Kochwerkstatt
Schloßstraße 44
44357 Dortmund
Telefon (0231) 1893505
www.huersterskochwerkstatt.de

Galerie Anders
Münsterstraße 290
44534 Lünen
Telefon (02306) 55080
www.galerie-anders.de

Parkrestaurant Herne
Schaeferstraße 109
44623 Herne
Telefon (02323) 955-333
www.parkhotel-herne.de

Feinkost Riechmann
Dortmunder Straße 10
45731 Waltrop
Telefon (02309) 2794
www.riechmann.de

Gasthaus Stromberg
Dortmunder Straße 5
45731 Waltrop
Telefon (02309) 4228
www.gasthaus-stromberg.de

Flugschule Marl
Flugplatz Loemühle
Hülsstraße 301
45770 Marl
Telefon (02365) 82249
www.flugcenter-marl.de

Restaurant Goldener Anker
Lippetor 4
46282 Dorsten
Telefon (02362) 22553
www.bjoern-freitag.de

Freischütz Gastronomie
Hörder Straße 131
58239 Schwerte
Telefon (02304) 98299-0
www.freischuetz-schwerte.de

Schwerter Senfmühle
Ruhrstraße 16
58239 Schwerte/Ruhr
Telefon (02304) 776111
www.schwerter-senfmuehle.de

Geflügelhof zur Nieden
Feldstraße 5b
58730 Fröndenberg-Ardey
Telefon (02378) 4954
www.ardeyer-landhaehnchen.de

Heinrichs Restaurant
In der Twiete 4a
58730 Fröndenberg-Frömern
Telefon (02378) 8683900

Hofkäserei Wellie
Zur Tigge 2
58730 Fröndenberg-Warmen
Telefon (02377) 910106
www.hofkaeserei-wellie.de

Museumseisenbahn Hamm
Betriebswerk Hamm Süd
Schumannstraße 35
59063 Hamm
Telefon (02381) 540048 (nur an Betriebstagen)
www.museumseisenbahn-hamm.de

Restaurant WielandStuben
Wielandstraße 84
59077 Hamm
Telefon (02381) 401217

Hotel Am Kloster
Kurt-Schumacher-Straße 9
59368 Werne
Telefon (02389) 52614-0
www.hotel-am-kloster.de

Haus Stemberg (Bergisches Land)
Kuhlendahler Straße 295
42553 Velbert-Neviges
Telefon (02053) 5649
www.haus-stemberg.de

Güde – Die Messer (Bergisches Land)
Katternberger Straße 175
42655 Solingen
Telefon (0212) 816166
www.guede-solingen.de

SAUERLAND

Kleins Wiese
Kleins Wiese 1
57292 Bad Fredeburg
Telefon (02974) 96960
www.kleins-wiese.de

Hotel Deimann
Winkhausen 5
57392 Schmallenberg
Telefon (02975) 810
www.deimann.de

Waldhaus Ohlenbach
Ohlenbach
57392 Schmallenberg
Telefon (02975) 84-0
www.waldhaus-ohlenbach.de

Hotel Gnacke
Astenstraße 6
57392 Schmallenberg
Telefon (02975) 9633-0
www.gnacke.de

Atta-Höhle Attendorn
Finnentroper Straße 39
57439 Attendorn
Telefon (02722) 9375-0
www.atta-hoehle.de

Fischof Baumüller
Scheda 3
58739 Wickede (Ruhr)
Telefon (02377) 2371
www.fischhof.de

Hotel Restaurant Hof Hueck
Im Kurpark, Gartenstraße 8
59505 Bad Sassendorf
Telefon (02921) 9613-0
www.hofhueck.de

Landhotel Donner
Zur Alten Schmiede 4
59872 Meschede
Telefon (0291) 95270-0
www.landhotel-donner.de

Hotel Astenblick
Nuhnestraße 5
59955 Winterberg
Telefon (02981) 9223-0
www.astenblick.de

Berghotel Astenkrone
Astenstraße 24
59955 Winterberg
Telefon (02981) 8090
www.astenkrone.de

Berggasthof Hotel Kahler Asten
Astenturm 1
59955 Winterberg
Telefon (02981) 928748-0
www.kahlerasten.de

Landhotel Grimmeblick
Am langen Acker 5
59955 Winterberg-Elkeringhausen
Telefon (02981) 92660
www.grimmeblick.de

SIEGERLAND-WITTGENSTEIN

Gasthaus Klein
Marburger Straße 7
57250 Netphen-Deuz
Telefon (02737) 5933-0
www.gasthaus-klein-deuz.de